W0381649

Detlef Garz · Klaus Kraimer (Hrsg.)
Qualitativ-empirische Sozialforschung

Detlef Garz · Klaus Kraimer (Hrsg.)

Qualitativ-empirische Sozialforschung

Konzepte, Methoden, Analysen

Westdeutscher Verlag

3601

Die Deutsche Bibliothek – CIP-Einheitsaufnahme

Qualitativ-empirische Sozialforschung: Konzepte, Methoden, Analysen / Detlef Garz; Klaus Kraimer (Hrsg.). – Opladen: Westdt. Verl., 1991
ISBN 3-531-12289-4
NE: Garz, Detlef [Hrsg.]

METH 135

Universitätsbibliothek Salzburg
AUSGESCHIEDEN

12. JUNI 2025

FACHBIBLIOTHEK FÜR GESELLSCHAFTSWISSENSCHAFTEN

Der Westdeutsche Verlag ist ein Unternehmen der Verlagsgruppe Bertelsmann International.

Alle Rechte vorbehalten
© 1991 Westdeutscher Verlag GmbH, Opladen

RESPECT COPYRIGHT ENCOURAGE CREATIVITY

Das Werk einschließlich aller seiner Teile ist urheberrechtlich geschützt. Jede Verwertung außerhalb der engen Grenzen des Urheberrechtsgesetzes ist ohne Zustimmung des Verlags unzulässig und strafbar. Das gilt insbesondere für Vervielfältigungen, Übersetzungen, Mikroverfilmungen und die Einspeicherung und Verarbeitung in elektronischen Systemen.

Umschlaggestaltung: Horst Dieter Bürkle, Darmstadt
Druck und buchbinderische Verarbeitung: Lengericher Handelsdruckerei, Lengerich
Gedruckt auf säurefreiem Papier
Printed in Germany

UB SALZBURG
+DF104212809

99:G-3324

ISBN 3-531-12289-4

S

Inhalt

DETLEF GARZ UND KLAUS KRAIMER

Qualitativ-empirische Sozialforschung im Aufbruch*

1. Zur Charakterisierung qualitativ-empirischer Sozialforschung

Qualitativ-empirische Sozialforschung umfaßt ein methodologisches und methodisches Spektrum verschiedener Ansätze einschließlich der dazugehörigen wissenschaftstheoretischen Begründungen. Der Zusammenhalt solcher Verfahren liegt derzeit weniger in einer geschlossenen und einheitlichen Konzeption als in einer gemeinsam geteilten Abgrenzung zu herkömmlichen, quantitativ-statistischen Vorgehensweisen. Diese Heterogenität spiegelt sich auch in den zahlreichen Fremd- und Eigenetikettierungen wie etwa kommunikative, verstehende, narrative, interpretative oder hermeneutische Sozialforschung.

Ohne die genannte Abgrenzung überzubetonen, kann rückblickend gezeigt werden, daß erst auf diese Weise Kriterien gewonnen werden konnten, die Zugehörigkeiten und Nichtzugehörigkeiten bestimmen und regeln und somit Voraussetzungen für ein zusammenhängendes Forschungsparadigma schaffen[1]. In der methodologischen Diskussion wird diese Einteilung häufig durch die Kontrastierung von quantitativen (klassisch: nomothetischen) und qualitativen (klassisch: ideographischen) Methoden auf dem Hintergrund des sie jeweils fundierenden Normativen bzw. Interpretativen Paradigmas gekennzeichnet (vgl. WILSON 1973; 1982).

---

* Bei der Fertigstellung dieses Bandes haben uns STAN ALBERS und STEFAN AUFENANGER ebenso engagiert wie tatkräftig unterstützt. Ihnen gilt unser herzlicher Dank.

Als Ausgangspunkte qualitativer Sozialforschung sind die verschiedenen Formen der hermeneutischen bzw. textinterpretativen Ansätze anzusehen, die ihren Ursprung in der 'richtigen' Auslegung der Bibel (theologische Hermeneutik) bzw. in der korrekten Interpretation von Gesetzen (juristische Hermeneutik) finden. Aus philosophischer bzw. geisteswissenschaftlicher Perspektive hat dies WILHELM DILTHEY (1833-1911) bekräftigt und forschungsleitend in der Gegenüberstellung von Natur- und Geisteswissenschaften festgeschrieben. Sein Diktum 'Die Natur erklären wir, das Seelenleben verstehen wir' hat bis in die Gegenwart seine Reizwirkung nicht verloren und dient häufig noch immer als positiver oder negativer Bezugspunkt der Forschungsdebatten. Die an DILTHEY anknüpfende philosophische Hermeneutik ist durch ihren Anspruch, klassische oder heilige, also 'große und außeralltägliche Texte' auszulegen, bis in die jüngste Zeit (etwa bis zu GADAMER), empirieabstinent geblieben und hat sich auf eine 'Lehnstuhl'-Perspektive beschränkt bzw. prinzipiell auf ihren Status als Begründung (Methodologie) von Theorie und Praxis verwiesen. Texte, in denen alltägliche Lebensäußerungen (Objektivationen) zum Ausdruck gelangen, gerieten nur selten in deren Blick. Zudem blieb die philosophische Hermeneutik in aller Regel auf die persönliche Virtuosität, Intuition und Genialität des Interpreten verwiesen, ohne eine intersubjektive Überprüfung der Ergebnisse, wie sie über die verschiedenen wissenschaftlichen Positionen hinweg gefordert wird, gewährleisten zu können.

Die qualitativ-empirische Sozialforschung läßt sich von der Erkenntnis leiten, daß ihre Anstrengungen auf sprachliche Äußerungen, also auf 'symbolisch vorstrukturierte Gegenstände' (HABERMAS) gerichtet sind, d. h. auf sprachliche Äußerungen, deren 'geronnene Formen' (z. B. in Büchern oder Filmen) sowie dem Niederschlag menschlichen Tuns in institutionalisierter Weise. Solche Ausdrucksformen erlauben in aller Regel keinen forscherischen Zugang, der subsumtionslogisch, also von außen und mit vorgefertigten Kategorien operiert. Vielmehr geht es darum, subjektiv vermeinten Sinn oder objektive Bedeutungen, die mit Handlungen einhergehen, aufzudecken. Dazu bedarf es Forschungsstrategien, die weder die vom späten DILTHEY nahegelegte Empathie als notwendig oder gar hinreichend akzeptieren, noch die von Vertretern des quantitativen Ansatzes als verbindlich vorgeschlagene Aufteilung des Forschungsprozesses gelten lassen (vgl. zu dieser Aufteilung auch Abschnitt 3).

Wenn aber qualitativ-empirische Sozialforschung sich weder auf Einfühlung noch auf außer- bzw. vorwissenschaftliche Hilfsfunktionen einschränken lassen will, muß sie ein eigenes Methodenprogramm weiter explizieren und forschungspraktisch vorantreiben. Dies ist bislang in noch zu geringem Maße geschehen, so daß eine Übersicht momentan notwendigerweise auf das Zusammentragen einzelner Methodologien, Methoden und den diesen korrespondierenden Forschungsergebnissen angewiesen ist. Als Kategorisierungshilfe bietet sich an, die differierenden Vorgehensweisen im Hinblick darauf zu unterscheiden, wie diese den Prozeß der Daten*erhebung* einerseits und den Prozeß der Daten*auswertung* andererseits konzeptualisieren. Das methodisch relevante Spektrum erstreckt sich bei der Erhebung des Materials von der Aufnahme sogenannter natürlicher Daten bis hin zur gezielten Herbeiführung und Hervorlockung von Daten, sei es durch eigens inszenierte Regelverstöße und -verletzungen in Alltagshandlungen durch den Forscher wie in der Ethnomethodologie oder durch den Einsatz besonderer Befragungstechniken wie bei dem narrativen Interview.

Auch für die Datenauswertung lassen sich deutlich unterscheidbare methodische Leitvorstellungen nachweisen, die im Vergleich zur Datenerhebung für den Forschungsprozeß insofern folgenreicher sind, als sie die Interpretation des untersuchten Gegenstandes bestimmen. Zwei grundsätzlich verschiedene Erkenntnisinteressen stehen dabei im Zentrum: Einmal die Vorstellung, daß die Intentionen der Subjekte, d. h. dasjenige, das "unmittelbar" zum Ausdruck gelangt, zu erforschen seien, andererseits die Auffassung, daß sich die Forschung auf 'objektive Bedeutungs- und latente Sinnstrukturen' richten müsse, also auf dasjenige, das als Tiefenstruktur Handlungen zugrundeliegt. Den ersten Weg beschreiten vor allem ethnographische und paraphrasierende Verfahren, die subjektiven Äußerungen folgen und durch deren Systematisierung und Klassifizierung zu Aussagen im Hinblick auf die jeweils gewählte Fragestellung gelangen wollen (vgl. dazu z. B. HEINZE 1987).

Der zweite, davon deutlich zu unterscheidene Weg besteht darin, nach den, eine Handlung - oder umfassender: eine Lebenspraxis - leitenden Regeln zu suchen, unabhängig davon, ob diese den Subjekten bewußt sind oder nicht (vgl. hierzu vor allem die methodologisch elaborierten Positionen von OEVERMANN und SCHÜTZE).

2. Zur Entwicklung qualitativ-empirischer Sozialforschung

WOLF LEPENIES (1989) hat die Gründe für das Zögern vieler Sozialwissenschaftler, sich auf qualitative Methoden einzulassen, sehr scharf herausgearbeitet. Diese, sich auf die hervorstechenden methodischen Merkmale dreier historischer Etappen konzentrierende Analyse läßt sich zusammenfassend wie folgt wiedergeben:

1. Die sich seit Beginn des 19. Jahrhunderts ausbildenden Sozialwissenschaften vollziehen spätestens gegen Ende des Jahrhunderts eine schroffe Absetzbewegung von den Formen geisteswissenschaftlichen Denkens insgesamt, von literarischen Erzählungen insbesondere, und orientieren sich in Richtung auf eine exakte Darstellungsweise nach dem Modell der Naturwissenschaften (Szientifizierung). "Fächer wie die Soziologie, die sich ihre Anerkennung innerhalb des Wissenschaftssystems noch erwerben müssen, suchen diese Anerkennung dadurch zu gewinnen, daß sie sich von literaturnahen Frühformen der eigenen Disziplin, die eher narrativ klassifizierend als analytisch-systematisierend verfahren, distanzieren" (LEPENIES 1989, S. 69).

2. Die damit einhergehenden Probleme und Auseinandersetzungen sind bekannt und haben ihren Niederschlag in den kontrastierenden Begriffen 'Verstehen' versus 'Erklären', 'ideographische' versus 'nomothetische' Wissenschaft gefunden und sich von DILTHEY bis in den sogenann-

ten Positivismusstreit POPPERs und ADORNOs durchgehalten (vgl. für diese Entwicklung APEL 1979). Die Vorstellung, daß Verstehen als Methode eine sinnvolle Alternative zu den Ansätzen quantitativer Forschungen repräsentieren kann, hat sich jedoch erst später, nämlich gegen Ende der sechziger Jahre in breiterem Umfang durchgesetzt, als einer größeren Zahl von Sozialwissenschaftlern deutlich wurde, daß "das Problem der Soziologie (darin liegt), daß sie die Naturwissenschaften zwar nachahmen, aber nicht wirklich zu einer Naturwissenschaft des Sozialen werden kann" (ebd.).

3. Mit dieser Einsicht stünde prinzipiell der Weg offen, qualitative Forschung weiter voranzutreiben und noch offene Problemstellungen möglichen Lösungen zuzuführen. Doch diese Umkehrbewegung scheint nicht so einfach vollziehbar zu sein. Die Furcht, daß auf diese Weise 'nur noch' Literatur - schöne Erzählungen - erzeugt wird, lähmt oder hindert. In den Worten von LEPENIES: "Gibt die Soziologie aber ihre szientifische Orientierung auf, so rückt sie in bedrohliche Nähe zur Literatur" (ebd.).

Daß diese Gefahr besteht, zeigt sich in der Tat an postmodernen Konzeptionen, die eine Erzählung neben eine nächste stellen und damit Beliebigkeit erzeugen. Hier ist die qualitativ-empirische Sozialforschung insgesamt gefordert, Entscheidungen in Hinblick auf den beanspruchten Status zu treffen, diese deutlich zu machen und zu vertreten[2]. Denn Beliebigkeit darf keine Konsequenz verstehender Ansätze sein, die sich u. E. auf paradigmatisch stimmige Geltungskriterien, vor allem in bezug auf die intersubjektive Überprüfbarkeit der getroffenen Aussagen, konzentrieren müssen. An dieser Stelle schließen wir uns WUTHNOW an, der zugleich mit der in Anspruch genommenen Fundamentalität qualitativer Forschung auf deren Beweispflichten aufmerksam macht: "Interpretationen ... sollten als der epistemologische Standpunkt anerkannt werden, von dem aus alle sozialwissenschaftlichen Untersuchungen durchgeführt werden...; aber Interpretationen sollten keine Entschuldigung darstellen für schlechte Methoden und Subjektivismus sowie für Analysen, die einer starken Evidenz entbehren" (WUTHNOW 1987, S. 335).

Qualitativ-empirische Sozialforschung befindet sich also zu Beginn der neunziger Jahre im Anschluß an vorangegangene, langwierige und hartnäckige Auseinandersetzungen mit Vertretern der sogenannten herkömmlichen empirischen Sozialforschung (Konfrontations- und Konstitutionsphase, die etwa zehn bis fünfzehn Jahre zurückliegt) und der damit einhergehenden mühsamen Etablierung nunmehr in einer Ausbauphase mit weitem empirischen Anwendungsfeld. Dabei bilden sich je spezifische Konturen und Konzeptionen zunehmend heraus. Diese Ausformungsprozesse verdanken sich - wie anfangs benannt - nicht zuletzt den Kontroversen mit Repräsentanten bis dato etablierter, nomologisch-deduktiv ausgerichteter 'main-stream'-Forschung.

Zahlreiche Auseinandersetzungen in diesem Kontext, etwa über adäquate Methodologien und Forschungsmethoden, haben trotz häufig zu konstatierender, unproduktiver Gegenüberstellung qualitativer und quantitativer Verfahren etwa unter falscher Gleichsetzung von Gütekriterien nach Standards der 'klassischen' Meßtheorie - rückblickend betrachtet - doch Klärungen bewirken können. Damit konnten schließlich Einsatzmöglichkeiten und -grenzen sowie neuartige Kombinationen der zwei differierenden Forschungszweige deutlicher hervortreten.

Zu Beginn dieser Konstitutionsphase (läßt man einmal 'vergessene' ältere Forschungstraditionen wie die der frühen Feldforschung oder die Methodendiskussion der dreißiger Jahre außer acht; vgl. für letzteres LAZARSFELD 1944) wies die neue qualitative Forschungsrichtung insbesondere auf Mängel der alten, überkommenen quantitativen Forschung hin (vgl. vor allem KÜCHLER 1980, 1981, 1983; zur Methodenkritik HOFFMANN-RIEM 1980; KRIZ 1981) und trat mit dem Anspruch auf, Problemstellungen, für deren Durchdringung quantifizierende Verfahren sich als unzureichend herausstellten, besser bearbeiten zu können (vgl. für die Sozialisationsforschung z. B. OEVERMANN/KRAPPMANN/ KREPPNER 1968; für die regionale Sozialforschung SCHÜTZE 1978; für die pädagogische Forschung z. B. HEINZE 1975; für die Unterrichtsforschung z. B. LOSER 1979, 1980, PROJEKTGRUPPE CURRICULUMBAUSTEINE 1977; für eine interpretative Methodenbegründung im Kontext des Gruppendiskussionsverfahrens NISSEN 1977, 1979). Starken Auftrieb erhielt die qualitative Sozialforschung nach der Veröffentlichung der Arbeiten der ARBEITSGRUPPE BIELEFELDER SOZIOLOGEN in den Jahren 1973 und 1976 und durch die Beiträge zur Ethnomethodologie in WEINGARTEN/SACK/SCHENKEIN 1976. Nach 1977 erschienen einschlägige Überblicksbände mit Grundsatzbeiträgen und Darstellungen spezifischer Methodologien und Methoden (AUWÄRTER/KIRSCH 1977; HAMMERICH/KLEIN 1978; GERDES 1979; HOPF/WEINGARTEN 1979; SOEFFNER 1979).

In der Erziehungswissenschaft wurden besonders im Zuge der Alltagswende (vgl. SCHÖN/HURRELMANN 1979; LENZEN 1980; SCHRÜNDER 1982), in der Psychologie mit der Hinwendung zu sog. naiven Verhaltenstheorien und der Thematisierung von Umwelt (LAUCKEN 1974; WAHL 1979; FIETKAU/GÖRLITZ 1981) weitere Impulse für den Ausbau sinnverstehender Verfahren gegeben. Lebensweltanalysen in der pädagogischen und sozialpädagogischen Forschung wurden verstärkt betrieben (vgl. HEINZE/KLUSEMANN/SOEFFNER 1980; KIEPER 1980)[3].

Diese hier nur grob angedeutete Tendenz zum verstärkten Einsatz qualitativer Methoden hat sich innerhalb der letzten Jahre noch deutlich ausgeweitet und gelangte in einer Vielzahl von Schriften und Forschungsprojekten zum Ausdruck[4].

2.1 Hauptströmungen und Typen qualitativer Sozialforschung

Als Hauptströmungen qualitativ-empirischer Forschung lassen sich in Abhängigkeit von den gewählten Einteilungskriterien eine Vielzahl von Richtungen benennen. Wir stellen im folgenden allein solche Konzeptualisierungen heraus, die Leitcharakter besitzen, d. h. erheblichen Einfluß auf weite Forscherkreise gewonnen haben und zugleich empirisch fundiert sind:

1. Die objektive Hermeneutik in der Tradition von OEVERMANN (vgl. z. B. OEVERMANN 1983, 1986, 1991).
2. Den soziologischen Narrativismus in der Tradition von SCHÜTZE (narratives Interview, Erzählanalyse; vgl. z. B. SCHÜTZE 1976, 1987).
3. Die kommunikative Sozialforschung in der Tradition des Symbolischen Interaktionismus, in Deutschland vor allem von der ARBEITSGRUPPE BIELEFELDER SOZIOLOGEN vertreten (vgl. DIES. 1973, 1976).
4. Die qualitative Biographie- und Lebenslaufforschung, die von den erstgenannten Richtungen stark beeinflußt wird (vgl. z. B. FUCHS 1984; KOHLI/ROBERT 1984; GERHARDT 1984; VOGES 1987).

Neben diesen Hauptströmungen lassen sich zur Unterscheidung verschiedener Vorgehensweisen mit TERHART drei "Varianten des Umgehens mit hermeneutischen Operationen in der Sozial-/Erziehungswissenschaft benennen:

(A) die ethnographisch-deskriptive Variante: Der Gegenstand, auf den sich hier die Bemühungen richten, sind die subjektiv-individuellen Verarbeitungsweisen und Repräsentationsformen von Wirklichkeit in den Köpfen der Angehörigen einer (Klein- oder Groß-) Kultur. Diese sollen durch 'Verstehen', und das heißt in diesem Fall vornehmlich: durch empathisches Sich-Hinein-Versetzen in die subjektive Wirklichkeit der Angehörigen dieser Kultur möglichst unvoreingenommen, unverzerrt und subtil erfaßt und dann zum Ausgangspunkt für dergestalt erfahrungsfundierte Theoretisierungsversuche gemacht werden. Deskripition steht hier im Vordergrund; Verstehen heißt hier: Sich-Hinein und dann wieder Hinaus-Versetzen, denn die ethnographische Exkursion findet erst im systematisierten Bericht ihren Abschluß" (TERHART 1983, S. 157; Hervorhebungen im Original).

"**(B) die kommunikativ-aufklärerische Variante**: Hier richtet sich das verstehende Bemühen zwar auch zunächst einmal auf eine deskriptive Nachzeichnung von subjektiven Repräsentanzen - zugleich aber wird davon ausgegangen, daß es noch Etwas geben muß, das gleichsam 'hinter' oder 'zwischen' den Zeilen dessen liegt, was von den Angehörigen einer

Kultur gesagt wird. Um nun diesen Bereich durch hermeneutische Operationen erschließen zu können, bedarf es eines Besser-Verstehens von seiten des/der Forscher. Dieses Besser-Verstehen legitimiert sich in entsprechenden Ansätzen auf unterschiedliche Weise und ist letztendlich an das Interesse geknüpft, dasjenige, was den Akteuren selbst als Bedingung ihres Denkens und Handelns nicht oder 'falsch' bewußt ist, in den Bereich des Reflektierbaren zu transportieren" (ebd., S. 157; Hervorhebungen im Original).

Davon unterscheidet TERHART noch einmal "(C) **die strukturalistisch-rekonstruktive Variante**, zu der die objektive Hermeneutik OEVERMANNs zählt (ebd., S. 157; Hervorhebung im Original; vgl. dazu besonders OEVERMANN 1986 sowie 1983).

In Abwandlung bzw. Ergänzung dieser Unterscheidungen arbeiten LÜDERS/REICHERTZ ebenfalls drei grobe Typisierungen qualitativer Vorgehensweisen heraus:

1. solche, die auf den **Nachvollzug subjektiv gemeinten Sinns** zielen;
2. solche, die auf die **Deskription sozialen Handelns und sozialer Milieus** zielen (vgl. dazu auch HITZLER/HONER 1988 sowie LAMNEK 1988, S. 33ff.) und
3. solche, die auf die **Rekonstruktion deutungs- und handlungsgenerierender Strukturen** zielen[5].

In einem zweiten Schritt unterscheiden LÜDERS/REICHERTZ die genannten Typen in Anlehnung an BONß nach den jeweils in Anspruch genommenen Dechiffrierungskonzepten (vgl. dazu ausführlich BONß 1983).

Ähnliche Einteilungen und verwandte Problemkonstellationen finden sich auch in der englischsprachigen Literatur. Dies soll exemplarisch an zwei einflußreichen Arbeiten gezeigt werden; einflußreich deshalb, weil im ersten Fall eine Festlegung der Richtlinien über die Veröffentlichungspolitik einer Zeitschrift erfolgte, also eine die Disziplin zentral tangierende, wissenssoziologisch interessante Maßnahme, und weil die zweite Arbeit eine umfangreiche Debatte zum Status und zur Klassifizierung qualitativer Forschung nach sich zog.

1. Im *American Educational Research Journal* (1987) erläutert MARY LEE SMITH, daß sich die Richtlinien für die Begutachtung der eingereichten Beiträge des *Journals* geändert haben mit der Folge, daß Manuskripte, die auf qualitativer Forschung basieren, nun von den Herausgebern begrüßt werden (vgl. SMITH 1987, S. 173). Die Aufgabe ihres Artikels besteht darin, qualitative Forschung zu definieren und solche Kriterien zu benennen, die bei der Würdigung der eingereichten Artikel herangezogen werden können. Nach einer knappen Aufzählung von Merkmalen ('Qualitative Forschung ist: empirisch, kontextbezogen, 'feldbereit' und lehnt standardisierte Methoden ab') zählt SMITH vier Richtungen auf, die als charakteristisch für qualitative Forschungsansätze gelten können.

a) Interpretative Ansätze (einschließlich der Ethnomethodologie und der Ethnographie), die Handlungen aus der Position der Akteure heraus sehen und - in einer Art philosophischem Idealismus - unterstellen, daß diese die Realität, die es zu verstehen gilt, selbst erzeugen. Ihren Niederschlag findet diese Form der Forschung in "empirical assertions, narrative vignettes, quotations from observational field notes and interviews, maps, tables, or figures" usw. (ebd., S. 177).

b) Künstlerische (artistic) Ansätze, die ihre Kraft aus der (in aller Regel: narrativen) Darstellung *einer* Person beziehen, die sich intensiv mit dem entsprechenden Feld befaßt hat. Diese Richtung entfernt sich am weitesten von den vorliegenden wissenschaftlichen Standards, und die Grenze zur literarischen Beschreibung ist fließend. Ihre 'methodische Absicherung' erfolgt über die Kriterien der Vollständigkeit, der Kohärenz, der internen Konsistenz sowie der Glaubwürdigkeit des Verfassers (vgl. ebd., S. 179).

c) Systematische Ansätze stellen gewissermaßen den Gegenpol zu den künstlerischen Ansätzen dar. Sie orientieren sich eng an den klassischen

Gütekriterien der Forschung, lehnen jedoch die Maxime der quantitativen Forschung ab, 'daß die externe Welt unsere Sicht der Dinge determiniert'. Insofern können Wissenschaftler, die dieser Richtung angehören, auf Aussagen der Subjekte (emic data) zurückgreifen. Die Darstellung der Ergebnisse erfolgt in diskursiver Form, d. h. "with conclusions logically argued from empirical evidence ... The researcher will attempt to show how the study is objective, reliable, and valid" (ebd., S. 180).

d) Theoriegesteuerte (theory-driven) Ansätze, soweit sie Feldforschung und nicht lediglich 'armchair-research' betreiben, soweit sie den Kontext in ihre Untersuchungen einbeziehen und soweit sie sinnverstehend vorgehen, fallen in diese Kategorie, die somit so unterschiedliche Ansätze wie die Konflikttheorie und den Strukturfunktionalismus enthalten kann. Was diese Richtungen, nach Auffassung von SMITH, als qualitative Ansätze ausweisen kann, ist die Herstellung von Feldbeziehungen, das Sammeln von Daten, die Respektierung des Kontextes als Größe, die menschliches Verhalten beeinflußt sowie der Versuch, den von Menschen erzeugten Sinn zu verstehen (vgl. ebd., S. 181).

2. Der zweite Klassifikationsversuch erlangt - über die systematisierende Darstellung hinaus - seine Bedeutung aus der Tatsache, daß er Anlaß für heftige Auseinandersetzungen wurde, die zeigen, wie unscharf und somit provozierend derartige Einteilungen wirken können: EVELYN JACOB hat in zwei, zum Teil sehr ausführlichen Übersichtsartikeln (1987, 1988) qualitative Ansätze vor dem Hintergrund forschungsleitender Traditionen im Sinne KUHNs dargestellt. Aufgrund ihrer Einteilung lassen sich fünf (1987) bzw. sechs (1988) Forschungsrichtungen unterscheiden.

a) Ökologische Psychologie. Sie untersucht menschliches Verhalten und die Beziehungen zwischen diesem Verhalten und der Umwelt. Diese Richtung weist starke Momente der Übereinstimmung mit quantitativen Forschungsansätzen auf.

b) Holistische Ethnographie. Sie greift auf ethnologische Arbeiten (klassisch: BOAS, MALINOWSKI) zurück und versucht, Kulturen (in ihrer

Gesamtheit oder in Teilbereichen) durch die Beschreibung der dort praktizierten Überzeugungen und Einstellungen zu charakterisieren.

c) **Die kommunikationsbezogene Ethnographie**. Sie orientiert sich an der Soziolinguistik und richtet ihren Schwerpunkt auf die Untersuchung von face-to-face Interaktionen sowie auf die Verbindung dieser mikrosoziologischen Ergebnisse mit Aussagen der Makrosoziologie aus.

d) **Kognitive Ethnographie** (wird auch als 'neue Ethnographie' bezeichnet). Ähnlich wie die holistische Ethnographie bezieht sich dieser Ansatz auf Kulturphänomene, jedoch nicht auf deren inhaltlichen Reichtum, sondern auf die semantische Darstellung; d. h. im Mittelpunkt stehen kulturelle Kategorien sowie die daraus ableitbaren Organisationsprinzipien der Teilnehmer.

e) **Symbolischer Interaktionismus**. Interpretationen werden von den Subjekten im Austausch und in der Auseinandersetzung mit anderen geschaffen. Den Forscher interessiert, wie es genau zu diesen Interpretationen bzw. Darstellungen kommt und wie sie situativ eingesetzt werden.

f) **Humanethologie** (nur in 1988). Obwohl die Datenanalyse innerhalb dieser Richtung derzeit überwiegend auf quantitative Art und Weise erfolgt, rechnet JACOB auch die Humanethologie zur qualitativen Tradition hinzu, da der Vorgang des Verstehens nicht von vornherein als Erkenntnisweg ausgeschlossen wird.

Dieser hier nur stichpunktartig wiedergegebenen Einteilung wurde aus verschiedenen Richtungen heftig widersprochen. Neben der Diskussion, inwieweit der Traditionsbegriff im Sinne KUHNs richtig eingesetzt wurde bzw. ob der Rekurs auf KUHN überhaupt zulässig ist, ist eine längere Entgegnung von ATKINSON, DELAMONT und HAMMERSLEY von besonderem Interesse, die darauf verweisen, daß (neben einem falschen Verständnis des Traditionsbegriffs) britische Ansätze nicht in die Analyse aufgenommen wurden, was zu einer falschen Darstellung des Bereichs qualitativer Forschung führe[6]. Im Bestreben, diesen Mangel abzustellen, entwickeln die Autoren wiederum eine eigene Typologie, die nun sieben Ansätze umfaßt, nämlich den Symbolischen Interaktionismus, die Ethnographie, die Soziolinguistik, die Ethnomethodologie, die demokratische Evaluation, die neomarxistische Ethnographie und den Feminismus. Wir wollen die Darlegung der spezifischen Merkmale der Positionen nicht noch einmal wiederholen; es genügt, darauf hinzuweisen, daß hier eine weitere, sich zum Teil mit der Einteilung von JACOB überschneidende, zum Teil abweichende Klassifikation vorliegt.

Die Darstellungen dieses Abschnittes haben u. E. gezeigt, daß qualitative Sozialforschung einen festen Stellenwert im Methodenkanon errungen hat und mit steter, vermutlich weiter zunehmender Aufmerksamkeit rechnen kann. Sie haben jedoch auch ergeben, daß "mit dem Durchbruch des Interpretationsparadigmas" (HABERMAS 1983, S. 30) weder ein Konsens darüber erzielt werden konnte, wie die 'äußeren Grenzziehungen' erfolgen sollen, noch ein Konsens im Hinblick darauf, wie die internen Kriterien der qualitativen Forschung auszusehen haben. In einer Art Metaanalyse können die divergierenden Vorstellungen jedoch noch einmal verallgemeinert und synthetisiert werden. So gelangen wir zu vier generellen Merkmalen qualitativer Forschung (vgl. dazu FIRESTONE 1987):

1. Der Auffassung, daß eine *soziale* Konstruktion der Wirklichkeit erfolgt;
2. Der Auffassung, daß ein verstehender Zugang zur Wirklichkeit unumgänglich ist[7];
3. Der Auffassung, daß eine fallbezogene Untersuchung mit einer sich daran anschließenden Möglichkeit der Typenbildung zentral ist und
4. Der Auffassung, daß der Forscher sich unmittelbar auf die Praxis einlassen muß (die Idee des 'going native').

3. Zum Verhältnis von qualitativer und quantitativer Sozialforschung

Es ist sicher notwendig, quantitative und qualitative Ansätze nicht nur im Hinblick auf ihre Leistungsfähigkeit zu vergleichen, sondern auch Überlegungen anzustellen, die darauf abzielen, die Fruchtbarkeit einer möglichen Verbindung der beiden Richtungen zu reflektieren. Idealtypisch lassen sich diese Überlegungen in zwei Extremgruppen einteilen; auf der einen Seite befinden sich diejenigen Vertreter, die eine Verbindung der beiden Richtungen kategorisch ablehnen bzw. diese für unmöglich halten (puristische Position), auf der anderen Seite stehen diejenigen Auffassungen, die einer Verbindung das Wort reden bzw. forschungspraktisch daraufhin arbeiten (pragmatische Position; vgl. für die Gegenüberstellung von Puristen und Pragmatikern FIRESTONE 1987). Die beiden Gruppen lassen sich aus einer analytischen Perspektive zudem im Hinblick darauf unterteilen, ob die entsprechenden Vorschläge von Vertretern der qualitativen oder der quantitativen Richtung stammen.

Zunächst bleibt festzuhalten, daß die Position der Puristen durch die zuletzt eingeführte Aufteilung nicht affiziert wird, da sowohl qualitativ wie quantitativ orientierte Puristen unterstellen, daß die beiden Richtungen nicht kompatibel sind; als Unterstützung werden dafür (in aller Regel im Anschluß an KUHN) solche Argumente angeführt, wonach die 'Sprachspiele' nicht aufeinander rückführbar sind, daß es keine Regeln gibt, um das eine Paradigma in ein anderes zu überführen bzw. daß nicht einmal eine Abgleichung aufgrund des fehlenden gemeinsam geteilten Weltbildes durchführbar ist.

Im Vergleich dazu unterstellt die pragmatische Position, daß eine Verbindung - auf die eine oder andere Art und Weise - möglich und darüber hinaus fruchtbar ist. Hierzu lassen sich analytisch, aber auch aufgrund der praktizierten Empirie drei Positionen benennen:

1. Der Primat der quantitativen Forschung unter Einbezug qualitativer Anteile.
2. Der Primat der qualitativen Forschung unter Einbezug quantitativer Anteile.
3. Die Gleichberechtigung der Forschungsansätze.

Zu 1. Der Primat der quantitativen Forschung unter Einbezug qualitativer Anteile.

Nach Auffassung von Vertretern der quantitativen Sozialforschung soll der Forschungsablauf in zwei aufeinanderfolgende und sachlich strikt abgetrennte Bereiche unterteilt werden: In einen Entdeckungs- und einen Begründungszusammenhang (context of discovery und context of justification). Für die Entdeckung wissenschaftlicher Tatsachen sind demnach alle Mittel geeignet; Spekulationen ebenso wie logisches Denken - mithin auch verstehende Konzepte. Der Entdeckungszusammenhang ist dieser Auffassung zufolge der 'eigentlichen' Wissenschaft lediglich vorgelagert; insofern kommt den hierin vorgenommenen Überlegungen und Maßnahmen kein wissenschaftlicher Status zu. Dieser gebührt allein den statistischen (deduktiv-nomologischen oder induktiv-probabilistischen) Operationen innerhalb des Begründungszusammenhangs[8].

Mit dieser Aufgabenverteilung wird mithin eine Verbindung nur vorgetäuscht. Tatsächlich zählt allein der quantitative Ansatz zur Wissenschaft, während das Verstehen sich in deren Vorfeld bewegt. So läßt sich als Fazit festhalten, daß wir es hier nicht mit einer pragmatischen, auf eine Verbindung abzielenden Position zu tun haben, sondern mit einer verdeckten Version des quantitativen Purismus.

Zu 2. Der Primat der qualitativen Forschung unter Einbezug quantitativer Anteile.

Gegenwärtig wird diese Auffassung vor allem von OEVERMANN vertreten, der in der methodologischen Grundlegung der von ihm entwickelten 'objektiven Hermeneutik' beansprucht, daß "die diesem Modell folgenden Verfahren der Sinnauslegung in den Sozialwissenschaften in jedem Falle die grundlegende Operation des Messens bzw. der Erzeugung theorierelevanter Daten darstellen. Mit Bezug auf diese grundlegenden Operationen stellen die üblichen nicht-hermeneutischen Prozeduren der quantifizierenden Sozialforschung standardisierte Formen der Datenerzeugung dar, die ausschließlich unter dem Gesichtspunkt der forschungsökonomischen Abkürzung des Datenerzeugungsprozesses unter zu spezifizierenden Bedingungen gerechtfertigt werden können" (OEVERMANN et al. 1979, S. 352). OEVERMANN lehnt Methodenkombinationen somit nicht ab, sondern befürwortet pragmatisch alternative, ergänzende Methoden dann, wenn die Forschungsökonomie dies erfordert (vgl. ebd.).

Auch KLEINING (1982) vertritt eine 'Position der Überordnung' und macht dies deutlich, indem er die Abfolge der Verfahren besonders betont: "Qualitative Sozialforschung läßt sich auf alle Themenbereiche der empirischen Sozialforschung anwenden, sie greift sogar weiter als die quantitative Methodik und schließt etwa auch die Form künstlerischer und literarischer Produktionen ein, auch über ihren 'Inhalt', der z. T. quantitativ erfaßbar ist, hinausgehend" (ebd., S. 224). Aufgrund der These, daß die 'Alltagstechniken' das Reservoir für alle sozialwissenschaftlichen Methoden darstellen, geht KLEINING davon aus, daß die "sozialwissenschaftlichen Verfahren zur Erkenntnis der Umwelt (...) nicht aufgesetzt auf die natürlichen Techniken (sind), ihnen nicht fremd, nicht deduziert aus in sich widerspruchsfreien Gedankengebilden, sondern nach den gleichen Regeln funktionierend wie die natürlichen. Alle Erkenntnisstrategien haben dieselbe, nämlich die *pragmatische* Basis. Ist dem so, so eröffnet sich die Chance, die sozialwissenschaftlichen Techniken besser zu erkennen und zu handhaben, indem man sie mit ihren Quellen, den Alltagsstrategien, im Zusammenhang sieht. Dann sind die Alltagstechniken die Basis, aus denen sich die qualitativen Verfahren als erste, die quantitativen Techniken aber als zweite Stufe der Abstraktion entwickeln. Diese Konzeption führt zu drei Folgerungen. Die erste ist die Behauptung der *Einheit der Methoden*. Wenn alle Verfahren aus den

Alltagstechniken entspringen, so gehören sie zusammen und können als Einheit gesehen werden. Anders ausgedrückt: sie stehen miteinander in bestimmter, noch zu untersuchender Beziehung. Dies betrifft sowohl die Verhältnisse der Techniken auf den verschiedenen Abstraktionsebenen, als auch die verschiedenen Techniken selbst, die Befragung, Beobachtung, das Experiment" (ebd., S. 225; Hervorhebungen im Original).

Der zweite konzeptionelle Schluß KLEININGs bezieht sich auf die Reihenfolge von qualitativen und quantitativen Verfahren. Hier konstatiert er, "daß aus den Alltagstechniken durch Abstraktion die qualitativen Verfahren entstanden sind, bzw. entstehen können, und aus diesen die quantitativen, und daß diese Abfolge zwingend ist, (..). Qualitative Forschung ist (...) in der Forschungspraxis auch 'früher' als quantitative anzusetzen. Sie muß in jedem Fall der quantitativen Forschung vorausgehen, braucht aber nicht von ihr gefolgt zu werden. Wenn sie einen Gegenstand erklärt, so hilft eine Quantifizierung nicht; erklärt sie ihn nicht, so kann quantitative Forschung den Fehler auch nicht ausgleichen. Qualitative Analysen können also ohne Quantifizierung auskommen. Das Umgekehrte ist nicht der Fall" (ebd., S. 226).

Schließlich bleibt - ohne auf die hieraus folgenden Regeln für die qualitative Sozialforschung näher einzugehen - auf den von KLEINIG herausgearbeiteten **Gegensatz** zwischen qualitativen und quantitativen Verfahren (seine dritte Folgerung) zu verweisen. Dieser liegt primär in der jeweils eingeschlagenen unterschiedlichen Orientierung der Forschung: Während die qualitative Sozialforschung Gemeinsamkeiten erfassen will (Analyse der Daten auf Gemeinsamkeiten - etwa als Typenbildung), konzentriert sich die quantitative Sozialforschung auf die Erfassung von Differenzen. "Die qualitative Sozialforschung analysiert die Gemeinsamkeiten von zwei oder mehr Gegebenheiten, indem sie die Unterschiede zwischen ihnen überwindet. Die quantitative erfaßt Unterschiede dadurch, daß Gemeinsamkeiten als Basis für den Vergleich festgesetzt werden. Deswegen sind die Zielsetzungen der beiden Forschungsarten verschieden: Aufdeckung von Bezügen dort und Messen unterschiedlicher Ausprägungen schon bekannter Züge hier" (ebd., S. 227).

Wir fassen zusammen: In den Konzeptualisierungen von OEVERMANN und KLEINING werden quantitative Verfahren nicht aus dem Kontext der Wissenschaft ausgeschlossen, sondern diese behalten, wenn auch häufig 'als zweitbeste Lösung', ihre Bedeutung. Mit dieser Gegenstandsbeschreibung ist im übrigen sehr wohl vereinbar, daß es Bereiche gibt, für die die Umwandlung qualitativer in quantitative Daten sinnvoll ist.

Zu 3. Die Gleichberechtigung der Forschungsansätze

In Abgrenzung von der schon genannten, wenig ertragreichen Frontstellung (Zwei-Welten-Modell) wird von vielen Autoren derzeit vermehrt **eine Methodenkombination** bzw. eine **Triangulation von Methoden** für die Forschungspraxis vorgeschlagen.

HOFFMANN-RIEM erläutert diese Position wie folgt. "Für die Auseinandersetzung zwischen den Richtungen der Sozialforschung ist zu hoffen, daß es zu einer gegenseitigen Öffnung kommt: Wissenschaftlicher Fortschritt wäre für die interpretative Sozialforschung nicht erreichbar ohne die kritische Nutzung tradierter Sozialforschungsgehalte; die neopositivistische Sozialforschung sollte andererseits ihren Empiriebegriff überprüfen - und wie GRATHOFF es formuliert hat - den Mut aufbringen, 'den Alltag erst einmal und stets wieder so zu nehmen, wie er sich jeweils präsentiert'" (1980, S. 362).

Auch WILSON vertritt eine ähnlich gelagerte 'Sowohl-Als-auch-Position' im Hinblick auf die genannte Problemstellung und zieht nach einer ausführlichen Diskussion das folgende Fazit: "Wir haben empirische Gründe für drei Grundbehauptungen beizubringen versucht. Erstens, daß es keine privilegierte Methode gibt, an der andere zu messen wären. Zweitens, daß sowohl quantitative als auch qualitative Methoden ihre geeigneten Anwendungsbereiche haben. Und drittens, daß sich die Sozialwissenschaftler in der Forschungspraxis des Zusammenspiels quantitativer und qualitativer Analysen bedienen müssen und dies auch tun" (WILSON 1982, S. 504).

Wie solche methodologischen Überlegungen methodisch umzusetzen sind, hat, um ein Beispiel zu nennen, MARTIN FROMM verdeutlicht[9]. Er unterscheidet drei mögliche Formen der Verknüpfung (vgl. FROMM 1990, S. 470ff.).

1. Die additive Verbindung;
2. Die Triangulation (Mehrfacherhebung durch qualitative und quantitative Methoden); und
3. Die Überführung qualitativer in quantitative Daten (und vice versa).

Zu 1. FROMM kommt in seiner Darstellung zu dem Ergebnis, daß es im ersten Fall nicht zu einer Verbindung, sondern zu einem Nebeneinander der beiden Methoden kommt; d. h. daß ein Untersuchungsbereich sowohl mit qualitativen als auch mit quantitativen Verfahren erforscht wird. Hier läßt sich nicht von Methoden*verbindung* sprechen, obwohl ein Vergleich der mit den unterschiedlichen Verfahren erzielten Ergebnisse fruchtbar sein kann.

Zu 2. Für den Fall der Triangulation, die die Auswertung *eines* Datensets mit verschiedenen, also qualitativen und quantitativen Methoden umfaßt[10], weist FROMM darauf hin, daß diese Form der Verbindung mit einem 'Mißtrauen in die eigenen Methoden' einhergeht und erhofft wird, daß sich die Verfahren "in ihrer je begrenzten Leistungsfähigkeit ergänzen" (ebd., S. 474). Und er betont zurecht, daß es hier häufig allein bei der Hoffnung bleibt. Dennoch, darauf verweisen HAMMERSLEY und ATKINSON, kann eine recht verstandene Anwendung der Triangulation erfolgreich sein. "Triangulation is not a simple test. (...) What is involved in triangulation is not the combination of different kinds of data *per se*, but rather an attempt to relate different sorts of data in such a way as to counteract various possible threats to the validity of our analysis" (HAMMERSLEY/ATKINSON 1983, S. 199; Hervorhebung im Original)[11].

Zu 3. Im Hinblick auf die Transformation der Daten bezieht sich FROMM auf jenes Standardproblem der quantitativen Forschung, das darin besteht, (a) ursprünglich qualitative Daten in numerische zu überführen sowie (b) nach den vollzogenen statistischen Operationen die quantitativen Ergebnisse sprachlich zu repräsentieren. Während der erste Vorgang in der Literatur recht ausführlich behandelt wird, liegen für die Bewältigung der zweiten Maßnahme weniger Evidenzen vor. Uns scheint sogar, daß dieser Vorgang für viele quantitativ arbeitende Forscher kaum unter der Rubrik einer Verbindung der beiden Methoden abgehandelt wird - insofern könnte in Zukunft eine (erneute) Auseinandersetzung mit diesem Thema lohnen.

4. Zu diesem Band

Wir haben uns für den folgenden Band darauf beschränkt, Forschungsberichte 'einzuwerben', ohne den Versuch zu unternehmen, theoretische Richtungseinordnungen a priori vorzunehmen bzw. um solche Selbstzuordnungen zu bitten.

Die Beiträge dieses Bandes stehen somit für unterschiedliche Diagnosen sozialer Sachverhalte im exakten Wortsinn: als unterscheidende Beurteilungen und Systematisierungen von Erkenntnissen. Für die bis heute erreichte Ausbauphase muß als Manko - dem mit diesem Sammelband ansatzweise abgeholfen werden soll - insgesamt festgestellt werden, daß es an Arbeitsmodellen für die qualitativ-empirische Forschungspraxis weitgehend fehlt: Aus vielen Forschungsprojekten kommen Anfragen bezüglich praktikabler Anwendungsformen qualtitativer Methoden sowie Fragen, die auf Auswertungsmöglichkeiten bereits vorliegenden Materials zielen.

Um solchen Fragen gerecht zu werden, haben wir empirisch arbeitende Sozialforscherinnen und Sozialforscher in unserer Einladung zur Mitarbeit gebeten, ihre Darlegungen entlang eines vorgegebenen Schemas zu entfalten:

"Die Beiträge sollten nach dem folgenden gemeinsamen Muster aufgebaut sein. Dabei handelt es sich um Konstruktionsanweisungen bzw. Leitlinien, die dem Band eine Einheitlichkeit und den LeserInnen eine Vergleichbarkeit der verschiedenen Vorgehensweisen gewährleisten sollen.

- Skizzierung der theoretischen Leitbegriffe und des Verfahrens
- Darstellung der Forschungspraxis anhand von Beispielen (Fällen)
- Diskussion von Stärken und Schwächen des angewandten Verfahrens; z. B. Möglichkeiten der Verallgemeinerung; Gütekriterien etc".

Damit haben wir uns für die Verfolgung einer Maxime von GEERTZ entschieden: "Will man eine Wissenschaft verstehen, so sollte man nicht in erster Linie ihre Theorien oder Entdeckungen ansehen und keinesfalls das, was ihre Apolegeten über sie zu sagen haben, sondern das, was ihre Praktiker tun" (GEERTZ 1983, S. 9f.). Wobei wir natürlich auch wissen, daß die interpretative Spirale damit noch nicht zu Ende ist, sondern daß das, 'was Praktiker tun', von dem, worüber sie berichten, was sie tun, noch einmal zu unterscheiden ist - ad infinitum.

Die folgenden, nach diesen Richtlinien eingeholten Artikel müssen für sich selbst sprechen; und es hätte wenig Sinn, sie vorwegnehmend zu kommentieren; kurze inhaltliche Hinweise auf die Arbeiten sollen genügen.

Ausgehend von forschungspraktischen Problemen geht STEFAN AUFENANGER in seinem Werkstattbericht auf ein konkretes Forschungsprojekt zu dem Phänomen "Lehrerethos" ein. Er stellt die Anwendung des semistrukturellen Interviews an Situationsbeispielen dar, geht auf die Phase der Datenerhebung im einzelnen ein und benennt in diesem Kontext allgemeine Kriterien für Voraussetzungen und für die Verwertbarkeit von Interviews. Zur Auswertung qualitativen Datenmaterials vergleicht er zwei mögliche Strategien miteinander (Sequenzanalyse und abkürzendes Verfahren der Interpretation), die schließlich zusammenschauend bewertet werden.

ALFONS BORA, THOMAS DRESEL, TILMANN SUTTER und UWE WEISENBACHER legen mit ihrem Beitrag "Die Methode der Sozialisation" eine Fallanalyse zum Zusammenhang von Konstitution und Rekonstruktion der Moral vor. Einleitend werden rekonstruktive Verfahren in der Moraltheorie (KOHLBERG, HABERMAS, PIAGET) skizziert. Gegenstand der anschließenden Fallanalyse ist ein offenes Interview. Ziel des sequenzanalytischen Vorgehens in der Auswertung ist es, die Moralstruktur des Falles herauszuarbeiten. Im Unterschied zu der etablierten Vorgehensweise in der Moralforschung nimmt die Autorengruppe dabei keine inhaltlichen Moralkonzeptionen als Zuordnungsverfahren in Anspruch. Schließlich steht die Kontrastierung des angewendeten Verfahrens der objektiven Hermeneutik mit dem Vorgehen der Dilemma-Methode in der Tradition KOHLBERGs im Zentrum der Ausführungen.

Die Autorengruppe LYN M. BROWN, MARK B. TAPPAN, CAROL GILLIGAN, BARBARA A. MILLER und DIANNE E. ARGYRIS dokumentiert in ihrer Darstellung ein Auswertungsverfahren, das dazu dient, unterschiedliche 'moralische Stimmen' aus Interviewtexten heraus zu identifizieren. Die VerfasserInnen greifen damit auf eine Problemstellung zurück, die innerhalb des Forschungsgebietes der moralischen Entwicklung zu heftigen Auseinandersetzungen geführt hat. Die 'Stimmen' der Gerechtigkeits- und der Fürsorgemoral werden in diesem Zusammenhang sowie unter Rückgriff auf erzähltheoretische wie klassisch hermeneutische Ansätze interpretativ ausgewertet. Die erzielten Ergebnisse, nämlich 'Narrative Typen', lassen sich im Hinblick auf Gütekriterien wie Reliabilität und Validität diskutieren und einschätzen.

Der Beitrag von FELICITAS ENGLISCH stellt eine Anwendung des Verfahrens der objektiven Hermeneutik auf ein filmisches Dokument dar. Den Analysegegenstand bildet die Kino-Werbung für eine Eiscreme. Der erweiterte Textbegriff der objektiven Hermeneutik bildet den theoretischen Hintergrund für die Studie, die mit der Suche nach dem Normalkontext 'als Frage nach dem In-der-Welt-Sein' beginnt. Dabei ergibt sich das Problem der Übertragung der Sequenzanalyse auf die Bildrezeption (als Einteilung bewegter Bilder mit veränderter Zeitstruktur).

Die Autorin liefert Hinweise auf Übersetzungsmöglichkeiten der 'Bildsprache', die mit der 'Schriftsprache' korrespondieren. Dazu greift sie auf die Wahrnehmungsgesetze zurück, die aus den Arbeiten der Gestaltpsychologie hervorgegangen sind. Am Beispiel der Analyse einzelner Bilder stellt die Verfasserin ihr Vorgehen exemplarisch dar und präsentiert ihre Ergebnisse mit Blick auf Werbestrategien und den darin transportierten Symbolgehalten.

Als eine Form der Deutungsmuster- bzw. Lebensweltanalyse läßt sich die Arbeit von ELK FRANKE verstehen. Aus sportsoziologischer Sicht diskutiert der Autor die Fußball-Fan-Problematik unter verschiedenen Gesichtspunkten und stellt ein von ihm durchgeführtes Projekt sowie Schritte der Vorgehensweise bei der Interviewanalyse im einzelnen dar. Exemplarisch werden Textpassagen interpretiert, wobei sich die gewählte Methode an der OEVERMANNschen Sequenzanalyse orientiert. Interessante Ergebnisse liegen vor allem vor in der Charakterisierung des Fan-Seins als einem 'antimodernen peer-group-Phänomen' und in der Herausarbeitung des Status der 'Sonderweltlichkeit von Fußballfans'.

BERNHARD HAUPERT legt mit seiner Arbeit ein detailliertes Auswertungsverfahren für biographisch-narrative Interviews vor. Die Notwendigkeit einer Auswertungsanleitung wird begründet, theoretische und methodische Schritte werden im einzelnen aufgezeigt und miteinander verknüpft. Das narrative Interview als 'Königsweg' zur Erfassung subjektiver Perspektiven wird im Kontext krisenhafter Lebensverläufe expliziert und in einzelne Analyseschritte zerlegt. Die Beispiele entstammen der Lebenswelt arbeitsloser Jugendlicher. Das Kernstück der von HAUPERT vorgelegten Auswertungstechnik bildet die Typenbildung.

LEONIE HERWARTZ-EMDEN untersucht in ihrer Arbeit den universitären Sprachgebrauch, wobei von der Forscherin erstmalig das Konzept der Geschlechtermodalitäten in diesen Untersuchungsgegenstand eingebracht wird. Geschlechtermodalitäten sind als Handlungsmodalitäten Frauen wie Männern gleichermaßen zugänglich und werden von der Autorin an einzelnen Themenbereichen expliziert (Macht, Karriere, Konkurrenz, Kampf, Reproduktion). Das Geschlechterverhältnis wird innerhalb des universitären Sprachraums empirisch untersucht; weibliche wie männliche Aussageformen und Argumentationsmuster werden herausgefiltert, zugeordnet und einander gegenübergestellt. Die Verfasserin zeigt Arbeits- und Auswertungsschritte ihrer qualitativen Inhaltsanalyse auf. Wie in der Untersuchung von ELK FRANKE wird die qualitative Analyse durch einen quantitativen Untersuchungsteil ergänzt.

RONALD HITZLER setzt sich mit der Frage auseinander, wie Wirklichkeit erfahren bzw. erfahrbar wird, wenn eine Teilhabe an der je konkreten Lebenswelt der zu Erforschenden nicht möglich ist. Das von ihm ausgewählte Beispiel bezieht sich auf den Bereich der Politik im allgemeinen, auf die Interpretation einer Rede zur Aids-Problematik im besonderen. Unter Heranziehung einer kontrafaktischen Unterstellung - 'der Attitüde der künstlichen Dummheit' - läßt HITZLER den Text auf sich wirken und versucht nachzuvollziehen, wie sich der Bestand an alltäglichem Wissen herausbildet und verfestigt. Da es sich im dokumentierten Fall zugleich um politisch relevantes Wissen handelt, stellt sich die Zusatzfrage, welche 'Botschaft' mit diesem Text transportiert wird; beispielsweise im Hinblick auf die gesellschaftliche Einschätzung von AIDS bzw. einer politisch-säkularisierten Sinnstiftung.

Der Artikel von ANNE HONER wendet sich unter Rückgriff auf den lebensweltlichen Ansatz einem in der Tat (fast) alltäglichen Phänomen zu: Dem Heimwerken. Indem das ethnographische Auge auf sogenannte kleine Lebenswelten gerichtet wird, gelingt es, am Beispiel der 'Zweckwelt des Heimwerkers', das über den Einzelfall hinausgehende Exemplarische anhand von 'dichten Beschreibungen' darzustellen und damit Einblicke in die Kultur des Heimwerkers zu gewähren. Durch diese Einbettung von Individuen in das sie umgebende Allgemeine wird es auch möglich, Verbindungslinien zwischen mikro- und makrosoziologischen Elementen aufzuzeigen.

In der Arbeit von HARTMUT KEIL und MitarbeiterInnen wird das Deutschlandbild der US-amerikanischen Medien, hier am Beispiel von

Nachrichtensendungen des Fernsehens, untersucht. Den Ausgangspunkt der Analyse bildet die Vorstellung, daß sich es hierbei um 'bewußt inszenierte Konstrukte' - um 'edierte Geschichten' - handelt, die sich 'traditioneller Erzählstrategien' bedienen: Eine tragische Geschichte kommt zu einem (vermeintlich) guten Ende. Dabei zeigt die ausgeprägt personalisierende Darstellung einen Helden, der den Klischees der Fernsehserien entspricht. Die Realität wird einer filmisch erzeugten harmonischen und widerspruchsfreien Fiktion geopfert; zugleich werden 'Pseudo-Ereignisse' produziert, um 'action' zu suggerieren, wo tatsächlich Ruhe herrscht. Inwieweit hier eine fernseheigene Logik bzw. eine fernsehspezifische Ästhetik mit sachhaltigen Darstellungen konkurriert, wird im abschließenden Teil der Arbeit thematisiert.

Der in der qualitativen Sozialforschung seit dem Bekanntwerden des OEVERMANNschen Manuskriptes ('Zur Analyse der Struktur von sozialen Deutungsmustern' aus dem Jahre 1973) virulente Deutungsmusteransatz bildet den Anknüpfungspunkt für die Ausführungen von CHRISTIAN LÜDERS. Der Autor sucht begrifflich, theoretisch und am Beispiel, das 'risikoreiche Konzept' der Deutungsmusteranalyse einzubetten, einzugrenzen und nachvollziehbar werden zu lassen. Er versteht dabei Deutungsmuster zunächst als forschungspragmatisch-heuristisches Konzept, wobei er konstitutive Momente der Analyse herausarbeitet, auf Gemeinsamkeiten und Unterschiede innerhalb des Ansatzes selbst hinweist, wie auch Abgrenzungen zu dem des Handlungsmusters benennt. Methodische Schritte der konkreten Fallanalyse werden in einem 'Werkstattbericht' vorgestellt. Das gewählte Fallbeispiel entstammt einem Projekt zur Erforschung der Arbeitslosigkeit von Hauptverdienern in Familien. Abschließend gibt der Verfasser Hinweise auf Probleme und offene Fragen der Deutungsmusteranalyse.

Die Darstellung von WINFRIED MAROTZKI bezieht sich auf die Erforschung von Biographien, konkret auf die 'subjektive Konstitution gelebten Lebens' in modernen Gesellschaften. Im Rückgriff auf WILHELM DILTHEY hebt er dabei besonders die Aufgabe der Zusammenhangsbildung für das menschliche Leben hervor: Es sind die Subjekte, die ihr

Leben gestalten und mit Bedeutung versehen. Am Beispiel eines Informanten, der lange Zeit in psychiatrischen Anstalten zugebracht hat, verdeutlicht MAROTZKI die Schwierigkeiten, Zusammenhang in die vergangene eigene Biographie und damit auch in das gegenwärtige Leben zu bringen. Er greift dazu vor allem auf methodische Überlegungen zurück, die in den Diskussionen zum narrativen Interview gewonnen wurden.

Methode und Auswertung von ExpertInneninterviews bilden den Gegenstand des Beitrages von MICHAEL MEUSER und ULRIKE NAGEL. Es handelt sich um die Anwendung offener, leitfadenorientierter Interviews und um Verfahrensvorschläge zu deren Interpretation im Kontext industriesoziologischer Forschung. Dabei werden Fragen nach dem Status von Expertinnen und Experten bzw. nach dem Adressatenkreis diskutiert. Die Stärken des Leitfadeninterviews als adäquatem Forschungszugriff auf den gewählten Gegenstand werden in diesem Zusammenhang besonders hervorgehoben. Die von den Autoren dargelegte interpretative Auswertungsstrategie - die aus Erfahrungen in unterschiedlichen Forschungsfeldern resultiert - versteht sich zuvorderst als Entdeckungsstrategie. Ziel ist dabei, 'Überindividuell-Gemeinsames' aus den analysierten Interviews herauszuarbeiten. Einzelne Schritte der Auswertung (Transkription, Paraphrase, Wahl der Überschriften, thematischer Vergleich, Konzeptualisierung) werden vorgestellt und mit einer theoretischen Generalisierung abgeschlossen.

Anmerkungen

1 Darauf, daß diese Beschreibung Raum läßt für zumindest zwei Ausdeutungen, weist ANDERSON (1989) hin. Einerseits sieht er die gegenwärtigen Auseinandersetzungen als "a continued attack on positivism with no single clearly conceived alternative", zum anderen folgt daraus, daß "the current situation, although chaotic, is also full of opportunity" (S. 250).

2 Eine solche Positionsbestimmung ist auch im Hinblick auf eine Abgrenzung gegenüber geisteswissenschaftlichen Positionen notwendig; vgl. zum Problem der 'hermeneutischen Regression' BRUNKHORST 1989, vor allem S. 473ff.

3 Zur Notwendigkeit alltagsorientierter Verfahren in der Sozialpädagogik/Sozialarbeit vgl. JUNGBLUT/SCHREIBER 1980; für die Ethnomethodologie in der erziehungswissenschaftlichen Forschung PARMENTIER 1983, für ethnomethodologische Forschungsmethoden in Sonder- und Heilpädagogik vgl. EBERWEIN/KÖHLER 1984, für ethnomethodologische Ansätze innerhalb des französischen Sprachraums QUELOZ 1984; zur Untersuchung familialer Interaktion vgl. HILDENBRAND 1979a und b, WAHL et al. 1980, BUCHHOLZ 1984.

4 Als Überblick für die grundlagentheoretische Position des Interpretativen Paradigmas und verschiedene qualitative Ansätze vgl. WITZEL 1982, GIRTLER 1984; für die Erhebung und Auswertung verbaler Daten vgl. HUBER/MANDL 1982; für die qualitative Inhaltsanalyse vgl. MAYRING 1983, auch KRACAUER 1972; zur Diskussion interpretativer Verfahren vgl. GARZ/KRAIMER 1983, ZEDLER/MOSER 1983; für die Marktforschung vgl. VOGEL/VERHALLEN 1983, für die Erwachsenenbildung vgl. KADE 1983, EBERT et al. 1984; für die biographische Forschung vgl. FUCHS 1984, KOHLI/ROBERT 1984. Weitere wichtige Hinweise zur qualitativen Forschung finden sich z.B. für den Bereich der Arbeitsmigrantenforschung bei HOFFMEYER-ZLOTNIK 1986. Für die Erziehungswissenschaft vgl. HEINZE 1987 und HUSCHKE-RHEIN 1987; für die Subjektorientierung in der Psychologie vgl. BERGOLD/FLICK 1987, für die Medienforschung AUFENANGER 1988, 1990 sowie BAACKE/KÜBLER 1989. Für erste Versuche lehrbuchartiger Zusammenfassungen vgl. LAMNEK 1988, 1989; und MAYRING 1990).

5 Innerhalb des letzteren Zweigs unterscheidet MATTHES-NAGEL (1986) wiederum phänomenologisch-rekonstruktive und hermeneutisch-rekonstruktive Strategien (zu den genannten Typen vgl. FERCHHOFF 1986, der eine Zuordnung im Kontext der Jugendforschung vornimmt).

6 Vgl. auch die Diskussionsbeiträge von BUCHMANN/FOLDEN (1989), LINCOLN (1989) und die Entgegnung von JACOB (1989); als frühere Beiträge zur Diskussion von 'conjecture and refutation' in der qualitativen Sozialforschung vgl. BESAG (1986) sowie BORMAN, LECOMPTE und GOETZ (1986).

7 Für die ersten beiden Punkte vgl. HABERMAS 1981, S. 152ff. "Die Soziologie muß einen verstehenden Zugang zu ihrem Objektbereich suchen, weil sie in ihm Prozesse der Verständigung vorfindet, durch die und in denen sich gewissermaßen der Objektbereich vorgängig, d. h. vor jedem theoretischen Zugriff schon konstituiert hat. Der Sozialwissenschaftler trifft *symbolisch vorstrukturierte Gegenstände* an; sie verkörpern Strukturen desjenigen vortheoretischen Wissens, mit dessen Hilfe sprach- und handlungsfähige Subjekte diese Gegenstände erzeugt haben" (ebd., S. 159; Hervorhebungen im Original).

8 Als in seiner Radikalität beispielhaft für diese Position gilt - sowohl im deutschen wie im angelsächsischen Raum - nach wie vor das Diktum NEURATHs. "Einfühlen, Verstehen und Ähnliches mag den Forscher fördern, es geht aber in die Aussagengesamtheit der Wissenschaft ebensowenig ein wie ein guter Kaffee, der den Gelehrten bei seiner Arbeit förderte" (NEURATH, O.: Empirische Soziologie. Wien 1931, S. 56; zitiert nach APEL 1979, S. 47; vgl. auch OLIVER 1983).

9 Der Einbettung dieser Darstellung bei FROMM können wir uns jedoch nicht anschließen. Sie erfolgt unseres Erachtens nach fehlschlüssig, da FROMM - entgegen seinen Intentionen - allein aus einer quantitativen Position heraus

argumentiert und fragt, welche Motive für einen Methodenverbund sprechen. Aus dieser einseitigen Perspektive sieht er nur die 'Hoffnung der qualitativen Forschung' auf a) 'härtere' Befunde, b) 'verallgemeinerungsfähigere' (!) Ergebnisse und c) vermehrte Anerkennung und Förderung. Er sieht nicht, daß auch quantitativ orientierte Forscher ihre Hoffnungen in einen solchen Methodenverbund setzen; z. B. auf a) 'dichte' Beschreibungen, b) gehaltvolle Darstellungen und c) (ebenfalls) vermehrte Anerkennung in der scientific community. Nach unserer Beschäftigung mit entsprechenden Aussagen der Forscher, mit methodischen Designs und Anträgen auf Forschungsförderung würden wir jedenfalls diese Motive nicht ausschließen wollen.

10 Genau genommen handelt es sich hierbei nur um eine bestimmte Form der Triangulation, nämlich den 'between-method-approach', "when different methods are applied to the same subject in explicit relation to each other" (FIELDING, N. G. & J. L. 1986, S. 25).

11 So auch BRUNER: "For one view of the world cannot confirm another, though, in CLIFFORD GEERTZ's evocative phrase, it can 'thicken' it" (BRUNER 1987, S. 24).

Literatur

ANDERSON, G. L.: Critical ethnography in education: Origins, current status, and new directions. In: Review of Educational Research 59 (1989), S. 249-270.

APEL, K.-O.: Die Erklären:Verstehen-Kontroverse in transzendentalpragmatischer Sicht. Frankfurt a. M. 1979.

ARBEITSGRUPPE BIELEFELDER SOZIOLOGEN (Hg.): Alltagswissen, Interaktion und gesellschaftliche Wirklichkeit. 2 Bde. Reinbek 1973.

ARBEITSGRUPPE BIELEFELDER SOZIOLOGEN: Kommunikative Sozialforschung. München 1976.

ATKINSON, P.: The ethnographic imagination. London 1990.

ATKINSON, P./DELAMONT, S./HAMMERSLEY, M.: Qualitative research traditions: A British response to JACOB. In: Review of Educational Research 58 (1988), S. 231-250.

AUFENANGER, ST.: Zum Ansatz einer rekonstruktiven Methodologie in der qualitativen Medienforschung. In: Deutsches Jugendinstitut (Hrsg.): Medien im Alltag von Kindern und Jugendlichen. München 1988, S. 187-204.

AUFENANGER, ST.: Hermeneutische Fallrekonstruktion in der Medienforschung. In: CHARLTON, M./BACHMAIR, B. (Hg.): Medienkommunikation im Alltag. Interpretative Studien zum Medienhandeln von Kindern und Jugendlichen. München 1990, S. 210-S.236.

AUFENANGER, ST./LENSSEN, M. (Hg.): Handlung und Sinnstruktur. München 1986.

AUWÄRTER, M./KIRSCH, E./SCHRÖTER, K. (Hg.): Seminar: Kommunikation, Interaktion, Identität. Frankfurt a. M. 1976.

BAACKE, D./KÜBLER, H.-D. (Hg.): Qualitative Medienforschung. Tübingen 1989.

BARLEY, N.: Die Raupenplage. Von einem, der auszog, Ethnologie zu betreiben. Stuttgart 1989.

BERG, B. L.: Qualitative research methods for the social sciences. Boston 1989.
BERGOLD, J. B./FLICK, U. (Hg.): Ein-Sichten. Zugänge zur Sicht des Subjekts mittels qualitativer Forschung. Tübingen 1987.
BESAG, F.: Striving after the wind. In: American Behavioral Scientist 30 (1986), S. 15-22.
BONß, W.: Empirie und Dechiffrierung von Wirklichkeit. In: von FRIEDEBURG, L./HABERMAS, J. (Hg.): ADORNO-Konferenz 1983. Frankfurt a. M. 1983, S. 201-225.
BORMAN, K. M./LECOMPTE, M. D./GOETZ, J. P.: Ethnographic and qualitative research design and why it doesn't work. In: American Behavioral Scientist 30 (1986), S. 42-57.
BRUNER, J.: Life as narrative. In: Social Research 54 (1987), S. 11-32.
BRUNKHORST, H.: Autonomie und Erziehung. In: Neue Praxis 19 (1989), S. 471-479.
BUCHHOLZ, W.: Lebensweltanalyse. Sozialpsychologische Beiträge zur Untersuchung von krisenhaften Prozessen in der Familie. München 1984.
BUCHMANN, M./FLODEN, R. E.: Research traditions, diversity, and progress. In: Review of Educational Research 59 (1989), S. 241-248.
BURKE, K.: On symbols and society. (Edited and with an introduction by J. R. GUSFIELD) Chicago 1989.
COOK, TH. D./REICHARDT, C. S.: Qualitative and quantitative methods in evaluation research. Beverly Hills 1979.
DENZIN, N. K.: Interpretive interactionism. Newbury Park 1989.
EBERT, G. et al.: Weiterbildungsbereitschaft und Lebenswelt. 2 Bde. Bonn 1984.
EBERWEIN, H./KÖHLER, K.: Ethnomethodologische Forschungsmethoden in der Sonder- und Sozialpädagogik. Die Notwendigkeit einer interdisziplinären Kulturanalyse für die Integration von Randgruppen. In: Zeitschrift für Pädagogik 30 (1984), S. 363-380.
FERCHHOFF, W.: Zur Differenzierung qualitativer Sozialforschung. Mit einem Vergleich von qualitativer und quantitativer Jugendforschung. In: HEITMEYER, W. (Hg.): Interdisziplinäre Jugendforschung. Weinheim 1986, S. 215-244.
FETTERMAN, D. M.: Ethnography. Newbury Park 1989.
FIELDING, N. G. & J. L.: Linking data. Beverly Hills 1986.
FIETKAU, H.-J./GÖRLITZ, D. (Hg.): Umwelt und Alltag in der Psychologie. Weinheim 1981.
FIRESTONE, W. A.: Meaning in method: The rhetoric of quantitative and qualitative research. In: Educational Researcher 16 (October, 1987), S. 16-21.
FROMM, M.: Zur Verbindung quantitativer und qualitativer Methoden. In: Pädagogische Rundschau 44 (1990), S. 469-481.
FUCHS, W.: Biographische Forschung. Opladen 1984.
GARZ, D./KRAIMER, K. (Hg.): Brauchen wir andere Forschungsmethoden? Beiträge zur Diskussion interpretativer Verfahren. Frankfurt a. M. 1983.
GEERTZ, C.: Dichte Beschreibung. Frankfurt a. M. 1983.
GERDES, K. (Hg.): Explorative Sozialforschung. Stuttgart 1979.
GIRTLER, R.: Methoden der qualitativen Sozialforschung. Anleitung zur Feldarbeit. Wien 1984.
HABERMAS, J.: Theorie des kommunikativen Handelns. Bd. 1. Frankfurt a. M. 1981.

HABERMAS, J.: Rekonstruktive vs. verstehende Sozialwissenschaften. In: Ders.: Moralbewußtsein und kommunikatives Handeln. Frankfurt a. M. 1983, S. 29-52.

HAMMERICH, K./KLEIN, M. (Hg.): Materialien zur Soziologie des Alltags. Sonderheft 20 der Kölner Zeitschrift für Soziologie und Sozialpsychologie 1978.

HAMMERSLEY, M./ATKINSON, P.: Ethnography. Principles in practice. London 1983.

HEINZE, TH. (Hg.): Lebensweltanalyse von Fernstudenten. Theoretische und methodologische Überlegungen zum Typus hermeneutisch-lebensgeschichtlicher Forschung. Werkstattbericht. Hagen 1979.

HEINZE, TH.: Qualitative Sozialforschung. Opladen 1987.

HEINZE, TH. et al.: Handlungsforschung im pädagogischen Feld. München 1975.

HEINZE, TH./KLUSEMANN, H. W./SOEFFNER, H. G. (Hg.): Interpretationen einer Bildungsgeschichte. Überlegungen zu einer sozialwissenschaftlichen Hermeneutik. Bensheim 1980.

HILDENBRAND, B.: Familiale Organisation, alltagsweltliche Orientierung und psychische Krankheit. Eine methodenexplorative Fallstudie. (Dissertation) Konstanz 1979. (a)

HILDENBRAND, B.: 'Wenn ich zu Hause bin, will ich weg ... und wenn ich weg bin, will ich nach Hause'. Untersuchungen zur sozialen Organisation von Handlung, Leiblichkeit und Sprache in Familienzusammenhängen. In: SOEFFNER, H. G. (Hg.): Interpretative Verfahren in den Sozial- und Textwissenschaften. Stuttgart 1979, S. 153-170. (b)

HITZLER, R./HONER, A.: Der lebensweltliche Forschungsansatz. In: Neue Praxis 18 (1988), S. 496-501.

HOFFMANN-RIEM, CH.: Die Sozialforschung einer interpretativen Soziologie. In: Kölner Zeitschrift für Soziologie und Sozialpsychologie 32 (1980), S. 339-372.

HOFFMEYER-ZLOTNIK, J. H. P. (Hg.): Qualitative Methoden der Datenerhebung in der Arbeitsmigrantenforschung. Berlin 1986.

HONEY, M. A.: The interview as text: Hermeneutics considered as a model for analyzing the clinically informed research interview. In: Human Development 30 (1987), S. 69-82.

HOPF, CH./WEINGARTEN, E. (Hg.): Qualitative Sozialforschung. Stuttgart 1979.

HUBER, G. L./MANDL, H. (Hg.): Verbale Daten. Weinheim 1982.

HUSCHKE-RHEIN, R.: Qualitative Forschungsmethoden und Handlungsforschung. Köln 1987.

JACOB, E.: Qualitative research traditions: A review. In: Review of Educational Research 57 (1987), S. 1-50.

JACOB, E.: Clarifying qualitative research: A focus on traditions. In: Educational Researcher 17 (1988), H. 1, S. 16-24.

JACOB, E.: Qualitative research: A defense of traditions. In: Review of Educational Research 59 (1989), S. 229-235.

JÜTTEMANN, G. (Hg.): Qualitative Forschung in der Psychologie. Weinheim 1985.

JUNGBLUT, H.-J./SCHREIBER, W.: Zur Notwendigkeit alltagsweltlich orientierter Methoden in der Sozialarbeit/Sozialpädagogik. In: Neue Praxis 10 (1980), S. 150-160.

KADE, S.: Methoden des Fremdverstehens. Bad Heilbrunn 1983.

KIEPER, M.: Lebenswelten verwahrloster Mädchen. München 1980.

KIRK, J./MILLER, M. L.: Reliability and validity in qualitative research. Beverly Hills 1986.

KLEINING, G.: Umriß zu einer Methodologie qualitativer Sozialforschung. In: Kölner Zeitschrift für Soziologie und Sozialpsychologie 34 (1982), S. 224-253.

KOHLI, M./ROBERT, G. (Hg.): Biographie und soziale Wirklichkeit. Neue Beiträge und Forschungsperspektiven. Stuttgart 1984.

KRACAUER, S.: Für eine qualitative Inhaltsanalyse. In: Ästhetik und Kommunikation (1972), S. 53-58.

KRIZ, J.: Methodenkritik empirischer Sozialforschung. Stuttgart 1981.

KÜCHLER, M.: Qualitative Sozialforschung. Modetrend oder Neuanfang? In: Kölner Zeitschrift für Soziologie und Sozialpsychologie 32 (1980), S. 373-386.

KÜCHLER, M.: Kontext - Eine vernachlässigte Dimension empirischer Sozialforschung. In: MATTHES, J. (Hg.): Lebenswelt und soziale Probleme. Frankfurt a. M. 1980, S. 344-355.

KÜCHLER, M.: Integration von qualitativen und quantitativen Forschungsansätzen: Bericht über die ZUMA-Arbeitstagung vom 13.-17.7.1981. In: ZUMA-Nachrichten 9 (1981), S. 56-60.

KÜCHLER, M.: 'Qualitative Sozialforschung' - Ein neuer Königsweg? In: GARZ, D./KRAIMER, K. (Hg.): Brauchen wir andere Forschungsmethoden? Beiträge zur Diskussion interpretativer Verfahren. Frankfurt a. M. 1983, S. 9-30.

LAMNEK, S.: Qualitative Sozialforschung. 2 Bde. Weinheim 1988 und 1989.

LAUCKEN, U.: Naive Verhaltenstheorie. Stuttgart 1974.

LAZARSFELD, P.: The controversy over detailed interviews: An offer for negotiation. In: Political Opinion Quarterly 8 (1944), S. 38-60.

LENZEN, D. (Hg.): Pädagogik und Alltag. Stuttgart 1980.

LEPENIES, W.: Der Krieg der Wissenschaften und der Literatur. In: Ders.: Gefährliche Wahlverwandtschaften. Stuttgart 1989, S. 61-79.

LINCOLN, Y. S.: Qualitative research: A response to ATKINSON, DELAMONT, and HAMMERSLEY. In: Review of Educational Research 59 (1989), S. 237-239.

LOSER, F.: Konzepte und Verfahren der Unterrichtsforschung. München 1979.

LOSER, F.: Alltäglicher Unterricht und die Erforschung des Unterrichtsalltags. In: THIEMANN, F. (Hg.): Konturen des Alltäglichen. Interpretationen zum Unterricht. Königstein 1980, S. 133-166.

LÜDERS, CH./REICHERTZ, J.: Wissenschaftliche Praxis ist, wenn alles funktioniert und keiner weiß warum - Bemerkungen zur Entwicklung qualitativer Sozialforschung. In: Sozialwissenschaftliche Literatur Rundschau (1986), H. 12, S. 90-102.

MANNING, P. K.: Qualitative methods. In: SMITH, R. B./MANNING, P. K. (eds.): Qualitative methods. Volume II of handbook of social science methods. Cambridge, MA 1982, S. 1-28.

MAROTZKI, W./BAUERNFEIND, R./STOFFERS, P.: Die Konsolidierung einer Forschungsrichtung: Biographieforschung auf dem Vormarsch. In: Sozialwissenschaftliche Literatur Rundschau (1989), H. 19, S. 23-35.

MATTHES-NAGEL, U.: Modelle und Methoden rekonstruktiver Theoriebildung. In: EBERT, G. et al. (Hg.): Subjektorientiertes Lernen und Arbeiten - Ausdeutung einer Gruppeninteraktion. Pädagogische Arbeitsstelle. Frankfurt a. M. 1986, S. 29-55.

MAYRING, P.: Qualitative Inhaltsanalyse. Weinheim 1983.

MAYRING, P.: Einführung in die qualitative Sozialforschung. München 1990.

MERRIAM, S. B.: Contributions of qualitative research to adult education. In: Adult Education Quarterly 39 (1989), S. 161-168.

MISHLER, E. G.: Research interviewing. Cambridge, MA 1986.

MOHLER, P. PH.: Zur Pragmatik qualitativer und quantitativer Sozialforschung. In: Kölner Zeitschrift für Soziologie und Sozialpsychologie 33 (1981), S. 716-734.
NEUMANN, K.: Quantitative and qualitative approaches in educational research - Problems and examples of controlled understanding through interpretive methods. In: International Review of Education 33 (1987), S. 159-170.
OEVERMANN, U.: Zur Analyse der Struktur von sozialen Deutungsmustern. Ms. Frankfurt a. M. 1973.
OEVERMANN, U.: Hermeneutische Sinnrekonstruktion: Als Therapie und Pädagogik mißverstanden: oder: Das notorische strukturtheoretische Defizit pädagogischer Wissenschaft. In: GARZ, D./KRAIMER, K. (Hg.): Brauchen wir andere Forschungsmethoden? Frankfurt a. M. 1983, S. 113-155.
OEVERMANN, U.: Kontroversen über sinnverstehende Soziologie. In: AUFENANGER, ST./LENSSEN, M. (Hg.): Handlung und Sinnstruktur. München 1986, S. 19-83.
OEVERMANN, U.: Prinzipien der Sequenzanalyse und die Rekonstruktion von geschichtlichen Prozessen: Am Fallbeispiel einer pathologischen Interaktion. In: GARZ, D./KRAIMER, K. (Hg.): Diskussion Objektive Hermeneutik. Frankfurt a. M. 1991.
OEVERMANN, U./KRAPPMANN, L./KREPPNER, K.: Projektvorschlag Elternhaus und Schule. Ms. Berlin 1968.
OEVERMANN U. et al.: Die Methodologie einer objektiven Hermeneutik und ihre allgemeine forschungslogische Bedeutung in den Sozialwissenschaften. In: SOEFFNER, H. G. (Hg.): Interpretative Verfahren in den Sozial- und Textwissenschaften. Stuttgart 1979, S. 352-434.
OLIVER, I.: The 'old' and the 'new' hermeneutic in sociologial theory. In: The British Journal of Sociology 34 (1983), S. 519-553.
PACKER, M. J.: Hermeneutic inquiry in the study of human conduct. In: American Psychologist 40 (1985), S. 1081-1093.
PACKER, M. J./ADDISON, R. B. (eds.): Entering the circle. Hermeneutic investigations in psychology. Albany 1989.
PAPPI, F. U.: Die Fallstudie in der empirischen Sozialforschung. In: von der OHE, W. (Hg.): Kulturanthropologie. Berlin 1987, S. 365-378.
PARMENTIER, M.: Ethnomethodologie. In: LENZEN, D./MOLLENHAUER, K. (Hg.): Enzyklopädie Erziehungswissenschaft. Bd. 1. Theorien und Grundbegriffe. Stuttgart 1983, S. 246-261.
PHILLIPS, D. C.: After the wake: Postpositivistic educational thought. In: Educational Researcher 12 (1983), H. 5, S. 4-12.
PROJEKTGRUPPE CURRICULUMBAUSTEINE (GEBAUER et al.) (Hg.): Theorie der Unterrichtsvorbereitung. Stuttgart 1977.
QUELOZ, N.: La perspective ethnométhodologique. Approche préliminaire. In: Cahiers de l'Institut de sociologie et de science politique. Neuchâtel 1984, S. 136-157.
RENNIE, D. L./PHILLIPS, J. R./QUARTARO, G. K.: Grounded theory: A promising approach to conceptualization in psychology? In: Canadian Psychology 29 (1988), S. 139-150.
RUNYAN, W. M.: Life histories and psychobiography. New York 1984.
SCHÖN, B./HURRELMANN, K. (Hg.): Schulalltag und Empirie. Weinheim 1979.
SCHRÜNDER, A.: Alltagsorientierung in der Erziehungswissenschaft. Weinheim 1982.

SCHÜTZE, F.: Zur Hervorlockung und Analyse thematisch relevanter Geschichten im Rahmen soziologischer Feldforschung. In: ARBEITSGRUPPE BIELEFELDER SOZIOLOGEN: Kommunikative Sozialforschung. München 1976, S. 159-260.
SCHÜTZE, F.: Was ist 'kommunikative Sozialforschung'? In: GAERTNER, A./HERING, S. (Hg.): Regionale Sozialforschung. Kassel 1978, S. 117-131.
SCHÜTZE, F.: Das narrative Interview in Interaktionsfeldstudien. Studienbrief (Fernuniversität) Hagen 1987.
SMITH, M. L.: Publishing qualitative research. In: American Educational Research Journal 24 (1987), S. 173-183.
SOEFFNER, H.-G. (Hg.): Interpretative Verfahren in den Sozial- und Textwissenschaften. Stuttgart 1979.
SOEFFNER, H.-G.: Auslegung des Alltags - Der Alltag der Auslegung. Frankfurt a. M. 1989.
STRAUSS, A. L.: Qualitative analysis for social scientists. Cambridge 1987.
STRAUSS, A. L.: Teaching qualitative research methods courses: A conversation with ANSELM STRAUSS. In: International Journal of Qualitative Studies in Education 1 (1988), S. 91-99.
TAPPAN, M. B.: Hermeneutics and moral development: Interpreting narrative representations of moral experience. In: Developmental Review 10 (1990), S. 239-265.
TREUMANN, K.: Zum Verhältnis qualitativer und quantitativer Forschung. In: HEITMEYER, W. (Hg.): Interdisziplinäre Jugendforschung. Weinheim 1986, S. 193-214.
VOGEL, H. P./VERHALLEN, T. M. M.: Qualitative Forschungsmethoden. In: Interview und Analyse 10 (1983), S. 146-148 und S. 224-227.
WAHL, D.: Methodische Probleme bei der Erfassung handlungsleitender und handlungsrechtfertigender subjektiver psychologischer Theorien von Lehrern. In: Zeitschrift für Entwicklungspsychologie und pädagogische Psychologie 11 (1979), S. 208-217.
WAHL, K. et al.: Familien sind anders. Reinbek 1980.
WEINGARTEN, E./SACK. F./SCHENKEIN, S. (Hg.): Ethnomethodologie. Beiträge zu einer Soziologie des Alltagshandelns. Frankfurt a. M. 1976.
WILSON, TH. P.: Theorien der Interaktion und Modelle soziologischer Erklärung. In: ARBEITSGRUPPE BIELEFELDER SOZIOLOGEN (Hg.): Alltagswissen, Interaktion und gesellschaftliche Wirklichkeit. Bd. 1. Reinbek 1973, S. 54-79.
WILSON, TH. P.: Qualitative 'oder' Quantitative Methoden in der Sozialforschung. In: Kölner Zeitschrift für Soziologie und Sozialpsychologie 34 (1982), S. 487-508.
WITZEL, A.: Verfahren der qualitativen Sozialforschung. Überblick und Alternativen. Frankfurt a. M. 1982.
WUTHNOW, R.: Meaning and moral order. Berkeley 1987.
ZEDLER, P./MOSER, H. (Hg.): Aspekte qualitativer Sozialforschung. Opladen 1983.

lingt es dann noch, das Ganze mit einem besonders aufregend klingendem Etikett zu versehen, welches meist aus einer Kombination von Begriffen wie 'hermeneutisch', 'phänomenologisch', 'interpretativ', 'qualitativ' oder ähnlichem gebildet wird. Wie bei der Interpretation tatsächlich vorgegangen wurde, bleibt dabei oft unklar und wird der Phantasie der Leserin bzw. des Lesers überlassen.

Als problematisch muß häufig auch die Gestaltung der Interviews und deren Auswahl gesehen werden. So werden etwa die Fragen danach, welche Art von Interview - Leitfaden, strukturiert, narrativ, halb-strukturiert etc. - gewählt werden soll, wie diese transkribiert werden und was Qualitätskriterien für deren Verwendbarkeit sind, oftmals nicht diskutiert bzw. dargestellt. Überhaupt wird häufig auch die theoretische und methodologische Begründung für die Auswahl qualitativer Verfahren "vergessen".

Auf einige dieser Schwachpunkte möchte ich im folgenden eingehen und anhand eines Projektverlaufs die jeweilig damit verbundenen Probleme thematisieren und natürlich auch das, was ich selbst für künftige qualitative empirische Untersuchungen daraus gelernt habe. In dieser Hinsicht sind meine Beschreibungen eher subjektiv, entbehren an vielen Stellen einer auf den ersten Blick plausiblen Begründung, geben aber dafür einen - wie ich hoffe - guten Einblick in die Problematik angewandter qualitativer Sozialforschung. Entsprechend ist auch der Untertitel "Ein Werkstattbericht" zu verstehen.

2. *Das Projekt und seine Konzeption*

Die vorliegenden Überlegungen ergeben sich aus einem Projekt, welches vor ähnlichen wie den oben beschriebenen Problemen stand[1]. Es ging dabei um die Frage, was das Ethos eines Lehrers ausmacht und welche Faktoren dabei entscheidend sind. Die Literatur zu diesem Themenbereich ist einerseits zwar sehr umfangreich, andererseits ist aber bisher noch wenig zu dieser Thematik empirisch-systematisch geforscht wor-

STEFAN AUFENANGER

Qualitative Analyse semi-struktureller Interviews - Ein Werkstattbericht

1. *Problemstellung*

Viele qualitativ angelegte Forschungsprojekte leiden unter einem Berg von mit offenen Interviews erhobenem Material, dessen Größe den Forscherinnen und Forschern oftmals erst dann bewußt wird, wenn es an die Auswertung der Daten geht. Dieser Umstand entsteht häufig deshalb, weil der methodische Ansatz qualitativer Verfahren lediglich auf die Phase der Datenerhebung beschränkt gesehen wird (nach dem Motto: "Wir machen qualitative Interviews!"), aber die eigentlich entscheidende Frage nach der Qualität der benötigten Daten und deren qualitativer Auswertung zu wenig gesehen wird. Leider ist es dann häufig zu spät, da Zeitdruck (Projektende naht, Arbeit bzw. Bericht muß abgegeben werden etc.) verhindert, die wenigen zur Verfügung stehenden interpretativen Auswertungsverfahren, wie zum Beispiel die objektive Hermeneutik von Ulrich OEVERMANN (1986) oder die narrative Datenanalyse nach Fritz SCHÜTZE (1976), anzuwenden. In der Eile werden dann die aufwendig erhobenen Daten, die mit Hilfe offener Interviews gewonnen und anschließend minuziös verschriftet wurden, recht unsystematisch ausgewertet; methodisch exaktes Vorgehen ist somit nicht gewährleistet. Entweder wird nämlich so vorgegangen, daß von außen Kategorien an das Material herangetragen werden, so daß eine standardisierte Befragung methodisch präziser und forschungsökonomischer gewesen wäre. Oder es wird der 'hermeneutische' Weg eingeschlagen, wobei sich jedoch zu sehr auf die eigene 'interpretative Intuition' verlassen wird. Die Ergebnisse gestalten sich dann meist entsprechend und tragen wenig zum Erkenntnisgewinn über den Forschungsgegenstand bei. Je nach Cleverness geden, so daß von dem Phänomen Lehrerethos bisher nur ein sehr diffuses Bild besteht. Dieses Manko sollte durch das im folgenden skizzierte Projekt behoben werden.

Zentral für die theoretische Rekonstruktion des Lehrerethos ist der Begriff der Verantwortung: das Handeln des Lehrers gegenüber seinen Schülern wird vor allem unter dieser Perspektive gesehen. In Problemsituationen muß er Stellung beziehen, Entscheidungen treffen und entsprechend handeln. Der Verantwortungsaspekt spielt hierbei deshalb eine ausgeprägte Rolle, weil Pädagogen nicht nur Rechenschaft über Wirkungen ihrer Handlungen abverlangt werden kann, sondern weil ihnen etwas anvertraut wird - nämlich die Verantwortung für Kinder - und erwartet werden kann, daß das damit eingesetzte Vertrauen auch verdient ist. In beiden Fällen ist der Pädagoge den Eltern Antwort hinsichtlich seines Handelns schuldig. Um die übernommene Verantwortung erfüllen zu können, muß,etwa am Beispiel der Schule, der Lehrer - von einem analytischen Standpunkt aus betrachtet - mehrere Leistungen erfüllen: Er muß sich in die Perspektive betroffener Schüler hineinversetzen, um deren Befindlichkeit wahrzunehmen. Außerdem muß er mögliche Folgen für andere bei seiner Handlungsentscheidung abwägen können, wozu er auch die virtuelle Perspektive von nicht direkt in die Situation Involvierten beachten muß; damit sind sozial-kognitive Fähigkeiten gefordert.

Darüber hinaus muß er aber auch seinen eigenen Handlungsbereich beachten. Er muß sich fragen, wie weit er sich für eine Lösung einsetzt und sich für deren Durchsetzung engagiert. Auch mögliche Folgen für ihn selbst müssen dabei abgewogen werden, denn die Ausweitung des Verantwortungsbereichs auf andere muß mit seinem eigenen Persönlichkeitsbereich in Einklang gebracht werden können. Hierbei werden also Elemente gefordert, die sich auf seine Handlungsfähigkeit beziehen. Und schließlich muß die Entscheidung und die damit verbundene Handlung auch begründbar sein, d.h. der Lehrer muß auf Nachfrage sein Handeln rechtfertigen können. Dies verlangt moralisch-kommunikative Fähigkeiten. Die hier beschriebenen Elemente müssen in ein qualitatives Forschungsdesign auf der Ebene der Fragestellung, der theoretischen Begründung sowie der Methodenwahl eingehen und ausdifferenziert werden.

Ein zentrales Problem aller qualitativer Ansätze liegt nun meines Erachtens in dem Verhältnis von Fragestellung, Theorie und Methode. Entscheidend für die Wahl qualitativer Forschungsmethoden sollte die Beantwortung der Frage sein, welche Zielstellung die Untersuchung eigentlich verfolgt. Dabei ist es besonders wichtig, daß Fragestellung, Theorie und Methode in gegenseitigen Rechtfertigungsbedingungen stehen, die einen fundierten Bezug aufeinander sicherstellen[2]. Dies bedeutet, daß im Zuge der Auswahl eines bestimmten theoretischen Rahmens nur ganz bestimmte methodologische Ansätze zugelassen sein dürfen. Weiterhin sollte die Entscheidung für einen qualitativen Ansatz mit der Frage nach der Qualität der Daten verbunden sein, die am Ende der empirischen Phase benötigt werden. Es ist forschungsökonomisch gesehen wenig sinnvoll, einerseits in der Phase der Datenerhebung auf qualitative Techniken (z.B. offenes, narratives oder auch semi-strukturelles Interview) zurückzugreifen, wenn andererseits am Ende doch die Auswertung mit standardisierten Verfahren (Subsumtion unter schon festliegende Kategorien) vollzogen wird.

3. *Methodischer Ansatz: Das semi-strukturelle Interview*

Bei der Suche nach Forschungsmethoden, die die Urteils- und Handlungsdimensionen von LehrerInnen in pädagogisch und sozial relevanten Situationen des Unterrichts im speziellen und in der Schule allgemein erfassen, bot sich ein Verfahren an, welches an der Methodik des strukturgenetischen Ansatzes orientiert ist. Die Wahl fiel dabei auf ein semistrukturelles Vorgehen, welches sich in einigen Punkten an das Modell des KOHLBERGschen Verfahrens der Erhebung von Moralinterviews anlehnt[3]. Dieser Interviewtyp geht auf das klinische Interview von PIAGET (1926/1980) zurück, der schon sehr früh in seinen Arbeiten zur Struktur und Genese von Erkenntnisprozessen bei Kindern mit dieser Art der

Befragung Erfahrung gesammelt hat. Klinisch hat PIAGET dieses Interview deswegen genannt, weil es sich in seiner Art an der Diagnose von Klinikern orientiert. Es müssen Hypothesen über einen Sachverhalt aufgestellt, Reaktionen und Verhaltensweisen überprüft werden, um sich ein Bild von dem Patienten und seiner Krankheit machen zu können. Ähnlich ist PIAGET vorgegangen. Er hat Kindern eine Geschichte erzählt, eine Situation beschrieben oder sie erzählen lassen, um in Anschluß an die Reaktionen der Kinder gezielt Fragen zu stellen, die deren Denkstrukturen offenbaren können. Später wurde dieses Verfahren dann in der entwicklungspsychologischen Forschung von KOHLBERG (COLBY/KOHLBERG 1987), SELMAN (1984) und DAMON (1984) weitergeführt. Da diese Ansätze alle das Ziel haben, Denkstrukturen zu rekonstruieren, wurden sie später in strukturelles bzw. semi-strukturelles Interview umbenannt. Der Strukturbegriff entstammt weiterhin dem PIAGETschen Ansatz, allein das methodische Vorgehen wurde variiert. Während PIAGET seine Interviews noch sehr offen geführt hat und sich in der Strukturierung des Interviewverlaufs von den Antworten der Kinder anregen ließ, wurde zum Beispiel bei KOHLBERG ein Nachfrage-Katalog vorgegeben, der zwar flexibel gehandhabt werden soll, aber schon präzise Fragerichtungen angibt. Das Attribut 'semi' soll also dem Umstand der halb-strukturierten bzw. halb-offenen Vorgehensweise Rechnung tragen. Diese gegenüber dem ursprünglichen Vorgehen eingeengte Methodik ist der ebenfalls teil-standardisierten Auswertung geschuldet. KOHLBERG und auch SELMAN waren bzw. sind an vergleichenden empirischen Studien interessiert, die auf standardisierten Daten beruhen. Dazu ist ein Auswertungsverfahren notwendig, welches solche Daten liefert. Beide Autoren haben deswegen an Manuals gearbeitet, die standardisierte Antworten auf die jeweiligen im Interview zu erhebenden Strukturdimensionen geben. Eine solche Auswertung ist allerdings nur möglich, wenn allen Probanden auch die gleichen Fragen gestellt und damit auch die gleichen Chancen zur Präsentation ihres Denkens gegeben werden. Dazu muß das Interviewverfahren auch standardisierte Elemente enthalten.

Für das hier zu beschreibende Projekt wurde dieser methodische Ansatz deshalb gewählt, weil erhofft wurde, damit zentrale Denk- und vor allem Begründungsstrukturen von LehrerInnen in pädagogischen Situationen erfassen zu können. Wie schon erwähnt, kann das Lehrerethos u. a. als die Art und Weise verstanden werden, wie in problematischen Situationen miteinander umgegangen bzw. wie auf objektive Handlungsprobleme reagiert wird. Es gibt zwei Möglichkeiten, solche Daten zu erheben: zum einem läßt sich Unterricht beobachten und im Anschluß daran können mit den LehrerInnen Gespräche geführt werden, in denen auf entsprechende Situationen eingegangen wird. Da aber nicht in jedem Unterricht mit problematischen Situationen zu rechnen ist, erschien es günstiger, den Befragten eine Dilemma-Situation vorzulegen und sie auf ihre Entscheidung und den damit verbundenen notwendigen Begründungen hin zu befragen. Dieser Weg wurde auch deshalb gewählt, weil sich so die Antworten auf eine standardisierte Situation beziehen und deshalb vergleichbar sind.

Ein erster wichtiger Schritt ist also die Wahl oder auch Entwicklung einer Dilemma-Situation, die als Stimulation im semi-strukturellen Interview eingesetzt wird. In einer Vorstudie wurden zehn Problemsituationen entwickelt, von denen dann drei für die semi-strukturellen Interviews ausgewählt wurden. Diese Situationen stellen Probleme aus dem Alltag von LehrerInnen dar, in denen unmittelbar eine Entscheidung gefällt werden muß. Es handelt sich zugleich auch um Situationen, in denen mehrere Perspektiven miteinander zu koordinieren sind. Auch ist die Lösung nicht eindeutig, so daß sich unterschiedliche Wege mit verschiedenen Begründungen einschlagen lassen. Die Situation ist durch ein Handlungsdilemma gekennzeichnet, d. h. daß unterschiedliche, aber gleichwertige Wertorientierungen in ihnen sich gegenüberstehen. Durch diese Komplexität lassen sich auch verschiedene Lösungswege hervorrufen. Im folgenden stelle ich eines der drei Dilemmata etwas ausführlicher vor, an dem dann auch die methodischen Fragen und Probleme des semi-strukturellen Interviews illustriert werden sollen.

Situationsbeispiel "Pädagogische Note":

Lehrerin G. gibt in der 4. Klasse der Primarschule Mathematikunterricht. Jeweils in der vorletzten Klassenarbeit eines Halbjahres benotet sie nicht wie sonst aufgrund der Punktzahl und des Klassendurchschnitts, sondern bewertet bei jedem Kind den Lernfortschritt gegenüber dem letzten Test. Sie hat diese "pädagogische Note" Schülern und Eltern erklärt und begründet, dabei zwar keine begeisterte Zustimmung, aber auch keine Ablehnung erfahren.

Es ist jetzt das dritte Mal, daß sie dieses Verfahren anwendet, und so hat z.B. Wolfgang L., der in Mathematik schlecht ist, in dieser Arbeit aber viel weniger Fehler als sonst gemacht hat, eine recht gute Note erhalten. Wolfgang erzählt dies erfreut seinem Banknachbarn Kurt. Der jedoch kann die Freude überhaupt nicht teilen. Er ist einer der besten in Mathematik, hat viel mehr richtig als Wolfgang, aber nur die gleiche Note bekommen. Er hat mit Wolfgang in letzter Zeit häufig Streit und nimmt nun auch die Mathematiknote zum Anlaß, sich erbost bei Eltern und Lehrerin G. über diese "Ungerechtigkeit" zu beschweren. Auch andere Schüler schließen sich dem an und ein Vater ruft abends bei der Lehrerin in der gleichen Sache an.

Die beiden anderen Situationen sind ebenfalls dem schulischen Alltag entnommen. In der *Lehrmeistersituation* bekommt ein Lehrer einen Anruf von einem Ausbilder (Lehrmeister), der einen Schüler des Lehrers als Lehrling einstellen möchte und sich nach dessen Leistungen und Verhalten erkundigt. Nun ist dieser Schüler einer der auffälligsten gewesen und sein Verhalten hatte vielen Lehrern große Schwierigkeiten bereitet. Die anstehende Frage ist, ob der Lehrer dem Ausbilder die volle Wahrheit sagt und damit möglicherweise dem Schüler die Zukunft verbaut oder ob er andere Wege wählt. Entscheidend für das Lehrerethos sind natürlich die Begründungen für die jeweilige Wahl.

Das dritte Dilemma handelt von einem Lehrer, der in eine sehr aufgeregte Klasse kommt, um eine Geographiearbeit schreiben zu lassen (*Parallellehrer-Situation*). Die Klasse berichtet ihm, daß der Lehrer im vorhergehenden Unterricht einen Schüler geohrfeigt habe, so daß dieser nach Hause gelaufen sei. Auch hier muß natürlich eine Entscheidung getroffen werden, nämlich die, ob die Arbeit geschrieben wird oder ob der Lehrer sich auf das anstehende Problem einläßt.

Bei genauer Analyse der drei Situationen zeigte sich, daß im Hinblick auf die Entscheidungs- und die damit verbundenen Begründungsmöglichkeiten die Handlungsoptionen nicht gleich verteilt sind. Die Situationen sind strukturell gesehen ungleich aufgebaut. Bei der *Lehrmeistersituation* liegt die Entscheidung zwischen 'Wahrheit sagen' und 'Schüler schützen' bzw. 'Wahrheit' und 'Vertrauen'. Die Situation der *pädagogischen Note* verlangt dagegen eine Entscheidung zwischen 'Engagement' und 'Nachgeben'. Muß die Entscheidung in der ersten Situation zwischen Werthaltungen getroffen werden, reduziert sie sich bei der zweiten Situation auf persönlichkeitsspezifische Aspekte. In der dritten, der *Parallellehrer-Situation* sind die Optionen wiederum anders. Die Entscheidungen liegen zwischen 'Leistungsbeurteilung' und 'Fürsorgepflicht' einerseits sowie 'Engagement für Schüler' und 'Kollegensolidarität' andererseits, beides professionstheoretische Elemente.

Es ist also bei der Verwendung von Dilemma-Situationen im strukturellen Interview notwendig, sich über den Strukturgehalt der Situationen und den darin enthaltenen Handlungsoptionen im klaren zu sein. Eine genaue Analyse der Entscheidungsmöglichkeiten und welche Bedeutung sie gewinnen, dürfte eine wesentliche Voraussetzung für eine sinnvolle und dem Problem angemessene Auswertung sein. Wird mehr als eine Situation verwendet - wie in dem beschriebenen Projekt -, ist es unerläßlich, die Handlungsoptionen aller verwendeten Situationen miteinander zu vergleichen, um bei der Auswertung auch von gleichen Voraussetzungen in der Bearbeitung der jeweiligen Situation ausgehen zu können.

4. *Datenerhebung*

Da die Begründung, die für die jeweilige Entscheidung gegeben wird, der zentrale Bestandteil des Auswertungsverfahrens ist, wird schon deutlich, welche Rolle die Phase der Datenerhebung beim semi-strukturellen Interview spielt. Während man im Alltag in den seltensten Fällen für sein Handeln Begründungen abgeben muß, ist es für viele Probanden im Interview sehr ungewöhnlich, für ihre Entscheidung auch noch angeben zu müssen, warum sie diese so treffen würden. Solche Warum-Fragen sind aber unerläßlich, um das jeweilige strukturelle Niveau rekonstruieren zu können. Denn spätestens bei der Auswertung der Daten ergibt sich die Notwendigkeit, nicht auf Erzählung, Beschreibung oder Erfahrungsbericht zurückgreifen zu müssen, sondern auf Handlungsentscheidungen und deren Legitimation. Dies verlangt eine Interviewführung, die die Aussagen des Interviewten immer wieder auf deren Begründungsstruktur hin befragt und bei mangelnder Explikation Sondierungsfragen stellt, wie etwa: "Könnten Sie mir dies bitte noch mal erläutern?", "Was verstehen Sie unter X?" oder "Warum meinen Sie, sollte man so entscheiden?". Der Interviewer muß hier eine schwierige Gratwanderung vollziehen und zwar - wie KOHLBERG es einmal ausgedrückt hat - einerseits genügend Nachfragen stellen, um ein qualitativ gutes Datenmaterial für die Auswertung zu erlangen, und andererseits nicht so viel zu fragen, um den Antwortfluß der Befragten zu unterbrechen oder gar 'abzuwürgen'. Auch ist es im Interviewverlauf wichtig, genau die Grenze zu kennen, wann weitere Nachfragen nichts Neues ergeben, die Befragten also ihr höchstes Antwortniveau (Kompetenz) erlangt haben. Dieser letzte Aspekt deutet schon auf die Notwendigkeit hin, sich mit dem theoretischen Rahmen der Untersuchung gut auszukennen, um sinnvolle Nachfragen stellen zu können.

Ein weiterer zu beachtender Aspekt bei der Durchführung des Interviews stellt die Präsentation der Situation dar. In einigen Interviewsituationen wird das Handlungsdilemma den Befragten schriftlich vorgelegt, was den Vorteil hat, daß alle die gleiche Textgrundlage haben. In anderen Fällen greifen die Interviewer zu einer mündlichen Version, d. h. sie erzählen das Dilemma nach. Hierbei besteht die Gefahr, daß bestimmte Sachverhalte abgekürzt werden, die zu einer Strukturveränderung der Situationsbeschreibung führen können. Wird zum Beispiel in der oben beschrieben Situation der *Pädagogischen Note* beim Nacherzählen zu erwähnen vergessen, daß die Lehrerin ihre Vorgehensweise auf einem vorherigen Elternabend schon vorgestellt hatte und ihre Vorgehensweise akzeptiert wurde, dann schafft dies natürlich keine vergleichbare Situation mit der vollständigen Version. Es ließe sich nämlich dann argumentieren, daß die Lehrerin ohne Rücksprache gehandelt und damit wesentliche Bedingungen der Kooperation mit den Eltern verletzt hätte.

Die erwähnten Beispiele sollen deutlich machen, daß das Verfahren des semi-strukturellen Interviews schon in der Phase der Datenerhebung wesentliche qualitative Standards verlangt, um ein Datenmaterial zu erhalten, welches zur Auswertung auch verwertbar ist. Damit ist aber noch nicht sichergestellt, daß alle Interviews Verwendung finden können.

5. Verwertbarkeit von Interviews

Zwei Bedingungen für die Verwertbarkeit der Interviews sollten **vor** der Auswertung gestellt werden. Die erste Bedingung bezieht sich auf die Güte des durchgeführten Interviews, die zweite auf Veränderungen der Problemsituation durch den Befragten. Im ersten Fall ist gemeint, daß der Interviewer zu viele Suggestivfragen stellt, so daß die Befragten in ihrem Antwortverhalten zu stark beeinflußt werden oder aber, daß zuwenig nachfragt wird, um genügend Begründungen für Entscheidungen zu erhalten. Zu diesem Problembereich gehört auch, daß Befragte zuviel von ihren Erfahrungen sprechen, aber kaum etwas zur eigentlichen Dilemma-Situation aussagen. Diese Interviews sollten nicht zur Auswertung herangezogen werden, da ihre Aussagekraft aufgrund der genannten Interviewbedingungen nur sehr eingeschränkt ist.

Im zweiten Fall handelt es sich um das Problem der Einführung von Bedingungen, die ein Befragter angibt, bevor er eine Entscheidung trifft. Zum einem können diese Umstände das Dilemma so entschärfen, daß eigentlich keine Entscheidung mehr möglich ist. Zum anderen kann durch die Befragten die Konstruktion des Dilemmas so verändert werden, daß die ursprüngliche Dilemmasituation nicht mehr vorhanden ist. Da diese Veränderungen dann nicht mehr mit denen der Originalsituation übereinstimmen, sind die Antworten ebenfalls nicht mehr verwertbar. Auch in diesen Fällen verbietet sich eine Auswertung.

Es sollten also nur jene Interviews zur Auswertung herangezogen werden, in denen a) die Interviewführung an den Nachfragen zur Situationen orientiert und nicht suggestiv ist und b) die Befragten keine Bedingungen angeben, die entweder die Konfliktsituationen für die Entscheidung verändern oder keinen Konflikt mehr offen lassen.

Negativ-Beispiele für Beeinflussungen des Interviews

- Suggestivfrage:
  F: "Würden Sie meinen, daß es richtig ist, einen Elternabend einzuberufen?"

- Fehlendes Nachfragen:
  A: "Ich würde einen Elternabend einberufen."
  F: "Wie würden Ihrer Meinung nach Ihre Kollegen handeln?"

- Am Thema vorbeigehend:
  A: "Also, ich war mal an einer Schule angestellt, da haben die Eltern auch andauernd bei mir zuhause angerufen und wollten dieses und jenes..."

- Einführung von Bedingungen:
  A: "Wenn ich neu in der Klasse wäre, würde ich vielleicht nachgeben."

- Entschärfung des Dilemmas:
  A: Also, der Vater wird bestimmt einsehen, daß er im Unrecht ist."

Derartige Stellen im Interview weisen darauf hin, daß die Interviewer nicht genügend Erfahrung im Umgang mit der Methode haben. Um solche Mängel rechtzeitig - das heißt vor dem Forschungseinsatz - verhindern zu können, ist es unbedingt notwendig, Probeinterviews durchzuführen. Diese Probeinterviews sollten von dem Interviewer selbst verschriftet und auch ausgewertet werden. Spätestens bei der Auswertung, häufig auch schon bei der Verschriftung, fallen dann nämlich Interviewfehler auf und ein Lernprozeß wird initiiert. Damit kann verhindert werden, daß ein großer Teil der Interviews im Auswertungsgang als "unbrauchbar" ausgemustert werden müssen.

6. *Qualitative Auswertungsstrategien*

Ich hatte eingangs bemerkt, daß die qualitative Auswertung ein oftmals vernachlässigter Gesichtspunkt im Forschungsprozeß ist. Sehr häufig wird bei der Wahl von interpretativen bzw. hermeneutischen Ansätzen das Verhältnis von vorliegendem Material, d. h. Anzahl der Interviews und qualitativer Auswertung unter forschungs*ökonomischen* bzw. *-praktischen* Gesichtspunkten nicht gesehen oder falsch eingeschätzt. Spätestens an dieser Stelle wird jedoch deutlich, ob die Methodenwahl die richtige gewesen ist. Denn hier entscheidet sich, ob mit dem gewählten Ansatz das vorliegende Material angemessen bearbeitet werden kann. Dabei fällt oftmals aus Zeitgründen die Wahl auf abkürzende Verfahren gegenüber einer extensiven hermeneutischen Rekonstruktion, die für eine qualitative Interpretation den einzigen sinnvollen Zugang darstellt. Abkürzungen lassen sich im Rahmen forschungspraktischer Bedingungen rechtfertigen, wenn dadurch keine methodisch bedingte Fehlschlüsse entstehen. Dies gilt es in einer Art Probelauf zu überprüfen, indem das in Frage kommende hermeneutische Verfahren mit der gewählten Abkürzung verglichen wird.

Der Ansatz des semi-strukturellen Interviews erlaubt auf den ersten Blick einen etwas leichteren Zugang, da teilweise schon Auswertungsmanuals zu unterschiedlichen Fragestellungen vorliegen (z. B. zu KOHLBERGS Moralinterviews). Werden jedoch neue Objektbereiche für diese Form des Interviews erschlossen, dann muß ebenfalls auf hermeneutisch-rekonstruktive Verfahren zugegriffen werden. Da das Lehrerethos ein Beispiel für einen solchen Bereich bildet, kann exemplarisch die weitere Vorgehensweise des qualitativen Forschungsprozesses und mögliche Abkürzungsweisen beschrieben werden.

Wie wurde in dem geschilderten Projekt vorgegangen? Insgesamt 60 der mit dem semi-strukturellen Verfahren gewonnenen Interviews mit Lehrern lagen vor und sollten entsprechend der Erhebung ebenfalls qualitativ ausgewertet werden. Im folgenden beschränke ich mich auf das Problem der Auswertung jener Daten, die sich auf den Umgang mit den hypothetischen Problemsituationen beziehen.

Es ergab sich dabei die forschungspraktisch und methodologisch interessante Frage, ob eine objektiv-hermeneutische Auswertung sequenzanalytisch oder mit Hilfe einer Abkürzung vollführt werden kann. Bei der Sequenzanalyse steht eine Vorgehensweise im Vordergrund, in der das verschriftete Interview Satz für Satz von Beginn an interpretiert wird, um eine Strukturhypothese zu entfalten. Ist diese gefestigt, bzw. kommen durch zusätzliche Interpretationsschritte keine neuen Informationen hinzu oder ergeben sich keine Differenzierungen mehr, kann der Interpretationsgang abgebrochen werden; eine weitere Stelle aus dem Interview sollte danach zur Überprüfung der Hypothese ausgewählt werden. Diese Stelle wird entweder zufällig oder nach dem Kontrastprinzip (scheinbarer Widerspruch zu der aufgestellten Hypothese) ausgesucht.

Als abkürzend soll im folgenden ein Verfahren verstanden werden, welches die Antworten - also Entscheidung und Begründungen - zusammenfaßt und als eine Handlungsreaktion versteht, die genauso wie jeder protokollierte Text hermeneutisch interpretiert werden kann. Das Abkürzungsverfahren versteht sich als Interpretation einer Zusammenfassung der Reaktionen auf die Problemsituation. Diese Zusammenfassung muß sehr präzise vorgenommen werden, stellt sie doch schon eine Interpretation des Textes dar. Aus diesem Grund hielten wir es für sinnvoll, daß sie zuerst von zwei Personen unabhängig voneinander vorgenommen und dann angeglichen wird. Die eigentliche Interpretation des

Interviews bezog sich nun auf diese Zusammenfassung. Folgende Schritte sind also durchzuführen:

- Lesen des gesamten Interviews
- Zusammenfassung des Textes in bezug auf die Reaktion auf die Situationen
- Interpretation der Zusammenfassung
- Aufstellung einer Strukturhypothese

Während der Referenzrahmen bei der sequenzanalytischen Interpretation eines Interviews die Art und Weise bildet, wie ein Sachverhalt geschildert wird, bezieht das abkürzenden Verfahren der Handlungsbeschreibung auf die Normalform von Handlungen. Beide Vorgehensweisen sollen im folgenden hinsichtlich ihrer Interpretationsergebnisse verglichen werden. Dies ist die forschungs*praktische* Fragestellung, die entscheiden soll, ob das abkürzende Verfahren weniger aufwendig als eine Sequenzanalyse ist, aber zu annähernd gleichen Ergebnissen kommt. Nur dann wäre eine Abkürzung der Sequenzanalyse bezogen auf die Zusammenfassung der Reaktionen der Befragten zu rechtfertigen.

Da das sequenzanalytische Interpretationsverfahren sehr aufwendig ist, soll im folgenden nicht ausführlich jeder Interpretationsschritt wiedergegeben werden, sondern die Interpretation muß für den Leser nachvollziehbar zusammengefaßt werden (der Transkriptionstext ist im Anhang vollständig abgedruckt; die Ziffern in Klammern geben die jeweiligen Interakte an). Ich werde zuerst die Sequenzanalyse präsentieren, um anschließend an dem gleichen Interviewausschnitt das abkürzende Verfahren vorzustellen. Beide Vorgehensweisen sollen gegenübergestellt und miteinander verglichen werden. Die Interpretationen sind unabhängig voneinander durchgeführt worden, ohne gegenseitige Beeinflussung der Ergebnisse.

6.1 Sequenzanalyse

Die Probandin beginnt das Interview mit Nachfragen zum Verständnis des Dilemmas. Sie möchte eine Erklärung dafür bekommen, warum die pädagogische Note von der Lehrerin im Dilemma eingeführt wird. Dies könnte auf zwei Sachverhalte schließen lassen: erstens möchte sie nicht sofort auf das Dilemma eingehen und versucht, einer eigenen Begründung für die pädagogische Note zu entgehen, d. h. sie weicht der Aufgabenstellung aus; zweitens könnte es sein, daß sie das Dilemma oder dessen Bedingungen nicht versteht. Letzteres hieße, sie kennt entweder die pädagogische Note nicht oder sie hat Schwierigkeiten mit den Umständen, die diese im Dilemma begleiten. In (5) wird ihr dann von dem Interviewer eine nachträgliche Begründung - die Motivierung der Schüler - geliefert. Nach weiteren Klärungen (6-9) faßt die Probandin in (10) erstmals ihr Verständnis einer pädagogischen Note zusammen: die 'Schwachen' können aufholen, aber die anderen werden gedrückt. Sie sieht die pädagogische Note also zum einen als einen positiven Weg, übersieht dabei aber nicht die möglichen negativen Auswirkungen. Dies wird noch in (14) verstärkt, wenn sie - nachdem sie sich auf das Dilemma eingelassen hat - nochmals nachfragt, ob der gute Schüler durch eine pädagogische Note schlecht wegkommt. Sie hat damit aus ihrer Sicht den kritischen Punkt dieser Art der Leistungsbeurteilung markiert. Dies deutet auf eine schon vorhandene Reflexion über die pädagogische Note hin. Die oben aufgeführte Lesart der Ablenkung bzw. des Ausweichens aus dem Dilemma kann also verworfen werden.

Die Auseinandersetzung mit der vorgelegten Problematik kommt in (16) vollends zum Ausdruck. Die Probandin beginnt hier, indem sie sich auf das Dilemma einläßt, stärker für die pädagogische Note zu argumentieren. Sie tritt dann für eine Verteidigung einer solchen Beurteilung ein, wenn diese aus Überzeugung eingeführt wurde. Damit wird deutlich, daß sie sich nicht von der Durchsetzung der pädagogischen Note, die wohlbegründet sein muß, abhalten ließe. Ein Lehrer sollte demnach seine Überzeugung nicht ohne weiteres preisgeben. Sie erläutert die Notengebung mit dem Hinweis, daß sie nicht dem Vergleich diene, sondern der Unterstützung schwacher Schüler. Weiterhin plädiert sie für die Abschaffung der Noten, liefert dafür aber (noch) keine Gründe. Indirekt spricht sie sich so gegen eine Selektionsfunktion der Schule aus, die u. a. über einen Vergleich der Leistungen durch die traditionelle Notengebung erfolgt. Mit ihrer Verteidigung der pädagogischen Note als Motivierungshilfe orientiert sie sich somit am Kind. Die Begründung wird in (18) noch differenzierter. Zuerst hält die Probandin es für eine Verpflichtung des Lehrers, schwache Schüler zu unterstützen ("helfen muß"). Sie unterstellt diesen Schülern auch, daß sie prinzipiell gefördert werden können. Gleichzeitig zeigt sie aber auch die Grenzen der pädagogischen Note auf, indem sie diese dann nicht mehr für sinnvoll hält, wenn eine Förderung nichts zusätzliches hervorbringen würde. Damit wird deutlich, daß für die Probandin die pädagogische Note nicht aus 'modischen' Gründen oder etwa aus übertriebener Liebe zum Kind bzw. zu den 'Schwachen' eingeführt werden darf, sondern nur da Anwendung finden soll, wo sie sinnvoll begründet werden kann und auch das hervorruft (Motivierung), was mit ihr intendiert wird.

Mit einem Diaboli-Einwand versucht der Interviewer in (19) die Position der guten Schüler einzubringen, die durch die pädagogische Note entmutigt werden könnten. In ihrer Erwiderung betont die Probandin, daß es nicht ausreiche, nur die pädagogische Note einzuführen, sondern es notwendig sei, diese allen - auch den Schülern - verständlich zu machen. Sie führt weiterhin aus (20), daß die motivierende Benotung in eine allgemeine schulische Zielstellung eingebettet sein muß, die sich an einem kooperativen Miteinander zu orientieren habe. Die vergleichende Note widerspräche aber genau dem und führe zur Rivalität. Das Miteinanderarbeiten und die daraus abgeleitete pädagogische Note müßten - so die Probandin am Schluß von (22) - als Grundhaltung der Erziehung beim Lehrer sichtbar werden. Die pädagogische Note kann nicht mit wenigen Erklärungen eingeführt werden, sondern muß immer wieder begründet und erläutert werden; ein Lehrer muß diese Grundhaltung vorleben. Die Probandin unterstreicht damit nochmals die Position, daß eine pädagogische Note nur mit guten Gründen eingeführt werden soll, wobei diese aus Überzeugung von der Person des Lehrers zu tragen sei. Dies hätte natürlich auch zur Folge, daß der Lehrer mögliche Konsequenzen seiner Überzeugung und daraus resultierenden Handlungen - hier die pädagogische Note - zu tragen habe und daß dieses Modell nicht einfach aufgegeben werden dürfe. Damit tritt das Bild hervor, welches die Probandin vom Lehrer hat. Letzterer darf nicht einfach etwas einführen oder durchführen, was er nicht begründen kann, sondern er muß dies auch vorleben, mit der ganzen Person dabei sein. Sie reflektiert somit ihre pädagogische Tätigkeit in der Schule und richtet sie auch nach bestimmten Leitlinien aus.

Auf einen weiteren Diaboli-Einwand in (23) geht die Probandin mit einer Realitätsdarstellung ein, indem sie erläutert, daß sie bisher mit dem gravierenden Problem des Widerspruchs der Eltern gegenüber einer pädagogische Note noch nicht konfrontiert worden sei. Sie zitiert aber das Beispiel aus ihrer Klasse, wo sie den Eltern gleich zu Beginn der Schulzeit ihren Standpunkt hinsichtlich der Notengebung und den damit zugrunde liegenden Zielstellungen verdeutlicht habe. Indem sie den Ausdruck wählt "Ich würde mir das Recht nehmen", macht sie klar, daß bestimmte pädagogische Maßnahmen nicht einfach per Mehrheit oder Abstimmung oder aufgrund von Weisungen, sondern vom Lehrer kraft eines eigenen Entschlusses eingeführt werden sollen. In ihrem Beispiel geht dies sogar soweit, daß sie die in der Primarschule zu vermittelnden Grundfertigkeiten wie Lesen, Schreiben und Rechnen zugunsten anderer, von ihr selbst gesetzten Ziele zurückstellt. Damit bekommt der Lehrer in der Klasse und auch gegenüber den Eltern eine starke Position, da er bestimmt, welche pädagogischen Ziele verfolgt werden. Die Probandin baut in (26) dieses Vorstellung eines guten Lehrers noch weiter aus, indem sie von ihm Selbstbewußtsein im Auftreten gegenüber den Eltern fordert.

Weiterhin versteht sie die pädagogische Note nicht als eine generelle Verschönerung vor dem harten Leben außerhalb Schule, sondern möchte mit ihr nur die dadurch entstehenden Rivalitäten zwischen Schülern vermeiden. Sie zeigt außerdem selbstkritische Züge (32), wenn sie die Erfolgslosigkeit ihrer pädagogischen Zielstellung in einem einzelnen Fall zugibt. Auf den Punkt wird von ihr diese Zielsetzung und die damit verbundene Motivierung der Schüler gebracht, wenn sie in (34) ihre - und allgemeiner die des Lehrers - Aufgabe darin sieht, die Fähigkeiten der Kinder soweit wie möglich hervorzulocken und zu fördern. Hier wird eine mäeutische Pädagogik sichtbar, die fallbezogen sich an dem einzelnen Kind und seinen Fähigkeiten orientiert. Damit verfestigt sich das Bild von der Probandin als einer Lehrerpersönlichkeit, die ein am Kind ausgerichtetes pädagogisches Konzept mit Überzeugung gegenüber allen Beteiligten vertritt. Dieses Bild wird noch durch einige Aussagen im Interview ergänzt und differenziert. So äußert sie in (36) die Überzeugung, daß in der Schule nicht alle Kinder gleich behandelt werden müssen, ohne dabei ungerecht zu sein. Dies deutet auf ein Gerechtigkeitsmodell, welches unter Abwägung von Billigkeitserwägungen angewandt wird.

Es ergibt sich also von der Probandin das Bild einer selbstbewußten Lehrerpersönlichkeit, die sehr differenziert pädagogische Neuerungen betrachtet, diese aber - wenn sie einer Überprüfung standhalten - von ihr mit Überzeugung vorgetragen, durchgeführt und verteidigt werden. Im Zentrum all ihrer Überlegungen steht dabei das Kind, dem - soweit wie möglich - geholfen werden sollte. Dabei wird Hilfe aber nicht diffus verwendet, sondern dort eingesetzt, wo sie unter Abwägung der Möglichkeiten sinnvoll erscheint. Damit ist ein wesentlicher Aspekt ihrer Begründung für die Entscheidung - Beibehaltung der pädagogischen Note - herausgestellt.

6.2 Abkürzungsverfahren

An dem gleichen Beispiel soll die abkürzende Vorgehensweise erläutert werden.

Zusammenfassung der Antworten auf die Situation "Pädagogische Note":

Die Probandin würde die pädagogische Note auf jeden Fall beibehalten und dem Vater ihre damit verbundene Absicht erklären. Sie ist der Meinung, daß eine sinnvolle und mit Überzeugung vertretene Sache nicht aufgegeben werden darf. Die pädagogische Note hält sie deswegen für sinnvoll, da dadurch schwache Schüler motiviert werden können. Sie sieht aber auch die Grenzen dieser Förderung, wenn also eine solche Motivierung bei einem einzelnen Schüler nichts mehr bewirken würde. Die pädagogische Note wendet sich gegen das Rivalitätsprinzip in der Schule und unterstützt das Miteinander. Miteinanderarbeiten sieht sie als Grundhaltung der Erziehung, die von der ersten Klasse an schon eingebracht werden muß. Sie tritt für eine Schule ohne Noten ein.

Interpretation:

Indem sie die pädagogische Note gegenüber dem Vater verteidigen würde, verweist sie auf ihre Selbstsicherheit und Überzeugung, die sie mit pädagogischen Konzepten verbindet. Diese lassen sich auch nur dann stark machen, wenn gute Argumente dafür vorhanden sind. In ihrer Begründung für die pädagogische Note drückt sich eine differenzierte und wohlbedachte Argumentation aus, die die Grenzen von neuen pädagogischen Konzepten berücksichtigt. Auch die Konzeption einer Schule ohne Noten zeigt, daß sie über das bestehende Schulsystem hinaus denkt und ihre pädagogische Arbeit an einer impliziten Anthropologie des Kindes ausrichtet. In ihrer Betonung einer Grundhaltung der Erziehung zum Miteinander wird deutlich, daß Schule nicht nur allein Unterricht ist, sondern darüber hinaus auch erzieherische Funktionen hat, die nicht didaktisch vermittelt werden können, sondern gelebt werden müssen. Somit ergibt sich das Bild einer Lehrerpersönlichkeit, welches sich durch Selbstsicherheit und Überzeugung sowie einer am Kind orientierten Erziehung auszeichnet. Pädagogische Konzepte, von denen man überzeugt ist, werden nach außen vertreten und verteidigt. Mit der Grenzziehung der pädagogischen Note gegenüber nicht mehr förderbaren Schülern wird auch zugegeben, daß Konzepte nicht nur einfach angewendet werden dürfen, sondern an dem jeweiligen Fall ausgerichtet sein müssen.

6.3 Vergleich beider Vorgehensweisen

Es zeigt sich, daß ein Großteil der Ergebnisse beider Vorgehensweisen übereinstimmt: die Notwendigkeit der Selbstsicherheit des Lehrers, die Orientierung am Kind, das fallbezogene Handeln im Unterricht sowie die Ausrichtung an einem pädagogischen Konzept. Was in dem Abkürzungsverfahren nicht erscheint, sind Elemente wie die Reflektiertheit, das Selbstkritische, die an der Billigkeit orientierte Gerechtigkeit sowie die Distanz zu den Kollegen, die die Sequenzanalyse hervorgebracht hat. Diese Aspekte sind in der Zusammenfassung für das Abkürzungsverfahren ausgelassen worden. So kommt zum Beispiel die selbstkritische Haltung im Interview bei (32) zum Vorschein, und die Gerechtigkeit spricht die Probandin in (36) an.

7. Folgerungen

Welche Schlüsse lassen sich nun aus dem Vergleich von Sequenzanalyse und abkürzendem Verfahren ziehen? Zum einem meine ich, hat sich gezeigt, daß sich mit dem Abkürzungsverfahren doch recht viel erreichen läßt. Es bringt ebenso viele wie zentrale Aspekte in der Interpretation zum Vorschein. Das Abkürzungsverfahren zeigt jedoch auf der Ebene der Zusammenfassung des Textes Auslassungsprobleme: Wird nicht gut und umfassend zusammengefaßt, können beim Interpretieren zentrale Aspekte verloren gehen. Hier erscheint es sinnvoll, zusätzlich den gesamten Text nochmals durchzugehen und darauf zu hoffen, daß dabei noch weitere Aspekte zum Vorschein kommen. Bei der Entscheidung, ob Sequenzanalyse oder Abkürzungsverfahren, spielt die Frage von Qualität und Ökonomie eine Rolle. Die Sequenzanalyse spricht für Qualität, das Abkürzungsverfahren für Ökonomie. Wird sich nun unter forschungspragmatischen Gesichtspunkten für das Abkürzungsverfahren entschieden, sollte auf jeden Fall eine Kontrolle der Interpretation am Text - am besten durch zwei Interpreten unabhängig voneinander - durchgeführt werden. Unter Berücksichtigung der genannten Aspekte läßt sich meines Erachtens ein wie von mir aufgezeigtes Abkürzungsverfahren durchführen und auch rechtfertigen.

8. *Schluß*

Ich habe zu zeigen versucht, daß die Entscheidung für qualitative Forschungsmethoden nicht nur mit gewissen Implikationen, sondern auch mit bestimmten Problembereichen verbunden ist. In jedem Schritt des Forschungsprozesses müssen darum Überlegungen angestellt werden, die für den weiteren Fortgang von Bedeutung sind. Anhand eines Beispiels - des semi-strukturellen Interviews - habe ich deutlich gemacht, wie solche Probleme bewältigt werden können, ohne den Anspruch, qualitativ forschen zu wollen, stark relativieren zu müssen. Gerade das semistrukturelle Interview bietet hierzu einen geeigneten Ansatz, da der Objektbereich des Methodeneinsatzes genau umrissen ist. Aus diesem Grund läßt sich auch unter Beachtung der Ansprüche an die Führung und Verwendbarkeit von Interviews ein abkürzendes Verfahren rechtfertigen. Dennoch müssen die Standards qualitativer Forschung - z. B. objekttheoretische Überlegungen zum Zusammenhang von Fragestellung und Theoriewahl, theoretische und methodologische Begründung für den methodischen Ansatz, Nachvollziehbarkeit und Überprüfbarkeit der Interpretation durch Präsentation des Materials - weiter entwickelt werden, um diese noch gezielter als Alternative zu standardisierten Verfahren traditioneller Sozialforschung auszeichnen zu können.

Anmerkungen

1 Es handelt sich um das am Pädagogischen Institut der Universität Fribourg/CH unter Leitung von FRITZ OSER und JEAN-LUC PATRY durchgeführte Projekt "Lehrerethos als positive Einstellung, Verpflichtung und Gerechtigkeit. Eine empirisch-pädagogische Untersuchung". Ich hatte im Rahmen eines DFG-Stipendiums Gelegenheit, in diesem Projekt mitzuarbeiten. Viele der folgenden Gedanken und auch die Interpretationen sind in Zusammenarbeit mit MICHAEL ZUTAVERN entstanden, dem ich dafür danken möchte.

2 Die wissenschaftstheoretische Begründung zu dieser Forderung liefert LARRY LAUDAN (1984).
3 Zu der Einbettung der hier gewählten Methode in die Verfahren von Rekonstruktiven Methoden sowie für eine nähere Beschreibung des KOHLBERGschen Verfahrens vergleiche GARZ 1983 und 1989.

Literatur

COLBY, A./KOHLBERG, L.: The measurement of moral judgment. Two volumes. New York 1987.

DAMON, W.: Die soziale Welt des Kindes. Frankfurt 1984.

GARZ, D.: Rekonstruktive Methoden in der Sozialisationsforschung. In: GARZ, D./KRAIMER, K. (Hg.): Brauchen wir andere Forschungsmethoden? Beiträge zur Diskussion interpretativer Verfahren. Frankfurt 1983, S. 176-188.

GARZ, D.: Sozialpsychologische Entwicklungstheorien. Opladen 1989.

LAUDAN, L.: Science and values. The aims of science and their role in scientific debate. Berkeley 1984.

OEVERMANN, U.: Kontroversen über sinnverstehende Soziologie. Einige wiederkehrende Probleme und Mißverständnisse in der Rezeption der 'objektiven Hermeneutik'. In: AUFENANGER, St./LENSSEN, M. (Hg.): Handlung und Sinnstruktur. Bedeutung und Anwendung der objektiven Hermeneutik. München 1986, S. 19-83.

PIAGET, J.: Das Weltbild des Kindes (1926). Stuttgart 1980.

SELMAN, R.: Die Entwicklung des sozialen Verstehens. Frankfurt 1984.

SCHÜTZE, F.: Zur Hervorlockung und Analyse von Erzählungen thematisch relevanter Geschichten im Rahmen soziologischer Feldforschung. In: Arbeitsgruppe Bielefelder Soziologen: Kommunikative Sozialforschung. München 1976, S. 159-260.

Transkript

(1) I: Ist die Situation klar? Also die Lehrerin gibt die pädagogische Note, und sie hat jetzt einem Schüler eine bessere Note gegeben, oder nein, es ist die gleiche Note wie der Schüler daneben, der immer gut ist. Leistungsmäßig gut.

(2) P: Das ist mir klar. Aber warum macht sie die pädagogische Note, aus welcher Begründung? Das steht eben nicht da. Sie hat es nur den Eltern und den Schülern erklärt und begründet, warum sie die macht.

(3) I: Also dem Lernfortschritt gemäß macht sie die Noten.

(4) P: Warum macht sie dies an der zweitletzten Arbeit, bevor sie die Zeugnisse geben muß? Kommen die ins Zeugnis oder ..., das, weißt du, das ist mir nicht so klar.

(5) I: Ja, das wird einfach aufgerundet, und zwar einfach dem Lernfortschritt gemäß versucht sie ... äh ..., die Schüler zu motivieren, indem sie die pädagogische Note macht. Der Wolfgang daneben findet das ungerecht, er ist wirklich leistungsmä-

ßig besser, und am Abend läutet der Vater an. Jetzt die erste Frage: Wie würdest du handeln?

(6) P: Sie rundet also auf oder ab mit dieser Note?

(7) I: Ja, sie gibt ihm einfach eine bessere Note als er eigentlich der Leistung entsprechend hätte.

(8) P: Bei allen Kindern jetzt?

(9) I: Bei denen, die schwach sind.

(10) P: Die schwach sind, können durch das ein wenig aufholen. Und andere drückt sie aber dann auch, wenn es wirklich so wäre.

(11) I: Nicht unbedingt. Die läßt sie einfach gleich, die auf alle Fälle gut sind, die läßt sie. Jetzt läutet der Vater vom guten Schüler an, von diesem Wolfgang, am Abend. Und jetzt, wie würdest du reagieren, handeln?

(12) P: Als Lehrerin?

(13) I: Ja, nehmen wir jetzt einfach an, du wärst die Lehrerin - oder?

(14) P: Ich würde dem Vater meine Gründe nochmals erklären und sagen, daß ich seinem Buben nicht ungerecht geworden bin, wenn ich ... eben, es ist mir noch nicht so ganz klar, ob der jetzt durch das schlechter weggekommen ist, wenn er weniger gut geschafft hat?

(15) I: Nicht unbedingt. Es ist gleich gut, er ist sowieso gut, der Wolfgang - oder? Der Vater von dem Schüler, der anläutet, das ist einfach ein Spitzenschüler, und der Vater findet die pädagogische Note ungerecht, weil die, die schlecht sind, haben jetzt einfach eine bessere Note - oder? Er sagt es daheim seinem Vater, und der Vater läutet dich an und sagt dir das. Jetzt, wie würdest du handeln? Würdest du die pädagogische Note beibehalten, oder was würdest du dem Vater sagen?

(16) P: Ich würde sie auf jeden Fall beibehalten, wenn ich es aus Überzeugung gemacht habe, behalte ich das bei und würde es dem Vater noch einmal erklären, daß ich die Kinder motivieren will, wo eben mehr Unterstützung brauchen und ich die Note nicht mache zum Vergleichen. Daß es überhaupt nicht darum geht, die Kinder zu vergleichen, aber darum würde ich auch die Noten abschaffen. Darum möchte ich eben Schule halten ohne Noten. Von mir aus gesehen wäre das einfach nicht.

(17) I: Die hat es jetzt einfach versucht mit der pädagogischen Note. Warum würdest du sie beibehalten?

(18) P: Weil ich den Schülern helfen muß, die schlechter sind und nicht motiviert sind, und wenn ich sie mit der Motivation fördern kann und zu einer besseren Leistung bringen, da ist doch einfach etwas vorhanden. Dann sind es nicht einfach nur schwache Schüler, wo nirgends etwas vorhanden ist, wo ich eben einfach sagen muß, die können eben nur mit Drill oder mit Übungen, die sind begrenzt, mit denen ist nichts mehr anzufangen. Wenn ich solche Schüler hätte, dann tue ich dem nicht einfach die Noten aufrunden, wenn ich sehe, der ist an der Grenze, der muß in eine andere Schule, der muß vielleicht in eine Hilfsschule, oder der muß wirklich anders gefördert werden. Aber bei den Schülern, wenn ich sehe, daß die Motivation weiterhilft, die muß ich motivieren, und die darf ich als Lehrerin motivieren. Wenn der andere deswegen nicht schlechter wegkommt nur zum Vergleichen; vergleichen, sage ich den Eltern an den Elternabenden, sie sollen doch so gut sein und die Kinder nicht miteinander vergleichen oder an den Elterngesprächen, die man hat.

(19) I: Aber werden dann die Schüler nicht entmutigt, die sich so Mühe geben und gute Noten haben, und der andere hat plötzlich bessere Noten, werden die nicht entmutigt?

(20) P: Ich muß natürlich auch mit diesen reden und muß es auch denen erklären. Warum muß ich das machen? Das kann ich nicht nur den Eltern erklären.

(21) I: Was würdest du denen sagen?

(22) P: (Lacht) Ich würde es ihnen vielleicht einfach klarmachen, daß wir hier in der Schule miteinander lernen wollen, miteinander weiterkommen wollen und nicht gegeneinander arbeiten wollen und daß wir besser miteinander schaffen können, wenn wir alle ein wenig aufgestellt sind und alle einander helfen und

die Schwächeren unterstützen, als wenn wir rivalisieren miteinander. Aber das kannst du nicht bei einer Arbeit ihnen plötzlich erklären. Das ist eine Grundhaltung überhaupt von der Erziehung, von der Arbeitshaltung von der ersten Klassen an sollte das eben sein.

(23) I: Aber wenn die Eltern sich beschweren, wie reagierst du darauf? Wenn du jetzt die pädagogische Note beibehältst, und die Eltern beschweren sich immer?

(24) P: Ich bin jetzt so ein bißchen in der Klemme, weil ich immer die erste und zweite Klasse unterrichte und nicht die vierte. Bei denen habe ich schon am ersten Elternabend voll heraus gesagt, daß ich nichts auf Noten gäbe. Ich würde mir das Recht nehmen, auf andere Sachen mehr Gewicht zu legen, gerade im ersten Schuljahr, weder auf Lesen, Rechnen und Schreiben, aber das lernen sie dann auch noch. Sie würden dann schon lesen, rechnen und schreiben können. Ich habe ihnen eben andere Grundsätze aufgezeigt.

(25) I: Aber nehmen wir mal an, du hättest die vierte Klasse, und du müßtest Noten machen, und du hättest jetzt die pädagogische Note, und die Eltern würden sich beschweren?

(26) P: Da habe ich eben das Pech, daß sie in der ersten und zweiten Klasse nicht so erzogen worden sind, und dann muß ich wenigstens in der vierten Klasse, wenn ich sie erst in der vierten habe, versuche ich halt wenigstens dort noch ein wenig ..., aber von Anfang des Jahres an und nicht erst dann, wenn die Kinder ... die Kinder selber soweit zu bringen, daß sie nicht heimgehen und jammern, und wenn die Kinder nicht heimgehen, sich zu beschweren, passiert es nicht, daß einem die Eltern auf den Buckel steigen. Wenn halt dann trotzdem noch ein Vater findet, daß er gescheiter sei, dann versuche ich es halt ihm zu erklären. Ich glaube nicht, daß er mir irgendwie einen Rekurs anhängen könnte, daß ich es zurücknehmen müßte, daß ich es ändern müßte oder so, wenn ich auf der pädagogischen Note beharre.

(27) I: Hm, aber ist es nicht auf die Realität bezogen, ist es nicht für den Schüler einfach ein Hinauszögern der Realität, die eine harte Realität ist?

(28) P: Wenn man keine Note gibt?

(29) I: Ja, also die pädagogische Note da. Etwas verschönern, was im Grunde nicht ist.

(30) P: (Pause) Ich bin auch dafür, daß man die Härte des Lebens und so ihnen zeigt. Aber nicht in bezug auf rivalisieren und auf besser sein. Es gibt viele andere harte Seiten, wo die lernen können, daß es nicht einfach immer so geht, wie sie gern wollten und es nicht immer einfach ist.

(31) I: Aber auch umgekehrt für die schwachen Schüler, wenn du denen einfach bessere Noten mit der pädagogischen Note gibst?

(32) P: Ich habe schon erlebt, daß ich das Kind zwei Jahre, also jetzt in der ersten und zweiten Klasse, also wirklich zwei Jahre durchgebracht habe, es motiviert war zum Schaffen und ich wirklich das Gefühl hatte, das sei ein Wunder, wie das Kind jetzt nach zwei Jahren fit sei und habe es dann weitergegeben in die dritte Klasse, und das Wunder war vorbei. Es hat nicht mehr gearbeitet.

(33) I: Eben, ist das nicht einfach nur verschönern, müssen wir nicht dem Lernfortschritt gemäß Noten machen?

(34) P: Ich hoffe eben, daß ich auch weiter oben, wenn ich Kinder nachher weitergebe, weiter oben Kollegen habe, die Verständnis haben für das Kind und die auch dort das Kind motivieren können, einfach das Möglichste herausgeben können, das im Kind drin ist. Das kann ich wirklich bei schwächeren Kindern nicht mit der Rivalisierung. Diese mache ich kaputt, wenn ich einfach rivalisieren lasse in der Klasse. Und wenn dies halt nicht der Fall ist, wenn ich halt die Kinder nachher weitergebe und es nicht weitergeht, habe ich wenigstens zwei Jahre lang das getan, solange ich das Kind gehabt habe, das getan, was ich aus Überzeugung für das Kind tun mußte. Und wenn es dann halt in der fünften Klasse noch abgestellt wird oder den Mut verliert, dann hat es doch wenigstens vier Jahre gehabt, wo es ihm ein klein bißchen besser gegangen ist. Und wo es vielleicht wenigstens einmal im Leben das weiterhilft, daß es dann doch nicht acht Jahre lang immer nur Mißerfolg gehabt hatte und immer nur der Hinterste gewesen

ist, nützt es ihm im Leben doch etwas, wenn es eine Zeitlang gespürt hat, daß jemand ihm hilft und daß es vielleicht Fähigkeiten in sich hat, die es herausholen kann.

(35) I: Also muß man als Lehrer darauf beharren, daß man Unterschiede darf machen, daß man als Lehrer richtig darauf beharren muß.

(36) P: Ja. Ich bin überzeugt, daß man nicht jedes Kind gleich behandeln muß und trotzdem nicht einfach ein ungerechter Lehrer ist.

(37) I: Und muß das ohne Diskussion klar sein für den Schüler?

(38) P: Das regelt man nicht ohne Diskussion. Da reden wir solange drüber, bis den Schülern das auch klar ist. Und wenn das dann halt einem Kind immer noch nicht klar ist und heimgeht und jammert, dann ist das für mich ein Mißerfolg, eine Enttäuschung oder, wenn dann eben so ein Vater mir auf die Bude steigt, weil ein Kind trotz der Diskussion und trotz dem Miteinanderschaffen nicht spurt oder und das nicht einsieht und trotzdem der King sein will.

ALFONS BORA, THOMAS DRESEL, TILMANN SUTTER
UND UWE WEISENBACHER

Die Methode der Sozialisation

Eine Fallanalyse zum Zusammenhang von Konstitution und Rekonstruktion der Moral

1. Einleitung: Rekonstruktive Verfahren in der Moraltheorie

Das Programm der Rekonstruktion umreißt eine methodologische Perspektive, die nach einem Verfahren sucht, mit dem subjektive und soziale Strukturen und deren Bildungsprozesse erfaßt werden können. Rekonstruktive Methoden sehen ganz allgemein ihren Vorteil darin, die theoretische Erkenntnis selbst erst aus der Erschließung des Gegenstandes zu erlangen. Sie behaupten, nur so wirklich neue Erkenntnis gewinnen zu können, die nicht, wie beim subsumtionslogischen Vorgehen, durch apriorisch dem Gegenstand aufgezwungene Kategorisierungen determiniert ist. Insofern versprechen sie einen höheren Grad an Sachhaltigkeit der Ergebnisse.

Wenn wir im folgenden ULRICH OEVERMANNs Methode der objektiven Hermeneutik[1] anzuwenden versuchen, so gehen wir davon aus, daß sie im Moment die besten Ansätze bietet, um das Problem sachhaltiger Rekonstruktionen von Strukturen zu bearbeiten. Wir werden uns dabei einem Thema zuwenden, an dem dieses Problem inhaltlich und methodologisch bereits ausführlich diskutiert wurde: der Theorie der moralischen Entwicklung.

Die Moraltheorie LAWRENCE KOHLBERGs (1981, 1984) beruft sich auf einen begründungstheoretisch explizierten normativen Standpunkt. Dieser soll überhaupt erst den Zugang zum Gegenstand Moral ermöglichen. Die empirische Rekonstruktion der Entwicklung der moralischen Urteilsfähigkeit der Subjekte nimmt dabei in Anspruch, was dem moraltheoretischen Vorverständnis zufolge auch der Gegenstand in Anspruch nimmt: einen Maßstab der Angemessenheit moralischer Urteile, dem die Logik des moralischen Kompetenzerwerbs folgt.

Die hermeneutische Methode der rationalen Rekonstruktion, die JÜRGEN HABERMAS (1976, 1981, 1983) kommunikationstheoretisch entwickelt und anhand der Moraltheorie KOHLBERGs weiter ausgearbeitet hat, beruht auf der Annahme, daß die allgemeinen Regeln intersubjektiver Verständigung, die den Interpreten anleiten, stets auch vom Gegenstand in Anspruch genommen werden. Entsprechend setzt die Rekonstruktion der moralischen Urteilskompetenz eine normative Stellungnahme des Interpreten voraus. Die moralische Entwicklung kann diesem Verständnis zufolge nicht aus einer objektiven, selbst keinen normativen Standpunkt einnehmenden Perspektive, sondern nur aus der Perspektive eines Teilnehmers am praktischen Diskurs über die Angemessenheit moralischer Urteile rekonstruiert werden. Die Gültigkeit der rationalen Rekonstruktion wird über die Gültigkeit der Regeln abgesichert, die den normativen Beurteilungen zugrunde liegen. Der entscheidende Punkt ist nun, daß über die Geltung universaler Regeln, welche normative Stellungnahmen überhaupt erst ermöglichen, die Frage nicht geklärt werden kann, wie die Subjekte diese Regeln erschließen und dadurch Regelkompetenz erwerben.

In diesem Zusammenhang ist an eine Methode aus der Frühzeit der Moralforschung zu erinnern, die als eine Vorläufermethode der objektiven Hermeneutik betrachtet werden kann: die "klinische Methode" JEAN PIAGETs (1926). Mit diesem Verfahren, das PIAGET von der Psychoanalyse übernommen hat, untersuchte er die Strukturen des kindlichen Denkens und Urteilens. Die klinische Methode verzichtet auf vorab gebildete Hypothesen über die Natur des kindlichen Denkens, die nur noch getestet werden müßten; statt dessen wird versucht, die kindlichen Denkstrukturen durch Exploration der Begriffsverwendung in den (Interview-) Texten selbst zu rekonstruieren. Es steht dann nicht in Frage, ob sich bestimmte Aussagen von Kindern bestimmten theoretisch begründeten Vorstellungen über das kindliche Denken zuordnen lassen, sondern welche - vom Forscher zu erschließenden - Regeln den Sinn der kindlichen Äußerungen konstituieren.

Demgegenüber waren die Forschungen der KOHLBERG-Schule, die mit vorgefertigten hypothetischen Dilemma-Geschichten und Auswertungskategorien arbeitete, weit weniger geeignet zu klären, wie die Probanden tatsächlich denken und urteilen und wie moralische Strukturen sich bilden. Gerade die Moralforschung zeigt, wie verhängnisvoll es ist, wenn empirische Untersuchungen an ein von außen an den Gegenstand herangetragenes Vorverständnis gebunden werden. Erweist sich nämlich ein solches Vorverständnis als unzutreffende Spekulation, verlieren auch die empirischen Resultate ihren Wert.[2]

Die objektive Hermeneutik bestreitet die Notwendigkeit derartiger Vorgaben der Rekonstruktion. Vielmehr erschließt der rekonstruktiv verfahrende Forscher jene Regeln, die in den Bildungsprozessen subjektiver und sozialer Strukturen konstituiert werden. Dieser These des Zusammenhangs von Konstitution und Rekonstruktion von Gegenständen wollen wir am Beispiel der moralischen Entwicklung nachgehen.

Mit den folgenden Sequenzanalysen soll die Struktur des Falles P rekonstruiert werden. Wir werden uns dabei nicht - wie die etablierte Moralforschung - von inhaltlichen Moralkonzeptionen leiten lassen, denen die Argumentationen Ps zugeordnet werden können, wodurch dann zugleich über deren Angemessenheit entschieden wäre. Die Klassifikation moralischer Inhalte kann keine Moralstrukturen aufdecken. Es soll also nicht das moralische Bewußtsein des P ermittelt, sondern die Moralstruktur rekonstruiert werden, wie sie sich im Fall P auf der Ebene der pragmatischen Geltungsbedingungen seiner Äußerungen realisiert. Der daran anschließende Versuch einer Klärung unseres Verfahrens wird allerdings weniger den moraltheoretischen als vielmehr den methodischen Ertrag der Analysen beleuchten.

2. *Fallanalyse*

2.1. *Vorbemerkung zur Interaktionseinbettung*

Es handelt sich um ein offenes Interview, also um eine inszenierte und durch bestimmte Regeln festgelegte Gesprächsform. Der Interviewee (P) gibt seine Ansichten kund, weil er danach gefragt wurde. Durch diese gemeinsame Situationsdefinition erhalten seine Aussagen eine besondere Relevanz: Sie sind, bevor P auch nur ein Wort gesprochen hat, bereits als für andere Personen - insbesondere den Interviewer - bedeutsam markiert. Hinzu kommt, daß - ähnlich wie bei einem Test - P nicht genau weiß, warum und in welchem Sinn seine Äußerungen wichtig sind. Alles, was er sagt, wird aufgezeichnet und schließlich in einem Verfahren interpretiert, auf das er keinen Einfluß mehr hat. Diese Effekte können zwar durch die Gesprächsführung minimiert werden. Sie lassen sich aber nicht grundsätzlich ausschließen, da die Interviewsituation selbst strukturell auf eine derartige Asymmetrie hin angelegt ist.

Wir erwarten jedoch trotz dieser Ausgangslage, daß P bewußt oder unbewußt die Besonderheiten der Situation wahrnimmt und sein Verhalten daran orientiert. Er wird, wenn nicht die Gesprächsatmosphäre nachhaltig gestört ist, wahrscheinlich versuchen, Fragen des Interviewers wahrheitsgemäß zu beantworten, um dadurch noch während des Interviews sein eigenes Deutungsangebot möglichst klar werden zu lassen und keinen Anlaß zu späteren Fehldeutungen zu geben. Wenn er dagegen aus irgendeinem Grund zu der Auffassung gelangen sollte, eine ausführliche Klärung sei nicht möglich oder erwünscht, hat er die Optionen der Täuschung oder Verweigerung. Durch diese Optionen wird die Autonomie des (freiwilligen) Interviewpartners strukturell aufrechterhalten[3]. Systematische Verzerrungen, strategisches Agieren o. ä. werden also nicht a priori vorausgesetzt; solche Merkmale realisieren sich gegebenenfalls im Text und müssen aus ihm selbst rekonstruiert werden.

2.2. P stößt an eine Grenze.

Transkript 1

> *P: "Mhm..also da ist für mich wirklich so 'ne Grenze,"*[4]

Der Sprecher beginnt diese Sequenz mit einem zustimmenden Rezeptionssignal; er hat einen vorhergehenden Redebeitrag verstanden und als solchen akzeptiert. Das konsekutive "also" bedeutet vom semantischen Gehalt her entweder die Einleitung einer Zusammenfassung oder eine bestimmte Gewichtung der nachfolgenden Rede. Die kann an einen längeren Argumentationsgang anschließen, an eine vorausgegangene Diskussion oder auch einfach an einen stillschweigenden Gedanken. Gemeinsames Merkmal aller Fälle ist, daß eine Äußerung als eine Konsequenz aus etwas Vorhergehendem angekündigt und damit bereits vorweg als wichtig markiert wird. Die Fortsetzung der Rede gewinnt durch diese Einleitung deutlich an Prägnanz.

"Da ist..." kündigt P eine Sache an. Ganz gleich, um was es sich dabei handelt, setzt diese Aussage pragmatisch nach der Relevanzregel voraus, daß dem Adressaten selbst nicht bekannt ist, daß da etwas ist; sonst müßte es ihm nicht eigens mitgeteilt werden. Andererseits ist die Lokalisierung durch ein deiktisches "da" nur dann pragmatisch sinnvoll, wenn dem Adressaten der Ort bereits bekannt ist. Da gesagt wird, etwas befinde sich aktuell - im Präsens - an diesem Ort, muß es sich also entweder um einen entfernten Ort handeln, auf den zwar beide ohne weiteres Bezug nehmen, über den aber nur der Sprecher dem Hörer Auskunft geben kann; sollte sich aber der Ort in der Nähe befinden, dann müssen schon besondere Umstände vorliegen, die es dem Hörer nicht erlauben zu sehen, was da ist (er ist unaufmerksam oder gar blind).

Die Mitteilung, "da ist" etwas, reklamiert in ihrer Pragmatik entweder einen privilegierten Zugang zu einem Ort oder eine privilegierte Wahrnehmung der Dinge, die sich da befinden. Es wäre nun interessant zu erfahren, um welchen exklusiven Ort oder um welche exklusive Sache es sich handelt, daß daran diese eigentümliche Beziehung des Sprechers zu seinem Zuhörer geknüpft wird.

Der Gegenstand wird aber noch nicht genannt, sondern es heißt zunächst, er sei "für mich", also für den Sprecher da. Das schließt passend an das eben festgestellte Auskunftserfordernis an, denn wenn der Hörer vielleicht nicht weiß, daß da etwas nur für P sei, dann wäre das selbst schon ein ausreichender Anlaß, es ihm ausdrücklich zu sagen. Es könnte aber auch zur privilegierten Kenntnis des Gegenstandes ein Privileg seiner Zweckbestimmung noch zusätzlich hinzukommen. ("Du kannst nicht wissen, daß da etwas ist, und Du kannst außerdem nicht wissen, daß dies nur für mich ist.") Schließlich ist es sogar möglich, daß der gesamte Sachverhalt, daß etwas da sei, sich überhaupt nur für P so darstellt, nicht aber für einen anderen.

In diesen verschiedenen, denkbaren Abstufungen realisiert sich jedesmal ein finaler, auf P zugeschnittener Sinn des Sachverhalts. Was als privilegierte Kenntnis pragmatisch schon impliziert war, wird jetzt sogar explizit als Sinnprivileg behauptet. Indem der Gegenstand eine Sinnbestimmung, eine Dedikation oder Destination erfährt, stellt P nicht nur eine (Existenz-) Behauptung über etwas auf, sondern schickt sich an, sich selbst zu behaupten. An welchem Gegenstand mag das hängen?

Der Gegenstand sei da, für ihn, und darüber hinaus auch noch "wirklich". Könnte er denn überhaupt da sein, ohne wirklich da zu sein, oder: für P wirklich, für andere aber unwirklich? "Wirklich" ist als adverbiale Bestimmung nur dann sinnvoll, wenn die Möglichkeit einer Täuschung naheliegt, wenn Unsicherheiten nicht auszuschließen sind.

Wir wissen nicht, ob der Gesprächspartner vorher schon Zweifel geäußert hat, über die P nicht einfach hinweggehen kann. Jedenfalls präsentiert er seine Behauptung auf diese Weise. Nun wird eine Aussage nicht dadurch beweiskräftiger, daß man zusätzlich versichert, es sei wirklich so. Entweder können Belege oder Evidenzen angeführt werden, oder die Behauptung bleibt trotz aller Beteuerung unsicher. Die Überzeugungskraft der Beteuerungsformel besteht einzig in ihrer expressiven Qualität. Da wir aber bereits mit einem Sachverhalt rechnen, für den P einen privilegierten Zugang reklamiert und dessen Sinn (nur?) für ihn besteht, ist der Versuch, der Aussage durch expressives Beteuern Gewicht zu verleihen, nur konsequent: es bleibt P überhaupt nichts anderes übrig.

Die fragliche Sache wird nun benannt. Es handelt sich um "so 'ne Grenze". Aber was für eine? So eine wie die, nach der gefragt wurde, oder so eine wie die gleich noch zu bestimmende. Ähnlich wie vorher "da" deiktisch auf einen Ort Bezug nahm, bezieht sich "so eine" deiktisch auf eine Qualität. Sollte kein konkretes Modell vor Augen liegen, dann bleibt als Referenz für "so eine" nur noch die üblicherweise bekannte, allgemeinste Vorstellung von einer Grenze. Diese ist zwar nicht geeignet, Ps Begriff von Grenze besonders zu qualifizieren, sondern läßt sie im Gegenteil ganz im Ungefähren. Diese Unbestimmtheit ermöglicht aber dem Zuhörer um so einfacheres Einverständnis, denn irgend eine Vorstellung von "so 'ner" Grenze kann P auch bei seinem Hörer voraussetzen. Diese Anknüpfungsmöglichkeit kann für P entscheidend sein, weil er sich in seiner Aussage (objektiv) gerade bemüht, sein Anliegen als ein sehr subjektives vorzustellen.

Damit stellt sich die Frage, welcher objektive Sinn mit dem Begriff der "Grenze" thematisiert wird. Was ist - unabhängig von subjektiven Konnotationen bei Sprecher und Hörer - notwendig mitzudenken, wenn jemand "Grenze" sagt? Was P selbst damit im einzelnen verbinden mag, wissen wir nicht. Vielmehr geht es darum zu klären, welches der allen Verwendungsarten gemeinsame Bedeutungskern ist, der jeder Verwendung des Begriffs als objektive Sinnstruktur notwendig zugrundeliegt.

"Grenze" meint, wenn man nach einer halbwegs unbefangenen Alltagsdefinition sucht, ein Kriterium, welches das Ende eines - wie immer beschaffenen - "Bereichs" und den Beginn von etwas Anderem markiert, das nicht zu diesem Bereich gehört. Notwendig ist allerdings, daß "jenseits" der Grenze etwas Anderes existiert, von dem sich sagen läßt, es gehöre nicht zu der durch die Grenze definierten Sache. Gleichzeitig beschränkt sich die Vorstellung von einer Grenze allein auf die Bestimmung dessen, was da ein- oder ausgegrenzt wird, d.h. das jeweils "Andere" bleibt - wenn man von der Grenze spricht - unbestimmt. Grenzen beziehen sich auf die Perspektive des Ein- bzw. Ausgegrenzten, nicht auf beide zugleich. Das würde eine zusätzliche Qualifizierung erfordern. Man kann sich diesen Umstand an Beispielen verdeutlichen: "die Staats-Grenze der Bundesrepublik" ist eine eindeutige Bestimmung; zur Bezeichnung eines Spezialfalls muß man hingegen den Ausdruck "deutsch-französische Grenze" verwenden. Die "Frostgrenze" markiert das Kriterium, welches das Phänomen "Dauerfrost" von allen anderen auf der durch das Kriterium angegebenen Dimension trennt; "jenseits" gilt lediglich: kein Dauerfrost. Was dort konkret der Fall ist - Wüste oder Regenwald -, ist in der Bestimmung der Grenze aus der Perspektive "Dauerfrost" nicht mit enthalten.

Was grenzt P hier mit welchem Kriterium ein? Denkbar sind beispielsweise Grenzen von Organismen (Körpergrenzen), Grenzen von Tier- oder Pflanzenpopulationen; sie alle sind in bestimmter Hinsicht unproblematisch, nämlich insofern als sie aus der Perspektive eines menschlichen Sprechers in der einen oder anderen Weise zur *Natur* gehören. Sie gehören damit nicht zu den Grenzen, die auf der Dimension "Sinn" liegen. Solche Sinngrenzen beziehen sich hingegen auf psychische oder soziale Systeme, denen sich damit regelmäßig ein ganz eigenes Problem stellt, nämlich das, Grenzen innerhalb der Dimension "Sinn" zu *legitimieren*. Die eigenen Grenzen sind ja, anders als diejenigen fremder Systeme, für das System nicht präexistent. Die Konstitution der Grenzen fremder Systeme ist für den Beobachter nur ein Beschreibungsproblem. Eigene Grenzen müssen hingegen gebildet und aufrechterhalten werden.

Die Frage, welchen von beiden Grenztypen P hier anspricht - eigene Grenze mit der Folge einer Legitimationsanforderung oder beobachtete fremde Grenze -, führt nun sequenzanalytisch zu einer *ersten Hypothese*, indem der Gebrauch des Terminus "Grenze" als Selektion aus den mit den vorlaufenden Äußerungen eröffneten Anschlußmöglichkeiten rekonstruiert und diese Interpretation in den nachfolgenden Passagen überprüft wird:

Die skizzierte Spannung zwischen deiktischem Moment (unmittelbare Wahrnehmbarkeit der Grenze) und rhetorisch reklamiertem Sinnprivileg (Exklusivitätsbeteuerung der Existenzbehauptung) läßt sich nur auflösen unter der Annahme eines *Legitimationsproblems*. Dieses läßt sich formulieren als Sinn-Frage: Wieso gibt es eine Grenze und wieso gerade "da"?

Die nachfolgend analysierten Äußerungen deuten die spezifische Problematik des Falls "P" an und erlauben ein Urteil über die Wahrheit der soeben vorgeschlagenen Hypothese.

Transkript 2

> *P: "also die für mich auch nicht überspringbar ist, da habe ich innerlich ganz starke .. ganz starke Widerstände, merk' ich ganz deutlich.."*
>
> *"also die für mich auch nicht überspringbar ist"*

"Nicht überspringbar" heißt: Niemand kann sie (die Grenze) überspringen. Nun heißt es aber schon zum zweitenmal: "für mich". Eine vorläufige Explikation dieses Ausdrucks haben wir bereits versucht.

Eine erste Möglichkeit wäre: Es soll nur das Subjekt des Überspringens erwähnt werden. Eine reine Passivkonstruktion in diesem Sinn (es müßte dann heißen "von mir") kann aber an die Adjektivbildung "überspringbar" nicht mehr grammatikalisch richtig angeschlossen werden. "Für mich" verweist dagegen auf eine zweite Möglichkeit: eine Setzung. Die Grenze selbst wäre demnach wohl überspringbar, aber für mich heißt es: nein! Das Merkmal der Nichtüberspringbarkeit wäre durch eine Setzung willkürlich eingeführt. Die Wortwahl wäre eine Verschleierung dieses Umstandes, indem als Eigenschaft der Grenze ausgegeben wird, was eine Sache der Setzung ist und somit eigentlich die Legitimationsfrage verschärft: Wieso denn nicht überspringbar?

Als eine dritte Möglichkeit könnte man annehmen: Es wird nicht die Grenze selbst willkürlich gesetzt, sondern die Aussage, die Grenze sei nicht überspringbar, wird in ihrer Geltung für bestimmte Subjekte spezifiziert. Bezogen auf bestimmte Subjekte ("für mich") kann von der Grenze gesagt werden, sie sei nicht überspringbar. Das Legitimationsproblem lautet hier: Warum wird die Geltung der Aussage gerade in dieser Weise eingeschränkt auf mich bezogen? Vielleicht liegt, als vierte Möglichkeit, eine komprimierte Form einer Aussage des Typs vor: Für mich steht fest, daß (q). Die Grenze wäre demnach absolut nicht überspringbar, also nicht nur "für mich" nicht, aber die Aussage, daß es sich so verhält, ist zunächst nur für mich überzeugend und muß nicht in der gleichen Weise bei anderen Zustimmung finden. Das wäre eine Redeweise, die einen pragmatischen Widerspruch transportiert, aber nicht eben selten ist. Dieser Widerspruch realisiert nämlich pragmatischen Sinn: die Vorordnung der Expressivität der Aussage vor ihren - völlig entwerteten - propositionalen Gehalt. Damit kann die Sache nicht mehr bestritten werden, denn es wird überhaupt kein objektiver Geltungsanspruch erhoben. Statt dessen wird um so stärkere expressive Geltung hergestellt.

Es geht in allen Varianten um Bedeutung (der Grenze) "für mich" und, durchaus vergleichbar der Hegelschen Philosophie, um das Problem der Selbstbehauptung. Das Subjekt kann Bedeutungen nicht schon "an sich" realisieren. Es braucht das Objekt (die Erfahrung der Grenze), das es aber nicht als das Andere anerkennen kann, sondern nur als das Andere seiner selbst.

> *"da habe ich innerlich ganz starke .. ganz starke Widerstände, merk' ich ganz deutlich.."*

Auch die Widerstände, die P am Überschreiten der Grenze hindern, bringen keine Legitimation oder Erklärung der Grenze, sondern nur deren wiederholte Feststellung. Der Widerstand ist wie die Grenze eine Entgegensetzung, die das Subjekt passiv hinnehmen muß, nicht etwa selbst begründet. Will P diese Widerstände denn überwinden? Sie sollen ja auf Orientierungen verweisen, die einen verbindlichen (und nicht nur willkürlich gewählten) Anhalt bieten. Das könnten sie aber nur, wenn sie in irgendeiner Weise als Maßstab ausgezeichnet wären, was wiederum erforderte, daß sie nicht nur als Hindernisse erfahren werden, die eigentlich aus dem Weg geräumt werden könnten.

Hier fallen nun die Verweise auf, deren Sinn nicht anders zu verstehen ist denn als Versicherung der Authentizität, über die das mit Grenze verbundene Legitimationsproblem gelöst werden soll. Zum einen sei an die appellative Beteuerung erinnert, die Grenze sei "wirklich" da. Zum zweiten seien die Widerstände "innerlich". Sie kommen also doch vom Subjekt oder sind mindestens in diesem, obwohl es sie ablegen will. Drittens heißt es zweimal "für mich", was ebenfalls die Versicherung von Authentizität erfüllt, obwohl es gleichzeitig auf die Willkürlichkeit der Setzung hinweist, die das Legitimationsproblem doch erst entstehen läßt, das durch Authentizität gelöst werden soll. Viertens zeigt das wiederholt geäußerte "ganz starke" weniger einen Hang zu Superlativen, sondern eher ein zurückhaltendes Understatement, was das Gesagte aber um so eindringlicher klingen läßt. P schließt mit "merk' ich ganz deutlich", wobei "merk' ich" wieder diese Ambiguität trägt: Ich kann es nur - passiv - merken. Und: Ich versichere, daß ich etwas zu bemerken habe. "Ganz deutlich" ist mit "ganz starke" vergleichbar.

Mit der Rekonstruktion der Entstehung eines Legitimationsproblems und des Versuchs von P, es zu lösen, haben wir nichts anderes als die Moral festgehalten, die sich im Fall P realisiert. Moral ist nämlich genau jenes Konstrukt, mit dem die über Sinngrenzen entstehenden Begründungsprobleme gelöst werden. Die Moral bildet sich auf der pragmatischen Ebene als die Verbindlichkeit konstruierter und deshalb veränderbarer Sinngrenzen aus.

Vorläufig können wir folgende *zweite Hypothese* aufstellen, die die Struktur der Moral bei P betrifft: Wir stellen bei P eine Ambivalenz oder gar einen Widerspruch fest. Er denkt Moral einerseits nur als Fremdbestimmtheit durch moralische Grenzen, die im Sinne der Autonomie zu überwinden wären und denen das Subjekt prinzipiell amoralisch gegenübersteht; gleichzeitig unternimmt er den Versuch, eben diese als fremdbestimmt erfahrenen Grenzen als subjektiv authentisch erlebte auszuweisen, sie durch Verankerung in seiner Subjektivität zu legitimieren. Das ist insofern konsequent, als P einem Konzept der Fremdbestimmtheit durch Moral nur ein Konzept der subjektiven Authentizität entgegensetzen kann.

Nicht die von P erfahrene Grenze und die Nichtüberspringbarkeit, die er uns versichert, bedeuten schon Heteronomie, denn gegen solche Widerstände stemmt er sich ja gerade. Dennoch ist seine Moral in ihrer Struktur heteronom. Diese konzeptuelle Heteronomie ist nachweisbar an seinem Versuch, Autonomie als Authentizität zu retten. Das gelingt deshalb nicht, weil es doch stets nur Grenzen sind, die da als selbsterfahren gültig hingestellt werden.

2.3. P rechnet auf.

Transkript 3

> *I: (fällt P ins Wort) "Ahm, kannst du mal versuchen so irgendwie... zu formulieren.."*

P: *"(...) Ja es geht einfach nicht an, also (..) we.. wei.. echt.. pf.. also ich hab' schon oft drüber nachgedacht (kurzer Ansatz von Lachen), was es eigentlich ist so gell, weil.. weil im Grunde genommen, wenn du das so aufrechnest, also die Leute spielen auch völlig kaltblütig mit Menschenleben rum gell, also warum sollte man mit diesen Leuten nicht genauso kaltblütig umgehen wie die mit Leuten umgehen irgendwie so gell, aber also ich krieg da irgendwie persönlich krieg ich da so den Kick nicht hin gell, also das als Material zu betrachten, so (.) und.. und.. ich kann mir dazu viel überlegen, wo's herkommt, irgend was weiß ich, christliche Erziehung, Überreste von Moral oder sonstwer (Ansatz von Lachen)..."*

"Ja es geht einfach nicht an"

"Es geht nicht an, daß (q)" bedeutet die vehemente Ablehnung eines Sachverhalts (q). Sie soll definitiv klarstellen, daß der Sprecher nicht bereit ist, (q) zu akzeptieren. "Einfach" hat die Funktion einer Verstärkung. Der Satz hat, obwohl grammatikalisch als deskriptive Äußerung konstruiert, einen starken präskriptiven Gehalt, der eine explizite Problematisierung des normativen Geltungsanspruchs nahezu ausschließt: es wird schier Selbstverständliches konstatiert.

Damit ist jedoch noch nicht der mögliche Verwendungskontext der Äußerung umschrieben. Pragmatisch kann sie in mehrfacher Hinsicht einen Sinn ergeben: nämlich erstens als Äußerung einer Autoritätsperson; sie wird dann rein präskriptiv verwendet; im Hintergrund drohen meist Sanktionen. Oder zweitens als Äußerung in einer Argumentation, und zwar auch am Anfang einer solchen. Wegen ihres stark expressiven Charakters wird ein vorsichtiger Sprecher sie jedoch durch Markierung der Expressivität (z.B. "ich meine, daß es..." o.ä.) in ihrem normativen Geltungsanspruch eher abmildern. Wenn der Satz aber so stehenbleibt, erfordert er notwendig eine sofortige Begründung, die so allgemein einleuchtend ist, daß sie den starken Anfang nachträglich rechtfertigt (z.B. "es geht einfach nicht an, daß (q), weil nämlich (r)"). Schließlich ist die

Äußerung auch möglich in einer Situation, wo sie zur Zelebration von Gruppenzugehörigkeit, d.h. von kollektiver Identität, qua expressiver Bekräftigung der Geltung einer Norm dient.

Für die Struktur des normativen Geltungsanspruchs heißt das: Normativität wird entweder "als fraglos geltende" konzipiert, d.h. aus der Sicherheit eines selbstverständlich gegebenen lebensweltlichen Hintergrundes heraus. Das schließt auch die Möglichkeit ein, sie zur Erzeugung kollektiver "Sicherheit" einzusetzen. Oder sie wird von einer überaus starken Autorität (im Militär oder im Gefängnis etwa) in Anspruch genommen.

Variante 2 (Äußerung einer Autoritätsperson) schließen wir bereits mittels Kontextwissen aus: es handelt sich um ein Interview, bei dem nichts darauf hindeutet, daß P in irgendeiner Weise besondere Autorität für sich beansprucht. Ob diese Interpretation sich halten läßt, zeigt die Anschlußsequenz.

"also (..) we.. wei.. echt.. pf.."

Sie schließt, wie wir gesehen haben, an eine Äußerung an, die nach einer klaren und plausiblen Begründung verlangt, wenn sie nicht als schiere Autoritätsreklamation verstanden werden soll. Die ganze Passage besteht aus einer Folge von Verlegenheitsäußerungen. Wie kommen sie zustande? Entweder ergeben sie sich daraus, daß P überhaupt keine Begründung einfällt, oder daraus, daß ihm aus irgendwelchen Gründen eine Begründung, die er anzubieten hätte, als inakzeptabel erscheint. Im Zusammenhang mit der vorhergehenden Stelle kann man jedenfalls sagen, daß P hier die mit der Äußerung "ja es geht einfach nicht an" eingeschlagene Argumentationslinie erst einmal unterbricht. Er muß das auch tun, denn er ist keine Autoritätsperson. Andererseits gibt es aber keinen normativen Bezugsrahmen, in den er die Äußerung einbetten könnte. Denn nach einer solchen Einleitung könnte jeder Inhalt nur noch auf Konventionen verweisen; das würde aber der von P behaupteten "inneren Natur" der Grenze widersprechen.

Damit sind für die Anschlußsequenz mehrere Möglichkeiten eröffnet: entweder den Gedanken doch noch aufzugreifen und im Anschluß an die erste Äußerung fortzusetzen; oder aber das Thema zu wechseln, was er dem Interviewer gegenüber jedoch geschickt verteidigen müßte; oder schließlich die Art oder Ebene der Thematisierung zu wechseln.

> *"also ich hab' schon oft drüber nachgedacht (kurzer Ansatz von Lachen)"*

Mit dieser Äußerung reagiert P auf die vorhergegangene Unsicherheit. Er tut das ganz geschickt, indem er betont, daß er über eine noch ungenannte Sache schon oft nachgedacht habe, daß diese ihm also durchaus vertraut sei. Damit konterkariert er den in der vorangegangenen Äußerung entstandenen Eindruck der Unsicherheit. Im übrigen wechselt er hier die Reflexionsebene, kann sich also aus dem Dilemma befreien, an seine mißglückte Anfangsäußerung direkt anschließen zu müssen.

> *"was es eigentlich ist so gell,"*

P thematisiert nun, worüber er schon oft nachgedacht hat. Gleichzeitig läßt er den Gegenstand auf bemerkenswerte Weise im Dunkeln. Er fragt sich, was "es" eigentlich ist. Damit spielt er auf ein bestimmtes Etwas an, über dessen *Wesen* er sich selbst noch im Unklaren ist. Er konstatiert Symptome, kann sich aber den Befund noch nicht zu einer Diagnose zusammenreimen. So wie P äußern wir uns, wenn wir aus Symptomen auf eine Krankheit schließen: "Ich habe Schmerzen, weiß aber noch nicht, was es eigentlich ist."

Man kann wohl davon ausgehen, daß P mit diesem Sprechakt die zu Beginn eingeschlagene Route endgültig verlassen hat. Er bezieht sich beim Sprechen auf etwas ganz anderes, ein gewisses "es", das vorläufig noch ungenannt bleibt.

> *"weil.. weil im Grunde genommen, wenn du das so aufrechnest" fortlaufend bis "wie die mit Leuten umgehen irgendwie so gell,"*

Die merkwürdige Art des Anschlusses an das Vorhergehende ("weil .. weil") kann man nur so erklären: Eine Anknüpfung an den Anfang ("we.. wei..") scheidet aus, der Abstand ist zu groß. Die Äußerung muß sich vielmehr dergestalt auf den vorhergehenden Satz beziehen, daß P folgendes zum Ausdruck bringen will: Ich habe schon oft drüber nachgedacht, da gibt es nämlich ein Problem, *weil* man folgendes sagen kann:...

Das würde bedeuten, P erklärt nun, worin dieses oben angesprochene "es" besteht. Es besteht in einem Dilemma zwischen zwei Positionen, nämlich "im Grunde genommen" auf der einen und "ich persönlich" auf der anderen Seite. Zunächst stellt P dar, wie es sich "im Grunde genommen" verhält. Die allgemeine Regel formt diesen Ausdruck als einen, der ähnlich verwendet wird wie etwa "bei Lichte besehen" oder "wenn wir mal ganz ehrlich sind", Ausdrücke also, die eine verborgene, manchmal unangenehme Wahrheit hervorheben sollen.

Worin diese Wahrheit besteht, versucht P zum Ausdruck zu bringen, indem er zu einem Gedankenexperiment auffordert: "wenn Du das so aufrechnest." Er versucht, einen moralischen Standpunkt aus der Perspektive des Talionsprinzips zu formulieren. In der Formulierung aber mißlingt dieser Versuch. Die Aufrechnung wird nur verzerrt abgebildet: auf der einen Seite stehen Leute, die mit Menschenleben spielen. Bereits hier ist eine Asymmetrie eingebaut, die P nicht mehr aufhebt. Deswegen klappt auch die Konstruktion der Konklusion überhaupt nicht mehr. Die Differenzierung zwischen Leuten und Menschenleben kann nicht mehr aufrechterhalten werden: jetzt müßte sich in der Umkehrung der Begriff des Menschenlebens gerade auf die Personen beziehen, die oben als "Leute" anonymisiert wurden. Prinzipiell wäre zwar ein solcher Ansatz konstruierbar, aber bei P gerät hier die Logik durcheinander. Warum?

Die Sequenz wird plausibel, wenn man sie als Bericht darüber liest, wie es um P herum so aussieht. In der Formulierung "im Grunde genommen, wenn Du das so aufrechnest" stellt P eine gewisse Distanz zu dem gesellschaftlichen Spiel her, die ihm aber bei dem Versuch, das Spiel in Begriffen einer Aufrechnungs-Logik zu beschreiben, wieder verlorengeht. Distanzierung ist wichtig und nötig, gelingt in der Durchführung aber nicht einmal im Hypothetischen.

> *"aber also ich krieg da irgendwie persönlich krieg ich da so den Kick nicht hin gell, also das als Material zu betrachten so (.)"*

Die Gegenposition zu dem, was "im Grunde genommen" einfach und klar ist, bildet, wie bereits angedeutet, Ps persönliche Stellung. "Ich krieg den Kick nicht hin" meint, daß P etwas völlig unmöglich ist, was aber, wenn man sich nur einigermaßen geschickt anstellen würde, zu schaffen sein müßte.

In dieser Äußerung bezieht P sich erneut auf Autonomie und Authentizität. Autonomie reklamiert er, indem er darauf beharrt, daß er die Menschen nicht als Material betrachtet[5]. Das tun nur die anderen. Gleichzeitig muß P aber realisieren, daß bislang seine Begründungsversuche für diese Position fehlgeschlagen sind. Und dieses Scheitern ist nicht so ohne weiteres einholbar; es ist kein Problem der Rhetorik. Also muß der normative Richtigkeitsanspruch mit dem untermauert werden, was für P wirklich unüberschreitbar ist: mit seiner Subjektivität. Autonomie wird als Authentizität konzipiert und durch ständige Bekenntnisse behauptet:

> *"und.. und.. ich kann mir dazu viel überlegen, wo's herkommt, irgend was weiß ich, christliche Erziehung, Überreste von Moral oder sonstwer (Ansatz von Lachen)"*

Wir haben hier erneut eine Thematisierung der "Grenze": sie verwehrt P die Bezugnahme auf eine Vergeltungs-Moral, was ihm inhaltlich wohl auch richtig erscheint; andererseits erfährt er sie aber als "Grenze", d. h. als heteronomen Sachverhalt. Es ist ihm nicht möglich, die Distanzierung von der gesellschaftlichen Moral mit Argumenten zu vertreten. Er muß, um aus dem Dilemma zu entkommen, sich für die inhaltliche Begründung quasi entschuldigen, indem er sie als Rest überholter, äußerer Zwänge denunziert. Die Versuche Ps, Distanz von äußerlicher

Heteronomie zu gewinnen, führen konsequent in Unverbindlichkeiten, d.h. in die bloß formale Negation der heteronomen Inhalte. Deshalb muß er im gleichen Atemzug die Authentizität dieser Grenze betonen, deren Existenz er ja von Anfang an behauptet hatte, weil sie ihm als einzig Benennbares überhaupt verfügbar ist. Es bleibt ihm nichts anderes übrig, als ihr Vorhandensein nur immer wieder zu konstatieren. Das verweist auf die Notwendigkeit permanenter rhetorischer Erzeugung von Authentizität zum Zwecke der Aufrechterhaltung einer autonomen Moral, die sich scharf von einer als zwanghafte erfahrenen sozialen Realität abgrenzen will, dabei aber unverbindlich bleibt, solange das Begründungsproblem nicht gelöst werden kann.

Im vorliegenden Fall können wir zunächst als allgemeine Folie, vor der sich Ps zentrales Thema kontrastreich abhebt, drei Regeln nennen, die P als generell geltend in Anspruch nimmt: 1. Urteile müssen aus eigener Urteilsbildung resultieren (Autonomie). 2. Sie müssen diese innere Überzeugung wahrhaftig wiedergeben (Authentizität). 3. Sie müssen vernünftig begründbar sein (Rationalität).

Nun wird die Besonderheit des Falles dadurch gebildet, daß die drei genannten Prinzipien in einen spezifischen Widerspruch geraten, der sich aus Eigenheiten des Autonomiebegriffs bei P rekonstruieren läßt.

Unsere *dritte Hypothese* lautet: Ps Dilemma, soweit es in der analysierten Sequenz zutage tritt, besteht darin, daß sein autonomes Urteil in der Begründung mit den von ihm wegen ihrer "Herkunft" stigmatisierten gesellschaftlichen Normen konvergiert. Das könnte er aber nur unter Preisgabe seiner autonomen Identität zulassen. Denn diese zeichnet sich gerade dadurch aus, daß eine solche Konvergenz a priori ausgeschlossen ist. Autonomie läuft bei P nur über Authentizität. Das heißt, in Begründungsfragen ist für ihn nur Subjektivität in der Form des Bekenntnisses denkbar.

P legt sich nirgends fest. Seine Sprache bleibt durchweg unverbindlich. Indem er sich auf diese Weise möglichen Verpflichtungen von vornherein entwindet, schafft er Distanz zu allen konkreten Inhalten. Die so hergestellte Distanz negiert vorgegebene Inhalte und wahrt seine Autonomie: als das, was nicht verhaftet ist, nicht festgelegt, auf nichts sich einläßt. Damit ist ihr Verhältnis zu den heteronomen Verpflichtungen gerade nicht geklärt. Das führt zu dauernden Abgrenzungsschwierigkeiten.

Zur nötigen Versicherung, daß er Autonomie besitze, bleibt nur noch die Beteuerung von Authentizität. Da Inhalte nicht herangezogen werden können - sie stehen unter Heteronomieverdacht -, realisiert er seine Autonomie in der bloßen Form der Authentizität. Die schiere Perspektivität bloß formal durch Beteuerung aufrechtzuerhalten, klappt nicht. Es kommt vielmehr durch die Hintertür eine nicht durchschaute Heteronomie wieder herein. Obwohl alles reflexiv gebrochen scheint, ist Reflexion nicht möglich und nicht zulässig.

Das weist auf einen quasi logischen Fehler in der Konstruktion dieser Moral. Die Authentizitätsbetonung und die Unverbindlichkeit sind vielleicht nicht sehr traditionell, in der Struktur ihres logischen Fehlers aber durchaus konventionell. Deshalb bezeichnen wir die kognitive Struktur dieser Moral als Stufe 4. Der Fehler ist derselbe wie der des Jargons der Eigentlichkeit[6]: Ein Vermitteltes wird als Unmittelbares ausgegeben.

Nun resultiert diese Moral nicht *aus* einem logischen Fehler, als wäre "die Logik" ursächlich. Zwar kann man sich wie PIAGET an der Struktur des Fehlers die Stufenlogik des moralischen Fortschritts klarmachen. Mit der Zuordnung des Falls zu einer Stufe ist aber noch nicht allzu viel erklärt. Man hat nur die Regel vorgegeben, die in einer Erklärung zu berücksichtigen ist. Erklärungsbedürftig wäre zum Beispiel mindestens, wieso denn der strukturelle "Fehler" von P nicht vermieden wird. Da höhere Stufen in dieser Hinsicht äquilibrierter sind, müßte das doch viel näher liegen, als ihn aufrechtzuerhalten. Nun nach Hinderungsgründen zu suchen, die einen ansonsten natürlich vorgegebenen Fortschritt hemmen oder blockieren, führt aber vollends auf Abwege. Dann wäre ein normativistisches Verständnis von Strukturen eingeführt.

Deshalb muß auch auf einen positiven, substantiellen Ertrag dieser Moralstruktur hingewiesen werden. P gelingt es zwar nicht, seine Subjektivität auf reine Authentizität zu gründen. Aber diese Moralstruktur muß in der Lage sein, ihm die Zugehörigkeit zu einer Lebenspraxis und die Teilnahme an sozialen Interaktionen zu sichern. Sie kann sich nicht nur nachträglich als funktional für bestimmte Verhältnisse erweisen. Es müssen vielmehr von vornherein die materialen Erfahrungen in diesen Verhältnissen sein, die genau eine solche Strukturierung erfordern und möglich machen.

Wir sind uns darüber im klaren, daß P hier nicht etwa "Fehlleistungen" produziert. Das bedeutet aber auch, daß seine Konzeption von Autonomie auf die konkrete Lebenspraxis, auf die Interaktionsstrukturen, in denen er aufgewachsen ist und in denen er jetzt lebt, verweisen muß. Welcher Art muß eine Praxis sein, damit die Geltung von Regeln, wie wir sie zu explizieren versucht haben, einen pragmatischen Sinn ergibt? In diese Frage nach der diachronischen Rekonstruktion von Bildungsgeschichten münden alle Fallanalysen.

3. Objektive Hermeneutik und Moraltheorie

Im folgenden diskutieren wir den Ertrag der objektiv hermeneutischen Vorgehensweise in Auseinandersetzung mit der etablierten Methode der Moralforschung. PIAGET (1932), KOHLBERG und viele andere benutzen in ihren Untersuchungen moralische Dilemmata. Der methodische Gebrauch von Konfliktsituationen beruht auf der Annahme, daß die Bearbeitung eines Konflikts das Denken besonders herausfordere und deshalb die Denkstruktur eines Individuums besonders deutlich zeige.

KOHLBERGs moralische Dilemmata sind jedoch darüber hinaus in einer problematischen Weise philosophisch aufgeladen: Er nimmt nämlich an, die Struktur oder Stufe der Gründe sei ursächlich dafür, daß sie mit anderen kollidieren und nicht abzugleichen sind. Die auf höherer Stufe verfügbaren Gründe heben dagegen definitionsgemäß solche Widersprüche der vorigen Stufen auf. Eine bestimmte Moralstufe wird so verstanden als inneres Antriebsprinzip, d.h. es wird ein ethisches Beurteilungsprinzip in Kategorien psychologischer Motivation übersetzt. Auch im vorliegenden Fall ist die Versuchung sehr groß, den Moralkonflikt nach Stufen zu werten. Im Sinne KOHLBERGs läge es nahe, nachzusehen, welche Gründe den Probanden antreiben - oder welche Gründe er zumindest angibt.

Wenn wir im Sinne der objektiven Hermeneutik jedoch nicht einfach den Inhalten folgen, dann nicht, weil wir P mißtrauten oder nicht glaubten[7], sondern um nicht der Gefahr zu erliegen, diese Inhalte nach einem theoretischen Vorurteil herauszupicken und zu klassifizieren. Das passiert bei KOHLBERG auch dort, wo er sorgsam Urteil und Begründung unterscheidet. Er bleibt doch insgesamt auf der Ebene inhaltlicher, bewußter Äußerungen. Das verhindert, daß der eigene strukturelle Zusammenhang der Äußerungen gesehen wird.

Die Auswertung mit dem elaborierten KOHLBERG-Manual, in das unbestritten umfangreiche empirische Kenntnisse eingeflossen sind, würde doch nur zum "Hören schöner Stellen" führen, die aus ihrem eigenen Zusammenhang gerissen und in den externen Zusammenhang eines theoretischen Vorurteils gezwängt werden. Noch die Verbesserungen am Auswertungsverfahren, die KOHLBERG vorgenommen hat, zeigen, wie sich dieser grundlegende Fehler der Subsumtionslogik durchhält.

Das erste Auswertungsverfahren KOHLBERGs[8] war das sogenannte "global scoring": Die Aussage des Probanden wurde global einer Moralstufe zugerechnet. Methodisch wird damit nichts anderes geleistet als eine Paraphrase des Eindrucks, der sich beim (theoretisch vorinformierten) Auswerter einstellt. Da dieser Eindruck je nach Auswerter recht verschieden ausfallen kann, suchte KOHLBERG, durch eine mechanische Präzisierung Abhilfe zu schaffen.

Er entwickelte das sogenannte "sentence scoring", das den Auswerter zwingen sollte, jeden einzelnen Satz nach Stufen zu klassifizieren. Diese

Maßnahme zeigt allenfalls noch deutlicher das Problem, daß von der Theorie willkürlich angelegte Schnitte nur die Gliederung verletzen, die die Sache selbst annimmt. Grammatikalische Interpunktion entspricht kaum der Sequentialität der moralischen Urteilsbildung.

KOHLBERGs letzte Bemühungen führten zum "issue scoring", das einerseits die Auswertungsmechanik flexibel genug halten, andererseits die Auswerter-Intuition durch Formalisierung kontrollieren sollte. Dafür sah das issue scoring ein theoretisch ausgeklügeltes Raster vor, das moralische Sinneinheiten gemäß einem Set von moralischen issues, values, norms und elements definiert. Nach diesen Sinneinheiten muß der Text zuerst durchkämmt werden, bevor dann wieder in der bekannten Manier Stufenzuteilungen erfolgen.

Es ist allerdings auch mit dieser modifizierten Methodologie nicht zu erkennen, daß der vorgebrachte "Grund" (Inhalt; Urteilsbegründung) von sich aus vielleicht einen ganz anderen Stellenwert einnimmt, als ihm auf der wie immer ethisch, philosophisch, sogar durch die Empirie der 1000 Fälle begründeten Stufenleiter eingeräumt wird. Die Erkenntnis, daß womöglich das ganze Moralproblem (und die Frage der moralischen Entwicklung) gar nicht dem Muster ethischer Begründung folgt, ist mit einer Methode, die Gründe (und nur nach diesen hält sie Ausschau) nach ihrer ethischen Qualität klassifiziert, systematisch ausgeschlossen.

Wenn wir nun dem Verfahren KOHLBERGs die objektive Hermeneutik gegenüberstellen, so scheint uns zunächst - auch auf die Gefahr hin, des Positivismus geziehen zu werden - eine Bemerkung zum möglichen Sinn von Geltungsbegründung angebracht: Die Richtigkeit der Methode liegt in der Richtigkeit der Ergebnisse und hängt nicht ab von ihrer methodologischen (Geltungs-) Begründung. Im rekonstruktionslogischen Paradigma leistet die methodologische Reflexion keine begründungslogische Fundierung, sondern selbst wiederum eine Rekonstruktion des vorlaufenden Methodenhandelns, d.h. dessen methodische Analyse. Sie kann nicht der Methode Dignität verleihen, sie kann nur deren Logik im Sinne einer Selbstvergewisserung explizieren. Tatsächlich wäre die geeignete Kritik an objektiv hermeneutischen Analysen die Falsifikation ihrer Resultate, nicht aber der perpetuierte formale Verdacht, die Resultate beruhten auf falschen methodologischen Grundlagen.

Gegenstand der objektiv hermeneutischen Analyse ist grundsätzlich nur die Realität eines vorliegenden Textes selbst. Der Text wird nicht als bloßes Anzeichen für eine dahinterliegende Realität behandelt, auf die man es eigentlich abgesehen hat[9]. Im Fall P lautete unsere Frage z.B. nicht: Welche Moral mag wohl (als hypothetisches Konstrukt oder reale Ursache) hinter einem Ausdruck wie "Grenze" stecken und sich in ihm niederschlagen? Sondern: Welche Moral wird aktuell in der Rede von Grenze realisiert?

Aus dem Umstand, daß die soziale Realität, soweit sie überhaupt methodisch zugänglich ist[10], immer nur in Form von Texten vorliegt, zieht die objektive Hermeneutik den methodischen Nutzen eines streng textimmanenten Verfahrens[11].

In einem textimmanenten Verfahren verschwindet das Kernproblem, an dem subsumtionslogische Verfahren laborieren, nämlich das Problem der Validität: Mit welcher Gültigkeit können Textmerkmale als Variablen oder Indikatoren für hypothetische Konstrukte angesehen werden? Welches Gesetzeswissen darf man bei der Operationalisierung in Anspruch nehmen? Darf z.B. im Fall P die psychoanalytische Theorie die relevanten Variablen definieren, oder die Lerntheorie? Können diese Theorien als allgemein bewiesen gelten, und treffen sie damit auch für diesen besonderen Fall zu? Dagegen vermeidet ein textimmanentes Verfahren von vornherein, Bedeutungen mittels externer Zuschreibung zu analysieren; es verläßt sich vielmehr darauf, daß jede Validität bereits im Text selbst hergestellt wird.

Sinnverstehende Methoden schlagen sich mit dem Problem herum, wie man sich in ein fremdes Bewußtsein hineinversetzen kann. Auch dieses sogenannte Problem des Fremdverstehens löst sich einfach auf[12]. Wenn der Sinn im Text selbst realisiert ist, ist es nämlich gar nicht länger notwendig, auf das Bewußtsein der beteiligten Subjekte zu rekurrieren, das als Absicht dem Text vorausläge und ihm seinen Sinn gäbe. Wir haben z.B. nicht gefragt: Was mag P wohl gemeint haben, als er "Grenze" sagte? Sondern: Was bedeuten seine Äußerungen objektiv?

Nicht nur müssen wir stets mit der Möglichkeit einer subjektiven Selbsttäuschung über die Bedeutung der eigenen Äußerungen rechnen, die freilich im Prinzip immer aufhebbar ist. Vielmehr gehen wir davon aus, daß Bedeutung überhaupt nicht aus dem Bewußtsein der Beteiligten hervorgeht. Daraus machen wir sogar eine sozialisationstheoretische Pointe gegen die Bewußtseinsphilosophie: Das subjektive Bewußtsein bildet sich in solchen objektiven Bedeutungsstrukturen, und nicht umgekehrt.

Das technische Vorgehen der objektiv hermeneutischen Analyse ist mittlerweile bekannt: Man ergänzt den Satz (das Bild, Wort etc.) um die Bedingungen, die notwendig vorausgesetzt sein müssen, damit die Äußerung sinnvoll ist. Nicht nur in der methodischen Kunstlehre, sondern auch im Alltag müssen ständig solche Ergänzungen vorgenommen werden. Dort ist das meistens unproblematisch, weil Verstehensleistungen habitualisiert sind in einem pragmatischen Bezugsrahmen von Tradition, Routinen usw., in dem Äußerung/Handlung und Rezeption gleichermaßen eingebettet sind. Erst in den Fällen von Irritationen, die bei Abweichungen, Fehlleistungen oder Neuerungen eintreten, muß die Sinn-Ergänzung explizit gemacht werden. Wenn die Deutungsroutinen des Alltags versagen - das sind immer Krisensituationen -, muß der Sinnzusammenhang neu erschlossen werden. Sozialwissenschaftler, wie übrigens auch Ärzte, Psychoanalytiker und Detektive, befinden sich von Berufs wegen ständig in dieser Lage: als professionelle Aufklärer kritischer Fälle[13].

Wenn wir den Text um seine Sinnbedingungen ergänzen, dann werden zur Rekonstruktion solcher Zusammenhänge nicht statistische Kenntnisse von Korrelationen herangezogen, sondern es wird unterstellt, daß eine Regel den Zusammenhang zwingend vorschreibt. Ersichtlich korrespondieren die Methode der Rekonstruktion von Bedeutung und die

Konstitution von Bedeutung. Wenn die Methode funktioniert, dann besteht die mit ihr einhergehende konstitutionstheoretische Unterstellung offensichtlich zu Recht, daß der Fall nach genau den Regeln gebildet ist, von denen wir bei der Rekonstruktion Gebrauch machen. Mit welchem Recht?

Die geisteswissenschaftliche Hermeneutik beansprucht, wohl die Sache selbst zu verstehen, aber gerade nicht objektiv: Verstehen ist nicht instrumentell verfügbar; es ist in diesem Sinne überhaupt keine Methode. Verstehen wird zu einem Prozeß der Verständigung, in dem sich Bedeutung immer wieder herstellt.

Das Paradigma der Hermeneutik ist die Übersetzung fremdsprachlicher (auch: historischer) Texte in den aktuellen Sprachkontext des Interpreten. In strukturalistische Begriffe "übersetzt", sieht der hermeneutische Verstehensprozeß ("hermeneutischer Zirkel") etwa so aus: Der Gegenstand folgt anderen Regeln als der Interpret. Bei der Übersetzung wird der Gegenstand zuerst einfach an die Regeln des Interpreten assimiliert, was keinen rechten Sinn ergibt. Also werden diese Regeln an den Gegenstand akkommodiert, und das solange, bis Interpret und Gegenstand denselben, gemeinsamen Regeln folgen. So formuliert, würde dieses Modell den Sachverhalt durchaus treffen, wenn danach der Interpret zusätzlich zu seinen bisher befolgten Regeln präzis und "objektiv" die des Gegenstandes benennen könnte. (Wenn auch in der Formulierung des Interpreten, also passend auf seine Sprache.)

Aber Hermeneutik kennt in ihrem Selbstverständnis Verstehen nur als Teilhabe an derselben Sache. Weil Hermeneutik nicht Regeln von Inhalten unterscheidet, wird sie in Unkenntnis der Konstitutions- (= Struktur-)zusammenhänge zur Hypostasierung von Inhalten verleitet. Inhalte werden an Inhalte angeglichen, als gemeinsame geteilt. Verstehen ist immer Teilnahme, Verschwinden der Distanz. Hier ist ein Problem angelegt, das die Hermeneutik dann zu den bekannten idealistischen Konsequenzen nötigt: Wie kann Distanz je überwunden, Nähe und Teilnahme hergestellt werden, wenn die Ausgangslage eine der Distanz ist? Die Ausgangslage muß deshalb konsequent umdefiniert werden in eine der Nähe oder der Identität: Teilhabe an einem Verständigungsgeschehen, das - wie immer betont wird - eben nicht von Subjekten hergestellt wird. Während sich die Hermeneutik gegen jeden Subjektivismus wendet, behält sie doch das zugrundeliegende ursprungslogische Denkmuster bei. Zwar liegt der Ursprung nicht länger im Subjekt, wohl aber vor oder über oder zwischen den Subjekten. Immer erhält ein Relatives die Weihe eines Absoluten. Da hermeneutisch die Möglichkeit von Distanz nicht recht anerkannt wird, wird Verstehen bereits unterstellt (Verständigung findet immer schon statt), wo erst zu klären wäre: wie es überhaupt möglich wird. Wenn man bereits drin ist, muß man sich darum natürlich nicht kümmern. Deshalb wird an die Ontogenese nie wirklich gedacht. Allenfalls gewisse Züge der Geistesgeschichte mögen sich in dieser Weise perzipieren lassen. Wenn man aber wissen will, wie diese Verständigung möglich wird (anstelle der bloßen Beteuerung: wir sind immer schon verständigt) und welche Verständigungsleistungen zu gegebenem Zeitpunkt möglich sind, z.B. in der kognitiven und moralischen Entwicklung, dann könnte die Antwort der Hermeneutik nur ungenügend ausfallen: man muß sich eben verständigen.

Der Verdacht, daß bestimmte normative Inhalte immer schon unterstellt und ursprungslogisch in hypostasierte Anfangszustände projiziert werden, stellt sich bei HABERMAS ein, für den die Bindungseffekte des Heiligen immer schon bestehen und hernach nur versprachlicht und verflüssigt werden. Daß sie so in einem Anfang lokalisiert werden, ist keine Rekonstruktion eines empirischen Anfangs, sondern die Beschwörung eines Urzustandes.

Von der Hermeneutik übernimmt HABERMAS die Teilnahme-Priorität. (Der Kritische Rationalismus setzt dagegen auf Beobachter-Priorität.) Um beobachten zu können, so argumentiert HABERMAS, müsse man immer schon zumindest virtueller Teilnehmer sein. Die Beobachter-Perspektive ist, soll sie überhaupt legitim sein, nur als sekundäre, abgeleitete Hilfsfunktion möglich. Weil sie auch dann noch den Ruch des Instrumentellen behält, muß sie in einem kommunikativen Rahmen aufgehoben werden. Teilnahme, Verständigt-Sein wird so zum Guten, Anfänglichen, Legitimierenden, Konstitutiven. Indem HABERMAS Kommunikation als rationales Fundament einführt in der Absicht, damit eines kritischen Maßstabs habhaft zu werden, wird die Theorie in Blick auf Phänomene, die nicht dem Ideal entsprechen, zur Theodizee. Es wird eigens erklärungsbedürftig, woher Irrationalität oder Pathologie in Texten kommt. Die Vorstellung, daß der Text selbst Verzerrungen aufweisen könnte, läuft nur darauf hinaus, dem Text normativistisch vorzuhalten, er erfülle die Rationalität nicht so, wie er sollte.

Das Mißverständnis der geisteswissenschaftlich-hermeneutischen Methode liegt in ihrer Inhaltsorientierung. Dieses Mißverständnis wird in der strukturalistischen Methode der objektiven Hermeneutik aufgehoben. An die Stelle des hermeneutischen Übersetzungsparadigmas tritt bei der objektiven Hermeneutik das Sozialisations-Paradigma. Nicht zufällig wurde die Methode im Bereich der Sozialisationsforschung ausgebildet. An nicht mehr als an den Umstand, daß in der Sozialisation alle Regeln einmal konstruiert wurden (und zwar als sinnvolle), knüpft die objektive Hermeneutik die Zuversicht, daß diese Regeln methodisch auch wieder re-konstruiert werden können.

Dazu muß vor allem mit der Vorstellung gebrochen werden, Regeln seien ein Instrumentarium, das sich im Besitz des Forschers befinden muß, um dann auf den Fall angewendet zu werden. Denn keineswegs sorgt eine präexistent über den Ereignissen schwebende Regel dafür, daß diese als Fälle ihren Sinn bekommen. Der Eindruck, daß Regeln fallunabhängig gelten, mag höchstens dadurch entstehen, daß sie abstrakt formuliert werden, wie es in der Forschung und bei lebensweltlichen Kodifizierungen natürlich hilfreich ist.

Tatsächlich hat aber nicht der Fall notwendig eine objektive Bedeutung, weil es dafür eine Regel gibt, sondern: weil der Fall eine objektive Bedeutung/Struktur hat, kann es dafür eine Regel geben. Jeder Fall bekräftigt, oder erfindet gar, aufs Neue die Regel. Es ist deswegen kein Wortspiel, sondern konstitutionstheoretisch geradezu zwingend, wenn

OEVERMANN seine Methode charakterisiert als "Explikation der Regel in der Sprache des Falls". Die Regel in der Sprache des Falls nennen wir Struktur.

Struktur ist der reale Zusammenhang der Inhalte, der durch Handlung hergestellt wird. Neue Inhalte werden in diesen Zusammenhang assimiliert; damit reproduziert sich die Struktur. Gleichzeitig können neue Inhalte eine Veränderung (Akkommodation) des Zusammenhangs, also eine Strukturtransformation bewirken. Solange freilich die Strukturen als rein subjektive gedacht werden, kann auch der genetische Strukturalismus die Objektivität von Bedeutung nicht erklären.

MAX MILLER (1986) hat an dieser Stelle darauf verwiesen, daß Strukturen sozial sind und deshalb die subjektive Konstitution transzendieren. Wir halten für ausschlaggebend, daß Strukturen objektiv sind, weil sie sich in der Interaktion mit einem dem Subjekt nicht verfügbaren Objektiven ausbilden. Ganz allgemein sind das: die Objektivität der Natur, die Restriktionen des intersubjektiven Austauschs und die innere Natur. Jeder Fall kommt zwar nur durch das Handeln der Subjekte zustande, enthält aber immer mehr als das, worüber die Subjekte als Regel verfügen. So können Subjekte eine Regel erfahren und neu lernen. Genau das geschieht in der Ontogenese. Jedes Kind ist sein eigener objektiver Hermeneut. Wenn der Forscher fremde Regeln versteht, indem er sie explizit nach-erfindet, dann benutzt er genau den Mechanismus zur methodischen Rekonstruktion, der in der Ontogenese bei der Konstitution der Regeln wirksam ist.

Anmerkungen

1 OEVERMANN 1983; OEVERMANN et al. 1976, 1979.
2 Auf diese Gefahr weist DAMON (1984, S. 67f.) hin.
3 Weniger zwar als bei therapeutischen Interaktionen, die auf Wunsch des Klienten zustandekommen und als kommerzialisierbare Dienstleistung des Therapeuten am Klienten definiert werden können; mehr aber jedenfalls als bei bei sogenannten nichtreaktiven Messungen einerseits und Zwangs-Interaktionen (Einweisungs-Tests, Schul-Tests) andererseits, weil der Interviewee der

Asymmetrie der Interviewsituation nicht ausgeliefert ist, sondern sich über ein revidierbares Einverständnis darauf eingelassen hat.

4 Transkriptionsregeln:
I Interviewer
P Interviewpartner
... Kurze Unterbrechung bzw. Innehalten, Markierung nicht zu Ende geführter Satz- bzw. Sinn-Teile
(...) Pause (Länge je nach Anzahl der Punkte)
(Lachen) Nonverbale Äußerungen des Partners, Charakterisierungen des Ausdrucks, sonstige Erläuterungen

5 Noch in der Formulierung mißlingt allerdings auch dieser Distanzierungsversuch: Menschen werden im Neutrum "das" gerade nicht vom "Material" unterschieden.

6 Vgl. ADORNO 1964.

7 Das unterscheidet die Analyse vom lebenspraktischen Zuhören; die Analyse ist gerade keine Sache von Stellungnahmen (was einer Subsumtion unter unser lebenspraktisches Urteil gleichkäme, legitimiert durch eine übergeordnete Moral- oder Handlungstheorie.) Auch bezogen auf die oberen Stufen der Moralleiter wird die Analyse eines Textes nicht plötzlich zum praktischen Austausch von Argumenten.

8 COLBY/KOHLBERG 1987.

9 So analysiert auch FREUD (1916) ausdrücklich nicht den Traum selbst, sondern die Erzählung, die der Patient davon gibt. Freud kann dabei unterstellen, daß sich die wirksame Struktur noch in der Erzählung reproduziert.

10 Es gibt freilich eine Realität, die nur im Vollzug lebenspraktischen Handelns erlebt wird. Auf sie ist kein methodischer Zugriff möglich. Jeder Versuch, sie zu thematisieren, ist auf Texte angewiesen.

11 Textimmanent zu verfahren heißt allerdings nicht, daß sich unser soziologisches Interesse in der Exegese einer bestimmten singulären Äußerung (eines Textes) erschöpfen und auf allgemeine Aussagen verzichten muß. Die Analyse behandelt zwar nur Einzelfälle, erfaßt damit aber einen Ausschnitt aus der Reproduktion von Strukturen. Die Strukturen eines Falles schaffen also den Anschluß zwischen verschiedenen Texten.

12 Wiederum läßt sich das Besondere individuell erlebter Bedeutung methodisch nicht einholen. Fraglich bleibt, ob es überhaupt je einzuholen ist. "Man steckt nicht drin." Wittgensteins Zahnweh kann man nicht nachfühlen.

13 Nicht zufällig ist die Spurenrekonstruktion und das "Indizienparadigma" (GINZBURG) gerade in diesen Professionen methodisch entwickelt worden. Unterhaltsame Beobachtungen zur Verwandtschaft von Sigmund Freud und Sherlock Holmes finden sich bei: Shepherd, Ginzburg, Sebeok/Umiker-Sebeok sowie in dem Sammelband von ECO/SEBEOK. Die strukturelle Gemeinsamkeit kriminalistischer und psychoanalytischer Ermittlungen hat OEVERMANN (1985) rekonstruiert.

Literatur

ADORNO, Th. W. (1964): Jargon der Eigentlichkeit. Zur deutschen Ideologie. Frankfurt a. M. 1977.

COLBY, A./KOHLBERG, L.: The Measurement of Moral Judgment. Vol. I: Theoretical Foundations and Research Validation. Cambridge 1987.

DAMON, W.: Die soziale Welt des Kindes. Frankfurt a. M. 1987.

ECO, U./SEBEOK, Th. A. (Hg.): Der Zirkel oder Im Zeichen der Drei. Dupin, Holmes, Peirce. München 1985.

FREUD, S. (1916): Vorlesungen zur Einführung in die Psychoanalyse. Der Traum. In: Studienausgabe. Bd. I. Frankfurt a. M. 1982.

GINZBURG, C.: Der Jäger entziffert die Fährte, Sherlock Holmes nimmt die Lupe, Freud liest Morelli - die Wissenschaft auf der Suche nach sich selbst. In: Ders.: Spurensicherungen. Über verborgene Geschichte, Kunst und soziales Gedächtnis. München 1988, S. 78-125.

HABERMAS, J.: Zur Rekonstruktion des Historischen Materialismus. Frankfurt a. M. 1976.

HABERMAS, J.: Theorie des kommunikativen Handelns. 2 Bände. Frankfurt a. M. 1981.

HABERMAS, J.: Moralbewußtsein und kommunikatives Handeln. Frankfurt a. M. 1983.

KOHLBERG, L.: Essays on Moral Development. Vol. I: The Philosophy of Moral Development: Moral Stages and the Idea of Justice. San Francisco 1981.

KOHLBERG, L.: Essays on Moral Development. Vol. II: The Psychology of Moral Development: The Nature and Validity of Moral Stages. San Francisco 1984.

MILLER, M.: Kollektive Lernprozesse. Studien zur Grundlegung einer allgemeinen soziologischen Lerntheorie. Frankfurt a. M. 1986.

OEVERMANN, U.: Zur Sache. Die Bedeutung von Adornos methodologischem Selbstverständnis für die Begründung einer materialen soziologischen Strukturanalyse. In: FRIEDEBURG, L. von/ HABERMAS, J. (Hg.): Adorno-Konferenz 1983. Frankfurt a. M. 1983, S. 234-289.

OEVERMANN, U. et al.: Beobachtungen zur Struktur der sozialisatorischen Interaktion. Theoretische und methodologische Fragen der Sozialisationsforschung. In: AUWÄRTER, M./KIRSCH, E./SCHRÖTER, K., (Hg.): Seminar: Kommunikation, Interaktion, Identität. Frankfurt a. M. 1976, S. 371-403.

OEVERMANN, U./ALLERT, T./KONAU, E./KRAMBECK, J.: Die Methodologie einer 'objektiven Hermeneutik' und ihre allgemeine forschungslogische Bedeutung in den Sozialwissenschaften. In: SOEFFNER, H.-G. (Hg.): Interpretative Verfahren in den Sozial und Textwissenschaften. Stuttgart 1979, S. 352-434.

OEVERMANN, U./SCHUSTER, L./SIMM, A.: Zum Problem der Perseveranz in Delikttyp und modus operandi. Spurentext-Auslegung, Tätertyp-Rekonstruktion und die Strukturlogik kriminalistischer Ermittlungspraxis. Zugleich eine Umformung der Perseveranzhypothese aus soziologisch-strukturanalytischer Sicht. Wiesbaden: Bundeskriminalamt. BKA-Forschungsreihe, Band 17, 1985.

PIAGET, J. (1926): Das Weltbild des Kindes. Frankfurt a. M. 1980.

PIAGET, J. (1932): Das moralische Urteil beim Kinde. Frankfurt a. M. 1973.

SEBEOK, TH. A./UMIKER-SEBEOK, J.: "Du kennst meine Methode". Charles S. Peirce und Sherlock Holmes. Frankfurt a. M. 1982.

SHEPHERD, M.: Sherlock Holmes und der Fall Sigmund Freud. Rheda-Wiedenbrück 1986.

Lyn M. Brown, Mark B. Tappan, Carol Gilligan, Barbara A. Miller und Dianne E. Argyris

Lesen im Hinblick auf das Selbst und die moralische Stimme

Eine Methode zur Interpretation von Erzählungen über tatsächlich erlebte moralische Konflikte und Entscheidungen[*1]

Unser Ziel ist es, in diesem Aufsatz eine interpretative Methode zu beschreiben, die wir als Anleitung zur Auswertung (zum Lesen) von Interviewerzählungen über moralische Konflikte und Entscheidungen entwikkelt haben. Von zentraler Bedeutung für dieses Vorhaben ist, daß wir es für möglich halten, daß einerseits unterschiedliche Perspektiven im Hinblick auf moralische Probleme eingenommen werden können und daß andererseits zwischen diesen ein Konflikt besteht. In der Tat glauben wir, daß eine Spannung zwischen unterschiedlichen moralischen Stimmen und der Konflikt zwischen sich widersprechenden Werten wesentlich für das moralische Leben ist; daß es, wie Martha Nussbaum sagt, "einem konfliktfreien Leben im Vergleich zu einem Leben, in dem Konflikte entstehen können, an Wert und Schönheit mangelt" (Nussbaum 1986, S. 81).

Wir erfassen somit sowohl die Möglichkeit kreativer Lösungen moralischer Konflikte als auch die Möglichkeit von Tragödien. Wir haben uns entschieden, die Erzählungen erlebter moralischer Konflikte zu untersu-

---

* Das Original dieses Aufsatzes erschien unter dem Titel 'Reading for Self and Moral Voice: A Method for Interpreting Narratives of Real-life Moral Conflict and Choice' in Packer, M. J./Addison, R. B. (eds.): Entering the Circle. Hermeneutic Investigation in Psychology. Albany: State University of New York Press 1989, S. 141-164. Wir danken dem Verlag und den AutorInnen für die freundliche Abdruckgenehmigung; Übersetzung: Detlef Garz.

chen, da wir glauben, daß diese Methode die Komplexität der moralischen Stimme illuminiert und zugleich die Kraft der Stille nicht übersieht.

Wir beanspruchen einen Ort, von dem aus wir Stellung beziehen, Sehen und Hören können; folglich ringen wir mit Fragen der Interpretation. Die Methode, die wir in diesem Kapitel beschreiben wollen, stellt unseren Versuch dar, einen explizit hermeneutischen Ansatz an die psychologische Untersuchung der Moral und der moralischen Entwicklung heranzutragen. Insofern stellt er im Vergleich zu traditionelleren Methoden, die zur Erforschung der moralischen Entwicklung eingesetzt wurden, einen alternativen Ansatz dar (vgl. COLBY/KOHLBERG 1987; GIBBS/WIDAMAN 1982; REST 1979).

Unsere Präsentation gestaltet sich wie folgt: Wir werden zunächst kurz die theoretischen und methodologischen Grundlagen, auf der unsere hier vorgestellte Arbeit beruht, erörtern; und zwar im Hinblick auf:

a) Unsere weiterführenden Arbeiten zur Unterscheidung zweier moralischer Stimmen und der Beschreibung von Differenzen zwischen einer 'Gerechtigkeits'- und einer 'Fürsorge'-Orientierung oder Ethik;
b) Zeitgenössische Arbeiten über Erzählanalysen (vor allem MISHLER 1986); und
c) Klassische Arbeiten sowohl zur hermeneutischen Theorie wie zur interpretativen Methode; hier besonders DILTHEY (1900) und RICOEUR (1979).

Wir werden, zweitens, unsere Anleitung zum Lesen von Erzählungen über tatsächlich erlebte (*real life*) moralische Konflikte und Entscheidungen im Hinblick auf das Selbst und die moralische Stimme umreißen, die auch unsere interpretative Methode beschreibt (vgl. BROWN, ARGYRIS, ATTANUCCI, BARDIGE, GILLIGAN, JOHNSTON, MILLER, OSBORNE, WARD, WIGGINS & WILCOX 1987). Drittens werden wir eine Methode darstellen, die wir entwickelt haben, um unsere Lesarten der Erzählungen von moralischen Konflikten zusammenzufassen; dazu verwenden wir die von uns so bezeichneten 'Narrativen Typen' oder 'Narrativen Strategien'. Wir werden, viertens, die ersten Daten, die wir im Hinblick auf die Reliabilität und Validität dieses Ansatzes gesammelt haben, darstellen und diskutieren. Wir wollen diesen Artikel beschließen, indem wir kurz über einige der theoretischen wie forschungsbezogenen Implikationen reflektieren, die mit der Arbeit mit dieser Methode einhergehen.

1. Theoretische und methodologische Grundlagen

Die Arbeit, über die wir in diesem Kapitel berichten, erwuchs aus unseren Bemühungen, einen theoretischen Rahmen zu schaffen, der Gleichheit und Bindung als Dimensionen menschlicher Beziehungen umfaßt. Damit sollte auch der Rückgriff auf zwei moralische 'Stimmen' oder 'Orientierungen', nämlich die der 'Gerechtigkeit' und die der 'Fürsorge', in der Lebensgeschichte sowie der Geschichte *generell* erklärt werden (vgl. GILLIGAN 1977, 1982, 1983, 1986, 1987; GILLIGAN/WIGGINS 1987). Die Unterscheidung zwischen Gerechtigkeit und Fürsorge als getrennte moralische Stimmen und relationale Perspektiven ist empirisch fundiert und geht aus der folgenden Beobachtung hervor: Wenn Menschen ihre Aufmerksamkeitsrichtung von Problemen der Gerechtigkeit auf Probleme der Fürsorge verlagern, ändert sich ihre Definition bezüglich der Frage, was ein moralisches Problem konstituiert; folglich kann eine Situation auf unterschiedliche Art und Weise gesehen werden. Unsere theoretische Unterscheidung zwischen Gerechtigkeit und Fürsorge durchschneidet die gebräuchlichen Aufteilungen von Denken und Fühlen, Egoismus und Altruismus sowie theoretischen und praktischen Urteilen, indem die Bedeutung dieser Begriffe rekonstruiert wird. Die moralischen Stimmen der Gerechtigkeit und Fürsorge lenken die Aufmerksamkeit auf die Tatsache, daß von *allen* menschlichen Beziehungen, öffentlichen wie privaten, *sowohl* in Begriffen der Gerechtigkeit *als auch* der Bindung gesprochen werden kann und daß sowohl Ungleichheit wie Trennung Anlaß zum moralischen Besorgtsein geben. Da jede Person aufgrund der Tatsache, daß sie ein menschliches Wesen ist, sowohl durch Unterdrückung als durch Verlassenwerden verletzbar ist, gehen wir davon aus, daß zwei moralische Visionen - eine der Gerechtigkeit und eine der Fürsorge - menschliche Kulturen immer charakterisieren werden.

Unsere Unterscheidung zwischen Gerechtigkeit und Fürsorge als moralische Stimmen bezieht sich somit auf die Art und Weise, wie sich Menschen moralische Probleme vorstellen und/oder sie definieren; sie reflektiert auch zwei unterschiedliche Dimensionen menschlicher Beziehungen, die moralische Probleme verursachen. Die Gerechtigkeitsperspektive richtet unsere Aufmerksamkeit auf Probleme von Ungleichheit und Unterdrückung, indem sie ein Ideal der Wechselseitigkeit und des gleichen Respekts zwischen Personen aufrechterhält. Die Fürsorgeperspektive richtet unsere Aufmerksamkeit auf Probleme der Bindung und des Verlassenwerdens, indem sie ein Ideal der Aufmerksamkeit und der Ausrichtung an den Bedürfnissen anderer (*responsiveness*) in Beziehungen aufrechterhält. Zwei moralische Imperative - andere nicht unfair zu behandeln und sich von jemandem, der in Not ist, nicht abzuwenden - beschreiben diese unterschiedlichen Probleme.

Diese theoretische Fundierung bildet die Ausgangsbasis zur Entwicklung einer Methode, welche von Forschern benutzt werden kann, die an der Untersuchung der moralischen Stimmen der Gerechtigkeit und Fürsorge sowie des Verständnisses der Erfahrung des Selbst in Relation zu anderen interessiert sind. Die Datenquelle unserer gegenwärtigen Arbeit besteht aus offenen, semi-klinischen Interviews; hierzu fanden wir Unterstützung in der verwandten Arbeit von ELLIOT MISHLER (1986). MISHLER half uns, eine Reihe von bedeutenden methodischen Aspekten zu klären, die wir weiter unter präsentieren. Entscheidend war, daß seine Arbeit über Interviewerzählungen es uns ermöglichte, die narrative Struktur unserer Daten wahrzunehmen. Wenn wir versuchen, die moralischen Stimmen der Menschen zu entdecken und zu beschreiben, indem wir diese in offenen Interviews bitten, über Situationen tatsächlich erlebter moralischer Konflikte und der Entscheidungen, denen sie unlängst ausgesetzt waren, zu sprechen, reagieren diese Menschen häufig mit Erzählungen, d. h. mit Geschichten. MISHLER beobachtet:

"Das Erzählen von Geschichten ist alles andere als ungewöhnlich in Alltagsgesprächen, und es ist keineswegs ungewöhnlicher, daß Interviewte auf Fragen mit Erzählungen reagieren, wenn ihnen Gelegenheit zum Sprechen gegeben wird ... Forscher der mainstream-Tradition haben im allgemeinen die Überzeugungskraft von Geschichten nicht erkannt, da ... das Standard-Forschungsinterview sie 'unterdrückt'; oder sie haben Geschichten als Problem behandelt, weil sie schwer zu kodieren und zu quantifizieren sind. Es ist wahrscheinlicher, daß wir erzählte Geschichten in Studien finden, die relativ unstrukturierte Interviews verwenden, wobei die Befragten eingeladen werden, mit ihrer eigenen Stimme zu sprechen und die Einführung und den Fluß der Gesprächsschwerpunkte selbst zu kontrollieren; Studien also, die sie ermutigen, ihre Antworten ausführlich zu formulieren. Nichtsdestoweniger können die Befragten auch Geschichten erzählen in Reaktion auf direkte, spezifische Fragen, falls sie nicht von Interviewern unterbrochen werden, die versuchen, sie auf den 'Punkt' zu bringen" (MISHLER 1986, S. 69).

Ein zweiter Aspekt unseres Ansatzes, der von MISHLERs Arbeit erhellt wurde, ist die entscheidende Rolle, die der Kontext in der Interpretation von Interviewerzählungen spielt (vgl. auch MISHLER 1979). Bedeutung, so MISHLER, ist immer "kontextuell fundiert - das ist inhärent und unabänderlich" (MISHLER 1986, S. 3). Daraus folgt, daß der Forscher, um die Bedeutung der Antwort eines Individuums zu verstehen, ein Verständnis sowohl des Kontextes, von dem aus der Interviewer wie der Befragte argumentieren, als auch ein Verständnis des Kontextes ihrer Begegnung besitzen muß - d. h. der Interviewbeziehung selbst sowie des settings, in dem diese stattfindet. Wir haben versucht, im Hinblick auf die kontextuellen Themen bei der Entwicklung der Methode, die wir im folgenden beschreiben, sensibel zu sein.

Bei dem Bestreben, die interpretative (oder hermeneutische) Natur unserer 'Lese-Anleitung' abzuklären, fanden wir die Arbeiten von WILHELM DILTHEY (1900) und PAUL RICOEUR ebenfalls sehr hilfreich. DILTHEYs Konzept des hermeneutischen Zirkels weist auf die Tatsache hin, daß komplexe menschliche Phänomene (z. B. Interviewerzählungen) nur in einer gewissen paradoxen Art und Weise verstanden werden können, die eine zirkuläre Erörterung des Ganzen wie seiner Teile einschließt.

"Hier macht sich nun die zentrale Schwierigkeit aller Auslegungskunst geltend. Aus den einzelnen Worten und deren Verbindungen soll das Ganze eines Werkes verstanden werden, und doch setzt das volle Verständnis des einzelnen schon das des Ganzen voraus ... Aus dem einzelnen das Ganze, aus dem Ganzen doch wieder das einzelne ... Das vergleichende Verfahren läßt mich schließlich erst jedes einzelne Werk, ja den einzelnen Satz tiefer verstehen, als ich ihn vorher verstand. So aus dem Ganzen das Verständnis, während doch das Ganze aus dem einzelnen" (DILTHEY 1900, S. 330, 334).

Unsere Lese-Anleitung bietet einen Weg der systematischen und bewußten Operationalisierung des paradoxen hermeneutischen Zirkels. Wie wir im folgenden beschreiben wollen, schließt die Methode den interpretativen 'Aufbau' einer vollständigen Interview-Erzählung aus ihren Bestandteilen ein. Die Schwierigkeit besteht jedoch darin, daß das Verständnis dieser Teile nicht möglich ist ohne das Verständnis der vollständigen Erzählung. Die interpretative Prozedur ist somit auf eine grundsätzliche Weise zirkulär, da das Ganze nur im Hinblick auf seine Teile verstanden werden kann und umgekehrt die Teile ihre angemessene Bedeutung nur innerhalb des Gesamtkontextes erreichen können[2].

Schließlich half uns die Arbeit von RICOEUR (1979), die Einsichten DILTHEYs auszuweiten. RICOEUR plädiert für das 'Paradigma des Textes' und zeigt im Anschluß daran, wie 'sinnvolle menschliche Handlungen' als Gegenstand der Human-(Sozial-) Wissenschaften mit dem Text-Paradigma übereinstimmen. "Die Humanwissenschaften können insoweit als hermeneutisch bezeichnet werden, (1) als ihr *Gegenstand* einige der Züge aufweist, die für den Text als Text konstitutiv sind und (2) insoweit, als ihre *Methodologie* die gleiche prozedurale Form entwickelt wie die der *Auslegung* (deutsch im Original) oder Textinterpretation" (RICOEUR 1979, S. 73; Hervorhebungen im Original; dt. S. 252).

RICOEUR stellt fest, daß der Prozeß des Lesens die angemessene Analogie der interpretativen Methodologie repräsentiert, die von den Humanwissenschaften angewandt wird. Und dies deshalb, so RICOEUR, da Lesen die dialektische Beziehung zwischen Verstehen (*understanding, comprehension*) und Erklären (*explanation*) offenbart, die DILTHEY erstaunte und tiefgreifend beschäftigte. DILTHEY behauptete letztendlich, daß Verstehen die einzige den Humanwissenschaften angemessene interpretative Methode sei und daß Erklären deshalb unangemessen ist, da es aus den Naturwissenschaften importiert wurde. RICOEUR lehnt diese Auffassung jedoch ab und sieht statt dessen die Dialektik zwischen Verstehen und Erklären - wie sie sich im Prozeß des Lesens eines Textes manifestiert - als den Schlüssel für die gegenwärtigen methodologischen Probleme in den Humanwissenschaften[3]. Aus dieser Perspektive macht er geltend, daß es die "Balance zwischen dem Genius des *Erratens* (*guess*) und dem wissenschaftlichen Charakter der *Validierung* ist, die die moderne Ergänzung der Dialektik zwischen *Verstehen* und *Erklären* konstituiert" (RICOEUR 1979, S. 91; Hervorhebungen im Original; dt. S. 271).

Leider erlauben unsere Zielstellungen nicht, alle jene komplexen und komplizierten Themen zu diskutieren, die aus den Thesen RICOEURs resultieren. Wir möchten vielmehr RICOEURs Analogie zwischen den Prozeduren, die beim Lesen und Interpretieren eines Textes und den Prozeduren, die bei der Interpretation sinnvoller menschlicher Handlungen in den Sozialwissenschaften angewandt werden, akzeptieren. In der Methode, die wir im folgenden beschreiben, haben wir versucht, diese Verbindung deutlich zu machen; d. h. wir haben eine Methode der Interpretation menschlicher Handlungen (z. B. das Betreiben sozialwissenschaftlicher Forschung) entwickelt, die Hinweise auf das Lesen der Texte von Interviewerzählungen enthält, in denen solche Handlungen repräsentiert sind und beschrieben werden[4].

2. *Die Leseanleitung (Anleitung zur Auswertung): Ein Überblick*

Wie bereits gezeigt lag das Ziel bei der Konzeption dieser Methode darin, einen Weg des Lesens und Interpretierens komplexer Erzählungen über tatsächlich erlebte moralische Konflikte und Entscheidungen zu entwickeln. Durch das Lesen solcher Interviews wurden wir dazu geführt zu sehen, daß die Art und Weise, wie eine Person einen moralischen Konflikt konstruiert - wie sie die Situation definiert oder interpretiert und worauf sie sich als für das Problem relevant zentriert -, verbunden ist mit den Handlungen, die sie beschreibt sowie den Gedanken und Gefühlen, die aus dieser Beschreibung folgen oder sie begleiten. In einer konkreten Situation unterscheiden sich die Menschen im Hinblick darauf, was sie als das zentrale *moralische* Problem ansehen und was sie als den besten (oder den besseren) Weg betrachten, auf dieses Problem zu reagieren.

Die Art und Weise, wie ein moralisches Problem konstruiert ist, hängt jedoch auch vom Kontext ab; z. B. davon, wer involviert ist, von den Beziehungen zwischen den beteiligten Personen - sowohl ihre relative Macht zueinander als auch die Stärke der Verbindung zwischen ihnen -, davon, wo die Situation sich abspielt, welche Rolle der Erzähler in dem Konflikt innehat sowie von der persönlichen und kulturellen Geschichte des Erzählenden. Wenn unterschiedliche Kontextelemente und unterschiedliche Beziehungsaspekte oder -qualitäten als hervorstechend in gleichartigen Konflikten definiert und dargestellt werden, haben wir beobachtet, daß dasjenige, das als das zentrale moralische Thema in einer Situation gesehen wird, sich ändern kann und unterschiedliche Handlungen als moralisch und unmoralisch, als richtig und falsch bestimmt werden können (vgl. GILLIGAN 1987; JOHNSTON 1985).

Die beiden moralischen Stimmen der Gerechtigkeit und Fürsorge können teilweise anhand einer Änderung der Vorstellung davon, was für den moralischen Bereich relevant ist, unterschieden werden. Die hier präsentierte Methode greift diese Änderung auf und ist so konstruiert, daß Erzählungen des moralischen Konflikts und der Entscheidungen, einschließlich Erzählungen, die systematisch im Verlauf der formalen Forschung gesammelt wurden, zur Interpretation herangezogen werden können.

Als interpretatives Vorhaben besteht diese Methode somit nicht aus einem 'Auswertungs-Handbuch', das einem 'Auswerter' erlaubt, Antworten an ein vorher festgelegtes Set von Kriterien anzupassen (vgl. z. B. COLBY/KOHLBERG 1987). Statt dessen handelt es sich um eine Methode des Lesens - eine Lese-Anleitung. So gesehen ist es ein Verfahren, andere den Text eines tatsächlich erlebten moralischen Konflikts lesen zu lehren, um das identifizieren zu können, was wir als 'stimmen-relevante' Aspekte der Erzählung einer Person ansehen.

Die Unterscheidung zwischen einem Auswertungs-Handbuch und einer Lese-Anleitung ist wichtig. Sie hat sowohl mit unseren methodologischen Prämissen als auch der Natur unserer Daten zu tun. Unsere Entscheidung für eine offene klinische Interview-Methode (vgl. Tabelle 1 für eine Wiedergabe unserer Interviewfragen) führt zu komplexen Erzählungen von tatsächlich Erlebtem. Diese Erzählungen reflektieren situative, persönliche und kulturelle Faktoren, einschließlich Fragen der Sprache, der

Perspektive sowie dem Verhältnis zwischen der Sprache und Perspektive des Lesers und des Erzählers. Um eine Methode entwickeln zu können, die die interpretative Natur des Leseprozesses beleuchtet, haben wir versucht, eine bestimmte Arbeitsweise zu kreieren und darzustellen, wobei wir sowohl einen eigenen theoretischen wie methodologischen Standpunkt beanspruchen.

Tabelle 1

Interview zu tatsächlich erlebten moralischen Konflikten und Entscheidungen (Interviewervorgaben)**

Alle Menschen verfügen über die Erfahrung, sich in einer Situation zu befinden, in der sie eine Entscheidung fällen mußten, aber nicht sicher waren, was sie tun sollten. Könnten Sie eine Situation beschreiben, in der Sie vor einem moralischen Konflikt standen und eine Entscheidung fällen mußten, aber nicht sicher waren, was Sie tun sollten?

1. Was für eine Situation war das? (Stellen Sie sicher, daß eine vollständige und genaue Darlegung erfolgt.)
2. Worin bestand für Sie der Konflikt in dieser Situation? Weshalb war dies ein Konflikt?
3. Welche Überlegungen stellten Sie beim Nachdenken über das, was zu tun ist, an? Weshalb? Stellten Sie noch weitere Überlegungen an?
4. Wofür haben Sie sich entschieden? Was ist passiert?
5. Denken Sie, daß Sie das Richtige taten? Weshalb/weshalb nicht?
6. Was stand für Sie bei diesem Dilemma auf dem Spiel? Was stand für andere auf dem Spiel? Was stand generell auf dem Spiel?
7. Wie fühlten Sie sich in bezug darauf? Wie fühlten Sie sich in bezug darauf im Hinblick auf andere Beteiligte?
8. Kann man das Problem auf eine andere Art und Weise sehen? (anders als auf die von Ihnen dargestellte Weise?)
9. Wenn Sie an den beschriebenen Konflikt zurückdenken, meinen Sie, daß Sie etwas daraus gelernt haben?

10. Sehen Sie die beschriebene Situation als moralisches Problem? Weshalb/weshalb nicht?

11. Was bedeutet Moral für Sie? Was macht etwas für Sie zu einem moralischen Problem?

** Anmerkung für Interviewer: Die Fragen sollten den Hinweisen der Interviewten bezüglich ihrer Beurteilung der Situation folgen. Gehen Sie jedem Verweis auf Gefühle nach - z. B. 'Weshalb fühlten Sie sich wütend oder ärgerlich?' Achten Sie auch auf die moralische Ausdrucksweise, d. h. auf die Verwendung von 'sollte'. Die Fragen sollten sich auf Folgendes konzentrieren: In welcher Form werden Urteile gefällt? Versuchen Sie, die Ausdrucksweise des Selbst und die Perspektive des Selbst im Hinblick auf die Ausdrucksweise der anderen zu verstehen.

Indem wir ein Interview auf diese Art und Weise lesen, treten wir in den hermeneutischen Zirkel ein und erstellen eine Interpretation dieses Textes - eine Interpretation, die ausgeht von einzelnen Wörtern und sich hinbewegt zu einem Verständnis wie, und einer Erklärung weshalb, ein Erzähler seine Erfahrung von Beziehungen aufbaut, wie er den moralischen Konflikt strukturiert oder 'rahmt' - *und* wieder zurück. Und dies erfolgt alles in Begriffen des Selbst und den beiden moralischen Stimmen der Gerechtigkeit und Fürsorge. Die Stimmen werden jedoch nicht durch irgendwelche Schlüsselkennwörter oder -phrasen identifiziert, sondern vielmehr durch die Rahmenvorstellung oder Perspektive, die von dem Erzähler bereitgestellt und von dem Leser aufgeklärt wird.

Bei der Konstruktion dieser Lese-Anleitung gingen wir von der Evidenz aus, daß Personen zwei moralische Stimmen oder Perspektiven in der Diskussion moralischer Konflikte kennen (und darstellen können), selbst wenn sie auf die Bevorzugung einer Stimme hinweisen (vgl. z. B. JOHNSTON 1985). Aus Belegen über die Fähigkeit, Perspektiven auszutauschen, schließen wir, daß das 'narrative Selbst' in gewisser Beziehung in die Wahlmöglichkeiten eingebunden ist. Beim Lesen von Texten sehen wir deshalb Personen als 'moralisch Handelnde' im Hinblick auf den Standpunkt, den sie einnehmen und die Sorgen, die sie äußern oder nicht zur Sprache bringen.

Das Aufspüren der 'Stimme' des narrativen Selbst richtet unsere Aufmerksamkeit auf die Perspektive des Erzählenden (sowohl die dargelegte wie die bevorzugte) in einer bestimmten Geschichte eines moralischen Konflikts. Dieser Ansatz hat es uns ermöglicht, sowohl empirisch zu untersuchen, welches Gerechtigkeits- und Fürsorgeverständnis eine Person bei einem bestimmten Problem zum Ausdruck bringt, als auch, welche Beziehung zwischen diesen beiden moralischen Stimmen oder Perspektiven in einer bestimmten Erzählung besteht.

Es ist sicher wichtig, hier zu betonen, daß wir uns die moralischen Stimmen der Gerechtigkeit und Fürsorge weder als dichotom noch als sich wechselseitig ausschließend vorstellen. Wir betrachten Gerechtigkeit und Fürsorge vielmehr als Beziehungsmuster, die die Versehrbarkeit von Menschen in Beziehungen reflektieren - ihre Anfälligkeit gegenüber Unterdrückung und Verlassenwerden, gegenüber Gleichgültigkeit und Mißachtung. Die beiden Perspektiven können sich im Laufe der Zeit verändern, aber jede Stimme läßt sich in ihren eigenen Begriffen bestimmen. Mit anderen Worten: Obwohl einige der zur Identifizierung einer Fürsorgeidee verwandten Kriterien Gegenstücke haben können, die eine Gerechtigkeitsidee identifizieren, gilt dies für andere nicht. Zu jeder Stimme gehört als zentraler Grundsatz eine Beziehungsdimension, die ein moralisches Besorgtsein (*concern*) hervorruft, aus welchem bestimmte Annahmen über das Selbst und die anderen hergeleitet werden und aus dem eine bestimmte Sicht der moralischen Welt konstruiert wird. Somit verfügt jede Stimme über ihre eigene psychologische 'Logik', ihre eigene psychische Legitimation und Organisation, denen in Erzählungen über moralische Konflikte und Entscheidungen gefolgt werden kann. Letztendlich sind wir am stärksten an den Erzählstrategien interessiert, die die Menschen bei der Beschreibung des moralischen Konfliktbereichs benutzen - der Wahl moralischer Orientierungen und der 'Orchestrierung' moralischer Stimmen, die die Geschichten der Menschen erzählen.

Diese Art des Lesens nimmt deshalb als ihren Ausgangspunkt die Prämisse, daß eine Person (die im Interviewtext von einer Stimme repräsentiert wird, die eine Narration oder Geschichte erzählt) Beziehungen sowohl in Bindungs- als auch in Gleichheitsbegriffen erfährt. Wir sind daran interessiert, wie eine Person eine Geschichte über ihre Erfahrungen des Konflikts in Beziehungen erzählt. Die Stimmen der Gerechtigkeit und Fürsorge sind gekennzeichnet durch das Erzählen unterschiedlicher Narrationen über Beziehungen. Eine Fürsorgestimme beschreibt Beziehungen im Hinblick auf Bindung/Trennung (*attachment/detachment*), Verknüpfung (*connection*) oder Loslösung (*disconnection*). Folglich konzentrieren sich *Fürsorgeerzählungen* auf die Versehrbarkeit von Menschen durch Isolation und Verlassenwerden und sind an den Schwierigkeiten des Aufbaus und Aufrechterhaltens menschlicher Bindungen interessiert. Eine Gerechtigkeitsstimme beschreibt Beziehungen im Hinblick auf Ungleichheit/Gleichheit, Wechselseitigkeit oder auf das Fehlen des Respekts. *Gerechtigkeitserzählungen* konzentrieren sich somit an der Verletzbarkeit von Menschen durch Unterdrückung und sind in erster Linie an Standards oder Prinzipien der Fairneß interessiert. Indem wir auf diese Weise lesen, spüren wir die beiden relationalen 'Stimmen' auf und versuchen, die Richtung, in der eine Person 'orchestriert' oder zwischen den beiden Stimmen auswählt, zu spezifizieren.

3. *Interpretative Prozeduren*

Als Anweisung zur Interpretation von Texten über tatsächlich erlebte moralische Konflikte und Entscheidungen liegt das Ziel der Lese-Anleitung sowohl darin, eine theoretische Perspektive bereitzustellen als auch jenen zu helfen, die daran interessiert sind, mit Unterstützung eines spezifischen Bezugssystems (das durch diese Perspektive definiert wird) Interviews zu lesen. So wird dem Interpreten (d. h. dem Leser) zunächst bei der Lokalisierung der Erzählung eines tatsächlich erlebten moralischen Konflikts innerhalb eines umfangreicheren Interviewtextes geholfen; im Anschluß daran wird er angeleitet, diese Geschichte insgesamt *vier* verschiedene Male zu lesen. Jeder Lesedurchgang dient zur Identifizierung eines unterschiedlichen Aspekts der Erzählung, der als relevant für die Verortung des Selbst und die Ermittlung der moralischen Stimme angesehen wird.

Die wiederholten Lesedurchgänge sind notwendig, da jeder Durchgang sich der Erzählung von einem anderen Standpunkt aus annähert. Das erste Lesen dient einfach dazu, sich die erzählte Geschichte zu vergegenwärtigen. Wenn dies geschehen ist, wird die Erzählung gelesen, indem drei unterschiedliche interpretative Linsen benutzt werden, um das Selbst und die moralischen Stimmen der Fürsorge und Gerechtigkeit zu lokalisieren. Beim zweiten Durchgang ('Lokalisierung des Selbst') liest der Interpret im Hinblick auf das aktive 'Selbst', d. h. den Erzählenden (die Stimme, die spricht) als 'Agent', der eine Geschichte darlegt, in der er (oder sie) als Handelnder in einem Drama des moralischen Konflikts und der Entscheidung erscheint. Im dritten Durchgang ('Lesen im Hinblick auf Fürsorge') liest der Interpret, um die 'Fürsorge-Stimme' aufzuspüren. Im vierten Durchgang schließlich ('Lesen im Hinblick auf Gerechtigkeit') liest der Interpret, um die 'Gerechtigkeits-Stimme' aufzuspüren.

Um die Metapher auszuweiten: Jede Linse bringt unterschiedliche Aspekte der Erzählung in das Blickfeld und, um die Metapher zu verändern: Jeder Durchgang verstärkt unterschiedliche Stimmen. Eine bestimmte Aussage kann unterschiedliche Bedeutungen in Abhängigkeit von der Linse aufweisen, und eine Bedeutung kann durch die Anwendung einer bestimmten Linse offensichtlich durch andere verdeckt werden. Um es noch einmal zu sagen: Unser Ziel besteht darin, die Stimmen der Gerechtigkeit und Fürsorge, wenn sie artikuliert werden, zu identifizieren und die Erfahrungen des in Beziehungen lebenden Selbst, so wie diese durch jede dieser moralischen Perspektiven gefiltert werden, zu verstehen.

Wenn der Interpret den Konflikt zum ersten Mal durchliest, ist seine Aufmerksamkeit auf die Geschichte des Erzählenden, wie er sie präsentiert, fokussiert. Das Ziel besteht darin, den Kontext zu verstehen - das Drama (das Wer, Was, Wo, Wann und Weshalb der Geschichte); es besteht darin, zu hören; dem Versuch, so deutlich wie möglich die Stimme des Erzählenden in der Geschichte über sich selbst, über Moral und den moralischen Konflikt, den die Person schildert, zu 'hören'.

Die nächsten drei Durchgänge enthalten einen zweistufigen Prozeß. (1) Zunächst verwendet der Leser Farbstifte, um Passagen zu markieren, die für das Selbst (grün), Fürsorge (rot) und Gerechtigkeit (blau) im Interviewtext stehen. Wir haben herausgefunden, daß diese Visualisierungstechnik den Leser einstimmt auf die spezifischen Sprachen oder Stimmen des Erzählenden, ohne den Blick auf die Gesamterzählung und den Kontext des Konflikts zu verlieren.

Zweitens, nach dem Lesen (und Unterstreichen) im Hinblick auf das Selbst, auf Fürsorge und Gerechtigkeit wird der Leser gebeten, zusammenfassende Arbeitsblätter (vgl. Tabelle 2) auszufüllen. Während die Lese-Anleitung die interpretative Prozedur erklärt, liefern die Arbeitsblätter dem Leser einen Ort, relevante Stücke des Textes zu dokumentieren sowie Beobachtungen und interpretative Anmerkungen zu machen. Die Arbeitsblätter sind so angelegt, daß sie die kritische Bewegung von den tatsächlichen Worten des Erzählenden hin zu ihrer Interpretation oder Zusammenfassung beleuchten, da sie vom Leser erfordern, seine Interpretation mit Zitaten aus dem Interviewtext selbst zu erhärten. Insofern stehen die Arbeitsblätter zwischen der Leseanleitung (und dem Leser) und dem Interviewtext; folglich liefern sie das Werkzeug, aus dem der hermeneutische Zirkel besteht.

Diese Leseanleitung unterstellt, daß die Geschichte eines tatsächlich erlebten Konflikts, die vom Interviewten erzählt wird, von einem sorgfältigen Leser gehört und verstanden werden kann. Bei der Vorlage unseres offenen (*open ended*) Interviews haben wir die Kohärenz der Geschichte zum Teil dadurch abgesichert, daß wir die Interviewer so ausbildeten, daß sie dem Erzählenden klärende oder aktivierende Fragen stellen konnten; und zwar zusätzlich zu den Standardfragen des Interviews, die darauf abzielten, wie der Erzähler das Dilemma konstruiert, das Problem löst und seine Entscheidung bewertet (vgl. Tabelle 1). Wir *unterstellen* die Möglichkeit, die Geschichte des Erzählenden zu verstehen, da jede Person Zugang hat zu Erfahrungen der Gerechtigkeit und Ungerechtigkeit, der Fürsorge und Sorglosigkeit. Wir unterstellen ebenfalls die Bedeutung dieser Erfahrungen in der Strukturierung der Erfahrung des Selbst (einschließlich der Selbst-Achtung, des Selbst-Konzeptes, der Identität) und der Art und Weise, wie Menschen in Beziehungen zueinander handeln.

Tabelle 2

Auszüge aus den zusammenfassenden Arbeitsblättern

Zusammenfassung/Interpretation

III. DRITTER DURCHGANG - FÜRSORGE

A. Wird die Fürsorge-Orientierung artikuliert?

Wie würden Sie Fürsorge charakterisieren?

B. Falls Fürsorge nicht (eindeutig) artikuliert wird?

Was würde Fürsorge in diesem Konflikt ausmachen?

C. Richtet sich das Selbst an der Fürsorge aus?

Woran erkennen Sie das?

Ist die Ausrichtung explizit oder implizit?

IV. VIERTER DURCHGANG - GERECHTIGKEIT

A. Wird die Gerechtigkeits-Orientierung artikuliert?

Wie würden Sie Gerechtigkeit charakterisieren?

B. Falls Gerechtigkeit nicht (eindeutig) artikuliert wird?

Was würde Gerechtigkeit in diesem Konflikt ausmachen?

C. Richtet sich das Selbst an der Gerechtigkeit aus?

Woran sehen Sie das?

Ist die Ausrichtung explizit oder implizit?

Tabelle 3

Zusammenfassende Auswertungsfragen

I. Die beiden moralischen Orientierungen und wie sie repräsentiert sind: (kreuzen Sie beide Möglichkeiten an)
   1. Wird die Gerechtigkeitsorientierung artikuliert? ja ___ nein ___
   2. Wird die Fürsorgeorientierung artikuliert? ja ___ nein ___

II. Die Beziehungen zwischen den beiden moralischen Orientierungen: (kreuzen Sie eine Möglichkeit an)
   1. Gerechtigkeit ist vorherrschend ___
   2. Fürsorge ist vorherrschend ___
   3. Sowohl Gerechtigkeit und Fürsorge sind vorhanden, keine ist vorherrschend ___

III. Das narrative Selbst
   1. Konstruiert das narrative Selbst eine bestimmte Ausrichtung im Konflikt? (Vergewissern Sie sich, ob der Erzählende eine Seite seiner eigenen Werte (stärker) unterstützt. Nimmt der Erzählende die Werte der Gerechtigkeit oder Fürsorge in Beziehung zu seiner eigenen Integrität wahr, so daß eine Beeinträchtigung dieser Wertvorstellungen als Verlust des grundlegenden oder zentralen Gefühls des Selbst angesehen würde? Schließlich kann diese Ausrichtung durch das erzählende Selbst, das die jeweiligen Werte ablehnt, bestimmt werden).
   ja ___ nein ___
   2. Welche Begriffe/Orientierungen benutzt der Erzählende, um diesen Zusammenhang im Konflikt auszudrücken?
   Gerechtigkeit ___ Fürsorge ___ beide ___

Der letzte Schritt des Leseprozesses verlangt vom Lesenden, eine Reihe von zusammenfassenden Auswertungsfragen über sein Verständnis des Selbst und der beiden moralischen Stimmen in der Interviewerzählung zu beantworten (vgl. Tabelle 3). Diese Fragen werden für die zusammenfassende Bestimmung der Einheiten verwendet, die wir 'Narrative Typen' oder 'Narrative Strategien' genannt haben; diese werden unten noch ausführlicher beschrieben.

Ein illustrierendes Beispiel

In diesem Abschnitt möchten wir unsere Methode kurz illustrieren, indem wir einen Ausschnitt aus einer Erzählung mit Tanya, einem Mädchen im Adoleszenzalter, verwenden. Dieses Interview ist in Tabelle 4 wiedergegeben; um den Effekt des 'Lesens' (und Markierens) mit den Farbstiften annähernd zu erreichen, haben wir GROSSBUCHSTABEN benutzt, um das 'Selbst' (grün) zu kennzeichnen, wir haben 'Fürsorge' (rot) <u>unterstrichen</u>, und wir haben **fett** gedruckt, um 'Gerechtigkeit' (blau) zu verdeutlichen.

Tabelle 4

Auszug aus der Erzählung eines Musterinterviews

I: Können Sie mir von einer Situation erzählen, in der Sie einem moralischen Konflikt gegenüberstanden und eine Entscheidung fällen mußten, aber nicht sicher waren, was die richtige Lösung war?

T: ... als wir im Ferienlager waren; ich fuhr mit meiner Schwester und meinem Cousin in das Ferienlager, <u>und er war wirklich jung, er war vielleicht sieben, und er bekam starkes, starkes Heimweh.</u> Es war während der Nacht. <u>Und es war so, daß er nachts immer weinte und so weiter.</u> Und wir hatten diesen Lagerleiter, der wirklich streng war, und ICH HATTE WIRKLICH ANGST VOR IHM, das war vor zwei Jahren und ICH HATTE WIRKLICH ANGST VOR IHM. **Und er sagte: "Niemand darf das Telefon benutzen"**, und mein Cousin wollte wirklich mit seinen Eltern telefonieren, (Ja) und es war irgendwie meine Aufgabe, den Leiter zu fragen, ob mein Cousin das Telefon benutzen könne. Also ENTWEDER WÜRDE ICH VON DIESEM TYPEN ZUSAMMENGESTAUCHT, ODER ICH WÜRDE NICHTS UNTERNEHMEN, <u>**ABER ER IST MEIN COUSIN, UND ICH MUSSTE IHM HELFEN**</u>; ALSO BIN ICH LOSGEGANGEN UND HABE GEFRAGT, OB ER TELEFONIEREN DARF, und der Leiter hat mir diesen Vortrag darüber gehalten, **daß es im Ferienlager kein Heimweh geben**

sollte. Und ich sagte: <u>**"ENTSCHULDIGUNG, ABER ER IST ERST SIEBEN."**</u> (Ja!) <u>**Er war ja wirklich jung, und schließlich durfte er telefonieren**</u>, und er telefonierte. Und dann hatten wir eine Zusammenkunft im Lager und hm, und der Leiter sagte: **"Jedes Kind hier, das Heimweh bekommt, sollte nicht hier sein"**, und er hat den Namen meines Cousins nicht genannt, aber er war, er hat fast geweint.

I: Oh, dein Cousin war dabei, als er das sagte? Oh, das war nicht sehr nett.

T: Ja, das war wirklich gemein.

I: Als du dich in dieser Situation befunden hast ..., welche Überlegungen hast du im Hinblick darauf angestellt, was zu tun sei?

T: NUN, HAUPTSÄCHLICH, ZU ALLERERST, WAS RICHTIG UND FALSCH IST. <u>UND DAS RICHTIGE ZU TUN, WAR ZU GEHEN, WEIL ES FÜR DAS WOHL MEINES COUSINS WAR, VERSTEHEN SIE?</u> (Hm, hm). <u>Er lag ja nicht im Sterben oder so etwas, aber, wissen Sie, jetzt hat er Angst, ins Ferienlager zu fahren; er ist jetzt etwa neun (ja), und er will nicht wieder dort hingehen</u>, und ICH HATTE MIR GESAGT: "**DIESER KERL KANN MICH EINSCHÜCHTERN, ABER ER KANN MICH NICHT VERPRÜGELN ODER SO ETWAS.**" (Ja). ICH WERDE MIR KLARMACHEN, DASS ER NUN EINMAL SO IST, <u>ABER ICH MUSS DAS MACHEN.</u> Ich meine, er kann nein sagen, aber Fragen kann nicht schaden.

Schlüssel:

GROSSBUCHSTABEN	=	'Selbst'
<u>Unterstrichen</u>	=	'Fürsorge'
Fett	=	'Gerechtigkeit'

Tanya, die in die siebte Klasse geht, erzählt eine Geschichte, wie sie mit ihrem jüngeren Cousin im Ferienlager war; dieser bekommt Heimweh und möchte mit seiner Mutter telefonieren[5]. Tanya, die mit ihrer Furcht vor dem Leiter kämpft und dem von ihr empfundenen Gefühl der Verantwortung, im Sinne ihres Cousins zu handeln, entscheidet sich, den

Leiter anzusprechen. In Beantwortung der Fragen des Interviewers bezüglich ihrer Überlegungen im Hinblick darauf, was zu tun sei, teilt sie etwas mit, das wie ein interner Dialog über die Grenzen der Handlungsmöglichkeiten der Bewertung erscheint. Diese Überlegungen, Gefühle, Handlungen sowie gesprochene oder internalisierte Handlungen, die durch grüne Unterstreichungen (hier durch Großschreibung) hervorgehoben werden, helfen dem Leser, das 'narrative Selbst' - d. h. die Person als Handelnde in der Geschichte des Konflikts, die sie erzählt - zu lokalisieren.

Nach der Verortung des Selbst in der Erzählung geht der Leser ein drittes Mal durch das Interview und achtet ausschließlich auf die Fürsorgestimme. Da der Lesende zu diesem Zeitpunkt das Interview schon zweimal gelesen hat, ist er sich des Dramas und der Intentionen, Gedanken, Gefühle und Handlungen des Erzählenden bewußt. Das Lesen im Hinblick auf Fürsorge bedeutet nicht, den Interpreten gegenüber diesen Aspekten des 'Dramas' blind zu machen, sondern ihn auf solche 'Spuren' einzustimmen, die zeigen, daß es sich bei der erzählten Geschichte um eine Geschichte handelt, in der Fürsorgeüberlegungen eine aktive Rolle spielen. Das bedeutet, daß der Leser aktiv nach jenen Spuren sucht, die es ihm erlauben, eine Interpretation der Geschichte zu verfertigen, die zeigt, daß Fürsorgeaspekte angesprochen sind.

In diesem Beispiel beschreibt Tanya den Kummer, der von ihrem Cousin erfahren wird. Aus einer Perspektive der Fürsorge erklart der von Tanya beobachtete Kummer ihres Cousins das Gebot, dem sie sich verpflichtet fühlt - in diesem Fall mit dem Leiter zu reden, ungeachtet ihrer Furcht, die sie - als ob sie dies besonders betonen wollte - zweimal zum Ausdruck brachte. Sie ist in der Lage, die Reaktion ihres Cousins in eine richtige Perspektive zu bringen ('Er lag ja nicht im Sterben oder so etwas'), aber sie bleibt betroffen und rechtfertigt ihre Sorge mit der Tatsache, daß er noch volle zwei Jahre später Furcht vor dem Ferienlager hatte. Aus der Zentrierung auf ihre eigenen Ängste und der Sorge für ihren Cousin wird hier gefolgert, daß in ihrer Erzählung eine Fürsorgeorientierung vorliegt.

Schließlich geht der Leser das Interview zum vierten Mal durch und versucht, die Stimme der Gerechtigkeit zu erfassen. Er sucht nach Hinweisen darauf, daß Aspekte der Gerechtigkeit verstanden und benutzt werden. Das bedeutet, daß er erneut beginnen muß, da sein Ziel darin liegt, Evidenz für eine weitere Interpretation des Textes zu sammeln.

In diesem Beispiel drückt Tanya die Schwierigkeit aus, die sie mit der Auffassung des Leiters hat, daß es im Ferienlager kein Heimweh geben sollte - sicherlich eine unangemessene Auffassung im Angesicht der Lage ihres Cousins. Darüber hinaus ist sie nicht willens, ohne Rückfrage die Regel zu akzeptieren, daß 'niemand das Telefon benutzen darf'. Sie lehnt die Regeln und Überzeugungen des Leiters ab, da sie für die besondere Lage ihres Cousins nicht zutreffen und liefert somit Evidenz für ein Verständnis der Gerechtigkeit, aber auch für dessen Ablehnung in dieser Form. Tanyas Ausrichtung an der Fürsorgekategorie wird später im Interview deutlicher, wenn sie erläutert, weshalb sie fühlte, daß ihre Entscheidung richtig war: "Sie mögen das anders sehen, aber es half meinem Cousin. Und der Leiter dieses Ferienlagers - es war eine Regel - aber Menschen sind wichtiger als Regeln, verstehen Sie".

Dieser Prozeß - erst das Lesen mit einer 'interpretativen Linse' und dann der nächsten, anstatt mit beiden zur gleichen Zeit - bildet ein Schlüsselelement des Verfahrens, das angewandt wird, wenn man die Leseanleitung benutzt. Er spiegelt die Belege, daß die beiden moralischen Stimmen unterschiedliche moralische Perspektiven bilden und daß das, was ein Leser als Evidenz benutzt, teilweise von der Linse abhängt, die er an die Geschichte heranträgt. Folglich kann dieselbe Idee als Evidenz sowohl für eine Lesart der Gerechtigkeit als auch für die der Fürsorge benutzt werden; d. h. sie kann sowohl Gerechtigkeits- wie Fürsorgeaspekte reflektieren. Ein treffendes Beispiel bilden Tanyas Aussagen: "Er ist mein Cousin, und ich mußte ihm helfen", und "ich sagte: 'Entschuldigung, aber er ist erst sieben.'" Liest man im Hinblick auf die Fürsorgekategorie, dann kann man unterstellen, daß diese Aussagen ihre Beobachtung bezüglich der Schmerzen ihres Cousins reflektieren sowie die Notwendigkeit zur Reaktion, die sie in Anbetracht der Art ihrer Beziehung verspürte (tatsächlich spricht sie später im Interview über ihre

Nähe) oder ihre Überzeugung, daß er zu jung war, um seine Furcht kontrollieren zu können. Liest man andererseits die Aussagen Tanyas im Hinblick auf die Gerechtigkeitskategorie, können diese zeigen, daß sie eine Verpflichtung verspürt, auf ihren Cousin zu achten, entweder weil sie seine Cousine ist oder weil sie älter ist. Beide Interpretationen sind tragfähig und sinnvoll innerhalb der Parameter der erzählten Geschichte. Dennoch scheint die Fürsorgekategorie eine angemessenere Darstellung ihrer Erfahrung zu sein, da ein Großteil der Geschichte sich auf die Nähe Tanyas zu ihrem Cousin konzentriert[6].

3.1. Narrative Typen

Bei dem Versuch, sich von dem Lesen einer besonderen Interviewerzählung eines moralischen Konflikts und der Entscheidung fortzubewegen über eine ausführliche Zusammenfassung dieses Lesens, das auf den zusammenfassenden Arbeitsblättern festgehalten wird, hin zu einer endgültigen Darstellung der Art und Weise, in der sich das Selbst und die moralischen Stimmen in dieser Erzählung manifestieren und artikulieren, haben wir eine Auswertungstypologie entwickelt, die wir als Narrative Typen bezeichnen. Diese kategorialen Typen unterscheiden zwischen Erzählungen im Hinblick auf die Art, in der die moralischen Stimmen der Gerechtigkeit und Fürsorge repräsentiert werden.

Narrative Typen werden wie folgt bestimmt: Der zusammenfassende Auswertungsfragebogen (vgl. Tabelle 3) wird in drei eindeutige Abschnitte unterteilt. Ein einstelliger Zahlencode[7] wird jedem der drei Abschnitte in Abhängigkeit davon zugeordnet, wie der Lesende die Reihe der Fragen in unserem Abschnitt beantwortet. Im ersten Abschnitt, der das 'Vorkommen' der beiden moralischen Stimmen in der Erzählung identifiziert, wird der Leser gebeten, sowohl die Fragen eins wie zwei zu beantworten; folglich bestehen vier Antwortmöglichkeiten, die der Leser zu diesem Abschnitt treffen kann und korrespondierend damit vier Zahlencodes:

1 = Sowohl Gerechtigkeit wie Fürsorge sind in der Erzählung vorhanden.
2 = Fürsorge ist in der Erzählung vorhanden; Gerechtigkeit nicht.
3 = Gerechtigkeit ist in der Erzählung vorhanden; Fürsorge nicht.
4 = Weder Gerechtigkeit noch Fürsorge sind in der Erzählung vorhanden; d. h. die Erzählung ist 'nicht auswertbar'.

Im zweiten Abschnitt wird der Leser gebeten, eine der drei Fragen zu beantworten, die im Hinblick auf die 'Vorherrschaft' der beiden moralischen Stimmen in der Erzählung gestellt werden. 'Vorherrschaft' in diesem Sinne bezieht sich auf die Stimme, die in der Interviewerzählung hervorsticht; d. h. auf die Stimme, die am vollständigsten ausgeführt wird. Folglich sind im Abschnitt II drei Codierungen möglich:

1 = Die Stimme der Gerechtigkeit herrscht in der Erzählung vor.
2 = Die Stimme der Fürsorge herrscht in der Erzählung vor.
3 = Keine Stimme herrscht in der Erzählung vor, obwohl beide vorhanden sind.

Schließlich wird der Leser in Abschnitt III gebeten, Fragen zu beantworten, die sich auf die 'Ausrichtung' beziehen, die das 'narrative Selbst' gegenüber den beiden moralischen Stimmen im Interview ausdrückt. Ausrichtung in diesem Sinne bezieht sich auf die Stimme, die für das Selbst, so wie es in der Erzählung dargestellt wird, am zentralsten ist. Der Leser wird gebeten, zuerst Frage 1 zu beantworten und dann, falls die Antwort 'ja' ist, zur Frage 2 weiterzugehen. Folglich sind vier Vercodungen in Abschnitt III möglich:

1 = Das Selbst schließt sich mit der Gerechtigkeit zusammen.
2 = Das Selbst schließt sich mit der Fürsorge zusammen.
3 = Das Selbst schließt sich sowohl mit der Gerechtigkeit wie der Fürsorge zusammen.
4 = Das Selbst ist mit keiner Stimme in der Erzählung verbunden (d. h. die Antwort auf die Frage 1 lautet 'nein').

Tabelle 5 präsentiert die Zahlencodes, die mit jedem der drei Abschnitte in dem zusammenfassenden Auswertungsfragebogen verbunden sind.

Tabelle 5

Die drei Auswertungsdimensionen

I. VORKOMMEN

		Gerechtigkeit: Ja	Gerechtigkeit: Nein
Fürsorge	Ja	1	2
	Nein	3	4

II. VORHERRSCHAFT

1. Gerechtigkeit herrscht vor	1
2. Fürsorge herrscht vor	2
3. Keine Kategorie ist vorherrschend	3

III. AUSRICHTUNG

1. Gerechtigkeitsausrichtung	1
2. Fürsorgeausrichtung	2
3. Ausrichtung an beiden	3
4. Keine Ausrichtung	4

Somit besteht der Narrative Gesamttypus, der eine besondere Erzählung des moralischen Konflikts und der Entscheidung zusammenfaßt, aus drei separaten, aber verbundenen Dimensionen: Vorkommen, Vorherrschaft und Ausrichtung. Jede Erzählung erhält eine einstellige Zahl für jede Dimension; folglich besteht der Narrative Gesamttypus aus einer dreistelligen Zahl, die sich aus den individuellen Zahlen für jede Dimension zusammensetzt. Mithin sind 17 Narrative Typen möglich, die in Tabelle 6 aufgelistet und identifiziert werden.

Tabelle 6

Narrative Typen

Sowohl Gerechtigkeit und Fürsorge sind vorhanden	'Nur' Fürsorge	'Nur' Gerechtigkeit	Nicht auswertbar
111	222	311	400
112	224	314	
113			
114			
121			
122			
123			
124			
131			
132			
133			
134			

3.2. *Reliabilität und Validität*

Das Interesse an dieser Methode hat uns dazu geführt, mit der Untersuchung sowohl der Reliabilität wie der Validität der Lese-Anleitung und der Narrativen Typen zu beginnen. Die traditionellen psychometrischen Konzeptionen der Reliabilität und Validität von psychologischen Tests und Meßverfahren (vgl. ANASTASI 1976; CRONBACH 1949) basieren auf Voraussetzungen, die sie für interpretative Ansätze wie den hier vorgestellten unangemessen erscheinen lassen (vgl. auch MISHLER 1986; PACKER 1985). Das gegenwärtige Interesse von Psychologen an interpretativen Methodologien verlangt nach einer Neudefinition - in hermeneutischen Begriffen - dieser Grundbegriffe der Forschungspraxis - einem Durchdenken, was Reliabilität und Validität bedeutet und welche Sachverhalte diese Konzepte ansprechen (vgl. ROGERS 1987; TAPPAN 1987). Wir können hier nicht beanspruchen, eine solche Neudefinition vorzulegen. Wir hoffen jedoch, daß unsere vorläufigen Auseinandersetzungen mit diesen Themen für andere, die ähnlich arbeiten, von Interesse sind und daß sie einen hilfreichen Schritt in die richtige Richtung darstellen.

Die Bestimmung der *Reliabilität*, hier verstanden als die Fähigkeit von zwei oder mehr verschiedenen Interpreten, über ihre Interpretation und das Verständnis einer bestimmten Interviewerzählung übereinzustimmen, ist selbstverständlich entscheidend, wenn eine interpretative Methode, wie die hier beschriebene, nützlich für andere Forscher und Praktiker sein soll. Die Herbeiführung einer solchen Übereinstimmung unter den Interpreten (d. h. die interpretative Übereinstimmung) schafft einen gemeinsamen Boden für eine Konversation über die 'fraglichen' Daten; sie unterstellt, daß beide den Text - innerhalb akzeptabler Grenzen - auf die gleiche Weise lesen bzw. den gleichen Text interpretieren (vgl. HIRSCH 1967).

Im Hinblick auf die von uns ausgearbeitete Methode haben wir über die interpretative Übereinstimmung zwei Vorstellungen entwickelt. Die erste und allgemeinste zentriert sich auf die Übereinstimmung beim 'Lesen' (vgl. RICOEUR 1979). Auf dieser Ebene finden wir es wichtig zu bestimmen, ob zwei Leser (d. h. Interpreten), die die Lese-Anleitung benutzen, tatsächlich die gleiche Interviewerzählung des wirklich erlebten moralischen Konflikts und der Entscheidung auf mehr oder weniger die gleiche Art und Weise lesen.

Diese Übereinstimmung kann aufgrund der Diskussion von drei unterschiedlichen Informationsquellen bestimmt werden: 1. Den Grad, zu dem beide Leser dieselben Teile des Interviewtextes im Hinblick auf das Selbst, auf Gerechtigkeit und Fürsorge *unterstreichen*, wenn sie die Erzählung des moralischen Konflikts und der Entscheidung durchlesen; 2. den Grad, zu dem beide Leser in ihren jeweiligen *Zusammenfassungen* dieser Erzählungen übereinstimmen, wenn diese Zusammenfassungen auf den Arbeitsblättern erfaßt werden; und 3. den Grad, zu dem beide Leser eine ähnliche *Interpretation* der Erzählung ausformulieren; besonders im Hinblick darauf, wie das Selbst und die beiden moralischen Stimmen 'orchestriert' oder repräsentiert werden, wenn sie ihre Lesarten dieser Erzählung gemeinsam diskutieren.

Aus einer praktischen Perspektive liefern die erste und die zweite Weise der Übereinstimmung besondere Prozeduren und Techniken, die das Erreichen der dritten Übereinstimmung fördern. Und obwohl wir die Ebenen der Übereinstimmung für jede der drei Arten nicht 'gemessen' haben, zeigt unsere Erfahrung, daß innerhalb des Forschungsteams, das die Lese-Anleitung entwickelt und eingesetzt hat, in der Tat eine durchgehend hohe Übereinstimmung besteht.

Die zweite und präzisere Art und Weise, in der wir die interpretative Übereinstimmung derjenigen, die diese Methode benutzen, festlegen, basiert auf den oben beschriebenen Narrativen Typen. Da die Festlegung Narrativer Typen kategoriale Repräsentationen auf mehreren verschiedenen Interessenbereichen erzielt, können einfache prozentuale Übereinstimmungen zwischen den Lesern errechnet werden; dies gilt im Hinblick auf die Auswertung, die jeder Auswerter für ein bestimmtes Interviewset ermittelt hat. Somit können traditionelle *inter-judge*-Einschätzungen der Reliabilität vorgenommen werden.

Wir haben diese Prozentzahlen der Übereinstimmung für mehrere unterschiedliche Leserinnen auf der Basis einer Anzahl von 'Reliabilitäts-

Fällen' ermittelt - Interviews, die mit weiblichen wie männlichen Adoleszenten sowohl aus einer privaten vorstädtischen *high school* als auch einer öffentlichen innerstädtischen *high school* durchgeführt wurden. Tabelle 7 zeigt diese Zahlen: Leserin 1 (BROWN), 2 (MILLER) und 3 (ARGYRIS) werden als Expertinnen angesehen, da sie zu den Autoren der Lese-Anleitung gehören; ihre Reliabilitätszahlen basieren auf einem Set von 14 Interviews. Bei den Leserinnen 4 und 5 handelt es sich um zwei weibliche *graduate students*, die in einem sechswöchigen, von BARBARA MILLER durchgeführten *workshop* in der Benutzung der Lese-Anleitung ausgebildet wurden; ihre Reliabilitätszahlen basieren auf einem Set von 10 Interviews. Wie aus Tabelle 7 hervorgeht, weisen die Prozentzahlen der Übereinstimmung einen Bereich von 'ausreichend' (*fair*) bis 'nahezu perfekt' aus, der über einen möglichen Zufall hinausgeht (nach COHENs Kappa-Statistik 1960; vgl. auch LANDIS/KOCH 1977).

In Anbetracht dieser Zahlen sind wir zuversichtlich, daß die von uns beschriebene Methode von verschiedenen Lesern, die die Narrativen Typologien zur Zusammenfassung ihrer Interpretationen der gleichen Erzählung benutzen, eingesetzt werden kann. Es ist jedoch zu betonen, daß diese Reliabilitätszahlen vollkommen verschieden von anderen, vermeintlich auch interpretativen Auswertungsmanuals sind (z. B. COLBY/KOHLBERG 1987; LOEVINGER/WESSLER 1970). Wie oben beschrieben, gibt es in der Lese-Anleitung keine prototypischen Aussagen, die mit den Aussagen des Interviewtextes 'abgeglichen' (*matched*) werden (vgl. die von COLBY/KOHLBERG (1987) verwendeten 'Kriteriums-Urteile'). Statt dessen liefert die Lese-Anleitung einfach einen Rahmen, der den Leser durch vier unterschiedliche Lesarten eines Interviews führt, wenn dieser in den hermeneutischen Zirkel durch den 'Aufbau' einer Interpretation dieser Erzählung eintritt. Die Narrativen Typen, auf denen die oben angeführten Reliabilitätszahlen basieren, umfassen die grundlegende und vereinfachte Zusammenfassung dieser Interpretation - eine Zusammenfassung, von der wir annehmen, daß sie wichtige Aspekte im Hinblick darauf erfaßt, wie das Selbst und die beiden moralischen Stimmen in der Erzählung repräsentiert sind, die aber sicher nicht die volle Komplexität der Interpretation und des Verständnisses des Lesers dieser Geschichte wiedergibt.

Tabelle 7

Übereinstimmung zwischen den Leserinnen im Hinblick auf Codier-Dimensionen und narrative Typen (%)

Leserin	Vorkommen	Vorherrschaft	Ausrichtung	narrative Typen
Expertin				
1 und 2	.86 (.62)	.93 (.88)	.79 (.71)	.71 (.67)
1 und 3	.64 (.33)	.79 (.65)	.86 (.81)	.64 (.55)
2 und 3	.79 (.63)	.79 (.76)	.79 (.58)	.64 (.58)
Studentinnen				
4 und 5	.90 (0.0)*	.70 (.42)	.80 (.73)	.50 (.42)
1 und 4	.80 (0.0)*	.90 (.83)	.70 (.59)	.60 (.53)
1 und 5	.90 (.63)	.70 (.52)	.80 (.73)	.70 (.63)

Anmerkungen: Zahlen in Klammern sind Cohen's (1960) *Kappa*-Koeffizienten.
* wenn $p_0 = p_e$, *Kappa* = 0.0

Wenn wir in eine kurze Erörterung der *Validität* unserer Methode eintreten, stehen wir wiederum vor der Schwierigkeit, traditionelle Begriffe und Kategorien zu verwenden und dies auf eine neue Art und Weise zu tun. Zum Beispiel ist die *Konstruktvalidität* (CRONBACH/MEEHL 1955/1973) von entscheidender Bedeutung, wenn wir beanspruchen, daß die von unserer Methode erzielten Informationen über eine Geschichte und deren Erzähler mit den Konstrukten des Selbst und der moralischen Stimme zusammenhängen und daß Unterschiede bei den Narrativen Typen Unterschiede im Hinblick darauf darstellen, wie Individuen im 'tatsächlichen Leben' fühlen, denken und handeln. Insofern zentrieren sich unsere Anstrengungen zur Validierung ausschließlich auf die Sammlung vorläufiger Informationen zur Konstruktvalidität der Lese-Anleitung.

CRONBACH und MEEHL (1955/1973) behaupten, daß der Prozeß der Konstruktvalidierung im Wesen derselbe ist wie das allgemeine wissenschaftliche Vorgehen, das zur Entwicklung und Bestätigung (oder Widerlegung) von Theorien führt. D. h., daß "ein Konstrukt implizit durch ein Netzwerk von Verbindungen oder Aussagen definiert wird" (das 'nomologische Netz') und "Konstruktvalidierung nur dann möglich ist, wenn einige der im Netz enthaltenen Behauptungen zu den vorhergesagten Beziehungen unter den Variablen führen" (S. 30). Eine der zentralen Validierungsprozeduren zum Testen von Hypothesen, die mit solchen Konstrukten verbunden sind, ist die Untersuchung von Gruppendifferenzen. "Wenn unser Verständnis eines Konstrukts uns zu der Erwartung führt, daß sich zwei Gruppen im Test (sic) unterscheiden, dann kann diese Erwartung direkt getestet werden" (S. 12).

Folglich haben wir uns zur Einschätzung der Konstruktvalidität unserer Methode zuerst dem Vergleich von Gruppendifferenzen des Selbst und der moralischen Stimme zwischen männlichen und weiblichen Adoleszenten zugewandt. Wenn GILLIGAN auch deutlich macht, daß die Stimmen der Gerechtigkeit und Fürsorge nicht geschlechtsspezifisch (*gender specific*) sind, so behauptet sie doch, daß sie geschlechtsbezogen (*gender related*) sind (GILLIGAN/WIGGINS 1987; vgl. auch GILLIGAN 1977, 1982). Folglich lautete unsere Hypothese: Obwohl eine Mehrzahl der Männer wie der Frauen zeigen wird, daß sie Gerechtigkeits- und Fürsorgekategorien in ihren Interviewerzählungen verstehen und verwenden, wird die Gerechtigkeitsorientierung bei den Männern und die Fürsorgeorientierung bei den Frauen dominieren.

Die Personen dieser Studie kamen aus den Anfängerklassen (*freshman* und *sophomore*) einer privaten unabhängigen *high school* im Nordosten der USA (vgl. GILLIGAN/JOHNSTON/MILLER 1988). Die Stichprobe enthielt 37 männliche und 43 weibliche Jugendliche im Alter von 14-16 Jahren. Obwohl keine Daten zum IQ und zur Schichtzugehörigkeit (SES) erhoben wurden, kann vernünftigerweise unterstellt werden, daß bei beiden Gruppen im Hinblick auf diese Variable eine Gleichverteilung vorlag, da die Schule durch einen hohen Grad an Selektivität und Status charakterisiert ist und entsprechend eine sehr homogene Population anzieht.

Die Interviewerzählungen der tatsächlich erlebten moralischen Konflikte und Entscheidungen dieser Stichprobe wurden von MILLER und ARGYRIS gelesen. Die Häufigkeit und die Prozentzahl der Narrativen Typen sowohl für die männlichen als auch für die weiblichen Adoleszenten werden in Tabelle 8 dargestellt. Ein auf der 'Vorkommens-Dimension' basierender Vergleich legt, wie vermutet, nahe, daß die Mehrzahl der Männer wie der Frauen sowohl die Stimmen der Gerechtigkeit wie die der Fürsorge in ihren Erzählungen zum Ausdruck bringen; folglich besteht bezüglich dieser Dimension kein signifikanter Unterschied zwischen beiden Gruppen. Allerdings existiert ein signifikanter Unterschied in bezug auf die 'Dimension der Vorherrschaft'; dieses Ergebnis unterstützt unsere Eingangshypothese.

Schließlich finden wir die nahezu identische Verteilung in der 'Ausrichtungs-Dimension' besonders interessant. Sie werden sich daran erinnern, daß die Ausrichtung jene Stimmen anzeigt, die für das Selbst, so wie es in der Erzählung des moralischen Konflikts repräsentiert wird, zentral ist. Somit legt die Tatsache, daß männliche und weibliche Adoleszenten sich in der Untersuchung ähnlich ausrichten - und dies trotz der Unterschiede in der Vorherrschaft -, nahe, daß der Kontext eine wichtige

Rolle bei der Bestimmung zumindest eines Aspekts der moralischen Stimme spielt.

Die Schule, aus der diese Stichprobe entstammt, war bis vor 10 Jahren eine reine Jungenschule; sie hat sich jedoch seit der Entscheidung, Schülerinnen aufzunehmen, in ihrer Grundeinstellung oder der Umgebung nicht bedeutsam verändert. Infolgedessen würden wir die Atmosphäre der Schule primär als 'gerechtigkeits-zentriert' charakterisieren und nahelegen, daß es die Kraft eines solchen Kontextes ist, die zur Ähnlichkeit in der hier gezeigten Ausrichtung führt[8].

Dies sind eingestandenermaßen sehr vorläufige Ergebnisse und Interpretationen. Sie legen jedoch nahe, daß die Lese-Anleitung wie die Narrativen Typen sowohl einen Geschlechtsunterschied als auch einen Kontexteffekt in der Darstellung von Selbst, Gerechtigkeit und Fürsorge in den Erzählungen tatsächlich erlebter moralischer Konflikte und Entscheidungen erhellen. Folglich würden wir behaupten, daß diese Daten den Beleg liefern, den wir beim Aufbau unserer Begründung für die Konstruktvalidität der Lese-Anleitung heranziehen können.

Bevor wir unsere Diskussion abschließen, möchten wir die Gelegenheit ergreifen, einen Punkt anzusprechen, der in Beziehung zur Validität dieser Methode steht und der, obwohl er mit Fragen der Konstruktvalidität verbunden ist, tatsächlich *vor* solchen Erörterungen erfolgen muß. Dieses Thema wird am besten mit dem Begriff 'interpretative Validität' erfaßt. Kurz gefaßt gehen wir davon aus, daß die Informationen, die diese Methode liefert, sich nicht so sehr auf ein bestimmtes Konstrukt fokussieren (wenn auch das Selbst und die Stimmen der Gerechtigkeit und Fürsorge in einem gewissen Umfang als Konstrukte fungieren), als vielmehr auf die Konstruktion einer bestimmten Interpretation einer Erzählung - eine Interpretation, die auf der Sichtweise des Lesers aufbaut; darauf, wie er das Selbst und die beiden moralischen Stimmen in dieser Erzählung repräsentiert sieht.

Tabelle 8

I. VORKOMMEN

	1	2	3	
Männer	24 (.65)	2 (.05)	11 (.30)	37
Frauen	32 (.74)	6 (.14)	5 (.12)	43
	56	8	16	80

Anmerkung: X^2 *(2,N=80) = 4.97, p .10*

II. VORHERRSCHAFT

	1	2	3	
Männer	26 (.70)	10 (.27)	1 (.03)	37
Frauen	17 (.40)	17 (.40)	9 (.20)	43
	43	27	10	80

Anmerkung: X^2 *(2,N=80) = 9.69, p .01*

III. AUSRICHTUNG

	1	2	3	4	
Männer	11 (.30)	6 (.16)	2 (.05)	18 (.49)	37
Frauen	11 (.26)	10 (.23)	2 (.04)	20 (.47)	43
	22	16	4	38	80

Anmerkung: X^2 *(2,N=80) = 0.66, p .90*

Die Frage nach der Validität von Interpretationen war seit jeher eine zentrale Fragestellung für Theoretiker und Praktiker der Hermeneutik (vgl. z. B. BLEICHER 1980; HIRSCH 1967, 1978; JUHL 1980; PALMER 1969; SPENCE 1982). Es war wiederum das Werk von RICOEUR, das für die gedankliche Durchdringung dieser schwierigen Themen besonders hilfreich war.

Wir erinnern an die Behauptung RICOEURs, daß das moderne Synonym für Verstehen (deutsch im Original) 'Erraten' (*guessing*) und für Erklären (deutsch im Original) 'Validierung' ist: Beide sind, so RICOEUR, am Prozeß des Lesens beteiligt. Folglich schließt das Streben nach interpretativer Validität notwendigerweise ein, daß man die Dialektik zwischen Erraten und Validierung ernst nimmt. RICOEUR behauptet in der Tat, daß dies genau das ausmacht, was der 'hermeneutische Zirkel' von Beginn an enthält.

"Wir sind (jetzt) in der Lage, dem bekannten Konzept des *hermeneutischen Zirkels* eine angemessene Bedeutung zu verleihen. Erraten und Validieren sind in gewisser Weise zirkulär als subjektive und objektive Annäherungen an den Text verbunden. Aber dieser Zirkel ist kein circulus vitiosus. Er würde einen Käfig darstellen, wenn wir nicht in der Lage wären, einer Tendenz zur 'Selbst-Bestätigung' zu entgehen, die nach HIRSCH (1967) die Beziehung zwischen Erraten und Validierung bedroht. Zu den Prozeduren der Validierung gehören auch Prozeduren der Entkräftung ähnlich dem Kriterium der Falsifizierbarkeit, das von KARL POPPER (1959) betont wurde ... Die Rolle der Falsifikation wird hier von dem Konflikt zwischen sich widerstreitenden Interpretationen ubernommen. Eine Interpretation muß nicht nur wahrscheinlich, sondern wahrscheinlicher als andere sein. Es gibt Kriterien der relativen Überlegenheit, die leicht von der Logik der subjektiven Wahrscheinlichkeit hergeleitet werden können.

Ich komme zum Schluß. Wenn es auch zutrifft, daß immer mehr als eine Möglichkeit besteht, einen Text zu konstruieren, so bedeutet dies doch nicht, daß alle Interpretationen gleich sind und an sogenannte 'Faustregeln' angepaßt werden können. Der Text bildet ein limitiertes Feld möglicher Konstruktionen. Die Logik der Validierung erlaubt, uns zwischen den beiden Grenzen des Dogmatismus und Skeptizismus zu bewegen. Es ist immer möglich, für oder gegen eine Interpretation zu argumentieren, Interpretationen miteinander zu konfrontieren, sich zwischen ihnen zu entscheiden und nach Übereinstimmung zu suchen, selbst wenn diese Übereinstimmung außerhalb unserer Reichweite verbleibt" (RICOEUR 1979, S. 91; Hervorhebungen im Original; dt. S. 271f.).

Die 'Logik der Validierung' wird praktisch dann am eindeutigsten operationalisiert, wenn die Leser in der Lage sind, ihre jeweiligen Interpretationen desselben Interviewtextes zu diskutieren. An diesem Punkt besteht die umfassende Gelegenheit, auf alternative Interpretationen einzugehen und deren relative Wahrscheinlichkeit zu erörtern. Wir würden deshalb empfehlen, daß sich, wann immer die Lese-Anleitung in der empirischen Forschung eingesetzt wird, zumindest zwei Leser jede Erzählung anschauen sollten. Wenn beide das Interview gelesen haben, können sie es miteinander diskutieren und Unterschiede in der Interpretation ansprechen. Bei diesem Anlaß lassen sich Wege der Auswahl oder der Versöhnung im Sinne einer neuen Interpretation erörtern und kreieren. Nur auf diese Art und Weise kann die Dialektik zwischen Erraten und Validieren, die RICOEUR betont, vollständig aufrechterhalten werden.

4. *Abschließende Diskussion*

Das Ziel dieses Artikels bestand darin, die von uns entwickelte interpretative Methode zum Lesen von komplexen Erzählungen des moralischen Konflikts und der Entscheidungen zu umreißen; eine Methode, die sowohl Gleichheit als auch Bindung als Dimensionen moralischer Beziehung repräsentiert. Wir sind uns bewußt, daß wir weiterhin mit der Aufgabe der Entwicklung und Verfeinerung dieser Methode konfrontiert sind und wollen deshalb diesen Artikel beenden, indem wir einige der Implikationen diskutieren, die unseres Erachtens nach aus diesen Bemühungen resultieren; einige davon werden die Richtung für unsere weitere Arbeit bestimmen.

Unser Interesse an Fragen der interpretativen Validität legt nahe, daß wir, erstens, einen übergreifenden Rahmen zur Zusammenstellung der in die Arbeitsblätter aufgenommenen Interpretationen erstellen, so daß einerseits mehr von der Reichhaltigkeit und Komplexität aufgenommen werden kann und andererseits ein Vergleich sowohl der unterschiedlichen Erzählungen als auch der unterschiedlichen Interpretationen der gleichen Erzählung möglich ist. Wir experimentieren mit der Vorstellung, daß die Leser einen 'narrativen Abschnitt' schreiben, der ein vorliegendes Interview zusammenfaßt; dessen Konstruktion kann durch eine Fragereihe angeleitet werden, die sowohl theoretisch abgeleitet als auch aus unseren Erfahrungen, welche Fragen die Interpretationen 'besser' (d. h. valider) fördern, gespeist werden kann.

Mit dieser Thematik geht eine zweite Implikation einher. Wir haben schon darauf hingewiesen, daß wir Urteile über valide und invalide Interpretationen in unserer Praxis und im Dialog fällen. Ein Weg, unsere Methodologie weiter zu entwickeln, besteht darin, auf diese Praxis selbst zu reflektieren; z. B. unsere Diskussionen über die einzelnen Interviews auf Band aufzuzeichnen. Dies würde es uns erlauben, unsere Validitäts*kriterien* nicht nur zu verdeutlichen, sondern sie auch derselben kritischen Prüfung zu unterwerfen, wie wir dies mit unseren *Interpretationen* tun[9].

Eine dritte Implikation - auch das haben wir bereits angeführt -, die mit dieser Methode einhergeht, besteht darin, daß sie es uns ermöglicht, die begrenzenden und verwirrenden Dualitäten der traditionellen Theorie und Forschung zur moralischen Entwicklung zu vermeiden. So haben wir beispielsweise versucht, die rigide Gegenüberstellung von Egoismus und Altruismus, Denken und Fühlen sowie Gerechtigkeit und Fürsorge zu vermeiden. Darüber hinaus glauben wir, daß diese Methode es uns erlaubt, die traditionelle Unterscheidung zwischen moralischem Urteilen und Handeln zu vermeiden.

Als wir begannen, Menschen über ihre tatsächlichen moralischen Konflikte zu befragen, erhielten wir mehr Informationen darüber, wie die Befragten über ihre Konflikte urteilten als über die sich entfaltende Erzählung des Konflikts selbst. Die Interviews enthielten umfangreiche Interpretationen der Befragten, aber nur wenige Beschreibungen von Ereignissen, die sie interpretierten. Wir fanden es dann wiederum schwierig, Interpretationen zu generieren, die wir mit den tatsächlichen Erfahrungen der Befragten in Verbindung bringen konnten. Es war so, als ob wir die Interviewten gebeten hätten, einen Monolog mit einfach konturierten Nebendarstellern darzubieten, der zugleich nur sehr wenig Informationen darüber enthielt, was sie oder andere faktisch *taten*.

Infolgedessen überarbeiteten wir unsere Interviewfragen (vgl. Tabelle 1). Wir bitten die Interviewten nun, sich sowohl im Hinblick auf die konfliktgeladene Situation konkreter zu äußern als auch über diejenigen Handlungen zu berichten, die sie ausführten, als sie sich in der Situation befanden. Kurz gesagt, wir haben die Befragten gebeten, ausführlichere Geschichtenerzähler zu werden; d. h. reichhaltigere Porträts von sich und den anderen Charakteren im Konflikt zu zeichnen und - dies ist entscheidend - den *tatsächlichen Dialog* aus der Situation heraus nachzuerzählen. In gewissem Sinne bitten wir die Interviewten, ihren Konflikt innerhalb der Interviewsituation zu wiederholen.

Dies hat zu einer Reihe wichtiger Einsichten im Hinblick auf das moralische Handeln geführt. Zunächst illustrieren die von uns erhobenen Geschichten und Dialoge deutlich, daß nur sehr wenige Personen moralischen Konflikten in einem Vakuum begegnen oder sie dort lösen. Vielmehr scheinen sich die Menschen innerhalb alltäglicher, sich weiter entwickelnder Beziehungen zu bewegen.

Zweitens sind moralische Aktionen und Interaktionen viel komplexer als sie in der Literatur über moralisches Urteilen und moralisches Handeln porträtiert wurden (vgl. z. B. KOHLBERG 1984). Wir sind der Überzeugung, daß Menschen zumindest in zwei Kontexten handeln, die für unser Verständnis ihrer moralischen Konflikte und mithin auch für unsere Interpretation ihrer moralischen Stimmen entscheidend sind. Der erste ist ein informationssammelnder Kontext - die moralische Stimme wird oft dadurch enthüllt, daß die Menschen spüren, was sie von anderen wissen müssen, um einen Konflikt zu lösen und wie sie vorgehen müssen, um diese Informationen zu erhalten. Der zweite ist ein Kontext, in dem Menschen ihre Entscheidungen im Angesicht eines moralischen Konflikts durchführen. Beide Kontexte enthalten eine komplexe Handlungsabfolge. Gelegentlich finden wir, daß die Dialoge, die die Menschen mit sich selbst und miteinander führen, hochgradig kenntnisreich und dennoch paradox und widersprüchlich sind. Beispielsweise handeln Menschen, die vor schwierigen und komplexen moralischen Entscheidungen stehen, auf eine Art und Weise, die genau jene Konsequenzen herbeiführt, die sie zunächst vermeiden wollten (ARGYRIS 1987).

Diese Ergebnisse verlangen von uns, einen Rahmen zu schaffen, innerhalb dessen die komplexe, häufig paradoxe und ironische Natur der moralischen Handlung beschreibbar ist. Sie verlangen von uns ebenfalls, daß wir Wissen generieren, das für unsere Mitmenschen brauchbar ist; und zwar nicht nur zur Erzeugung neuer Einsichten, sondern auch dazu, den Menschen zu helfen, daß sie anders *handeln*. Denn, wie JOHN MACMURRAY (1957) formuliert, "wir sollten das 'Ich tue' für das 'Ich denke' als Ausgangs- und Referenzpunkt einsetzen und unser Denken vom Standpunkt des Handelns aus tun" (S. 84). Folglich hoffen wir in letzter Konsequenz, daß die Methode hilft und eine Forschung fördert, die Komplexität nicht für Dualität, Nützlichkeit nicht für Präzision und Handeln nicht für Urteilen aufopfert.

Anmerkungen

1 Die beiden erstgenannten Autoren sind überwiegend für die Vorbereitung dieses Kapitels verantwortlich; sie sind in alphabetischer Reihenfolge aufgeführt. Diese Arbeit wurde teilweise durch Projektmittel der Cleveland Foundation, der Bardige Foundation und der Joseph S. Klingenstein Foundation unterstützt. Wir danken MARTIN PACKER und ANNIE ROGERS für ihre hilfreichen Kommentare zu früheren Versionen dieses Manuskripts.

2 In ähnlicher Weise haben wir in der Nachfolge von MISHLER (1986) die Bedeutung der Erörterung des Kontextes, aus dem das Interview entstammt, betont. Wir würden vor allem behaupten, daß, obwohl ein einzelnes Interview nur im Hinblick auf den gesamten Kontext, aus dem es einen Teil darstellt, verstanden werden kann, zur gleichen Zeit ein vollständiges Verständnis dieses Kontextes nur ermöglicht werden kann durch das Verständnis der Bedeutung, den er für den einzelnen Interviewten aufweist.

3 Vor allem das Problem der 'Validität der Interpretation', auf das wir später in diesem Kapitel kurz eingehen.

4 Nachdem dieses Kapitel geschrieben war, entdeckten wir zwei neuere und sehr einsichtsreiche Behandlungen der Arbeiten RICOEURs; vor allem im Hinblick auf psychologische und entwicklungsbezogene Interpretationen des Interviewtextes - Arbeiten, die in vielen Hinsichten unserer Lektüre der Arbeiten RICOEURs ähneln (vgl. FREEMAN 1985; HONEY 1987).

5 Da das erste Lesen (das Lesen in Hinsicht auf die Geschichte oder die ablaufende Handlung) einen vollständigen Text verlangt, und da räumliche Beschränkungen uns hindern, die komplette Erzählung Tanyas zu präsentieren und zu analysieren, gehen wir direkt zur zweiten Lesart - das Lesen im Hinblick auf das Selbst - über.

6 Vgl. GILLIGAN, BROWN und ROGERS (im Druck) für eine vollständige Analyse und Interpretation dieses Falles.

7 Eine Anmerkung zum Gebrauch des Begriffes 'Code': Bei der Entwicklung von Techniken zur Datenanalyse, die auf diesen 'Narrativen Typen' beruhen, haben wir numerische 'Codes' benutzt, um die Interpretation des Lesers zusammenzufassen und darzustellen. Der Begriff 'Code' bezieht sich somit ausschließlich auf diese kategoriale Zusammenfassung und Darstellung - nicht auf den Prozeß der Interpretation und Analyse der Geschichte als einer Ganzheit.

8 Uns liegen Hinweise aus anderen Studien, die wir derzeit durchführen, vor, die zusätzliche Unterstützung liefern für unsere Vermutung, daß die Dimension der Ausrichtung besonders sensitiv im Hinblick auf den Kontext ist. Ein signifikanter Unterschied in der Verteilung der Ausrichtung läßt sich vor allen Dingen feststellen, wenn weibliche Jugendliche, die auf eine ausschließlich von Mädchen besuchte Schule gehen, verglichen werden mit Mädchen, die eine koedukative Schule besuchen. D. h. daß Mädchen aus einer reinen Mädchenschule eine signifikant stärkere Ausrichtung an der Kategorie der Fürsorge zeigen als die Mädchen aus der koedukativen Schule (54% vs. 23%, X^2 [3 $\underline{N}$ = 89] = 20.8 $\underline{p}$ < .001). Aufgrund unseres Wissens und der Erfahrung mit diesen beiden Schulen interpretieren wir diese Differenz als Anzeichen dafür, daß der Kontext der reinen Mädchenschule stärker 'fürsorge-fokussiert' ist als der Kontext der koedukativen Schule.

9 Wir danken MARTIN PACKER für diesen Hinweis.

Literatur

ANASTASI, A.: Psychological testing. New York [4]1976.

ARGYRIS, D.: Exploring moral practice. Manuskript. Harvard University, Cambridge, MA 1987.

BLEICHER, J.: Contemporary hermeneutics. London 1980.

BROWN, L./ARGYRIS, D./ATTANUCCI, J./BARDIGE, B./GILLIGAN, C./JOHNSTON, K./MILLER, B./OSBORNE, R./WARD, J./WIGGINS, G./WILCOX, D.: A guide to reading narratives of moral conflict and choice for self and moral voice. Cambridge: The Center for the Study of Gender, Education, and Human Development. (Monograph #1) Harvard University, Cambridge, MA 1987.

CRONBACH, L.: Essentials of psychological testing. New York [3]1949.

CRONBACH, L./MEEHL, P.: Construct validity in psychological tests. In: MEEHL, P.: Psychodiagnosis: Selected papers. New York 1973. (Original 1955)

COHEN, J.: A coefficient of agreement for nominal scales. In: Educational and Psychological Measurement 20 (1960), S. 37-46.

COLBY, A./KOHLBERG, L. u. a.: The measurement of moral judgment. New York 1987.

DILTHEY, W.: Die Entstehung der Hermeneutik (1900). In: Gesammelte Schriften V. Stuttgart [2]1957.

FREEMAN, M.: PAUL RICOEUR on interpretation: The model of the text and the idea of development. In: Human Development 28 (1985), S. 295-312.

GADAMER, H.-G.: Wahrheit und Methode. Tübingen 1960.

GADAMER, H.-G: Philosophical hermeneutics. Berkeley 1976.

GIBBS, J./WIDAMAN, K.: Social intelligence: Measuring the development of sociomoral reflection. Englewood-Cliffs Hall 1982.

GILLIGAN, C.: In a different voice: Women's conceptions of self and of morality. In: Harvard Educational Review 47 (1977), S. 481-517.

GILLIGAN, C.: In a different voice: Psychological theory and women's development. Cambridge 1982; dt.: Die andere Stimme. München 1984.

GILLIGAN, C.: Do the social sciences have an adequate theory of moral development? In: HAAN, N./BELLAH, R./RABINOW, P./SULLIVAN, W. (eds.): Social science as moral inquiry. New York 1983.

GILLIGAN, C.: Remapping the moral domain: New images of self in relationship. In: HELLER, T./SOSNA, M./WELLBER, D. (eds.): Reconstructing individualism: Autonomy, individualism, and the self in Western thought. Stanford 1986.

GILLIGAN, C.: Moral orientation and moral development. In: KITTAY, E./MEYERS, D. (eds.): Women and moral theory. New York 1987, S. 19-33.

GILLIGAN, C./WIGGINS, G.: The origins of morality in early childhood relationship. In: KAGAN, J./LAMB, S. (eds.): The emergence of morality in young children. Chicago 1987.

GILLIGAN, C./BROWN, L./ROGERS, A.: Psyche embedded: A place for body, relationships, and culture in personality theory. In: RABIN, A. (ed.): Studying persons and lives. New York, im Druck.

GILLIGAN, C./JOHNSTON, D. K./MILLER, B.: Moral voice, adolescent development, and secondary education: A study at the Green River School. Cambridge: The Center for the Study of Gender, Education, and Human Development, Harvard University (Monograph #3) 1988.

HIRSCH, E.: Validity in interpretation. New Haven 1967; dt.: Prinzipien der Interpretation. München 1972.

HIRSCH, E.: The aims of interpretation. Chicago 1978.

HONEY, M.: The interview as text: Hermeneutics considered as a model for analyzing the clinically informed research interview. In: Human development 30 (1987), S. 69-82.

JOHNSTON, K.: Two moral orientations - Two problem-solving strategies: Adolescents' solutions to dilemmas in fables. Dissertation. Harvard University, Cambridge, MA 1985.

JUHL, P.: Interpretation: An essay in the philosophy of literary criticism. Princeton 1980.

KOHLBERG, L.: Essays in moral development. Volume II: The psychology of moral development. San Francisco 1984.

LANDIS, J. R./KOCH, G.: The measurement of observer agreement for categorical data. In: Biometrics 33 (1977), S. 159-174.

LOEVINGER, J./WESSLER, R.: Measuring ego development: Construction and use of a sentence completion test. San Francisco 1970.

MACMURRAY, J.: The self as agent. Atlantic Highlands, NJ 1957.

MISHLER, E.: Meaning in context: Is there any other kind? In: Harvard Educational Review 53 (1979), S. 125-145.

MISHLER, E.: Research interviewing: Context and narrative. Cambridge, MA 1986.

NUSSBAUM, M.: The fragility of goodness. Cambridge 1986.

PACKER, M.: Hermeneutic inquiry in the study of human conduct. In: American Psychologist 40 (1985), S. 1081-1093.

PALMER, R.: Hermeneutics: Interpretation theory in Schleiermacher, Dilthey, Heidegger, and Gadamer. Evanston 1969.

POPPER, K.: The logic of scientific discovery. New York 1959; dt.: Logik der Forschung. Tübingen [4]1971.

REST, J.: Development in judging moral issues. Minneapolis 1979.
RICOEUR, P.: The model of the text: Meaningful action considered as a text. In: RABINOW, P./SULLIVAN, W. (eds.): Interpretive social science: A reader. Berkeley 1979, S. 73-101; dt. in: BÜHL, W. L. (Hg.): Verstehende Soziologie. München 1972, S. 252-283.
ROGERS, A.: Gender differences in moral thinking: A validity study of two moral orientations. Dissertation. Washington University 1987.
SPENCE, D.: Narrative truth and historical truth: Meaning and interpretation in psychoanalysis. New York 1982.
TAPPAN, M.: Hermeneutics and moral development: A developmental analysis of short-term change in moral functioning during late adolescence. Dissertation. Harvard University, Cambridge, MA 1987.
TAYLOR, C.: Interpretation and the sciences of man. In: RABINOW, P./SULLIVAN, W. (eds.): Interpretive social science: A reader. Berkeley 1979, S. 25-71.

FELICITAS ENGLISCH

Bildanalyse in strukturalhermeneutischer Einstellung

Methodische Überlegungen und Analysebeispiele

"Like Ice in the Sunshine,
I'm melting away..."

Einleitung

Diesem Text liegt ein Vortrag über strukturalhermeneutische Bildanalyse zugrunde, gehalten auf einem *workshop* in Mainz im Juni 1989; intendiert war dabei, die Methode der objektiven Hermeneutik versuchsweise auf Bilder - bewegte und unbewegte - anzuwenden und dies am konkreten Beispiel vorzuführen.

Ich schicke den kategorialen Überlegungen vier Thesen voraus, ohne deren positive Unterstellung dieses Unternehmen nicht sinnvoll in Angriff zu nehmen gewesen wäre (1.1).

Es schließen sich methodisch-theoretische Überlegungen an, die im Kontext praktischer Erfahrungen, gewonnen im konkreten Untersuchungsprozeß, thematisiert werden (1.2 und 1.3).

In (2.1 - 2.2) stelle ich zwei Beispiele strukturalhermeneutischer Bildanalyse vor, ein Filmplakat und eine Szene aus dem Fernsehspot "Cornetto" von Langnese.

Der Text endet mit einer Kommentierung der Kino-Werbung von Langnese "Like Ice in the Sunshine", die dem Aufsatz sein Motto gab;

notwendigerweise muß sie sich auf ausgewählte Hinweise beschränken, da eine Vollanalyse des gesamten Bildmaterials, einschließlich des ausführlichen Schnittprotokolls, den Rahmen dieses Aufsatzes sprengen würde (3).

1. "Sosein", "In-der-Welt-Sein" und "Befindlichkeit" als heuristischer Horizont einer "dichten Beschreibung" - Zum Versuch einer bildanalytischen Variante der objektiven Hermeneutik

1.1. Eine Skizze und vier Unterstellungen

Vielleicht ist es nicht ganz überflüssig, für die nicht im Detail mit der objektiven Hermeneutik vertrauten Leser die methodische Schrittfolge der Sequenzanalyse ganz knapp zu skizzieren.

1. Man beginnt bei dem zu analysierenden Text grundsätzlich am Anfang mit der Isolierung einer ersten Sequenz (d. h. Sinneinheit bzw. Figur). Sie wird, aus dem Zusammenhang des Textes gelöst, als selbständige für sich betrachtet - dekontextualisiert, wie OEVERMANN es nennt.

2. Für diese nun isolierte Sequenz wird ein sogenannter Normalkontext gesucht. Unter Normalkontext ist jeder mögliche Handlungskontext zu verstehen, in dem dieser Satz als normaler Satz fallen bzw. diese Sinnfigur als normale auftauchen kann. Normal ist hier nicht moralisch normativ gemeint, sondern drückt nur die Faktizität der Normalität aus. Was normal ist, regelt sich über Erwartbarkeit, Gewohnheit und Definitionsmacht; d. h. was normal ist, wird durchgesetzt über symbolische Gewalt, konditioniert über Gewohnheit und geprüft über eintretende oder ausbleibende Irritation. Auch wer sich die Freiheit nimmt, abzuweichen, registriert zumeist sein eigenes Verhalten immer noch als Abweichung, für ihn selbst natürlich als legitime mitunter sogar selbstdefinitionsrelevante.

3. Die sich qua Assoziation ergebenden, als normal einzustufenden pragmatischen Kontexte werden als mögliche Lesarten zunächst einmal gesammelt. Unter diesen entscheidet man sich für die einfachste und plausibelste gemäß der Sparsamkeits-Regel, jeweils natürlich das eigene

Normalitätsempfinden in die Waagschale werfend, das man als Normalmitglied der Gesellschaft aufzubringen vermag.

4. Es wird zur nächsten Sequenz übergegangen, um mit ihr ebenso zu verfahren. Man dekontextualisiert, sucht anschließend wiederum normale Handlungskontexte und vergleicht die gefundenen neuen Lesarten mit denen der ersten Sequenz auf Konsistenz. Widersprechende, aber im Hinblick auf die einzelne letzte Sequenz aus Plausibilitätsgründen nicht auszuschließende Lesarten werden notiert und haben hypothetische Geltung.

5. Sukzessive wird so an einem einzelnen Fall eine Struktur rekonstruiert, die den objektiven Bedeutungsgehalt des Textes freilegt. Objektiver Bedeutungsgehalt besagt, daß es eine vom einzelnen, momentan sprechenden Subjekt unabhängige Kopplung von Sätzen mit pragmatischen Kontexten gibt, die durch die Regeln der Sprachverwendung und den semantischen Zusammenhang der Sprache konstituiert ist; diese Kopplungsrelation hat auch Geltung, wenn sie nicht vom Sprechenden intendiert oder ihm, wie bei der Fehlleistung, gar nicht bewußt ist. Erweist sich der Text auf der Ebene der explizit intendierten und der im Text durchgeführten Sprachverwendung konsistent mit der an "seinem Fall" rekonstruierten allgemeinen Struktur, ist der Text problemlos normal. Will sich Konsistenz dieser Ebenen nicht oder nur sehr eingeschränkt einstellen, sind die zwingend sich nahelegenden anderen Lesarten entweder als Störung oder interner Widerspruch des Textes, je nach ihrer Häufigkeit, auch nur als punktuelle Abweichung von der gewonnenen Struktur zu klassifizieren, woraus dann Schlüsse zu ziehen sind. Entweder ist zu folgern, daß der Text im Sinne von Normalität mißlungen ist, z. B. ein ungeschickter Behördenbrief, der wenig Aussicht hat, sein Anliegen klar zu formulieren und erfolgreich zu adressieren; oder mein eigenes Normalitätsverständnis d. h. meine Rekonstruktion der allgemeinen semantischen Struktur steht zur Disposition. Drittens kann ich feststellen, daß den Text eine gewisse Logik des Mißlingens durchzieht; dann bedeutet dies, daß ich im Zuge der Rekonstruktion auf eine systematisch verzerrte Kommunikationsstruktur gestoßen bin, die - kontextabhängig- nach Interpretation oder therapeutischer Auflösung verlangt.

Um das ursprünglich an Texten, um es genau zu sagen, an Protokollen sozialisatorischer Interaktion gewonnene Verfahren der objektiven Hermeneutik auf Bildanalyse auszuweiten, müssen mindestens folgende Unterstellungen vorgenommen werden.

a. Wie für Texte, so ist auch für Bilder ein Normalkontext angebbar.
b. Dann läßt sich konsequenterweise auch an Bildern ein objektiver Bedeutungsgehalt rekonstruieren.
c. Die Erschließung dieses objektiven Gehalts ist an ein irgendwie systematisiertes Wahrnehmungs- und Interpretationsverfahren gebunden.
d. Die Sequenzanalyse ist nicht die einzige, wohl aber die zweckmäßigste Form einer solchen Systematisierung.

In den Thesen a. und b. werden die Bedingungen der Parallelführung von Texten und Bildern formuliert. Theoretischer Hintergrund ist ein erweiterter Textbegriff, wie er in den Arbeiten von OEVERMANN u.a. (1979), BROWN (1987), neuerdings auch SOEFFNER (1989) und den Versuchen strukturalhermeneutischer Kulturanalyse unserer Arbeitsgruppe an der Universität Oldenburg (MÜLLER-DOOHM 1989) zum Ausdruck kommt.

1.2. Die Suche nach dem Normalkontext als Frage nach dem In-der-Welt-Sein

Die von OEVERMANN in die Debatte eingeführte Formel von der "textualen Struktur des Wirklichen" bringt eine inzwischen schon klassisch zu nennende soziologische Grunderkenntnis auf den zeitgemäßen Begriff: der Realitätsgehalt sozialer Wirklichkeit ist kein einfach "Gegebenes", das in subjektfreiem "Erklären" zutagetritt, sondern ein sinnhaft prozessierendes "Geistiges", in das eingebunden wir uns immer schon vorfinden, und das darum ein subjektbezogenes Verstehen, eine interpretatorische Nachkonstruktion aus der vorgängig geteilten Erfahrung eines Erlebnisganzen von Gesellschaft erfordert. Wir haben - sowohl als Wissenschaftler wie auch im alltäglichen Vollzug - nie ein Rohes vor uns, sondern ein immer schon Interpretiertes wie auch zu Interpretierendes. Der, wie SCHÜTZ formulierte, "sinnhafte Aufbau der sozialen Welt" zwingt uns - vornehmlich in der Kulturanalyse - in die Rolle des Auslegenden: statt unmittelbar nach Gesetzen suchen zu können, haben wir primär die "Herausarbeitung von Bedeutungen" zu leisten. Die theoretischen Grundlagen finden sich schon in RICOEURs bahnbrechenden Arbeiten zur Integration von Hermeneutik und Strukturalismus. Durch die dort vollzogene Zentrierung um den Begriff der Bedeutung wird eine Konvergenz nicht nur des Kulturellen und des Sozialen möglich, sondern des Gesamt der symbolischen Formen (im Sinne CASSIRERs). Damit werden - was für uns hier entscheidend ist - auch die unterschiedlichen Formen textlicher und bildlicher Darstellung, sprachlicher und praktisch-produktiver Äußerung gleichermaßen als kulturelle d. h. sinngeregelte Praxis in eins gefaßt[1].

Bei der Erschließung des Normalkontextes von solch erweiterten "Texten" (d. h. vergegenständlichter kultureller Praxis) ist jedoch darauf zu achten, daß man nicht in die typische Verkürzung des Pragmatischen verfällt, wozu man durch die sehr handlungstheoretisch dominierte Rezeption der Sprechakttheorie von AUSTIN und SEARLE u. a. durch die späte Frankfurter Schule leicht verführt werden kann. Durch die Verbindung dieser Rezeption mit der Weberschen Handlungstypologie, die auch als Stärkung des handlungstheoretischen Ansatzes gegen die Systemtheorie gedacht war, trat zwar für die Soziologen der handlungsstiftende Charakter von Sprache wieder stärker in den Blick - *how we manage to do things with words*; dies aber auf Kosten des Ausdrucks- und Mitteilungssinnes, wie er im BÜHLERschen Sprachbegriff und bei SEARLE selbst in seiner Verbklasseneinteilung noch gleichberechtigt neben dem Handlungssinn vorhanden war. Die handlungstheoretisch vereinseitigte Bestimmung des Normalkontextes beschränkt sich auf die Freilegung der Um-Zu-Struktur sozialen Geschehens. Sie ist darauf aus, Zwecke zu dechriffrieren, die kausale und motivationale Struktur freizulegen und Einhaltung oder Verstoß von Normen zu prüfen. Da jede rein intentionale Struktur, logisch gesehen auf "Relation" bzw. "Wechselwirkung", "(vektoriale) Kraft" beschränkt bleibt, unter Voraussetzung eines bewußtseinszentrierten Subjektbegriffes, greife ich zur Fassung des Normalkontextes lieber auf die ganzheitlich situationsdefinierenden Ausdrücke der "Lebenswelt" (eher im HUSSERLschen als im HABERMASschen Sinn), der "Befindlichkeit", der "Stimmung", des "In-der-Welt-

Seins" und "Soseins" zurück, wie sie in der fundamentalontologischen Reformulierung der Phänomenologie erarbeitet worden sind. Sie eignen sich ihres Totalitätshorizontes wegen besser zur Erfassung einer im vollen Wortsinn ästhetisch zu nennenden Gestalt, da nach einem grundlegenden Seinsverhältnis, d. h (logisch gesehen) nach "Qualität" gefragt wird. Gegenüber der Totalität einer "Stimmung" oder den Existentialien (wie der Sorge, der Angst, dem Vorlaufen zum Tode) bei HEIDEGGER, die ein Sein ausdrücken, bedeutet die über Zweck und Norm geleitete pure Handlung/Aktion als Ereignis eine instrumentalistische Zuspitzung des Weltverhältnisses, eine Art Konzentration und lineare Ausrichtung. Die Ausformung der Frage nach dem Normalkontext als diejenige nach dem In-der-Welt-Sein dessen, der den Satz ausspricht, hebt diese Einseitigkeit in ein ganzheitliches Weltverhältnis (Befindlichkeit) auf, in dem nicht nur das momentane Handlungsereignis, sondern das gesellschaftliche Sein der dargestellten Person als ganzer - ihre ästhetische Erscheinung - in den Blick tritt[2]. Das Entscheidendste an diesem Umbau auf "Sein" und "Qualität" ist die damit verbundene Dezentrierung des Subjekts. Es wird ein, wenn auch ausgezeichnetes, Moment der *Gesamtkonstellation*, zu der auch die in der Welt des Menschen vorkommenden Dinge, seine Um-gebung zählen. Denn: In-der-Welt-Sein als Begriff umfaßt den Menschen als das Wesen, "das Welt hat" und diese Welt selbst nicht hierarchisch asymmetrisiert. Die Welt ist nicht Residual wie in allen Umweltverhältnissen und nicht Vorstellung wie in den bewußtseinszentrierten Ansätzen. Somit werden selbst bildhafte Darstellungen "welthafter Gegenstände" der Frage nach dem Normalkontext zugänglich, auch wenn kein agierendes Subjekt direkt mit abgebildet ist.

Man könnte dann in einer Art "Sozialmorphologie der Dinge" dezidiert nach dem In-der-Welt-Sein fragen, das durch bestimmtes "Zeug" - um einen HEIDEGGERschen Terminus aufzugreifen - wie Auto, Flugzeug, Staubsauger, Wohnungseinrichtung, Computer, Stöckelschuhe, Videogerät etc. gestiftet oder vernichtet wird, und sich die Normalkontexte vergegenwärtigen, die dieses Zeug erzwingt. Die Dinge sind nämlich nicht neutral, sondern wie ILLICH sagte: *tools for conviviality* - oder aber ihr Gegenteil. Nicht nur tätigt jedes Zeug manifest leibliche Konsequenzen und Normierungen; jedes einzelne dieser Dinge greift auch mächtig aus auf Gestaltbildung. Z. B. ein Computer braucht einen Drucker, einen bestimmten Tisch, ein eigenes Licht, verträgt keine Erschütterungen und keinen Staub - und unversehens ist aus dem Studierzimmer ein modernes Büro geworden. Je nach den "Machtverhältnissen" bleibt ein solch einzelnes Ding ein störender Fremdkörper in einem Raum, oder es deklassiert die übrigen Gegenstände. Diese erleiden das Schicksal alles Anachronistischen; sie verschwinden fast unbemerkt, ergänzt wird in der aggressiven neuen Gestalt.

Seiner Ganzheitlichkeit und Gestalthaftigkeit ungeachtet läßt sich das In-der-Welt-Sein von Personen und welthaften Gegenständen aber in seinem So-sein je nach kultureller Elaboriertheit mehr oder weniger eindeutig sprachlich festhalten, selbst wenn es sich um eine ambivalente, oder selbst eine schizophrene Situation handelt. Niemand kann uns hindern, diese als solche zu identifizieren und zu benennen - sogar wissenschaftlich kategorial. D. h. es gibt, solange wir überhaupt noch sprechen, durchaus angebbare Bedeutungen. Ich habe an anderer Stelle versucht zu zeigen, daß Sätze solange einen objektiven Bedeutungsgehalt besitzen als noch von einem Zusammenhang "sozialer Welt" gesprochen werden kann[3]. "Gesprochen" ist hier wörtlich zu nehmen: Welt gibt es, solange die Einheit des Weltverhältnisses jenseits ethnologischer Differenzierungen im Sinnzusammenhang von Sprache ausgelegt werden kann - was übrigens eine kultivierungsfähige und -bedürftige evolutionäre Errungenschaft ist.

Um aus dem Gesagten die Konsequenz für das engere Anliegen der Bildanalyse mit dem Verfahren der objektiven Hermeneutik zu ziehen: wenn ich davon ausgehe, daß Sätze einen objektiven Bedeutungsgehalt besitzen, dann kann ich auch davon ausgehen, daß Bildern ebenfalls ein solcher innewohnt, denn unter der Analyseperspektive von "Bedeutung" und "Praxis" werden sie notwendig von ihrer sprachlich allgemeinen Funktion her betrachtet, Träger gesellschaftlichen Sinnes zu sein. Als

Normalkontext kann dabei der nichtanstößige Auslegungshorizont gelten, das, was erwartet werden kann, nicht - um dies zu wiederholen, da man OEVERMANN oft einen reaktionären Kurzschluß mit kritikabler Realität vorgeworfen hat - im Sinne eines moralisch Gerechtfertigten, sondern - auf der Basis des Sich-Auskennens in der Welt - des faktisch Erwartbaren, was je nach Kontext sogar das Gegenteil des moralisch geschätzten oder auch Behaupteten sein mag. Man denke nur an das Schicksal mancher Handtasche auf italienischen Boulevards, oder die Finanzierungsmodelle mancher Bausparkassen oder anderer Institute.

1.3. Zur Problematik bewegter Bilder

Nach der Paraphrasierung der Thesen a. und b. möchte ich nun zu den Thesen c. und d., bei denen es um die Durchführung der Sequenzanalyse geht, in Form eines erweiterten Erfahrungsberichtes Stellung nehmen, der mit dem Eingeständnis beginnen soll, daß am Anfang meiner konkreten Untersuchung nichts als Probleme und Fragen standen. Da ich einige davon nicht für methodisch irrelevant halte, möchte ich sie hier kurz vorstellen. Zunächst muß festgestellt werden, daß die ideale Ausgangssituation für eine Analyse im Sinne der objektiven Hermeneutik für mich nicht gegeben war. Diese ideale Ausgangssituation hätte, wie in den *workshops* oder Seminaren OEVERMANNs, darin bestanden, daß jemand in eine Gruppe einen Text eingibt, ohne daß diese Gruppe Herkunft und faktischen Kontext dieses Textes vorher weiß. In einer solchen Situation fängt man tatsächlich unbefangen mit der ersten Sequenz an und kann sich am Ende nach der Enthüllung des Rätsels durch denjenigen, der den Text eingebracht hat, seiner kriminalistischen Erfolge erfreuen.

In einem konkreten Forschungsprojekt bin nun aber ich selbst diejenige, die den jeweiligen Gegenstand ausgewählt hat. In diesem Falle kenne ich aber nicht nur den faktischen Kontext und den Texttypus (Spielfilm, Werbefilm, Liebesroman, *video clip*, etc.), sondern es ist darüber hinaus bereits eine Art inhaltlichen Bezuges gestiftet, der mich bewogen hat, diesen Text überhaupt in den Gegenstandsbereich eines Forschungsprojekts aufzunehmen. Ich muß diesen Text also schon einmal rezipiert haben, und zwar weit über die erste Einstellung oder die erste Sequenz hinaus. Bei größeren Text-/Bildeinheiten wie Filmen ist dies schon aus forschungsökonomischen Gründen unabdingbar. Niemand wird eine vielstündige Analysearbeit an der ersten Einstellung eines Filmes beginnen, ohne schon wenigstens eine vage Vorentscheidung über dessen Relevanz für das ausgewählte Thema getroffen zu haben. Hat man sich aber einmal dafür entschieden, einen Text in den Analysekorpus eines Forschungsprojekts aufzunehmen, ist es unmöglich, künstlich so zu tun, als wäre man diesem Text noch nie begegnet. Vielmehr muß das Ergebnis dieser ersten noch so oberflächlichen oder ganzheitlich impressionistischen Lektüre als das eigene Vor-Urteil in den Selbstreflexionsprozeß der Forschung eingehen.

Im Falle der Langnese-Werbung (s. 2.2 und 3) galt es für mich beispielsweise Folgendes festzuhalten: Am Anfang meiner Überlegungen stand nicht die Intention, generell aktuelle Werbung zu untersuchen, wo man im Zuge der Materialsammlung dann irgendwann auch auf Langnese stößt, sondern es war gerade umgekehrt. Im Kino, d. h. also im Alltag wurde ich konfrontiert mit diesem Text und habe mich daraufhin entschieden, ihn zu analysieren. Die Gedankensplitter, die mir in den Kopf kamen, waren: Spitzenwerbung, Zeitgeist in Reinform, von Profis perfekt gemacht, eine solche Intuition ist bei Sozialwissenschaftlern nicht sehr verbreitet. Nicht zu unterschlagen: mein eigenes Vergnügen beim Anschauen dieser Werbung. Der nächste Schritt: Ich erkundige mich bei anderen nach der Wirkung dieser Werbung auf sie. Frauen zeigen signifikant dieselbe Reaktion wie ich; die Männer halten sich etwas bedeckter.

Die erste methodische Frage, als ich die Kassette ins Gerät schob, war für mich: Darf ich die Zeitstruktur bewegter Bilder ändern? Darf ich bewegte Bilder anhalten? Darf ich mir Einstellungen länger ansehen, als sie "für mich" gedacht sind? Verfälscht das nicht ihre Wirkung? Ja sogar, verfälscht das nicht ihre Bedeutung? Beruht die Wirkung ganz rasanter

Schnitte nicht gerade darauf, daß ich das Bild *nicht so genau* ansehen kann? Wie OEVERMANN in einem seiner *workshops* deutlich darauf hingewiesen hat, ist ab einer bestimmten Kürze von Einstellungen tatsächlich davon auszugehen, daß das Gezeigte in gewisser Weise unerkennbar bleiben soll. Die intendierte Bedeutung ist nur die Tempo-Erfahrung als solche, nicht der "Inhalt". Müßte man in so einem Fall nicht streng mit dem weiterassoziieren, was man in der Kürze gesehen hat? Dieses Problem taucht in gravierender Form nur bei Filmen auf. Wohl hat auch ein verschrifteter Satz eine ihm eigene Geschwindigkeit und einen Rhythmus, den ein guter Vorleser ins Akustische transferiert; er hat auch eine räumliche Ausdehnung - Schriftgröße/(Un-)Leserlichkeit, optische Seitengestaltung etc., die zu berücksichtigen sind. Aber ein schriftlicher Text ist als Sprache objektivierter Sinn. Sein gegenständlicher Charakter erlaubt ihm, erst einmal "da-zu-stehen"; und es gibt kein Verbot, ihn mehrmals zu lesen, ihn laut und leise zu lesen, ihn langsam oder schnell zu lesen. Mündliche Texte wären in dieser Hinsicht eher dem Film verwandt. Auch hier ist die methodische Frage zu stellen, ob ich ein rasch und undeutlich hingeworfenes Wort auf dem Tonbandprotokoll langsamer abspielen darf, um es deutlich zu verstehen. Nur, wenn ich die Existenz des Protokolls als schon implizite Erlaubnis zur Objektivierung interpretiere, einer Objektivierung und Ent-Eignung, die dem Fixierungsakt des Niederschreibens entspricht. Aber darf ich das technisch "gestellte" Wort mit demselben Gewicht werten, wie ein deutlich in der Rede Artikuliertes? Wohl kaum.

Entschließt man sich dazu, die originale Zeitstruktur zu belassen, wird die Einteilung bewegter Bilder in Sequenzen ein ungeheures technisches Problem. Schon um eine Sequenz zu isolieren, muß man das Abspielgerät langsamer schalten, d. h. die Zeitstruktur ändern. Wenn man ganz streng sein will, bräuchte es also schon zwei Leute im Team, die sich die Arbeit in der Weise teilen, daß einer für den anderen quasi experimentell die Einstellungen präpariert. Verschiedene Versuche haben mir tatsächlich gezeigt, daß die Änderung der Zeitstruktur die Wirkung und auch die Wahrnehmung erheblich ändert. Ich greife die Szene aus der ersten Einstellung des ersten Blocks (d. h. Bild 1 bis 7 - bis 10, wenn die Überblendung mitgerechnet wird) der Cornetto-Werbung heraus, die später noch genau analysiert wird: Opa mit Kind, auf Eisstand zustrebend. Bei der Rezeption dieser kleinen Szene im Originaltempo ging meine Aufmerksamkeit ganz auf die Bewegung d. h. einmal auf die duale Bewegungseinheit von Opa und Kind nach links sich bewegend, und fast gleichzeitig auf das nach rechts kreuzende Auto als zweite entgegengesetzte Bewegungseinheit. Je langsamer die Einstellung lief, umso deutlicher traten der Hintergrund (ein Tisch im Freien mit drei Personen) in den Blick. Auf dem stehenden Foto schließlich erfaßt man als erstes im Schema von Figur und Hintergrund die Personen, sogar sofort ihre Anzahl - zwei im Vordergrund, drei im Hintergrund; das Auto fällt erst auf den zweiten oder dritten Blick auf. Bewegtes spielt sich offenbar gegenüber den ruhenden "Gegenständen" in ungeheuer dominanter Weise in den Vordergrund. Die Wahrnehmungsunterschiede sind so eklatant, daß man sie nicht vernachlässigen darf. Ich würde sogar behaupten, daß man bei langsamerem Lauftempo gar nicht mehr "dasselbe" sieht, "dasselbe, nur eben deutlicher", wie man meint, sondern etwas wirk-lich "anderes". Wie ist also mit einer solchen Schwierigkeit umzugehen? Ich habe mich, einer Art "natürlichen Logik der Einfachheit" folgend, für drei Rezeptionsdurchläufe entschieden. D. h. ich tue genau das, was man sich alltäglicherweise ausdenken würde, wenn ein Satz oder Bild zu schnell an einem vorbeigehuscht ist: ich überlege, was es gewesen sein könnte, dann will ich Gewißheit haben und bitte um Wiederholung (Bild nochmal), habe ich den Sinn dann immer noch nicht mitgekriegt, bitte ich um Temporeduktion. Nur: Über jeden einzelnen Schritt lege ich mir sorgfältig Rechenschaft ab, protokolliere und vergleiche nachher die Ergebnisse miteinander.

Konkret sieht das so aus:

Im ersten Rezeptionsdurchgang wird der Text als ganzer ohne Unterbrechung einfach angeschaut. Danach erstellt man allein oder mit den Leuten im Team ein Assoziationsprotokoll, das sowohl die eigenen Eindrücke, Stimmungen, Assoziationen als auch den protokollierten Inhalt, soweit er in der ersten Rezeption zugänglich geworden ist, festhält. Ich versuche die Gesamtgestalt einzufangen etwa im Sinne der "dichten Beschreibung" bei GEERTZ.

Im zweiten Durchlauf wird versucht, die Einstellungen im Originaltempo einzeln hintereinander wahrzunehmen (technische Zubereitung s. o.). Über jede Einstellung wird eine Art Kurzprotokoll erstellt anhand der Leitfragen "Was sehe ich, was empfinde ich"? "Was ist der relevante ("dichte") Inhalt?" Danach Diskussion im Team und Vergleich mit dem ersten ganzheitlichen Assoziationsprotokoll. Es empfiehlt sich, dieses zweite Assoziationsprotokoll in der Form eines erweiterten "Einstellungs-/Schnittprotokolls" anzulegen. In ihm werden Minuten, Sekunden, Anzahl der Bilder (1/25 sec.) der jeweiligen Einstellung festgehalten. Die Einstellungen werden durchnumeriert, evtl. für jede Einstellung Kürzel vergeben oder eine Codierung für den Computer. Unter der Nummer folgt wiederum eine möglichst "dichte", knappe Szenenbeschreibung, die soviel Alltagssinn wie es eben gelingt, einfängt. Wo einzelne Einstellungen eine Geschichte ergeben oder sich Personen in verschiedenen Einstellungen wiederholen, muß eine technische Möglichkeit gesucht werden, dies festzuhalten.

Ich will die technischen Probleme nicht verschweigen, die mir bei der Erstellung eines solchen Schnittprotokolls begegnet sind. Der erste Versuch auf einem normalen Abspielgerät mit Sekundenanzeige ist jämmerlich gescheitert, weil die Schnitte viel zu rasant waren; Geräte mit feinerer Einstellung sind schwerer zugänglich. Bei dem Gerät im Schneideraum des HIFO (Hochschulinternes Fernsehen Oldenburg), an dem ich gearbeitet habe, gibt es zwar eine Anzeige auf *ein* Bild genau, aber die erlaubte Unsicherheit reicht bis zu sechs Bildern, die faktische bis zu 11 Bildern. Bei Einstellungen von 6 bis 10 Bildern ergibt das, wie man sich denken kann, eine kleine Katastrophe, auch wenn im Durchschnitt die Einstellungen ungefähr 20 bis 30 Bilder umfassen. Eine Hoffnung auf statistisch signifikante Zahlen braucht man sich bei solchen Abweichungen natürlich nicht mehr zu machen. Ich habe es dann mit einem Trick versucht. Man legt bei einem Durchgang ohne Unterbrechung die Gesamtzeit fest, die zwei- bis dreimal überprüft wird. Danach werden die Bilder pro Einstellung gezählt, ihre Summe gebildet und die gemessene Differenz proportional umgerechnet und auf die Länge der Einstellungen draufgeschlagen oder abgezogen. Sehr aufschlußreich ist eine graphische Darstellung, sie gibt einen guten Eindruck von der Dichte der Schnitte, die ja ein Maß für die Geschwindigkeit bzw. die Beschleunigung darstellen.

Im dritten Durchgang schießlich werden aus jeder Einstellung eines oder, falls erforderlich, zwei oder drei signifikante Bilder ausgewählt und als Standbilder einer genaueren Analyse unterworfen. Wer kein Geld hat, Dias anfertigen zu lassen, muß sich eben damit herumärgern, daß das Standbild nach einiger Zeit umspringt, um den Film zu schützen. Ich empfehle, vor allem bei ausgeliehenen Originalen, eine "Verschleiß-Kopie" zum Bearbeiten anzulegen.

1.4. Der Umbau des Prinzips der Sequenzanalyse auf Bildrezeption

Im vorigen Abschnitt habe ich die Analyse bewegter Bilder bis zu dem Schritt geführt, ein einzelnes Standbild ruhig zu stellen, um es nun mit dem Verfahren der objektiven Hermeneutik analysieren zu können - ein Sachverhalt, der bei einem Gemälde oder einem Foto ohnehin von vornherein gegeben ist. Für die Bildanalyse mit der objektiven Hermeneutik lautet nun die entscheidende Frage : was heißt Sequenzanalyse in Bezug auf ein ruhendes Bild?

In der direktesten Übersetzung wäre das Bild selbst als Protokoll einer Interaktion zu nehmen. Es gibt Bilder, wo sich ein solches Verfahren geradezu anbietet. OEVERMANN verweist immer wieder auf IMDAHLs Interpretationen der GIOTTO'schen "Ereignisbilder" (1980), die vor allem deshalb leicht als Darstellungen von Handlungssituationen zu dechiffrieren sind, weil unserer Generation die entsprechenden narrativen Erzählungen aus der Bibel noch präsent sind. Dazu kommt, daß GIOTTO selbst bewußt-intentional versucht hat, diese Ereigniskomponente und den Ablaufcharakter der Handlung in seinen Bildern sichtbar werden zu lassen, was in kunstgeschichtlicher Hinsicht IMDAHLs Entdeckung war. Aber auch in der Langnese-Werbung gibt es einen Einstellungstyp, der hierunter fällt, nämlich jene oft nur aus wenigen Bildern bestehenden kleinen Szenen, die trotz ihrer Kürze und rasanten Geschwindigkeit eine in sich abgeschlossene Geschichte ergeben. Der *video clip* ist die längere Ausführung dieses Ereignisprinzips, womit ich nun nicht sagen will, daß der *clip* schon ganz die Kunst oder gar die Bibel überrundet hätte. Es gibt aber auch Bilder, wo der Handlungskontext sich nicht so ohne weiteres erschließen läßt, ja sich geradezu in ein Geheimnis hüllt. Nehmen wir die berühmte Abreise von/nach Cythere von WATTEAU. Der kunstgeschichtliche Streit, ob die Liebenden erst auf die Insel fahren oder bereits von ihr zurückkommen. ist jedenfalls noch nicht entschieden. Die Einschätzung verändert, wie man verfolgen kann, die Interpretation des Bildes entscheidend. Je formaler und abstrakter Bilder werden, um so schwieriger ist es selbstverständlich, diese Handlungs-Hypothese anzuwenden. Mit der oben angedeuteten Transformation des Handlungskonzeptes in das der Befindlichkeit und des In-der-Welt-Seins lassen sich aber auch Spannungsgefälle und formalästhetische Relationen zwischen Gegenständen (oder Personen und Gegenständen) als Kommunikationen, Interaktionen und Ereignisse begreifen, die im Sinne der objektiven Hermeneutik protokollierbar und analysierbar sind.

Ein *zweiter* Ausweg, der ebenfalls an der Temporalität der Sequenzanalyse festhält, bietet sich, wenn man die Chronologie des eigenen Wahrnehmungsprozesses als Sequenz nimmt. In diesem Falle müßte man als Einheit einer Sequenz die Ruhephase der Augen nehmen, ähnlich wie beim Film die Einstellung, die ja die relative Ruhephase der Kamera ist. Das in dieser Wahrnehmungseinheit Aufgenommene müßte dann unmittelbar protokolliert werden. Technisch ist das ein großes Problem. Mitschreiben lenkt viel zu sehr ab; eher müßte man parallel zum Wahrnehmungsfluß ins Diktaphon sprechen. Das so entstehende Assoziationsprotokoll wäre dann ein Bild-Text, dessen Sätze wiederum eine klare Sequenz ergeben, die traditionell mit der Sequenzanalyse untersucht werden könnte. Der große Mangel dieses Verfahrens ist, daß unter der Hand ein anderer Text, nämlich das Protokoll des subjektiven eigenen Wahrnehmungsprozesses, zum Statthalter für das unmittelbar nicht zugängliche Bild avanciert. Außerdem habe ich die Erfahrung gemacht, daß auch in den "reinen" Wahrnehmungsprozeß immer wieder Reflexionen hineinspielen, daß auch bei größter Konzentration kaum eine "reine" Wahrnehmung durchzuhalten ist. Nehmen wir das schon erwähnte Dia (Opa und Kind, auf Eisstand zustrebend). Den ersten Blickfang bildet die duale Bewegungseinheit der beiden Personen (auch wenn man ja immer das ganze Bild-Ensemble gesehen hat). Die Augen sind längst woanders focussiert; die Assoziation hat sich aber verselbständigt. Sie ist zunächst bei den beiden Personen geblieben, geht dann fort auf das Verhältnis der beiden: Das Kind geht munter voran, es führt den Großen, der sich gütig, nur allzugern mitziehen läßt; von dort geht die Assoziation weiter auf die unauffällige Normalität der Kleidung des älteren Mannes etc. D. h. die Logik der Assoziation geht nicht ohne Zwang, der kaum durchzuhalten ist, parallel mit der reinen Wahrnehmungslogik.

Man kann sich nun verschiedene *tricks* ausdenken, mit denen man diese beiden Logiken entweder zusammenzuzwingen versucht oder sie sortiert. Man könnte also auf einem neuen Blatt z. B. verschiedene Spalten bilden, auf denen dann steht: Personen, Relationen zwischen Personen, Ausdruck der Personen, Dinge, Relationen zwischen Dingen, zuletzt: Relationen zwischen Personen und Dingen. Oder: Person, Handlung, Ausdruck. Es wären auch andere Spalten-Einteilungen denkbar; notwendig ist oft, die Farbimpressionen eines Bildes oder die Wirkung der Musik in einem Werbe-Spot gleichzeitig miteinzubeziehen. Dann könnte man, je nachdem, wozu einem gerade etwas einfällt, dieses sofort in der jeweiligen Spalte festhalten und hätte zuletzt eine wenigstens nach Spalten geordnete Assoziationsprotokollierung. Diesen Versuch habe ich nach langem Herumprobieren wieder verworfen. Erstens geht die Sequenz des Wahrnehmungsprozesses gerade dadurch verloren. Dieses Problem könnte man durch die optische Abbildung der Sequenz auf dem Blatt noch lösen. Aber die Assoziation selbst hat, obwohl ihre inhaltlichen Produkte in systematische Fächer streng eingeordnet werden sollen, selbst zu wenig Führung im Vollzug. Sie wird "wild", zu subjektivistisch. Die klare, doch ziemlich systematische Orientierung, die die Suche nach Normalkontexten für einen Satz abgibt, scheint mir eine bewußtere und strengere Leitlinie für die Wahrnehmung zu sein, auf die auch Bildanalyse nicht verzichten kann.

Die *dritte* Möglichkeit, die ich, in Kombination mit der ersten, für die sinnreichste Art der Übersetzung der Sequenzanalyse auf Bildanalyse halte, besteht darin, danach zu suchen, ob es etwas gibt, was im Bild selbst der Sequentialität von Sätzen entspricht. Anders gesagt: es geht darum, vonseiten des rezipierenden Subjekts her gesprochen, etwas zu finden, was der Konvention des Lesens - und vorher des Schreibens - von links oben nach rechts unten entspricht. Dies müßte ebenso wie erstere folgende zwei Bestimmungen erfüllen:

- Zwar kulturabhängig, muß es doch unabhängig vom einzelnen Subjekt sein, und
- es muß noch fraglos gelten, d. h. es muß funktionieren ohne Einschaltung eines bewußten Willensaktes.

Ein solches Korrespondens sind die aus der Gestaltpsychologie stammenden allgemeinen Organisationsgesetze der Wahrnehmung: Figur-Hintergrund, Prägnanz, gute Gestalt, Nähe, Umschlossenheit, Ähnlichkeit, Steigerung, gleiches Schicksal etc. Auch wenn die Gestaltpsychologie in erkenntnistheoretischer Hinsicht stark kontrovers diskutiert wird, zweifelt kaum jemand das faktische Funktionieren dieser Gesetze an. So darf, traut man den psychologischen Lehrbüchern, als ziemlich gesichert gelten:

1. Es gibt Wahrnehmungskonstanten, die nicht auf die bloße Verteilung retinaler Stimulationspunkte und auf vergangene Erfahrungsgehalte biographischer Art zurückführbar sind.
2. Es gibt ebenfalls erwiesenermaßen mediumunabhängige, transponierbare stabile Strukturen (Konfiguration, Konstellation, Gestalt), die Gedächtnis-, Lern- und Urteilsvorgänge bestimmen.
3. Es wurden sich selbst regulierende Zeitgestalten ermittelt in der Erfahrung von Prozeßphänomenen, wie bei der Organisation von Aufgaben. Um zu verdeutlichen, wovon hier die Rede ist, möchte ich nun in einem kurzen Exkurs, der sich an KLIX' Standardwerk "Information und Verhalten" (1978) orientiert, auf diese sogenannten höheren Invarianzleistungen der Wahrnehmung eingehen.

Exkurs

Die Gestalttheorie ist eines der drei großen Paradigmen der Wahrnehmungspsychologie, welche sind:

a. die ganzheitlich-synthetische Produktionstheorie, die davon ausgeht, daß die Synthesis der Wahrnehmung durch einen "psychischen Akt" subjektiv hervorgebracht wird;
b. die genetische Ganzheitspsychologie, die Wahrnehmung als einen Prozeß allmählicher Ausdifferenzierung begreift, der bei der schlichten Erfassung einer "Vorgestalt" beginnt und über die explizierende Erfassung bis zum bestimmten Urteil reicht (In ihr wird - historisch, erkenntnistheoretisch oder anthropologisch - der Begriff oder die Idee eines Dinges vorausgesetzt, der/die sich im Zuge der Wahrnehmung konkretisieren.);
c. die Gestalttheorie, die sich dadurch auszeichnet, daß ihr zufolge die Wahrnehmung nach bestimmten überindividuellen Gesetzen strukturiert ist. Die Grundlegung ist vermutlich anthropologisch. So ergibt sich die Präferenz der Figur im Schema Figur-Hintergrund daraus, daß das, was näher ist, gefährlicher ist. Oder im Falle der Dreiecksergänzung, wo ausgesparte Linien automatisch zu einem Gegenstand, dem des Dreiecks, ergänzt werden, liegt die anthropologische Plausibilität darin, daß es gefährlicher ist, einen Gegenstand, der im Weg ist, zu übersehen, als dort einen zu sehen, wo keiner ist (HOLZKAMP 1983).

Die höheren Invarianzleistungen der Wahrnehmung beginnen bei der Einheitsbildung im Sehfeld und der Identifizierung von Gestalten. Versuche richteten sich meist auf die Identifizierung eines bestimmten Gebildes, z. B. eines Dreiecks unter starken nicht-linearen Verzerrungen.

Die Ausbildung und die stabile phänomenale Gestalt solcher Gebilde beruht, so die psychologische Beobachtung, darauf, daß *bestimmte Beziehungen* zwischen den *kritischen Orten* einer Konfiguration invariant sind, d. h. bestimmte topologische Relationen zwischen Reizwirkungen an ausgezeichneten Orten einer Konfiguration erhalten bleiben, was eine Art Zusammengefaßtheit ergibt.

Man spricht dann vom Kohärenzgrad einer Reizwirkung, bedingt durch Ähnlichkeit, symmetrische Lage und Eingeschlossensein innerhalb gemeinsamer Konturen. Vor allem WERTHEIMERs berühmte "Untersuchungen zur Lehre von der Gestalt" (1923) haben die Gliederungsgesetze solcher Konfigurationen untersucht und die Gesetze der Einheitsbildung im Sehfeld studiert. Sie betreffen:

1. die Nähe zweier Elemente
2. die Gleichartigkeit, Gleichheit oder Ähnlichkeit zweier Gebilde
3. das gleichartige Verhalten
4. das gemeinsame Schicksal
5. die Geschlossenheit und Abgeschlossenheit eines Konturverlaufs ("Aufgaben ohne Rest")
6. die kurvengerechte Fortführung
7. die Nachwirkung vergangener Gruppenbildungen (Wiederholung, Zitat).

Die zugrundeliegenden Definitionen sind Form, Figur und Gestalt. *Form* ist definiert als die Erscheinungsweise eines Wahrnehmungsbildes unter dem Blickwinkel seiner *äußeren Begrenzung* und ihrer Eigenschaften. *Figur* ist definiert als die Erscheinungsweise eines Wahrnehmungsbildes unter dem Blickwinkel seiner Abgehobenheit gegenüber anderen Sehdingen. *Konfiguration* oder *Gestalt* ist die Erscheinungsweise eines Wahrnehmungsbildes unter dem Blickwinkel des Zusammenhangs und der Gliederung von Form- und Figur-Eigenheiten. Die verschiedenen Gestalten werden dann wiederum nach dem Grad ihrer phänomenalen Komplexität eingeteilt. Die Einschätzung dieser phänomenalen Komplexität hängt u. a. ab von:

1. der Anzahl der Winkel oder Kurven in einer Kontur;
2. der Symmetrie von Streckenelementen;
3. dem mittleren Betrag von Winkeldifferenzen in aufeinanderfolgenden Streckenabschnitten bzw. den Krümmungsgraden aufeinanderfolgender Biegungen.

Wie man sieht, läßt sich diese Gestalt bis in die mathematische Präzision hinein verfolgen. Faktoren-Analysen haben ergeben, daß die Anzahl von Winkeln oder Kurven in einer Kontur annähernd 90% der Gesamtvarianz abdecken. Das bedeutet konkret, daß der Umriß für die Erkennung der Gestalt ungeheuer wichtig ist. Es heißt aber auch andererseits, daß bestimmte Änderungen, die ohne Einfluß auf diesen Faktor bleiben, an der Gestalt kaum etwas verändern können. D. h. eine allmähliche Veränderung, Vergrößerung, Verkleinerung oder eine Grundrasterung der Vorlage ohne Einfluß auf den Komplexitätsgrad (den Quotienten aus den Winkeln), verändert kaum die Gestalt. Es bedeutet auch, daß z. B. runde Formen gegenüber Winkeln nicht oder nur kaum, zumindest in geringem Maße, den Komplexitätsgrad verändern.

Aber auch unter den wesentlichen formtragenden Elementen sind noch unterschiedliche Relevanzen zu verzeichnen. Höchste Relevanz kommt denjenigen formtragenden Elementen zu, mit denen eine Gestalt sich am leichtesten approximieren läßt. Sie bilden die *Knickpunkte der Konfiguration* und sind als Orte der stärksten Richtungsänderung auch die Energiespringpunkte.

Will man ein Resümee ziehen, ergibt sich, daß die Ausbildung von Konfigurationen wesentlich auf der Wirkung *ausgezeichneter Orte* beruht. Charakteristische Formeigenschaften von Konfigurationen beruhen mithin auf Relationen zwischen den ausgezeichneten Orten, sowie speziell auf dem Verhältnis ihrer Abstände. Die ausgezeichneten Orte sind vor allem Punkte des Richtungs- und Krümmungswechsels, d. h. Orte der Änderung des Konturverlaufs. Es können bestimmte Konturteile zerstört, gerade Linien gekrümmt oder umgekehrt, Längen vergrößert oder verkleinert sein - wenn nur die Orts-, Richtungs- oder Krümmungsverhältnisse der wesentlichen Konturelemente festbleiben, dann bleibt auch die phänomenal-ganzheitliche Charakteristik der Gesamtkonfiguration erhalten. Dies erlaubt uns z. B. jederzeit, ein Gesicht als solches zu erkennen, auch wenn es die Gesichter verschiedener Personen unterschiedlichen Alters, Geschlechts, Rasse usw. sind.

Von diesem Exkurs nun wieder zu unserem konkreten Anliegen der Umsetzung von Sequenzanalyse in Bildanalyse. Sogleich ließe sich einwenden, daß, entgegen einem Text, der schon nach den Regeln der Schrift von links oben nach rechts unten produziert worden ist, bei einem Bild davon nicht ausgegangen werden kann, und dadurch die Anwendung dieser Wahrnehmungsgesetze eine äußerliche Subsumption bedeuten würde. Dagegen spricht, daß es auch im Bereich der künstlerisch-bildnerischen Produktion ästhetische Regeln und Normen gibt, sozialisiert über die Ausbildung an Akademien und die kunstgeschichtlichen Betrachtungen, die genau auf der Basis dieser höheren Invarianzleistungen der Wahrnehmung basieren. Ich vermute, daß Transzendentales, Nicht-Dingliches überhaupt nur auf dieser Basis "abbildbar" ist. Wie anders könnte man Blicke zeichnen? Oder denken wir an die wunderbare Allegorie des Schöpfungsverhältnisses zwischen Gott und Mensch durch MICHELANGELO. Wie anders ist die fast erotische Verbundenheit der beiden Hände zu "sehen", wenn nicht über dieses Moment der Verlängerung der Konturen, in deren Kraftfeld die *petite différence* zu schwingen beginnt. Sie gerät ins Symbolische, indem sie als Differenz gerade Einheit bildet. Ich halte es also für durchaus plausibel, daß die Wahrnehmungsgesetze, zumindest unbewußt, schon in die Produktion von Bildern eingegangen sind, so wie die Antizipation der Lektüre von links oben nach rechts unten, in die Produktion des Textes eingegangen ist.

Entscheidend für diesen Umsetzungsversuch der Sequenz-Analyse vermittels der höheren Invarianzleistungen der Wahrnehmung ist Folgendes: Es wird nicht mehr versucht, in der *Zeitdimension* ein direktes *Korrespondens* zu finden, sondern stattdessen in der anderen Anschauungsform, dem *Raum* (als Ableitung: in der Fläche) ein *Komplementäres* zur "Konvention" der Lektüre von links oben nach rechts unten. Wie sieht dann das konkrete Vorgehen aus?

Als erstes richte ich meine Wahrnehmung auf das, was im Hinblick auf Prägnanz, gute Gestalt, Nähe usw. als Figur gegenüber einem Hintergrund abgegrenzt werden kann. Ich verwende "Figur" im folgenden kategorial, nicht alltagssprachlich als Silhouette einer Person. Die so abgegrenzte "Figur" kann eine Person sein; sie kann aber auch, wie bei GIOTTO, eine Personengruppe oder -konstellation als Handlungsereignis sein. Die Wahrnehmungsstelle "Figur" kann auch ein Gegenstand einnehmen, eine Tasse, ein Baum etc. Selbst etwas Nichtgegenständliches kann Figur werden, man denke an die das Auge elektrisierenden Schnitte LUCIO FONTANA's in der Leinwand. Figur kann auch eine geometrische Form oder eine Farbnuance-Änderung sein (MONDRIAN, FRÜHTRUNK), eben das, was "ins Auge fällt".

Die so gewonnene Figur wird auf ihre Form hin bestimmt und als so abgegrenzte als Gestalt genommen. Zu dieser Gestalt wird anschließend im strengen Sinn der Hermeneutik ein Normalkontext gesucht; im weiteren Verlauf des Verfahrens wird dann wie bei der Sequenz-Analyse in Bezug auf Texte vorgegangen, wobei als zweite Sequenz gilt, was am nächstprägnantesten in den Blick tritt. Bei der sich daran anschließenden Rekonstruktion der Struktur erwartbarer (Bild-)Realität stellt sich dann Konsistenz oder -Widerspruch ein. In dem Dia-Beispiel (Opa mit Kind, auf Eistand zustrebend), um dies vorwegzunehmen, ist die Konsistenzproduktion in bezug auf den Normalkontext so denkbar gut gelungen, daß fast von einem simulierten Schnappschuß geredet werden kann. (im einzelnen s. 2.2)

2. *Analysebeispiele*

Beginnen möchte ich mit einem in vielfacher Hinsicht amüsanten Beispiel, in dem die Erkenntniskraft der Frage nach dem "Normalkontext" im Hinblick auf das als "Figur" Ausgemachte nicht bloß, wie ich hoffe, ihre sozialwissenschaftliche Fruchtbarkeit erweist, sondern im Ernstfall sogar rechtliche Relevanz besitzen könnte.

2.1. *"La lectrice"*

In Oldenburg hatte das an der Universität ausgehängte Plakat zu Michel DEVILLE's Film *Die Vorleserin* Anstoß erregt. Das Frauen- und Lesben-Referat hatte "mit Entsetzen" festgestellt, daß es (durch dieses Plakat - Anm. d. Verf.) "an dieser Universität möglich ist, mit Pornographie Werbung zu betreiben". Daran entspann sich eine Debatte über zwei Folgen des hausinternen UNI-Info.

Der Blickfang des Plakats, an dem Anstoß genommen wurde, ist - man wird sich erinnern - die große, rot hervorgehobene Schrift mit dem Filmtitel (Miou-Miou / in / *Die Vorleserin* / Michel DEVILLE / kleingedruckte technische Angaben, etc.), sodann und im Zentrum, eine aus einem Szenenfoto ausgestanzte Figur, die etwa ein Dreißigstel der Plakatfläche einnimmt: eben die "Vorleserin", die mit ernstem Blick ihren weiten Rück lüftet, damit das Gesicht halb verdeckt, nackten Bauch und nackte Oberschenkel und dazwischen eine ziemlich biedere Unterhose zeigt. Bis übers Knie trägt sie grobgestrickte blaugraue Wollstrümpfe. Ihre Haltung ist nicht im mindesten aufreizend; sie zeigt etwas und entzieht sich doch in dieser Geste des Zeigens. Den Hintergrund bildet, fast über das ganze Format, ein Textauszug aus DE SADE's "Die hundertzwanzig Tage von Sodom oder die Schule der Ausschweifung", und zwar mit einem unskandalösen analerotischen Passus aus der Erzählung der Duclos am Ende des dritten Tages. Die Schrift, in hellem Grau, kontrastiert nur schwach mit der weißen Unterlage; man kann nicht sagen, daß sie sich zur Lektüre aufdrängt. Wie mit schwarzem Stift ausgekritzelt sind die Worte "eine", "wichste", "Arschbacken" (zweimal) und "Arsch", beim näheren Hinsehen eben noch lesbar.

Von der oben gegebenen Definition von Figur her gesehen (Abgehobenheit gegenüber anderen Sehdingen), kann die kleine Figurine zwar als "Figur" vor einem "Hintergrund" gelten. Die in der juristischen Definition von Pornographie erforderte "Aufdringlichkeit" ist jedoch des schwachen Kontrastes und ihrer Kleinheit wegen (ein Dreißigstel der Fläche) nicht gegeben. Betrachten wir sie weiter unter dem Gesichtspunkt der Form (äußere Begrenzung und deren Eigenschaften), so sehen wir, daß die Figur mit der allgemeinen Ikonologie einer pornographischen Darstellung so gut wie nichts zu tun hat. Zu ersterer gehörten eine aufreizende Haltung und provozierende Mimik, gespreizte Beine oder der freigegebene Blick auf die Geschlechtsteile. Nach der Ikonologie pornographischer Darstellung erwartbar wäre z. B. das übermäßig durchgebogene Kreuz, wodurch sich der Po nach hinten schiebt und die Brust in künstlicher Weise sich dem Betrachter anbietet. All dies finden wir nicht, ebensowenig pralle bräunlich-orange glänzende Fleischteile, mit oder ohne schillernden Wassertropfen etc.; der farbliche Eindruck wird von der in gedecktem Taubenblau und warmen Helltönen gehaltenen, fast ländlich anmutenden Kleidung bestimmt. Im Umriß erinnert die Figurine eher an einen klassischen Torso, da die Beine nicht vollständig abgebildet sind, sondern die Figur mit einer Querlinie ein kleines Stück unterhalb der Knie endet. Nehmen wir nun die Figur als Gestalt und fragen nach dem Normalkontext. Der Normalkontext für eine lebendige Person ist ein raum-zeitlich definierter Lebens- und Handlungsraum, entweder im Freien, also in einer Landschaft, oder in einem abgeschlossenen Raum, also irgendeiner Art Gebäude. Der faktische Kontext dieser Figur ist aber ein Text, ihre Füße sind nicht durch einen Gegenstand verdeckt oder amputiert, sondern sind einfach "nicht da" d. h. es handelt sich bei dieser Figur um eine ausgestanzte Figurine, ohne eine Art realen Kontext. Schon angesichts dieser Verfremdung zielte ein Pornographie-Vorwurf ins Leere, selbst wenn es sich bei dem so Abgebildeten um einen sexuellen Akt zwischen zwei Personen handeln würde; von einer plump-realistischen Darstellung bzw. Abbildung könnte in keinem Falle gesprochen werden. Diese ist aber gerade konstitutiv für Pornographie - hat sie es doch mit "unverblümter", eben mit "nackter" Realität zu tun. In ihrer "Direktheit" lebt sich der Wunsch nach unilinearer Realität regressiv aus. Sie strebt letztlich danach, die sinngenerierende Differenz von Signifikant und Signifikat einzuziehen, wodurch der Raum des Symbolischen vernichtet wird: Sein und Bedeutung fallen zusammen. Sie wird ja von manchen als sinn-los empfunden, weil sie die welt-konstitutive Differenz (Sinn) einzieht. Diese Reduktion macht ja im tieferen Sinne ihre Obzönität aus. Ihr ist die eigentümliche Sprachnot der Pornographiekritik geschuldet, die in ihrer Hilflosigkeit dann allzuoft in rigide Moralismen ausweicht.

Wenn, wie hier, ein Text Normalkontext für eine Person und umgekehrt fungieren, ist bereits ein symbolischer Distanzgewinn erzielt worden, der eine so hohe Sublimierungsleistung darstellt, daß von Pornographie in keinem Falle mehr gesprochen werden könnte. Vielmehr ist durch eine solche Verfremdung eine ganz neue Welt geschaffen worden, die der Montage/Collage, der Fiktion, in der auch ein Text, der zudem noch klassisches Zitat ist, anderes bedeutet als ein gesprochenes Wort in der *face to face*-Kommunikation. Die Empörten im Frauen- und Lesbenreferat interpretierten den Text offenbar als authentisch an sie adressierte Beleidigung seitens des geplagten Kinobesitzers, (dessen Beteiligung an dem Plakat einzig und allein im traditionellen Anzeigen der gerade in seinem Haus laufenden Filme bestand), denn sie forderten nicht nur die purgatorische "Vernichtung" der Plakate sondern versuchten auch, die Pressestelle der Universität zu zwingen, im UNI-Info zum Boykott des Kinos aufzurufen (übrigens des einzigen Programm-Kinos im kulturell nicht gerade von den Göttern gesegneten Oldenburg). Daß selbst der Zitatcharakter unbemerkt blieb und "Miou-Miou" nicht als der Name der Schauspielerin identifiziert wurde, sondern - das vorstehende "in" glatt unterschlagend - , als ein die Obzönität noch steigernder Ausruf gesehen wurde - etwa der Art "Miou, Miou - (hier kommt) die Vorleserin ...- und dann noch Rock hoch!!" - das sind nur die Absurditäten am Rande. Das methodisch strukturelle Ergebnis dieses kleinen Beispiels sollte jedoch nicht die Einsicht sein, daß objektive Hermeneutik zur Toleranz erzieht - was ja vielleicht sogar zutreffen könnte - sondern, daß die Kombination des Figur-Hintergrund-Schemas mit der Suche nach dem Normalkontext auch an komplexen Bildern die Erschließung des Realitätscharakters eines kulturellen "Textes" und der in ihm wirkenden Kommunikationstruktur zu leisten vermag.

2.2. "Cornetto"

Bei den nun folgenden Beispiel handelt es sich um ein Dia aus der zwischen Februar 1986 und Februar 1989 in den deutschen Kinos gezeigten 35mm-Werbung für Langnese-Eis, die drei selbständige Blöcke zu 75 Sekunden umfaßt, sowie den 30 Sekunden dauernden Fernsehspot für "Cornetto".

Letzterer wirbt mit "Cornetto" für ein einzelnes Langnese-Produkt; die anderen drei werben jeweils für die gemischte Produktpalette (ohne Namensnennung); am Ende jedes Blocks folgt der Hinweis, daß Langnese unmittelbar anschließend im Kino gekauft werden kann. "Langnese! Gibt's auch hier bei uns im Kino!"

Normalerweise wird für jedes Jahr ein neuer Film gedreht, der im Fall von "Like Ice in the Sunshine" allerdings nur ein Grundthema variiert; im Februar erhalten die Kinos die neue Version, wobei es offensichtlich regional unterschiedliche Versionen gibt. Z. B hat die in München eingesetzte Version ein anderes Ablaufschema mit lokal eingefärbten Szenen.

Man kann zwei Einstellungstypen unterscheiden: einmal längere Einstellungen mit über 25 Bildern, die im Zusammenhang von 3 - 7 Einstellungen kleine autonome Szenen ergeben und zum anderen sog. *quick cuts*, in denen gängige Personen-Typen (dunkelhaarig, blond, romantisch, sportlich, südländisch-feurig, nördlich-kühl) mit den diversen Langnese-Eissorten kombiniert werden, in Nahaufnahme, ästhetisch abgestimmt, zum Teil nur drei Bilder lang, d. h also fast schneller als man mit den Augen folgen kann. Diese Einstellungseinheiten wurden auch als Bausteine verwandt d. h. sie konnten innerhalb eines 75-Sekunden-Blocks unterschiedlich kombiniert werden, nach Region, Zielgruppe oder Jahr. Man merkt allerdings, daß bei späteren Variationen, Musik und Bildfolge nicht mehr so gut zusammenpassen wie bei der ursprünglichen Drehfolge.

Mir lag ein von Langnese großzügig und bereitwillig auf meine Anfrage umgehend zugesandter Film vor, dessen Abfolge identisch mit der ursprünglichen Drehfolge für 1986, in anderer Hinsicht jedoch, wie gesagt, zufällig ist, bedenkt man die vielfältigen Kombinationen, die während der Laufzeit sich abwechselten.

Der Film ist farbig, von bester Aufnahmequalität. Die Blöcke umfassen zwischen 20 und 40 Einstellungen. Totale und Traverse, als beruhigende Formen, kommen so gut wie nicht vor, Schwenks sind selten (z. B. um den Flug eines geworfenen Eises zu verfolgen, um eine Nonnengruppe mit einer *rocker gang* in Blickverbindung zu bringen); sie dienen der kontinuierlichen Überbrückung von Distanzen, in einer Bewegungsrelation, nicht im Sprung. Meist aber wird, um Tempo zu machen, geschnitten. Vornehmlich wird mit Nahaufnahme (Brustbild oder Gesicht) bis Halbtotale gearbeitet (d. h. Normale, z. B. Szenenfoto). Größe und Nähe des Bildes suggerieren dem Betrachter unmittelbare Beteiligung, Unmittelbarkeit raum-zeitlicher Präsenz in Bezug auf das Geschehen. Er wird involviert.

Die Musik mit ihrem sich streng durchhaltenden Rhythmus tut das ihre, den Betrachter nicht mehr aus dem Strom von Aufmerksamkeit zu entlassen. Die gleiche Wirkung geht von dem rasanten Tempo aus, Einstellungen von unter 10 Bildern sind nicht - wie gesagt - selten. Die Dauer der Einstellungen variiert mit der Musik; genauer: sie ist darauf abgestimmt, ohne daß es eine platte Parallelführung gäbe.

In der Kino-Werbung wurde den stummen Szenen der Sommer-Hit der "Beagles" von 1985, unterlegt, von ihnen stammen Musik und Text. Der Text für "Cornetto" wurde von der Werbeabteilung von Langese entworfen, die Sängerin ist Inga Rumpf; es wurde Studio-Musik verwendet. Regie und Produktion oblagen der Hamburger Werbeagentur Lintas.

Die Texte lauten wie folgt:

1. Cornetto

> Nur im Zusammensein kann Harmonie entsteh'n.
> Auch bei Cornetto ist Harmonie so schön.
> Aus Nuß, aus Frucht und Eis
> So crisp, so soft wie nie,
> Cornetto ist Harmonie!

2. Lice in the Sunshine

> Like ice in the sunshine
> Like Ice in the Sunshine
> I'm melting away
> On this sunny day.
>
> When you're in the ocean bay
> See the surfers glide on the reach
> And come on a sunny day
> With an ice-cream on the beach ...
>
> Like Ice in the Sunshine!!!
>
> When you walk along the beach
> See the boys and girls hand in hand
> Relax in the midday
> With an ice-cream in your hand ...

Das nun zu analysierende Dia ist das vierte Bild der ersten Einstellung im Block 1, d. h. der Werbung für Cornetto. Im Vordergrund sehen wir einen unauffällig gekleideten, eben ausschreitenden, mittelgroßen Mann, mit einem bunt, aber einfach angezogenen Kind an der Hand, das vor ihm her von rechts zu dem links im Bild gelegenen Eisstand strebt. Das Kind zieht munter in Vorfreude auf das Eis voraus, aber keineswegs quengelig oder gierig; der gütig blickende, leicht gebeugte ältere Herr (in typisch "gehobener Rentnerkleidung") läßt sich nur allzu willig führen. In seinem Schritt liegt gerade so viel spielerischer Widerstand, daß man überhaupt das leise Ziehen des Kindes merkt. Man kann schwer entscheiden, ob das sommersprossige offene Gesichtchen einem Jungen oder Mädchen gehört. Nur eine andere Szene mit zwei Kindern auf einer Rutsche, in der das kleine Mädchen deutlich als solches gekleidet ist, läßt mich hier eher an einen kleinen Jungen denken, folgend der Unterstellung, daß, wenn es ein Mädchen sein sollte, dies wahrscheinlich auch hier deutlicher mit weiblichen Attributen angezeigt worden wäre. Die beiden - Junge und älterer Herr - bilden eine harmonische Bewegungseinheit. Es scheint kein Gezerre darüber zu geben, ob nun "schon wieder", oder "gerade jetzt" ein Eis gekauft werden soll. Man könnte in den beiden Enkel und Großvater/evtl. Onkel vermuten. Wenn man den Assoziationen ein wenig nachgibt, tauchen der abgebildeten Situation vorangegangene Szenen auf: die Mutter in der Wohnung will in Ruhe kochen; der bittende Blick zu ihrem Vater, dem Opa: "Könnt ihr nicht ein bißchen rausgehen, spazieren, spielen?" Der Opa zum Enkelchen: "Komm, wir gehen ein Eis kaufen!" Oder umgekehrt: "Opa, mir ist so langweilig. Laß uns doch ein Eis ..." usw., oder: "Opa, du hast mir doch gestern ein Eis, versprochen, wenn ich ..." etc. Das Bewegungsverhalten drückt jedenfalls eine schon getroffene, längst akzeptierte, schon normale Entscheidung aus, keine in der Bewegung erst zu etablierende, gegen Widerstand durchzusetzende, keine sich im Zug der Bewegung realisierende Entscheidung. Wir nehmen eine gelassene, fast spannungslose, keine dynamisch-hyperaktive, energiegeladene Bewegung wahr. Die beiden Personen gehören ja auch Altersklassen zu, in denen zugestandenermaßen entweder noch Sorglosigkeit oder schon Abgeklärtheit herrscht. Zudem ist das Verhältnis zwischen nicht direkt aufeinanderfolgenden Generationen stets gelassener, unbelastet vom Erziehungsauftrag und nicht im Zentrum des ödipalen Kraftfeldes.

Man kann nun, was immer ein spannendes Vorgehen ist, versuchen, bewußt Gegenassoziationen bei sich abzurufen. Sagen wir: Kindesentführung. Dazu müßte der Griff des Erwachsenen aber ganz anders zupacken. Man müßte sehen, daß der Erwachsene das Kind festhält, um es am Weglaufen zu hindern. Oder: Kindesverführung. Plausibler wäre dann, daß der Verführer auch die Aktion anführt, also vorausgeht. Die Bewegungsdynamik geht aber eher vom Kind aus. Unterstellt man, daß der Vertrag (unabdingbarer Bestandteil jedes perversen Verhältnisses) schon geschlossen ist - "Wenn Du mit dem Onkel mitgehst, kaufe ich Dir ein Eis" o. ä. - müßte sich das zurückgestaute Triebmoment in einer Gespanntheit im Gang des Mannes oder seiner Miene ausdrücken. Gehen wir also lieber - schon im Sinne der Sparsamkeitsregel von einem gemeinsamen, aus einem Einverständnis zwischen zwei sich nahestehenden Personen resultierenden Streben aus. Gesucht wird jetzt nach dem Normalkontext für diese Bewegungseinheit. Eine private Wohnung wäre für solch ein munteres Streben in der Regel zu klein. An geschlossenen Räumen kämen, schon von der Größe gesehen, nur öffentliche Gebäude in Frage: Kirche, Bahnhof, Flughafen, Museum. Der sakrale Raum scheidet aus, denn dort hat man sich ehrfürchtig und langsam, nicht aber munter ausschreitend zu bewegen, nicht einmal zum "Hauptziel" Altar. Wenn wir dem Kind von vielleicht sieben Jahren ein ganz extraordinäres Kunstverständnis dank hochdifferenzierter Oberschichtsozialisation unterstellen wollen, könnte es auch auf sein Lieblingskunstwerk im Museum zusteuern - eine doch eher unwahrscheinliche Unterstellung. Bliebe noch die Möglichkeit, eine geliebte, sehnsüchtig erwartete Person vom Bahnhof oder Flugzeug abzuholen oder selber wegfahren zu dürfen. Der Blick auf die leuchtenden Farben sowohl der Kleidung wie der Gesichter zeigt uns jedoch sofort, daß sich die beiden im Freien bei Sonnenschein bewegen. Künstliche Beleuchtung in geschlossenen Räumen zeichnet sich anders ab auf Kleidung und Haut und ergibt zudem andere Formen des Schattens.

Wir suchen also weiter nach Normalkontexten für eine solche Bewegung im Freien. Hier kommen in Frage die Metaphern "in der Natur", "auf dem Lande", "in der Stadt". Eine Wanderung, die vom Schritt her denkbar wäre, scheidet aus, weil die beiden dafür zu schlecht ausgerüstet wären: kein Rucksack, keine festen Schuhe, nichts, was vor Regen und Wetterstürzen schützen könnte. Eine authentisch ländliche Kleidung tragen die beiden auch nicht, man müßte also annehmen, sie seien aufs Land gefahren. Auch in diesem Fall würde man sich wohl etwas "mitnehmen", es sei denn, man hat in der Nähe einen Zufluchtsort (Tante auf dem Lande, Ferienwohnung). Halten wir fest, daß die beiden so gekleidet sind, daß ein schützender Raum zumindest in der Nähe sein muß, von dem sie entweder kommen, um ein nahegelegenes Ziel anzusteuern, oder auf den sie zurückstreben. Daß Kinder freiwillig munter im hellichten Sonnenschein nach Hause zurückstreben, ist - zumindest, wenn ich mich an meine Kindheit erinnere - eher unwahrscheinlich - es sei denn, ich hätte Hunger, und es gäbe etwas Gutes zu essen. Auch wenn diese Lesart weiter mitläuft, gehen wir zunächst davon aus, daß sie von ihrer Wohnung irgendwohinstreben und sich nicht in der Natur/Wildnis befinden, sondern in einer geschlossenen Ortschaft, vielleicht in einer Stadt. Wohin streben sie? Unwahrscheinlich ist, daß sie zum Bahnhof oder Flughafen gehen, um selbst wegzufahren, denn sie tragen keinerlei Reisegepäck (Koffer, Lieblingsteddybär, etc.). Sie gehen auch nicht zum Schwimmen, weder an den Strand (wenn man einen Ferienort am Meer voraussetzt) noch ins Schwimmbad, denn auch für diese Ortsveränderung gibt es typische Utensilien, Tasche mit Badezeug und Handtuch, Ball, Sonnenbrille, ein Strandhocker für Opa, etc. Sie sehen aus, wie jemand, der aus der Wohnung "ums Eck geht", um etwas (oder jemanden) zu holen. In der "Abhol-Hypothese" (Person vom Bahnhof, Flughafen abholen) schwingt ja auch schon die Konnotation "Erwartung" mit.

Als Normalkontext einer Ortschaft/Stadt erwarten wir üblicherweise Autos, Busse und Trambahnen, Ampeln, vereinzeltes Baum- und Strauchwerk, nicht gerade eine Schloßidylle, ein bißchen Beton also, Häuser, Supermarkt, Kioske und Cafes, Geschäfte mit Auslagen, und am hellen Tag: Menschen, laufend, mit Einkaufstüten oder sitzend, bei diesem Wetter vielleicht sogar im Freien.

Vergleichen wir den faktischen "Hintergrund" unserer "Figur" (d. h. die Bewegungseinheit von Opa und Junge) mit unserem durch Überlegung gewonnenen Normalkontext, so sehen wir, daß die Fiktion eines ganz "normalen" Normalkontextes perfekt gelungen ist. Die Einwände im *workshop* gegen die Hypothese der gelingenden Fiktion waren letztlich von der Hoffnung bzw. Unterstellung gespeist, daß Werbung immer "gestellt" sein muß, daß sie zur Verfolgung ihres Verkaufszwecks die abgebildete Realität notwendig verfälschen und zurichten muß. Aus ihnen sprach die Hoffnung, daß sich die instrumentelle Grundausrichtung, ein Produkt an den Mann bringen zu wollen, als sichtbarer Bruch mit Wirklichkeit eben doch offenbaren würde. So wurde als unrealistisch empfunden, daß 1. der ältere Herr eine Windjacke trägt und das Kind einen leichten Blouson, obwohl die Sonne scheint, und 2. daß der Papierkorb vor der im Freien stehenden Kühltruhe wie diese selbst die Aufschrift "Langnese" tragen, und zuletzt 3. daß der Kioskbesitzer just in diesem Moment das Fähnchen mit "Langnese" heraushängt. Dagegen ist Folgendes zu sagen. Eine mögliche, mit den Schatten übereinstimmende Tageszeit macht das in 1. und 3. Monierte plausibel: Vormittag zwischen neun und zehn Uhr. Der leichte offene Blouson des Kindes stört dann nicht mehr; für einen älteren Herrn ist es durchaus normal, auch den Tag über eine leichte Windjacke zu tragen. Was die Werbung auf dem Papierkorb anlangt, so halte ich es eher für unwahrscheinlich, hier bei uns einen Kiosk zu finden, der keine Werbeaufschrift trägt, schon weil es "freie" Kioske, die nicht unter der "Obhut" einer größeren Kette oder Firma stehen, kaum mehr gibt. Daß der Kioskbesitzer beim Öffnen das Fähnchen raushängt, ist ebenso stimmig, wie die beiden auf den Stand zustrebenden Personen, die offensichtlich wissen oder gerade gesehen haben, daß der Kiosk eben geöffnet hat - und der Junge nun endlich sein Eis bekommt.

Es gibt allerdings zwei Brechungen, die im *workshop* nicht thematisiert wurden, die ich aber für sehr gravierend halte: Die eine kann man eigentlich bei der Fortsetzung der Szene im ersten Bild der vierten Einstellung in Block 1 (Bl1E4B1) deutlicher sehen, die ich nur kurz erwähne. Die Szenerie in Bild 1 und vor allem in der Fortsetzung (= Bl1E4B1-10) erinnert an ein italienisches Straßencafe. Der Kioskbesitzer, dem der Opa in Bl1E4B1-10 den Jungen auf den Arm reicht, sieht typisch "italienisch" aus: breit untersetzt, dunkles Haar mit Glatzenansatz, freundlich lebhaftes Wesen, empfangendes Lächeln. Das auf dem Fähnchen abgebildete Eis, sieht, obwohl es doch "Cornetto" sein soll, wie ein typisches Eis aus der italienischen Eisdiele aus: große, bunte Kugeln auf einer Waffel. Cornetto ist nämlich im Gegensatz zum echten italienischen Eis verpackt, weil es lagert, transportiert wird -, kurz industriell massenhaft hergestellt wird. Es wird eben nicht frisch und locker mit dem runden Eislöffel, der das Eis durch den feinen, mit einer kleinen Feder gespannten Drahtbogen kunstvoll in die Waffel abstreift, je für den Kunden geschöpft, sondern klebt, fest zusammengebacken, in der längst gummig und weich gewordenen Waffelhülle, wer weiß schon wie lang. Wenn man eine Vorspiegelung falscher Tatsachen entdecken will, dann hier. Daran zeigt sich, daß das wirkliche Problem von Langnese nach wie vor das italienische Eis ist, was man auch an der überteuerten Neukreation, dem Gino-Ginelli-Produkt-Programm sehen kann. Außer dem gestohlenen Klang des Italienischen hat aber auch dieses mit dem italienischen Eis nichts gemein.

Um die zweite Brechung zu verstehen, gehen wir wieder zurück auf die These, daß es im Bl1E4B1-7(10), um dabei zu bleiben, gelungen ist, die Szene eines harmonischen Alltags, einen Moment des "kleinen Glücks" festzuhalten. Warum festhalten? Diese Frage führt uns auf die zweite Brechung: Wie kommt es zu einem solchen Photo bzw. zu einer solchen Einstellung? Was ist der Normalkontext der Entstehung einer solchen Aufnahme? Man könnte denken: ein Schnappschuß. Eignet sich diese

Szene wirklich als Schnappschuß? Was gilt es da zu erhaschen? Hier schlägt die in der Szene vorherrschende Stimmung aus wider die Intention, ein spannendes Ereignis zu erwischen, wobei sogar noch ein Moment glücklichen Zufalls dazukommt. Als in sich ruhende harmonische Erlebniseinheit braucht diese Szene eigentlich keinen Beobachter. Verträgt sie vielleicht sogar gar keine Zuschauer. Selbst ein wohlmeinendes Familienmitglied, das auf ein Erinnerungsphoto an glückliche Stunden für die Oma aus ist, stört nur dies friedliche, völlig selbstgenügsame Miteinander der beiden.

Setzen wir voraus, daß diese dritte, also die aufnehmende Person in Kommunikation mit den beiden ist, wie es eigentlich eher normal wäre, ist sehr verwunderlich, daß sie überhaupt keinen Blickkontakt zu dem Aufnehmenden haben. Sie gucken überhaupt nicht in die Kamera. Sie scheinen sich vollkommen unbeobachtet zu wähnen. Nichts deutet darauf hin, daß sie die Tatsache, daß sie eben abgefilmt werden, bewußtseinsmäßig überhaupt registriert haben. Im Gegenteil: Sie werden festgehalten, als solche, die dieses Faktum entweder negieren oder überhaupt noch nicht bemerkt haben. Gehen wir einmal von dem Unwahrscheinlicheren aus, daß sie es nicht bemerkt haben. Immerhin muß die Kamera ziemlich in der Nähe gestanden haben; bei der hohen Qualität nehmen wir zurecht eine professionelle Ausrüstung mit Stativ usw. an. Wer und aus welcher Motivation heraus käme darauf, eine solche Aufnahme zu machen? Ein Heimatphotograph, der auf der Suche ist nach harmonischen Szenen, die in der wirklichen Welt immer seltener werden. Ein Photograph im Auftrag einer stark familienorientierten Partei, der eine glückliche Szene zwischen den Generationen braucht, vielleicht um für die Verlängerung des Generationenvertrages in der Rentenversicherung zu werben. Jedenfalls jemand, der ein Interesse hat, harmonische Familienszenen zu dokumentieren. Soweit nicht dokumentiert wird, um zu verwalten oder zu bestrafen, was man hier nicht vermuten würde, überfällt uns dieser museale Impuls des Festhaltens zumeist dann, wenn etwas - seien es Werkzeuge, geschnitzte Türen, Fenster und Balkone, bestimmte Charaktere, ganze Landschaften, alte Mauern usw. - aus dem Lebensvollzug zu verschwinden droht. Dann überfällt uns Trauer, und die aufkeimende Sehnsucht sucht sich an dem wenigstens in der Erinnerung Festgehaltenen immer neu zu entzünden. Wie sehr bereits dieser Zusammenhang bei einer doch relativ harmlosen Szene wie dem vorgestellten Bild wirkt, konnte ich in dem *workshop* beobachten. Dieses "kleine Glück" einer aus sich heraus gelingenden Einigkeit in der Kommunikation zwischen Opa und Kind, wurde schon als so unwahrscheinlich, so künstlich idyllisch empfunden, daß ein harscher Ideologieverdacht höchst affektvoll in die Runde eingebracht wurde.

Nehmen wir nun die wahrscheinlichere Variante an, daß die beiden wissen, daß sie aufgenommen werden, so müssen wir davon ausgehen, daß sie uns etwas vorspielen und dabei so tun, als würden sie nicht merken, daß sie jemand dabei dokumentiert. Sie spielen "Harmonie des Alltags" für jemanden, der weiß, daß das "kleine Glück" zum knappen Gut geworden ist - wer allein hat schon soviel Zeit zu verschwenden? - und der nun ein "Interesse" hat. Dieses Interesse beinhaltet, zu dokumentieren, daß dieses unwahrscheinlich gewordene "kleine Glück" untrennbar mit Langnese zusammenhängt. Wenn in Werbung der Ausschnitt eines - meist positiv besetzten - Lebenszusammenhangs mit einem Produkt verkoppelt wird, spricht man gemäß der gängigen Typologie der Werbung von einem "*life style*-Konzept" (PACZESNY 1988).

3. "Like Ice in the Sunshine" - Zur Verlockung des Schmelzens

Sehen wir uns dieses *life style*-Konzept näher an. Wenn es ein durchgängiges Konzept ist, müßte es sich als ästhetisch-stilistischer Gestaltungswille in allen Einstellungen manifestieren und sich dort auch analytisch rekonstruieren lassen. Voraussetzung wäre natürlich, daß die Analyse aller Bilder vorgestellt würde, was unmöglich ist. Ich muß mich mit den knappsten Hinweisen begnügen, und vertraue ein Stück weit darauf, daß die meisten dem Spot doch schon einmal begegnet sind und sich erinnern.

Gefragt, was all diesen einzelnen Bildeinstellungen gemeinsam ist, würde man auf den ersten Blick sofort angeben, daß auf allen für Langnese-Eis Werbung getrieben wird. Beim näheren Zusehen stellt sich dies als Irrtum heraus; es gibt eine ganze Reihe von Szenen, auf denen überhaupt kein Eis gezeigt wird: z. B. zwei hochelegante Damen, die sich auf dem sonnenüberfluteten Boulevard leider im selben selbstverständlich als einzigartig vermuteten Modellkleid begegnen, und sich wie domptierte Raubtiere unter der Fassade gebührlichen Wohlverhaltens vernichtend angiften, dann die auf dem Trottoir dribbelnde *basketball crew* fröhlicher Schwarzer, das im Freien im *aerobic dress* jonglierende Mädchen, Herrchen und Hund mit schäumender Maß im Biergarten unter sprichwörtlich weiß-blauem Himmel. Es ließen sich noch weitere nennen (ungefähr ein Fünftel der Szenen). Neben den "eis-freien" Szenen und denen, wo ein Langnese-Produkt abgebildet wird, gibt es diejenigen, in denen nur der Schriftzug von Langnese auftaucht. Wie EHMER in seiner Analyse der Doornkaat-Werbung überaus einleuchtend aufgezeigt hat, steht Werbung, soweit sie in die Schicht anthropologischer Bedürfnisse reicht, in einem fast theologisch zu nennenden Auslegungsverhältnis zur Welt des Konsumenten. Die häufige Einblendung des Schriftzuges von Langnese vermittelt zum einen die Lust der Identifizierung, und des Wiedererkennens: Weiß-rot-blau - Langnese. Sie gewöhnt den Zuschauer aber auch daran, auf das Zeichen Langnese im Zustand des Schemenhaften zu reagieren; denn die Schrift wird nicht immer deutlich gezeigt, sondern als Aufdruck eines *t-shirts*, verformt durch den Körper des Trägers, oder eines Budenfähnchens, das im Wind flattert, oft nur ganz kurz (ein oder zwei Bilder lang) eingeblendet. Vielleicht etwas zu stark folgert Ehmer aus solchem Vorgehen die Vorbereitung zum Absinken in den Mythos, denn im übertragenen Sinne bedeute dies, für ein Zeichen noch im Zustand der Unüberprüfbarkeit Stimmigkeit erzeugen zu wollen, mit dem Fluchtpunkt einer Konditionierung.

Das Wiedererkennungsmotiv ist auch zum Teil in die *quick cuts* eingearbeitet. Personen, die manchmal nur eine knappe halbe Sekunde eingeblendet werden, tauchen, mit Unterbrechung durch einige Einstellungen, mit einer sinnvollen, d. h. plausiblen Fortsetzung ihrer Ausgangshaltung bzw. -tätigkeit wieder auf. Die Folge ergibt zwar noch keine Geschichte, vermittelt aber doch die Freude des Wiedererkennens. "Ach, da ist ja der kleine Junge wieder." Oder: "Das ist doch dieselbe wie vorher". Hier könnte man, obwohl es mir ein wenig weit hergeholt vorkommt, die Intention einer Verkopplung der personellen Identität mit der Identität von Langnese assoziieren. So wie sich die Person in verschiedenen Situationen, Aufmachungen und Stimmungen durchhält, so hält sich Langnese in seinen verschiedenen Produkten als Identität durch.

Die *quick cuts*, die ganz kurzen Einstellungen von 6 - 10 Bildern also, dienen, wie schon erwähnt, nur dazu, eine jeweils spezifische ästhetische Gestalt zu erzeugen, die einen bestimmten Typ Frau oder Mann mit einem bestimmten Produkt von Langnese verbindet. Da diese Verbindung aber eine absolut formal-ästhetische ist, vermute ich hier, daß eigentlich schon wieder eine Entkopplung von symbolischer Botschaft und Ware stattfindet. Nach dieser Logik ist es nämlich tatsächlich egal, ob das Eis von Langnese, Schöller oder Mövenpick oder ob es italienisches Eis ist. Das einzig Entscheidende ist, ob es zum Haar, zum Lippenstift, zum Ohrclip paßt. Nach dieser Art strenger Logik müßte man, wenn ein farblich passendes Eis nicht zu haben ist, lieber einen passenden Bleistift in den Mund nehmen. Meine Vermutung ist also, selbst wenn die Kopplung eines bestimmten Produktes von Langnese mit dieser Art In-der-Welt-sein in diesem einzelnen Spot gelingt, ist sie gerade durch die Formalität der Verbindung nicht mehr an ein bestimmtes Produkt zu fixieren. Von der Rezeptionsseite her gesehen ist es wohl möglich, daß durch diesen Spot die Sehnsucht nach einem solchen In-der-Welt-sein erweckt wird. Aber es ist nicht mehr die Realisierung planbar, daß sich diese Sehnsucht genau im Kauf des gezeigten Produktes niederschlägt. Die Realisierung kann sich genausogut auf die bestimmte Frisur dieser Person, auf ihr Haar-Gel, auf den hier dargestellten Sport (Jonglieren, Einrad-Fahren) oder irgendein anderes dieser *outfit*-Attribute richten.

Wirklich uneingeschränkt allen Szenen - *quick cuts* eingeschlossen - gemeinsam ist aber, daß sie sich im Freien abspielen; was auch geschieht, es herrscht strahlender Sonnenschein. Darin könnte sich allerdings eine üble ideologische Verzerrung bundesdeutscher Realität eingeschlichen haben, zumindest die nördlicheren Regionen betreffend, die aber wiederum Sonne, Licht und Wärme als Fluchtpunkt des Sehnens sofort einleuchten läßt. Wenn man sich auf kosmologische Spekulationen einließe, erschiene die Verbindung von Sonne und Leben allerdings sogar noch prä-anthropologisch, also viel, viel älter und grundlegender. Dies führte aber ab vom Text ... ergo retour.

Der in jeder Hinsicht dominierende Einstellungtyp, der im Gedächtnis haften bleibt, ist der, in dem eine kleine Geschichte erzählt wird. Jede dieser Szenen ist von einer ganz klaren, ungebrochenen Grundstimmung getragen; aber es ist auf den ersten Blick nicht in allen Einstellungen die gleiche Grundstimmung. Einmal ist es die Harmonie eines gelungenen Alltags, dann das Glück des Verliebtseins, die geteilte - und darum nicht mehr schlimme - Einkaufshetze, der gelungene *gag*, die erotische Provokation, das Mißgeschick, die Situationskomik. Ein Beispiel: ein Kind preßt sein Stupsnäschen an die soeben blitzblank geputzte Fensterscheibe: platsch! ist das Eis dran, worauf der arme Fensterputzer einen komisch-verzweifelten Blick gen Himmel schickt. Oder: Eine winzige Ungeschicklichkeit beim Kochen im Freien setzt durch den Korrekturimpuls, eine alle - den Hund, die Kinder, alle Dinge - involvierende Handlungskette in Gang, die qua Verstrickung in die Zeltleine katastrophisch endet, nämlich mit dem Zusammenbruch des ganzen Zeltes.

Worin berühren sich alle diese unterschiedlichen Szenen? Kennzeichnend ist, daß der Fluß des internen, bewußtseinsmäßigen und emotionalen individuellen Geschehens und des äußeren sozialen Geschehens verschmelzen. Die Versöhntheit im Fluß des Geschehens ist, so erscheint es, im Vollzug dieser Szenen, wichtiger als die Individualität. Der/die einzelne gehört jeweils in ein soziales Geschehen, in das er/sie hineingestellt, ja hineingerissen wird, das ihn/sie aber auch trägt. Keine dieser Individualitäten versucht, sich dem Geschehen zu entziehen oder sich dem Fluß des Geschehens entgegenzustemmen. Auch nicht der Geneckte oder Gefoppte geht in die Distanz oder gar in die Reflexion. Er setzt sich nicht hin und diskutiert die Situation, trauert, oder ist beleidigt. Sondern auch derjenige, den ein vielfältiges Mißgeschick in Bedrängnis bringt, schafft es immer wieder, in diesem Fluß Subjekt zu bleiben; ihm fällt etwas ein. Die Beteiligten geben sich der Situation anheim. Sie geben nach, nehmen in Kauf, sich lächerlich zu machen, schmelzen dahin "like ice in the sunshine", versöhnt mit dem Weltlauf und der Logik der Situation.

Diesen *gags* liegt also, wie man sagen könnte, ein ganz bestimmtes Verständnis von Individualität zugrunde. Nämlich eines, in dem die Logik des Ereignisses oder des *gags* der Situation jeweils Subjekt ist, und nicht das Individuum selbst. Das einzelne Individuum hat sich in diese Szene irgendwie einzufügen. Es muß versuchen, *in der Entsprechung dieser Situation sein eigenes Subjektsein zu wahren und nicht, indem es seine Subjektivität der Logik der Situation entgegensetzt.* In den meisten dieser Szenen geht es darum, daß ein einzelnes Subjekt überrascht, überrumpelt, durch irgendein unvorhergesehenes Ereignis angestoßen wird, und nun reagieren muß. Behält man im Auge, wie bei FREUD, gelesen durch LACAN, die Überraschung konstitutiv ist, für den Zusammenhang von Unbewußtem und Verdrängung, gewinnt die Verführung zum Leben als *gag* eine weitere Tiefendimension.

Sehen wir uns die direkt mit Erotik spielenden Szenen an; hier nimmt das jeweilige "Subjekt" die Provokation sogar aktiv auf sich, wobei der Spot insgesamt eindeutig "Schlagseite" hat: für die Frauen. Ein Beispiel: Eine dunkelhaarige Frau in einem ziemlich scharfen *pink*-farbenen Kleid, in dem sich bei jedem Schritt deutlich der Po abzeichnet, stolziert in hüftbetontem Gang zwischen den Tischen eines Biergartens. Einer der Gäste, ein bayrisch gemütlich dreinblickender, "typisch" münchnerisch gekleideter Herr, dem der Schnauzer auch nicht fehlt, nimmt bewundernd seine Pfeife aus dem Mund, und kann es einfach nicht lassen, sie in den so betonten Po zu kneifen. Sie wendet sich um, mit einem strahlenden Lächeln, in das ein Spur Herablassung gemischt ist, und nähert ihr Gesicht, eindeutige Erwartungen weckend, dem seinen. Statt des fälligen Kusses nimmt sie ihm seine Pfeife - ich erinnere, welch symbolisch hochbesetzter Gegenstand eine solche ist - aus der Hand und läßt sie, nicht ohne Vergnügen, ins aufschäumende Bier fallen, worauf sich jähe Verblüffung auf dem eben noch so erwartungsvollen Gesicht des bayrischen Mannes abzeichnet. Was ist hier geschehen? Die *pink*-Frau setzt sich eindeutig und bewußt der erotischen Provokation aus. Sie weiß, was sie tut, wenn sie in einem solchen Kleid durch den Biergarten geht; denn ein Biergarten mit seinem Publikum ist kein ungebrochener Normalkontext für ein solches Kleid. Sie riskiert damit die Handlung, die der Mann begeht. Als diese Handlung aber dann eintritt, weist sie sie nicht empört von sich, geht nicht vors Gericht und klagt ihn wegen Beleidigung an, oder diskutiert mit ihm über Chauvinismus, sondern ihr fällt etwas ein, womit sie sich spontan und ziemlich *clever* zur Wehr setzt. Ihre souveräne Reaktion zeigt, daß sie mit dem, was sie macht und wie sie auftritt, im reinen ist. Ihr ist die Dimension ihrer Erscheinung bewußt, und sie ist bereit, die Konsequenzen ihres Auftretens zu tragen. Ihr Wissen um die Tatsache, daß ein solches Kleid eine erotische Provokation ist, hat sie nicht dazu geführt, es nicht zu tragen und etwas "Anständiges" anzuziehen, im Gegenteil. Sie setzt sich aus, aber sie beklagt sich dann auch nicht. Vielmehr ist sie gefaßt auf das, was geschieht und in gewisser Weise versöhnt damit.

Eine wohl spezifisch bayrische Art kosmischer Versöhntheit mit weltlicher Realität stellt das milde Prinzip von "Leben-und-leben-lassen" dar, wie wir es in der anderen Szene vorgeführt bekommen. Herrchen sitzt in der Sonne im Biergarten, ihm läuft das Wasser nur so von der blanken Glatze, und er wischt sich den Schweiß ab. Der Hund, natürlich ein Rauhaardackel, nutzt die seltene Gelegenheit, wo Herrchen mit sich beschäftigt ist, um am Bierschaum zu naschen. Natürlich darf ein Hund nicht Bierschaum naschen, er darf auch nicht am Eis schlecken. Aber was soll's! Die Sonne!

Emphatisch überspitzt, könnte man sagen: In diesen Szenen wird eine konkrete Utopie vorgestellt: Würde und Souveränität des Subjekts nicht um den Preis des Zerfalls mit der Allgemeinheit, mit der Logik der Situation zu erkaufen, sondern bei voller Hingabe an den Fluß des Geschehens, an den *ductus* der Situation. Die "Stimmigkeit des Geschehens" ist das wirkliche Subjekt; dem "Gesamtkunstwerk der Situation" hat sich die jeweilige Stimmung des einzelnen unterzuordnen - in einer Art kosmischer Harmonie, die so manchem durch die Kenntnis gewisser Systemstrukturen gründlich verdorben ist.

Nüchtern gesprochen verzerrt sich diese kosmische Harmonie allerdings ein wenig in schräge Dissonanzen: Das Leben als *gag* und wehe dem, der nicht mitmacht. Aus diesem kritischen Blick stellen sich die Szenen nicht mehr ungebrochen fröhlich dar: Wer sich dieser Definition entgegenstellt, geht hoffnungslos, aber völlig untragisch, unter. Der stirbt alle Tode, vom sozialen Tod der Lächerlichkeit bis hin zum physischen. Daß es uns z. B. gelingt, unbefangen bei einer Szene zu lachen, wenn Surfer auf einer zehn Meter hohen Welle vom Brett geschleudert werden, könnte nachdenklich machen. Unser Lachen bedeutet, daß in diesem Moment die leiblichen Konsequenzen eines solchen Sturzes (Knochenbrüche oder Schlimmeres) definitiv nicht ins Bewußtsein kommen können. Der Sog der Situation in diesen Einstellungen ist so stark, daß auch ein kritischer Betrachter es nur mit äußerster Reflexion vermag, diesen Gedanken im Moment zu denken.

Was hat es mit dieser unentziehbaren Intensität auf sich? Wie schon die Kirche stets wußte, braucht Intensität, wenn sie nicht als Stimmung verfliegen soll, sondern als tiefliegende Überzeugung ins Unbewußte absinken soll, dingliche bzw. sprachliche Repräsentanzen. Sie muß symbolisiert werden, weshalb die Einrichtung des Kultus unverzichtbar ist. Die Realisierung der reinen Geistreligion - der "unsichtbaren" Kirche - jener Utopie der Größten des 18. Jahrhunderts, steht jedenfalls noch aus. Als ein solches Symbol im durchaus theologischer Gewichtigkeit des Begriffs, so meine abschließende These, fungiert das Eis in seiner prä-kär-innigen Zugehörigkeit zur Sonne. Es wird eingebaut als Symbol im strengsten Sinne des Begriffes, nämlich als dinglich-zeichenhafte

Repräsentation einer transzendentalen Ganzheit, nämlich einer Stimmung/Befindlichkeit.

Daß das Eis als solches, nämlich zum Verzehr produziertes Gut, überhaupt nicht wichtig ist, kann man an vielen Details sehen. Es fällt auf den Boden, es fliegt durch die Luft, es wird einem Mann in die Badehose gesteckt. Es wird nicht "geehrt", "geheiligt" wie ein guter, alter Wein in einem wunderschönen Glas auf einem klassisch gedeckten Tisch. Selbst der Hund darf es fressen. Oder man nimmt es, um jemand anderen damit zu necken oder zu ärgern. Diese Art des Umgangs ist nur möglich, weil das Eis nicht "Objekt der Begierde" ist, im Gegenteil, man geht ja höchst nachlässig damit um.

Darin unterscheidet sich die Langnese-Werbung von anderen Werbestrategien. Nehmen wir als Beispiel die HB-Zigaretten-Werbung. Nach deren schematischem Ablauf passiert erst ein Malheur, es folgt eine vollkommen inadäquate Reaktion, dann erscheint HB; HB bringt die Lösung. Die Stimmung schlägt um, ungeahnte Kompetenz wächst zu. Blitzschnell realisiert sich ein reibungsloser Ablauf, der das Mißgeschick vergessen macht, und eitel Zufriedenheit mit dem Schicksal bricht aus. Diese Art Stimmungs- und Kompetenzwende ist induziert per HB. Nicht bei Langnese. *Das Eis ist nicht Mittel zu einem adäquaten Weltumgang, sondern es ist Ausdruck.* Es ist Manifestation einer Stimmung. *Zwischen den Subjekten und dem Eis herrscht nicht ein Begehrensverhältnis, sondern ein Identifikationsverhältnis*, wie die Textzeile auch schon sagt: Like Ice in the Sunshine, I'm melting away.

Eis und wir werden in eine Zugehörigkeit gestellt; die Vereinigung geschieht aber nicht über Verzehr, Genuß oder Begehren, sondern über die Gleichheit des Wesens. Als solches Symbol gewinnt das Eis selbst Subjekt-Qualität. Zum Zeichen geworden, unter dem die Personen stehen, und unter dem sich Welt vollzieht, hat es damit eine viel fundamentalere Position eingenommen, als wenn es nur Objekt des Begehrens wäre.

Um es an einem der Bilder metaphorisch zu benennen: Der braungelockte Kleine, der selig an dem Eis leckt, ist nicht glücklich, weil er das Eis hat, sondern weil er glücklich ist, schleckt er auch Eis.

Man könnte nun den Gedanken weiterspinnen und fragen, warum eignet sich gerade Eis als Symbol für diese Art Weltverhältnis. Ich würde die Behauptung wagen, nicht weil man es essen kann, sondern weil es schmilzt, weil es auf der Zunge zergeht- seiner ungeschützten Vergänglichkeit wegen - vor allem wenn es der Sonne ausgesetzt wird, zu der es doch gehört.

Geben wir dem Gedanken nach und fragen: Was heißt dahinschmelzen? Es lassen sich sprachliche Beispiele bilden: sein Ärger schmolz dahin ... angesichts eines Lächelns, einer Entschuldigung, eines versöhnenden Geschenkes, einer charmanten Geste etc. Oder: "Er" bzw. "sie" schmolz dahin - heute die Groschenromanformulierung für das Aufbrechen einer Verliebtheitssituation. Es signalisiert jedenfalls das Aufgeben eines Widerstandes gegen ... eine erotische Annäherung, gegenüber einem Wunsch, einer Bitte, einem Begehren: Es läßt sich aber auch interpretieren als: Aufgeben eines Widerstandes gegen: Realität. Angesichts unserer herrschenden Realität hat ADORNO wohl mit Recht das Aufgeben des Widerstandes als eine Art falsche Versöhnung gebrandmarkt. Andererseits ist auch nicht jede Art des Sich-Spreizens gegen die Realität schon eine Chance des sinnvollen Umgangs mit ihr. Ich erinnere nur an HEGELs beißende Moral-Kritik im Kapitel über die Tugend und den Weltlauf in der Phänomenologie. Das Lamento, der Anachronismus, das abstrakte Sollen, scheinen trotz ihres widerständlichen Charakters nicht der adäquate Umgang mit der Realität zu sein.

Die heikelste Realität mit der größten Anfälligkeit ihrer Umgangsformen ist wohl immer noch die Geschlechterspannung - ein Begriff, den KLAUS HEINRICH in die religionswissenschaftliche und psychologische Debatte eingebracht hat. In keinem Bereich ist so radikal die Anforderung zwischen Intensität und Souveränität auszubalancieren. Unschwer ließe sich die Souveränität halten, vermittels des asketischen Weltentzugs - man brauchte ja bloß nicht in die Sonne zu gehen - um in der Metapher zu bleiben. Welch ein jämmerliches Leben aber wäre der Preis! Geht man aber in die Sonne, läuft man Gefahr, zu schmelzen wie das Eis. Da kann man schon sehen, daß einem immer noch etwas einfällt! Die Vergänglichkeit bestimmter Augenblicke und das Schmelzen des Eises weisen, wie auch das Verblühen von Blumen, alle in dieselbe Richtung: des glücklichen, aber vergänglichen Genusses. Es scheint dies eine existentielle Erfahrung zu sein, die immer neu nach Auslegung, nach Symbolisierung drängt. Unter diesem Gesichtspunkt könnte man sogar die Auffassung vertreten, daß nicht das Eis mißbraucht wird in dieser Werbung für Sehnsucht und Bedürfnisproduktion; sondern man müßte umgekehrt ganz anders fragen, wieso eine Kultur bestimmte Speisen hervorbringt bzw. hervorgebracht hat. Aber das wäre der Anfang einer neuen Geschichte.

Anmerkungen

1 Ein Beispiel für die Produktivität dieser Konvergenz ist u.a. Geertz' semiotische Fassung von Kultur als "selbstgesponnenem Bedeutungsgewebe", die erlaubt, komplexe Sinngefüge gestalthaft dank der von ihm so genannten "dichten Beschreibung" zugänglich zu machen (zur Problematik reiner Semiologie, s. a. RICOEUR und SCHELLING, die den dort vernachlässigten Gesichtspunkt der Materialität wieder einführen). Die "dichte Beschreibung" ist das Gegenteil einer neutralen ("dünnen") Beschreibung; sie will möglichst viel vom wahrgenommenen Sinn einer sozialen Situation aus der je eigenen Weltperspektive in eine knappe Beschreibung packen. Das oben erwähnte OEVERMANNsche Verfahren der Dekontextualisierung, das nach dem möglichen Normalkontext bzw. den möglichen Normalkontexten der jeweilig isolierten Sequenz fragt, setzt in gewisser Weise die zumindest imaginative Möglichkeit einer solchen "dichten Beschreibung" voraus. Ohne die bewußtseinsmäßige "Eingeschriebenheit" einer solchen Gestalt gäbe es keine durch Alltagskompetenz zu aktualisierende Identifizierung der jeweiligen sozialen Situation, in der ein zu analysierender Satz als "normaler" fallen kann.

2 Ein solches Konzept macht die objektive Hermeneutik anschlußfähig an Lebensstil- und Lebensweltkonzepte, z. B. an den BOURDIEUschen Habitusbegriff, was aber noch näher auszuführen wäre. Ich hoffe aber, daß auch in diesem Anriß des Normalkontextes als In-der-Welt-Sein ein Stück naheliegender geworden ist, für textuale (im schriftlichen Sinne) und bildhafte Repräsentanzen gesellschaftlichen Sinnes gleiche Konstitutions- und Geltungsbedingungen anzunehmen. Beide konvergieren im Bedeutungshorizont sozialer Praxis, in ihrem Auslegungscharakter (s. RICOEUR und neuerdings SOEFFNER); für beide gilt gleichermaßen der Zusammenhang von Sinngenesis und praktischer Gel-

tung, wie ihn BOURDIEU für den Habitus überaus klar formuliert hat. Der Habitus leistet ja bekanntlich zweierlei. Er ist zum einen das Erzeugungsprinzip von Praxisformen und deren Vergegenständlichungen, und, zum anderen, das Klassifikationssystem, d.h. das System der Unterscheidung und Bewertung dieser Praxisformen (Geschmack). Diese beiden Leistungen stehen in einer Beziehung, durch die die repräsentierte soziale Welt, der Raum der Lebensstile konstituiert wird. Die in der Lebenswelt hervorgebrachten Praxisformen erweisen sich als systematische Konfiguration (Konstellation) von Eigenschaften und Merkmalen, die durch ein ganzes System wechselseitiger Negationen/Abgrenzungen sich gegeneinander definieren und ausdifferenzieren. Sie sind Ausdruck der realen Differenzen, die den Existenzbedingungen der vergesellschafteten Subjekte eingeschrieben sind. Sofern sie von den Akteuren bewußt wahrgenommen und zur Orientierung eingesetzt werden, spricht BOURDIEU von der Ausbildung von Lebensstilen. Was BOURDIEU hier - soziologisch angereichert - beschreibt, sind, denke ich, auch die Konstitutionsregeln des allgemeinen Weltverhältnisses.

3 S. auch ENGLISCH (1989) Punkt III, Objektivität und Totalität, in: MÜLLER-DOOHM/NEUMANN (1989).

Literatur

BARTHES, R.: Mythen des Alltags. Frankfurt a. M. 1981.

BROWN, R. H.: Society as text. Chicago/London 1987.

EHMER, H. K. (Hg.): Visuelle Kommunikation. Beiträge zur Kritik der Bewußtseinsindustrie. Köln 1971.

ENGLISCH, F.: 'Konstellation' als Leitbegriff kultursoziologischer Forschung. In: MÜLLER-DOOHM/NEUMANN (Hg.) 1989.

FISCHER-LICHTE, E.: Bedeutung - Probleme einer semiotischen Hermeneutik und Ästhetik. München 1979.

GEERTZ, C.: Dichte Beschreibung. Beiträge zum Verstehen kultureller Systeme. Frankfurt a. M. 1987.

GUMBRECHT, H.-U./PFEIFFER, K. L. (Hg.): Materialität der Kommunikation. Frankfurt a. M. 1988.

HOLZKAMP, K.: Grundlegung der Psychologie. Frankfurt 1983.

IMDAHL, M.: GIOTTO Arenafresken. Ikonographie, Ikonologie, Ikonik. München 1980.

JACOBSON, R./HALLE, M.: Grundlagen der Sprache. Berlin 1960.

KLIX, F.: Information und Verhalten. Kybernetische Aspekte der organismischen Informationsverarbeitung. Berlin 1978.

MORRIS, CH. W.: Symbolik und Realität. Frankfurt a. M. 1981.

MÜLLER-DOOHM, S./NEUMANN, K. (Hg.): Medienforschung und Kulturanalyse. Ein Werkstattbericht. Oldenburg 1989.

OEVERMANN, U. et al.: Die Methodologie einer 'objektiven Hermeneutik' und ihre allgemeine forschungslogische Bedeutung in den Sozialwissenschaften. In: SOEFFNER, H.-G. (Hg.) 1979.

PACZESNY, R.: Was ist geheim an der Verführung? Strategien, Techniken und Materialität der Werbung. In: GUMBRECHT, H.-U./PFEIFFER, K. L. (Hg.) 1988.
RICOEUR, P.: Hermeneutik und Strukturalismus. München 1973.
DERS.: Hermeneutik und Psychoanalyse. München 1974. (a)
DERS.: Die Interpretation. Frankfurt a. M. 1974. (b)
SCHELLING, W. A.: Sprache, Bedeutung und Wunsch. Beiträge zur psychologischen Hermeneutik. Berlin 1978.
SIMMEL, G.: Philosophische Kultur. Über das Abenteuer, die Geschlechter und die Krise der Moderne. Gesammelte Essays. Berlin 1983.
SOEFFNER, (Hg.): Interpretative Verfahren in den Sozial- und Textwissenschaften. Stuttgart 1979..
DERS. H.-G.: Auslegung des Alltags - Der Alltag der Auslegung. Zur wissenssoziologischen Konzeption einer sozialwissenschaftlichen Hermeneutik. Frankfurt a. M. 1989
WEDEWER, R.: Zur Sprachlichkeit von Bildern. Köln 1985.
WERTHEIMER, M.: Untersuchungen zur Lehre von der Gestalt II. In: Psychologische Forschung 4 (1923).
DERS.: Drei Abhandlungen zur Gestalttheorie. Erlangen 1923.

ELK FRANKE

Fußballfans - eine Herausforderung an das sozialwissenschaftliche Arbeiten

Vorbemerkung

Seit einigen Jahren wird über die Sportereignisse hinaus auch von Bedingungen berichtet, unter denen diese stattfinden. Neben Hintergrundschilderungen über Trainingsmethoden, Mannschaftsaufstellungen und Saisonplanungen gibt es in letzter Zeit im Bereich des Fußballs auch Darstellungen über Fußballfans. Jene treuen Anhänger, die lange Zeit so selbstverständlich zu einem Verein gehörten wie Trikots oder Vereinsfahnen, erscheinen zunehmend in den Nachrichten. Sachbeschädigungen bei Auswärtsfahrten, Schlägereien mit gegnerischen Fans im Stadion oder dessen Umfeld, tragische Unfälle mit Toten und Verletzten signalisieren, daß es sich hier um eine Zuschauergruppe handelt, die nicht nur dem Fußballereignis einen Rahmen gibt, sondern selbst aktiv Ereignisse produziert.

Aufgeschreckt durch Medienberichte befaßten sich in den 70er Jahren erstmals Jugendforscher und Sportwissenschaftler mit der Fußballfanszene. Vor dem Hintergrund der Ausschreitungen im Brüsseler Heysel-Stadion, die zum Tode von 39 Fußballfans führten und eine allgemeine Diskussion um diese Problematik ingangsetzten, entschloß sich 1986, ähnlich wie in anderen Bundesligastädten, auch das Jugendamt der Stadt Osnabrück, ein sozialpädagogisches Projekt einzurichten, das sich ausschließlich mit den Fußballfans des VfL Osnabrück beschäftigen sollte. Ein Jahr später begann, flankierend zu diesem Projekt, eine zweijährige Forschungsarbeit über das Einzugsgebiet, die Lebensstile und Wertpräferenzen Osnabrücker Fans an der Universität auf der Basis eines ABM-

Programms. Neben einer Fragebogen-Untersuchung (Anlage 1) zur Erfassung der regionalrelevanten Daten wurden 19 Fußballfans des VfL Osnabrück in zum Teil zweistündigen Interviews befragt. Nur auf sie soll im Rahmen dieser Publikation näher eingegangen werden.

1. Skizzierung des angewandten Interpretationsverfahrens

1.1. Spezifika des Forschungsgegenstandes

Das Alltagswissen über Fußballfans ist in den letzten Jahren durch vereinzelte 'Hintergrundberichterstattungen' zwar etwas differenzierter geworden, zeigt aber immer dann normative Kanalisierungstendenzen, wenn die Handlungen der Fans nicht mehr den *common-sense*-Erwartungen entsprechen. Oft unabhängig von der in anderen gesellschaftlichen Bereichen kultivierten differenzierten Beurteilungsfähigkeit der Betrachter[1], wird die Wahrnehmung von Fußballfans in starkem Maße durch kontextfreie 'Normalitätskriterien' bestimmt, etwa in dem Sinne: "Diese Schlägerei kann ich bei aller Freundschaft einfach nicht verstehen".

Versucht man im Rahmen einer qualitativen Untersuchung offenzulegen, was Jugendliche und junge Erwachsene motivieren kann, aus gewachsenen gesellschaftlichen Strukturen und normativen Mustern bewußt auszubrechen und damit als 'Randalierer' oder 'Gewalttäter' zu erscheinen, dann ist dies nur möglich durch einen doppelten Reflexionsprozeß: Zum einen ist es wichtig, jene Deutungsmuster[2] transparent zu machen, nach denen Fans diskussionsrelevante Handlungen beurteilen, zum anderen ist es wichtig, jene 'raum-zeitliche Sonderwelt'[3] der Fans, innerhalb derer 'Umwertungen von Werten' stattfinden, sichtbar werden zu lassen. Soll das Selbstverständnis von Fans, aus dem heraus sie so und nicht anders handeln, erschlossen werden, ist ein Reden über Handlungen nur aussagekräftig, wenn im Reden Lebenswelten (und nicht nur normativ vorentschiedene Handlungssituationen) thematisiert werden können. Um nicht ohne Kontextwissen das Gespräch über diese Lebenswelten führen zu müssen, planten wir im Vorfeld eine mehrwöchige teilnehmende Beobachtung ein. Im Stadion, bei Fußballabenden, Wochenendturnieren und Kneipenrunden versuchten wir, uns einen Einblick in den Alltag von Fußballfans zu verschaffen[4]. Durch die vielfältigen Beobachtungen bildeten sich verschiedene Frageschwerpunkte für die Interviewer heraus:

1. Gibt es besondere Bedingungen, die eine Fußballfan-Karriere prädestinieren (Einstiegsumstände, primäre Sozialisation durch die Familie, Sozialstatus, soziales Umfeld, Schule, Beruf, etc.)?
2. Welche Bedeutung besitzt das Fan-Sein im Alltagsleben von Fußballfans (Präferenzordnung, Ausgleichs- und Kompensationsmöglichkeiten, Freizeitplanungen, etc.)?
3. Wie ist die Fan-Gruppe innerhalb/außerhalb des Stadions strukturiert, und welche Konsistenz besitzt sie bzw. wodurch wird ihr Zusammenhalt gestärkt oder geschwächt (*peer-group*-Erfahrungen, Aufbau von Gruppenidentität durch gemeinsame Interessen oder Druck von außen, Fluktuation, etc.)?
4. Gibt es spezifische Aktivitäten in Fan-Gruppen, und welche Relevanz haben sie für die Gruppe und den einzelnen (Rituale, Alkohol, (Ab)Neigung zu (gegenüber) eigenen Institutionalisierungen, etc.)?
5. Welche Beziehung entwickelt eine Fangruppe zu einem Verein, einer Mannschaft, einem bestimmten Spieler, und durch welche Bedingungen wird sie beeinflußt (Identifikationsvoraussetzungen, gesuchte, erwartete, erhoffte, verschmähte Kontakte, etc.)?
6. Welche Rolle spielt die Polizei bei den Aktivitäten der Fans (verhindert sie Eskalationen, oder (ver)führt ihre Existenz zu gewalttätigen Handlungen; muß die Polizei nach allgemeinen -, oder darf sie nach besonderen Maßstäben im Stadion ihre Interventionsbereitschaft bestimmen, etc.)?

1.2. Zur Durchführung der Interviews

Bei der Auswahl der Gesprächspartner für die offenen Interviews bemühten wir uns um ein möglichst breites Spektrum von Fußballfans der Osnabrücker Szene. Entsprechend wurden nach den Gesichtspunkten: Stadt/Land, Alter, Beruf, Schulabschluß, Schultyp, Zugehörigkeit zu besonderen Gruppen, etc. die Interviewpartner ausgewählt. Dabei erwies sich die Durchführung eines geplanten Interviews oft als schwierig. Bei über 30 vereinbarten Gesprächsterminen wurde fast die Hälfte abgesagt oder der Gesprächstermin nicht eingehalten. Insgesamt erklärten sich 19 Personen bereit, an einem Interview teilzunehmen, wobei es auffallend war, daß dabei drei Gruppen- und nur 6 Einzelinterviews zustande kamen. Was wir während der Interviewphase als organisatorisches Problem ansahen, erwies sich bei der Auswertung als ein zentrales gegenstandsspezifisches Phänomen. 'Fan-Sein' ist zwar eine individuelle Entscheidung, aber eine gruppenrelevante Erfahrung. Entsprechend schien es den Fans konsequent, daß ein Interview über Fanerfahrungen in einer Gruppe stattzufinden hat. Die Wahl des Interviewortes wurde den Befragten überlassen. Die meisten Interviews fanden in den Wohnungen der Fans oder deren Eltern statt. Von unserer Seite waren immer zwei Interviewer anwesend. Neben der Tonbandaufzeichnung wurden von allen Interviews anschließend Situationsprotokolle angefertigt (über die Einrichtung des Zimmers, nichtverbales Verhalten, etc.).

2. Darstellung der Forschungspraxis

Exemplarisch für das Vorgehen soll ein Interview näher analysiert werden. Die Auswertung wurde in Anlehnung an das Verfahren der Objektiven Hermeneutik durchgeführt[5].

2.1. Zur Fallstruktur von Fußballfans

Erfahrungsgemäß ist die Repräsentationsmöglichkeit von sozial-relevanten Texten vielfältig. So können sie selbst zunächst als das Gebilde "Text" eine bestimmte Ausdrucksmaterialität besitzen. Andererseits repräsentieren sie eine bestimmte soziale Fallstruktur. Für unsere Auswertung ist nur die zweite Textvariante relevant. Kennzeichnend für sie ist, daß sie sich in der Regel in mindestens zwei weitere Fallstrukturen untergliedern läßt: a) das Milieu oder das soziale System, in dem der Interviewte als Fußballfan Mitglied ist und b) die spezifische Persönlichkeitsstruktur des Interviewten.

Zu b) Geht man davon aus, daß die 'individuenspezifischen Merkmale' einer Person nicht eine Voraussetzung, sondern die Folgen von sozialen Entscheidungen darstellen, kann zunächst bei der Auswertung analog zur sog. 'Sparsamkeitsregel' verfahren werden. Nach ihr wird erst dann auf spezifische Individualbedingungen zurückgegriffen, wenn alle anderen Kontextinformationen nicht ausreichen, um 'Sinnlücken' zu schließen. Entsprechend steht in unserer Textauswertung die Milieufrage im Vordergrund.

Zu a) Beim vorliegenden Material gilt als Untersuchungsfall: die Kultur und Organisation von Fangemeinschaften im bezahlten Fußball. Eine Annahme, aus der sich weiterführende Fragen ergeben: a. 1) Was ist ein Fußballfan, bzw. unter welchen Bedingungen kann eine Person sich so bezeichnen, und warum tritt sie meist in Gruppen auf? a. 2) Welche Handlungen von Fans werden aus welchen Gründen von einer Öffentlichkeit als fantypisch angesehen?

Zu beiden Fragen wurden nach extensiver Ausdeutung vor der ersten Textanalyse folgende Antworthypothesen entwickelt:

Zu a. 1)

Die Selbstzuschreibung, Fan zu sein, gilt mit unterschiedlicher lebenspraktischer Stringenz. So kann die Aussage 'Ich bin Fan von ...'

sowohl in der Bedeutung von 'Ich bin regelmäßiger Kinogänger' als auch im Sinne einer den Alltag wesentlich bestimmenden Lebensform verstanden werden. Das 'Fan-Sein' stellt damit u. a. eine situativ bedingte Zustandsbeschreibung, eine subjektive Lebensperspektive oder eine spezifische Subkultur dar.

Um sicherzustellen, daß bei der Beantwortung dieser Frage eine Milieudarstellung und nicht nur die private Einschätzung des Interviewten die Gesprächsgrundlage abgibt, erschien es uns wichtig, über das Interview ein umfassendes Bild der jeweiligen Fankarriere zu erhalten. Zwei Fragen waren dabei von besonderer Bedeutung:

1. Wann wird jemand Fußballfan und unter welchen Bedingungen definiert er ein eigenes Verhalten, eine Lebensform als 'Fan-typisch'? Da die Bereitschaft, als Fußballfan sichtbar aufzutreten, in der Regel nicht lebenslang Gültigkeit besitzt, kann man annehmen, daß es bestimmte Umstände gibt, unter denen sie entwickelt wurde. Außerdem muß es eine Präferenzordnung geben, wenn sie aktiv (zum Teil gegenüber Kritik, Ironie, Verachtung der sozialen Umwelt, etc.) durchgehalten wird. Und schließlich scheint sie unter bestimmten Umständen zur Disposition stehen zu können.

Der letzte Aspekt verweist auf die zweite Frage:

2. Welche Kriterien bestimmen das 'Fan-Sein', durch das die Identifikationsbereitschaft ausgedrückt wird bzw. ein Zugehörigkeitsgefühl entwickelt wird? Solche Kriterien können u. a. entwickelt werden durch: ein (allgemeines) Wissen über das Fußballgeschehen, das (intime) Hintergrundwissen über die eigene und gegnerische Mannschaft(en), die Bereitschaft zu Solidaritätsbekundungen, die Bereitschaft zu (moralischem) Schwarz/Weiß-Denken, die Neigung zu Aktions- und Happening-Aktivitäten, die Fähigkeit, Zugehörigkeitsgefühle unabhängig von erbrachten Leistungen zu entwickeln.

Zu a. 2)

Besondere Aufmerksamkeit in der Öffentlichkeit erwecken Fans in der Regel durch die Tatsache, daß sie sich anders verhalten als der Normalbürger, d. h. eine bestimmte informell als gesichert angesehene Form von Normalität 'verletzen', wodurch die Problematik des Fanverhaltens eng mit der Frage verbunden ist, wie letztlich gesellschaftliche Normalität' hergestellt wird.

Exkurs: Versucht man, diese Frage in Bezug zum Untersuchungsfall, der Kultur und Organisation von Fangemeinschaften, genauer zu fassen, müßte man ein Wochenprotokoll oder zumindest ein Beobachtungsprotokoll einer Fan-Reise (z. B. bei einem sonntäglichen Auswärtsspiel) in folgender Weise anlegen: Vorbereitung auf das Spiel: Beginn Samstagvormittag mit der Sportteillektüre, erstes Treffen an der Theke Samstagabend mit den anderen Fans, Fan-Kleidung, Fahnensymbole, Abreise mit dem Bus, Musik, Gespräche während der Fahrt, die Getränkeversorgung, Ankunft am Spielort, Aktionen in der Stadt des Gegners, Treffpunkte heimischer Fans, Taktikgeplänkel mit der Polizei, Sängerwettstreit, Trinkrituale, Einzug in das Stadion; das Spiel: Aktivitäten, Kommentare in Bezug zum Spielgeschehen, Sängerwettstreit, Kontaktversuche zur eigenen Mannschaft, Bedeutung gegnerischer Fans; nach dem Spiel: Auszug aus dem Stadion, Abgesänge, Rangeleien mit heimischen Fans, eventuelle Kneipenbesuche, Rückfahrt im Bus nach Niederlage/Sieg .... .

Der Text als verschriftetes Interview, den wir im folgenden analysieren wollen, wird Abläufe dieser Art oder Teile davon immer nur vermittelt als Rede der Fans über erlebte Ereignisse repräsentieren. Da diese Art von Erzählungen als 'Legenden' eine wesentliche Konstitutionsbedingung des Fan-Alltags darstellen, ist davon auszugehen, daß sie eine unabhängige Dramaturgie erhalten. Interviews mit Fans sind deshalb kaum ein Mittel, nichtvorhandene Ereignisprotokolle des oben skizzierten Ablaufs zu ersetzen, sondern sie stellen in erster Linie ein Selbstbild des Interviewten dar, aus dem z. T. die Funktion, Organisation und Kultur der Fangruppe erschlossen werden kann.

2.2. Zur Interaktionseinbettung

Ein Interview ist immer in verschiedener Weise kontextrelevant 'eingebettet':

1. die unmittelbare Interviewsituation: Das Interview mit B. (22 Jahre) war mehrmals verschoben worden. Es fand schließlich am 28. 12. 1987 um 11 Uhr in der Wohnung von B. statt, die in bürgerlichem Stil eingerichtet ist und einen ordentlichen und sauberen Eindruck macht. Zur Interviewzeit hatte B. mehrere Bierflaschen kalt gestellt und sie im Verlauf des Gesprächs angeboten.
2. Soziale Einbettung: Die Wohnung von B. liegt im gleichen Haus wie die seines Vaters, im Stadtgebiet von Osnabrück. Seine Mutter ist verstorben. B. ist ein Spitzname, der einer Kindergeschichte entstammt, in welcher der treuherzige Bär diesen Namen trägt. Tatsächlich lautet sein Vorname Uwe. Er arbeitet als Klempner und hat ein festes Einkommen. Zum verabredeten Gesprächstermin hatte B. noch zwei gleichaltrige Fan-Freunde eingeladen. Diese kamen erst nach Interviewbeginn, beteiligten sich jedoch nicht am Gespräch.
3. Gegenstandsbezogene Rahmenbedingungen: B. ist seit über 10 Jahren Anhänger des VfL Osnabrück. Der Verein wurde 1899 gegründet. Nach spektakulären Erfolgen im Nachkriegssport wird seit 1973 in der 2. Bundesliga gespielt. Das Vereinsstadion liegt im östlichen Stadtgebiet, das als Arbeiterviertel bezeichnet wird. Ohne Aschenbahn ist es eines der wenigen 'echten' Fußballstadien. Das Einzugsgebiet des VfL grenzt im Westen an das von Bielefeld und im Süden an das von Münster (ca. 20 km). Im Norden reicht es weit ins Emsland hinein. Im weiten Sinne kann man derzeit von ca. 500 treuen Fans sprechen, von denen über 60% aus dem Umland kommen. Der interviewte B. zählt sich zu dem harten Kern der Fans, der ca. 25 - 30 Personen umfaßt.

2.3. Interviewauswertung

Die Interviewauswertung soll in zwei Abschnitten vorgestellt werden:

- Zunächst wird - gleichsam die bisherigen Darstellungsschritte rückwärts betrachtet - aus den 'harten Daten' der Interaktionseinbettung eine Deutungshypothese entwickelt.
- Anschließend sollen an ausgewählten Textbeispielen des Interviews von B. milieurelevante Fragen beantwortet werden; z. B. was ihn als Fußballfan veranlassen könnte, Alltagsnormen zu mißachten und in Auseinandersetzungen mit anderen Personen u. U. körperliche Gewalt anzuwenden - mit allen damit verbundenen sozialen Diskriminierungen bzw. strafrechtlichen Folgen.

2.3.1. Sozial-materialer Kontext der Interviewsituation

Ziel der Analyse des sozial-materialen Kontextes der Interviewsituation ist es, die oft aus der Alltagsperspektive als unwichtig übersehenen Aspekte wie Ort, Zeit, sozialer Rahmen der Interaktion genauer zu betrachten, um daraus erste Deutungsperspektiven zu entwickeln[6]:

- Zeit: Das Interview fand an einem ungewöhnlichen Datum statt (28. 12. 1987, 11 Uhr). Es ist die Zeit zwischen Weihnachten und Neujahr, in der viele Arbeitnehmer frei haben. Die Uhrzeit läßt einerseits darauf schließen, daß B. grundsätzlich ein Eigeninteresse an der Befragung hat, sonst hätte er diesen Zeitraum als Entschuldigungsgrund nennen können. Andererseits signalisiert B. mit dieser Einladung in die eigene Wohnung, bei der durch die Morgenzeit u. U. Einblick in ein (unaufgeräumtes) Privatleben möglich wird, auch ein gewisses Selbstbewußtsein bzw. verstärktes Gesprächsinteresse (falls extra vorher aufgeräumt wurde) - *Hypothese*: Es liegt ein (verstärktes) Eigeninteresse von B. am Gespräch und/oder ein ausgeprägtes Selbstbewußtsein vor.

- Ort: Die Einrichtung (Schrankwand, Sitzgarnitur) ist eher bürgerlich als jugendlich (z. B. 'Ikea-Look'). Stereoanlage, Farbfernseher und Videogerät mit relativ vielen Videobändern verweisen auf eine z. T. häusliche Feierabendidylle, die durch den aufgeräumten, ordentlichen und sauberen Zustand der Wohnung unterstrichen und wahrscheinlich auch geschätzt und zeitweilig bewußt gesucht wird. Es werden damit lebensweltliche Strukturen sichtbar, die ein traditionelles Milieu symbolisieren. *Hypothese*: Das traditionelle Muster drückt sich vermutlich auch in den Verhaltensweisen von B. aus.
- Soziale Einbettung: B. wohnt im gleichen Haus wie der Vater, hat aber als Alleinstehender eine eigene Wohnung. Die gewisse äußere Selbständigkeit bei gleichzeitiger räumlicher Nähe eines Elternteils läßt auf ein Bemühen um Eigenständigkeit im Wissen um soziale Einbettung schließen. Für den Vormittag hatte B. noch zwei Freunde zum Gesprächstermin eingeladen. Obwohl er später die Unterhaltung allein bestreitet, erschien ihm die Thematik erst in einer Gruppe Gleichaltrig-Gleichgesinnter (*peer-group*) angemessen repräsentierbar. B. möchte dem ihm schon länger bekannten Interviewer 'seine Welt' präsentieren, jene 'Sonderwelt', in der Bier, gute Freunde, ein überschaubarer, selbstbestimmter sozialer Rahmen handlungsdeterminierend sind. Der Name B. ist ein Spitzname. Spitznamen werden meist 'von außen' zugeschrieben und in *peer-groups* sozial stabilisiert. Sie beziehen sich in der Regel auf von sozialen Gruppen als typisch angesehene Verhaltensweisen, was auf eine Kontaktdichte innerhalb einer Gruppe und eine außengeleitete, trendbestimmte Rollenzuweisung schließen läßt. Der Vorname lautet - wie erwähnt - Uwe. Der Interviewte, der heute 21 Jahre alt ist, wurde also in einer Zeit geboren, in der Uwe Seeler als Fußballspieler populär war. Dies wäre wieder ein Hinweis auf ein traditionelles Milieu, eine starke Fußballbegeisterung in der Familie bzw. des Vaters. Gleichzeitig signalisiert der Spitzname und dessen Akzeptieren durch B. eine teilweise Abwehr des primären Erziehungsrahmens. *Hypothese*: B. ist grundsätzlich durch traditionelle Milieustrukturen geprägt, versucht jedoch, darin

eigene Lebensstile zu entwickeln. Mit Gleichgesinnt-Gleichaltrigen - einer *peer group* - bemüht er sich in Absetzung von der Normalität der Umwelt (unter Beachtung überschaubarer Biedermeier-Strukturen) eine Welt-in-der-Welt, eine 'Sonderwelt' zu entwickeln.

2.3.2. Textanalyse an exemplarischen Textausschnitten

a) Einführung in das Interview:

1. I : Uns geht's darum, daß wir eben über die Fankurve ver-
2. suchen mit den Leuten Interviews zu führen, um zu
3. sehen, was eigentlich in der Fankurve abläuft.
4. B.: Nichts.
5. I.: Ich denke, wir können auch diesen Einstiegstext soweit
6. weglassen, das habe ich dir (B.) ja auch schon mal er-
7. zählt so, worum es bei uns geht. Und wir fangen eigent-
8. lich damit an, daß wir die Leute fragen, wie sie über-
9. haupt in die Fan-Kurve gekommen sind. Also wenn du jetzt
10. daran zurückdenkst, wie sich das bei dir entwickelt hat.
11. Wie du überhaupt so ins Fußballstadion gekommen bist
12. und dann wie du dann später in die Fankurve reingekommen bist.

Analyse[7]

Zeile 1-3:

- es deutet sich ein Machtgefälle an, bezogen auf die Position des Interviewers, der versucht, seine Rolle als Frager zu klären und einzuklagen.
- "Interviews zu führen" ist eine Formulierung, die nicht dem Sprachgebrauch von B. entspricht.

- "eigentlich ... abläuft" - I. signalisiert, daß er Grundsätzliches von B. erwartet, was B. augenscheinlich überfordert. I. hofft, daß er die 'Innensicht' der Fans im Verhältnis zur 'Außensicht' der Öffentlichkeit transparent macht, wobei I. unterstellt, daß B. diese kennt und weiß, was dort abläuft.

Zeile 4:

- "Nichts" - Obwohl I. noch keine Frage gestellt hat, gibt B. eine solche Antwort. Dies zeigt u. a.: B. stellt die Autorität von I. in Frage, weist den überhöhten Anspruch von I. an das Gespräch zurück und plädiert damit für eine ausgewogene Dialogform (Kampf um Redeanteile). Außerdem ist es eine Vorwarnung, daß B. nicht bereit ist, über alles im Zusammenleben von Fans zu berichten. Insgesamt kann es als ein Zeichen für eine sich verdichtende Abwehr von B. gedeutet werden.

Zeile 5-12:

Die Textpassage zeigt, daß B. durch seine selbstbewußte Abwehr gegenüber dem inhaltlichen Anspruch und dem Sprachstil von I. Erfolg hatte. I. relativiert seine Erwartung an das Gespräch und versucht, eine neue Ebene zu finden, indem er an zurückliegende gemeinsam erlebte Situationen anknüpft ("Das habe ich Dir ja auch schon mal erzählt"). In der Hoffnung, daß B. dieses Angebot akzeptiert, formuliert I. eine neue Dialogebene: "Und wir fangen eigentlich damit an ...", wobei mit dem "eigentlich" von I. versucht wird, die Relativierung durch B. nicht als Niederlage um Redeanteile erscheinen zu lassen. Das "also" soll diesen Neuanfang der Fragesituation deutlich machen, um anschließend in alltagssprachlicher Form die Ausgangsfragen neu zu stellen.

b) Beginn der Fankarriere:

1. I. Ja, dann können wir mal anfangen, kannst Du mal
2. schildern, wie du so in die Fankurve reingekommen bist?
3. B. Früher mal war ich schon mit meinem Vater im Stadion,

4. is' lange her. Dann vor 7 Jahren, da hat mich mal
5. so'n Freund mitgenommen, auf der Langseite, wo die
6. Sitzplatztribünen sind, durfte ich mitgehen und nach
7. einer Pause von zwei Jahren war ich wieder dort,
8. jetzt in der Ostkurve, ja, äh, da habe ich immer
9. mitten in der Kurve gestanden, das war bombig, die
10. Atmosphäre, einfach super und dann bin ich immer in die
Ostkurve gegangen...

Analyse:

Zeile 1:

Der I. gibt sich mit dem "Ja" selbst ein Signal, mit dem 'wirklichen' Interview zu beginnen. Die Interviewsituation scheint sich eingependelt zu haben. Die Frage hat eine Initialzündung und läßt B. jetzt die Freiheit, einen bestimmten Einstieg zu wählen. (Die Frage gleich am Anfang so gestellt, hätte schneller eine Gesprächsatmosphäre mit verteilten Redeanteilen ergeben).

Zeile 3:

"Früher mal ..." - Eine Zeit, die lange zurück liegt, die im Sinne 'es war einmal' nostalgisch und durch das "mal" auch gleichzeitig distanziert betrachtet wird. Sie ist nennenswert, aber nicht im Sinne der Fankarriere bedeutungsstiftend. Eine Verstärkung dieser Deutung und ein Hinweis, diese Besuche mit dem Vater nicht überzubewerten, stellt das "is' lange her" dar.

Zeile 4:

"dann vor 7 Jahren ..." - Durch das "dann" wird ein Lebensabschnitt markiert, der für die Beantwortung wichtig wird. B. erinnert sich und führt in die Einstiegssituation ein. Mit der undeutlichen zeitlichen Zuordnung läßt er erkennen, daß es dabei keinen bedeutungsvollen markanten Anfang gab, sondern nur eine bestimmte Form des Besuchs erinnerungswert ist.

Zeile 5:

"da hat mich mal so'n Freund ..." - Irgendwann in dieser Zeit hat "so'n Freund" - einen, den man kennt, der aber kein eigentlich richtiger Freund ist - B. "mitgenommen". Das Mitnehmen ist nicht nur eine räumliche Überbrückung, sondern signalisiert, daß B. auf diese Weise in das Milieu eingeführt worden ist. "Durfte ich..." zeigt, daß B. sich als *newcomer* empfand, der erstmals nicht nur einen Spielverlauf betrachtete, sondern teilhaben konnte an der Art, wie eine Gruppe Gleichgesinnter das Spielgeschehen durchlebt.

Zeile 6:

"Wo die Sitzplatztribünen sind ..." - Die Beschreibung des Zuschauerplatzes ist nicht nur eine Ortsangabe, sondern im Rückgriff auf unser Kontextwissen kann man sagen, daß damit auch eine bestimmte Fangruppe gemeint ist. Jene, die in anderen Interviews als 'Opis' bezeichnet wird, die zwar oft mit heißem Herzen teilhat am Geschehen, dies aber im Sitzen erledigt. Das heißt, es zeigt sich im Bericht eine historische Würdigung gegenüber diesem Milieueinstieg, aber gleichzeitig auch die Distanzierung vom 'Einstiegsfreund'.

Zeile 10:

"Immer ... gegangen ..." - Die Erfahrung der Wochenenderlebnisse war so dominant, daß sie Planungspriorität erhielt, wobei das "immer" über eine Regelmäßigkeitsangabe hinausweist. Es kennzeichnet die Überzeugung, etwas Richtiges gefunden zu haben, das dem Alltag eine Richtung geben kann. Gleichzeitig ist es aber auch ein Beleg dafür, daß B. sich in der Hierarchie des Fanblocks eine Position bei den 'treuen' Fans erworben hat, die einen regelmäßigen Besuch nahelegt.

Generalisierung

1. Ein Fan wird man nicht durch das Mitgehen mit dem Vater, sondern durch das Mitgehen mit Freunden und Gleichgesinnten.
2. Der Stadionbesuch ist noch kein Kennzeichen für eine Fan-Einstellung. Diese ist eng gebunden an eine spezifische Milieuerfahrung.
3. Das Milieu ist gekennzeichnet durch zwei wesentliche Merkmale: die *peer-group*-Erfahrung und die Vorstellung, zeitweilig in einer Welt-in-der-Welt, in einer 'Sonderweltlichkeit' handeln zu können.

c) 'Fan-Sein' versus normaler Fußballzuschauer:

Text:

I.: "Kannst du mal irgendwie so'n Unterschied festmachen. Den Unterschied zwischen einem Fan und einem normalen Zuschauer?

B.: Ich würd' sagen, der Fan, der in der Kurve steht, der ist mehr begeistert vom VfL und steht voll hinter der Mannschaft, also, es geht ihm nicht mehr so um Fußball, sondern daß da VfL spielt und nicht irgend 'ne Mannschaft. So, wenn er da so auf dem Sitzplatz ist, da sind da noch so'n paar alte Opas, und hier und da und die, denen ist das egal, wer da spielt so manchmal, Hauptsache es ist Fußball. Die haben früher Fußball geguckt, der Opa hat Fußball geguckt, also gucken die auch Fußball. In der Fankurve, da sind dann die Jugendlichen da und ja, auch so'n bißchen Ältere. Da wird dann halt angefeuert und dann gab's halt immer 'ne gute Atmosphäre. Und wenn man so'n richtiger Fan ist, dann steht man voll hinter der Mannschaft, auch wenn sie verliert, auch wenn es mal knallen kann".

Analyse:

Zeile 1-3:

Mit der Frage von I. knüpft dieser an seine ursprüngliche Interviewauswertung an und baut B. wiederum als Experten auf. B. kann darauf nicht durch einfaches Erzählen eingehen, sondern muß argumentieren.

Zeile 4-7:

Da Argumentationen einer Begründungslogik folgen müssen, der B. nicht entsprechen kann, greift er auf Stereotype zurück: "mehr begeistert vom VfL", "steht voll hinter der Mannschaft". "Also" - B. bemerkt die eher floskelhafte Antwortstruktur und versucht, durch das resümierende "Also" eine Überleitung zum eigenen Sprachstil. "Nicht mehr so um Fußball" - Das Fußballspiel allein als technisches oder ästhetisches Ereignis ist nicht der Fokus für das Fan-Sein (wie für einen normalen Zuschauer), sondern etwas anderes. B. versucht kontrastiv zu argumentieren, aber kann dies mit eigenen Worten wenig explizit machen. Für ihn bleibt zunächst nur die vorbehaltlose Identifikation mit der Mannschaft des VfL. Bemerkenswert ist die Betonung der Mannschaft und nicht des Vereins, was darauf schließen läßt, daß der Verein in seiner personenrelevanten Außensicht (Vereinsvorsitzender, Manager, etc.) einem fanrelevanten Identifizierungsbedürfnis nicht entspricht.

Zeile 7-9:

Bei dem Bemühen um weitere Kontrastierung verweist B. auf das Alter, wobei die Benennung "Opas" keine biologische Altersangabe ist, die sich durch den Gegensatz Jungsein erschließen läßt. B. möchte einen Gegensatz ausdrücken, ordnet aber die falsche Personengruppe zu bzw. benutzt den Begriff anders, denn Pensionäre auf der Sitzplatztribüne stehen ihm viel näher (wie er an anderer Stelle des Interviews betont. "Ich kenne einen, der ist als 80jähriger ein eindeutiger VfL-Fan, im Gegensatz zu meinem Vater, der nur wegen eines guten Spiels geht ..."). 'Opa' ist der individuell konsumierende, anspruchsvolle, nörgelnde und launische Zuschauer, der nicht traditionell gebunden ist, jener, der sich nicht zum Fan-Verhalten hinreißen läßt, sondern *cool* überlegt und reagiert. Das heißt, die eigentliche Differenz zum normalen Zuschauer ist nicht in der Wahrnehmung des Fußballgeschehens zu sehen, sondern in der Bereitschaft (Jugendlicher), sich zu engagieren, bereit zu sein zu "*actions*" und mitunter auch zum Rabatz.

Zeile 12-13:

"Da sind die Jugendlichen und ein paar Ältere ... da wird angefeuert ... gute Atmosphäre" - Mit dieser erzählenden Sequenz versucht B., die stereotype Kontrastierung persönlich auszumalen. In Verbindung zur Zeile 7 verdichtet sich die meist additiv verfahrene Alltagsdeutung: Man ist nicht fanatischer VfL-Anhänger und steht im Stadion mit Gleichgesinnten zusammen, sondern man muß sich voll mit der Mannschaft des VfL identifizieren (bei Siegen und Niederlagen), damit man auch das Fan-Sein, die (jugendliche) *peer-group*-Erfahrung, die die eigentliche Atmosphäre ausmacht, nachvollziehen kann.

Generalisierung

Die anfänglich noch vage Hypothese hinsichtlich der besonderen Bedeutung der Gruppe Gleichaltriger/Gleichgesinnter (Interaktionseinbettung, Interviewbeginn) läßt sich nach diesem Text erhärten. Fankarrieren ermöglichen Jugendlichen ein soziales Moratorium innerhalb von *peer-groups*, die durch besondere Strukturen geprägt sind wie:

- prinzipielle Gleichheit als Voraussetzung für Bindungen,
- Schaffung von traditionalen Lebensräumen (Abstand zu Zwängen der modernen Gesellschaft), gleichsam anti-moderne Gesellschaftsformen, ohne dadurch auf ein traditionales Milieu angewiesen zu sein (wie etwa ein Trachtenverein),
- Schaffung individueller Identitätssicherheit durch Abgrenzung nach außen, d. h. soziale Statussicherheit ohne besondere Individuationsleistung - oft nur durch das einfache Mitmachen,

- Entwicklung von Gruppenkohäsion durch Abgrenzung und (Schaffung von) Außendruck gegenüber Normalbürgern, einfachen Zuschauern, gegnerischen Fans.

d) Relativierung körperlicher Unversehrtheit:

Text:

1. I.: "Gibt es bei Euch den Ehrgeiz im Vergleich zu
2. anderen Vereinen, besonders gute Fans zu sein?
3. B.: Du stehst in dem Sinne, stehst du praktisch erstmal
4. für die Stadt, verteidigst diese Stadt bzw. den
5. Verein oder dich selber, weil ja jeder Verein da-
6. rauf bedacht ist, 'n guten Ruf irgendwie in der
7. Bundesliga zu haben... Die Düsseldorfer haben ja
8. gesagt, in der zweiten Liga fahren wir nirgends hin,
9. nur weil wir wissen, daß ihr was habt, kommen wir
10. eben runter und sind nicht enttäuscht worden...
11. Ja, sind auf Widerstand gestoßen, ja und dann war
12. es soweit beim Bahnhof. Und dann hat die Bullerei
den Bahnhof abgeriegelt...".

Analyse

Zeile 2:

Die Frage nach den "guten" Fans ist der Versuch, jene Präferenzordnung von Fans transparent zu machen, nach der sie sich untereinander bewerten (in Absetzung zu der Frage der "echten" Fans, durch die die Differenzierung gegenüber dem normalen Zuschauer ermittelt werden sollte).

Zeile 3:

B.s Antwort ist der komprimierte Versuch, die abstrakte Identifikationsbereitschaft der Fans, "steht in dem Sinne", konkret werden zu lassen, "praktisch erstmal für die Stadt". In bodenständiger, traditionaler Weise (gleichsam im Widerspruch zur Mobilität und Relativität der ausdifferenzierten Industriekultur) wird ein klassisches Nestempfinden eingeklagt. Die Stadt, der Verein in dieser Stadt und ich selbst - die verdichtete Form von ortsgebundener Identitätsstiftung - sind der Ausgangspunkt für die Pflichtethik, "einen guten Ruf" zu verteidigen.

Zeile 6:

"Irgendwie in der Bundesliga" - Überrollt von der immanenten Logik der eigenen Ableitung bremst B. diese Deutung ab, durch das relativierende "Irgendwie". Er möchte sich nicht zu sehr festlegen, glaubt aber andererseits, daß die grundsätzliche Herausforderung zur 'Ruf-Verteidigung' richtig und wichtig ist.

Zeile 7:

"Die Düsseldorfer" - Jene Fans, die die erste Bundesliga und dort Maßstäbe für jene 'Ruf-Verteidigung' kennengelernt haben, werden zum Prüfstein der eigenen Fähigkeiten.

Zeile 8-9:

Die nichtssagende Bemerkung, damit "ihr was habt" verweist auf den gruppenspezifischen Code. Man beschreibt nicht die Auseinandersetzungen mit den Worten der Umgangssprache, weil dies eine Anerkennung der damit verbundenen Fehldeutungen einschließen würde. Die eigene Welt, jene Sonderwelt der Fans, in der die Düsseldorfer "nicht enttäuscht worden sind", unterliegt Regeln, Wertmustern und Abgrenzungen, die man nur versteht, wenn man sich auch in sie hineinbegibt.

Zeile 10-12:

Die Herausforderung, einen Widerstand zu brechen, kann nur jener nachempfinden, der die Polizei nicht als lebensnotwendige, überall gültige und anerkennenswerte Ordnungsmacht, sondern als Gegenspieler, als "Bullerei" betrachtet in einem Spiel mit taktischen Regeln, deren Legitimation sich gerade nicht aus der Alltagswelt, sondern nur durch Kenntnisse der Sonderweltlichkeit von Fans ableiten läßt.

Generalisierung

Ebenso wie bei der Hypothese zur *peer-group*-Bedeutung erhärtet sich durch diesen Text die Annahme: Fußballfans leben, handeln, nehmen sich selbst während der Fan-Aktivitäten in einer Sonderweltlichkeit wahr. Diese ist gekennzeichnet durch eigene Raum-Zeit-Bedingungen und Wertmuster (d. h. die fanspezifische Sonderweltlichkeit ist nicht regellos, chaotisch, anarchisch, sondern anders geregelt, wobei ein Teil der Handlungen, die aus alltagsrelevanter Sicht als "blödsinnig" oder mitunter auch "gewalttätig" bezeichnet werden, oft 'Zeigefunktion' für die Markierung dieser Sonderweltlichkeit besitzen).

2.4. Systematisierung und Einordnung der Ergebnisse

Nachdem viele Jahre die 'Fan-Problematik' als individuelles Phänomen analysiert worden war (vorwiegend im Rückgriff auf Aggressionstheorien), ist seit ca. 15 Jahren eine soziologisch-gesellschaftstheoretische Deutungstendenz zu erkennen. Insbesondere HEITMEYER (1987) und BECKER/PILZ (1988) haben unter Bezug auf die Bedingungen der modernen Industriekultur (Formalisierung und Instrumentalisierung von Gewalt, Individualisierungstendenzen, Schere zwischen verlängerten Ausbildungszeiten und vorverlegten Individualrechten Jugendlicher, etc.) zu einer deutlichen Differenzierung der Problemsicht beigetragen. Was bisher jedoch weitgehend unklar geblieben ist - und eine Herausforderung für eine im engeren Sinne sportsoziologische Forschung darstellt - ist die Frage, warum sich gerade im Bereich des Fußballs Jugendliche unter den angedeuteten Bedingungen zusammenfinden. Was hier nur exemplarisch angedeutet, aber in den übrigen 18 Interviews bestätigt werden konnte, waren jene zwei Aspekte, die diese fachsoziologische Lücke schließen könnten: das 'Fußballfan-Sein' als 'antimodernes *peer-*

group-Phänomen' und die 'Sonderweltlichkeit von Fußballfans' unter Beachtung der raum-zeitlich-moralischen 'Sonderweltlichkeit von sportlichen Handlungen'. Im folgenden sollen die wesentlichen Ergebnisse der übrigen Interviews zu beiden Aspekten schlagwortartig zusammengestellt werden, wobei sichtbar wird, welche Bedeutung eine sequenzielle Analysearbeit in bestimmten Sozialfeldern haben kann.

2.4.1. Fußballfans als 'antimodernes peer-group-Phänomen' [8]

1. *Peer-groups* sind u. a. durch die elementaren Statuskriterien 'Alter' und 'Geschlecht' gekennzeichnet. Für die Mitgliedschaft in einer *peer-group* müssen bestimmte Voraussetzungen erfüllt sein wie 'abgeschlossene' Pubertät, tendenziell selbständig Rollen übernehmen und über einen nennenswerten Betrag an Geld selbst bestimmen zu können.

2. Kennzeichnend für *peer groups* ist, daß die Mitglieder einen gemeinsamen Lebenszyklus durchlaufen, der in der Regel deutliche Grenzmarkierungen besitzt: von der Adoleszenz bis zur Verehelichung. Aus der klaren Abgrenzung ergibt sich eine Eigenständigkeit der Gruppe, ohne daß in besonderer Weise Individualisierungsleistungen notwendig werden - man muß einfach nur mitmachen! Auf den einzelnen kommt es zunächst nicht an, wichtig ist das solidarische Verhalten gegenüber Gruppenzielen.

3. Bei der Bewältigung von Adolszenzkrisen erfüllt die *peer-group* die Funktion eines sozialen Moratoriums, in dem die Jugendlichen in die Lage versetzt werden, an sich nicht kompatible Rollen zu übernehmen und ohne die grundsätzlich erworbene Autonomie zu verlieren, die Ablösung vom Elternhaus im Schutz des Moratoriums der *peer-group* erproben zu können.

4. Durch die besonderen Merkmale ihrer Gesinnungsgemeinschaft erscheinen die Fußballfans als eine *peer-group* im Zeitalter der Moderne, die bewußt traditional und damit anti-modern ist.

5. Die Konsistenz der *peer-group* ergibt sich in wesentlicher Weise durch außeralltägliche Aktionen und dem sich daraus ergebenden Gesprächsstoff ('Legenden'). Das Eintreten 'für eine Sache' (Verein, Mannschaft etc.) konkretisiert sich im wesentlichen durch ein 'Gegen-andere Agieren' (andere Fans, Polizei, Öffentlichkeit etc.).

6. Durch seine Struktur und seinen Unterhaltungswert eignet sich das Fußballspiel in besonderer Weise zur *peer-group*-Identifikation, da es als 'dialektisches Spiel' ein hohes Spannungsverhältnis von Mannigfaltigkeit und Geselligkeit besitzt und durch die Schwierigkeit der Ballkontrolle ein außerordentlich komplexes, zukunftsoffenes, sequentielles Spiel mit großen Variationsmöglichkeiten darstellt. Die Gleichzeitigkeit von hohem Leistungsvermögen und geringer Urteilskompetenz sowie der geregelte Spielbetrieb mit seinem wiederkehrenden Aufeinandertreffen von rivalisierenden Mannschaften schafft eine überschaubare und planbare Welt.

7. Das Fußballspiel (und sein Umfeld) stellt ein wesentliches Medium für das Handeln in *peer-groups* dar, wobei für die Fans das Spiel nicht primär als technisches oder ästhetisches, sondern als anfeuerungswürdiges und -bedürftiges Ereignis von Bedeutung ist. Anders als in anderen 'Sonderwelten' wie Theater oder Konzert etc. ergeben sich außeralltägliche und ereignisreiche Mitwirkungsmöglichkeiten, da Sprechchöre, Beschimpfungen, körperliche Auseinandersetzungen mit gegnerischen Fans etc. möglich sind. Die Mitwirkungsmöglichkeiten setzen starke Kohäsionskräfte in der Gruppe frei, indem Feindbilder entwickelt, Legenden über erlebte Auseinandersetzungen ausgetauscht und durch die damit verbundenen Handlungsstrategien gruppenspezifische Koordinationsleistungen vollbracht werden.

8. Die Ausprägung des nach außen gerichteten starken Identifikationspotentials gegenüber dem Verein bzw. der Mannschaft führt u. a. zur Schaffung eines notwendigen Unterscheidungskriteriums gegenüber den strukturell gleichartigen anderen Fans (denn nur die unaustauschbare Bindung an den eigenen Verein macht die Schlägereien mit Anhängern

anderer Vereine sinnvoll) und läßt die Identifikation mit dem Verein durch Fans vergleichbar werden mit der Mitgliedschaft in anderen (bewußt) traditionalen Gebilden (klassische Dorfgemeinschaft, Trachtenverein, etc.) - ohne die dabei meist vorgegebenen unmodernen Darstellungsformen.

2.4.2. Die 'Sonderweltlichkeit von Fußballfans'

1. Der moderne Wettkampfsport besitzt in einer medienrelevanten Konsumwelt eine unbestreitbare Verwertungsbedeutung für die Alltagswelt. Diese Erkenntnis darf aber nicht den Blick dafür verstellen, daß der Wettkampfsport bezüglich seiner konstitutionellen Bedeutung aus Sicht eines Aktiven spezifischen Raum-Zeit- und Moralbedingungen unterliegt. So ist eine Abseits-Regel oder Verlängerung der Spielzeit wegen Verletzungspausen nur verständlich vor dem Hintergrund spezifischer Raum-Zeit-Vorgaben des Handlungssystems 'Fußball'. Ähnliche Sonderregeln gelten auch bei der Bewertung von körperlichen Verletzungen. Für viele Fouls kennt das Spielsystem einen 'individuenunabhängigen Sanktionsausgleich' (z. B. Elfmeterstrafstoß für ein Foul im 16 m-Raum etc.), und auch bei schweren körperlichen Fouls wird zunächst systemimmanent reagiert (rote Karte). Eine strafrechtliche oder zivilrechtliche Ahndung findet nur in sehr seltenen Grenzfällen statt.

2. Wie die Auswertung der 19 Interviews ergeben hat, gehen die Fußballfans davon aus, daß sie mit ihrer 'aktiven Teilnahme am Spielgeschehen' ebenfalls das Anrecht auf eine Sonderbewertung erwerben. Analog zum 'sonderweltlichen Geschehen auf dem Rasen' beanspruchen sie eine gerade nicht nach alltagsweltlichen Normalitätskriterien ausgerichtete strafrechtliche Behandlung. (Welche 'Welten' aufeinanderstoßen, zeigt sich, wenn z. B. in München die Wegnahme eines gegnerischen Fanschals als Diebstahl strafrechtlich geahndet wird und der Jugendliche anschließend als vorbestraft gilt).

3. Fußballfans reagieren oft auf die bornierte Unwissenheit der Öffentlichkeit, indem sie mit ihren Handlungen jene Sonderweltlichkeit einkla-

gen, ihren Handlungen 'Zeigefunktion' bezüglich des besonderen Raumes, der Zeit und des Wertstandards zuweisen.

4. Die Abgrenzung des autonomen Raumes außerhalb des Rasens, auf der Tribüne oder auf dem Weg zum Stadion ist nicht durch objektive Markierungen kenntlich gemacht, sondern wird durch die Art des Verhaltens der Fans sichtbar. 'Unnormales Verhalten' ist damit oft weniger ein psychologisch-pathologisches Problem, als eine Frage der Schaffung von Konstitutionsbedingungen für informelle Sonderwelten. (Verfährt die Polizei auf der Stadiontribüne nach Maßstäben des allgemeinen Strafrechts, enteignet sie Fans in ähnlicher Weise ihrer Aktionsräume wie ein Schiedsrichter, der auf dem Rasen ein Foul nach zivilrechtlichen oder strafrechtlichen Bedingungen ahnden würde.)

5. Die Spieltage am Wochenende sind der Fixpunkt, von dem aus 'echte' Fans planen bzw. die Chronologie von Ereignissen bestimmen. Wie im kontrastreichen Rhythmus der Natur (Sommer-Winter), der den Vorteil einer festen Vorhersehbarkeit besitzt, gliedert sich der Fankalender häufig in gleicher zyklisch-archaischer Weise und setzt sich damit vom linearen Alltag ab.

6. Fußballfans entwickeln in ihren Aktionsräumen analog zu dem individuenunabhängigen Sanktionsausgleich auf dem Rasen eigene Regelstrukturen. Ebenso wie auf dem Spielfeld betreffen diese nicht die Personen, sondern die (rollenrelevanten) Positionsträger, die 'Gegner'. Da die 'Eindämmung' von Gewalt im Fanbereich weder den differenzierten Regelstrukturen in der Sonderwelt, noch einer Unterscheidung zwischen Personen- und Rollenträger folgt, scheint der immer wieder neu beklagte 'Gewaltkonflikt' bei Fußballfans auch von außen vorprogrammiert.

3. Beurteilung des angewandten Verfahrens

Die Interviewauswertung stellt, gemessen an den Kriterien der sequentiellen Textanalyse einen Kompromiß dar:

1. So wurde für jede Textform nur ein Interview, wie in diesem Beitrag auszugsweise angedeutet, in sequentieller Weise analysiert. (Hierbei hatten die von U. OEVERMANN selbst vorgelegten Auswertungsaspekte eine nicht unwichtige Modellfunktion.)

2. Die auf diese Weise singulär belegbaren Aussagen wurden in ihrer generalisierten Verdichtung zu Prüfhypothesen für die anderen, der gleichen Textform zugeordneten Interviews.

3. Bei diesem 'Auswertungskompromiß' wurden die 'sekundär' ausgewerteten Interviews nach folgenden Gesichtspunkten geordnet: Attraktivität und Bedeutung des Fußballs für die eigene Lebensplanung; Bedeutung des Vereins, der Mannschaft; Gruppenerfahrungen/Fan-Freundschaften/-Feindschaften; Individuelle Planungen und Erwartungen an die fanrelevanten Lebenssituationen; Gesellschaftliche Erfahrungen (mit Polizei, Schule, im Beruf, etc.); Gesellschaftspolitische Einstellungen Die besonders herausgestellten fachsoziologischen Deutungsaspekt 'antimodernes *peer-group*-Phänomen' und 'fanspezifische Sonderwe lichkeit' stellten sich dabei als quer zu diesen inhaltlichen Aspekten gende genuine Auswertungsschwerpunkte dar.

4. In der Abschlußdokumentation wurden die ermittelten Ergebnis n Bezug zur bisherigen sozialwissenschaftlichen Forschungstraditio r-gestellt und bewertet (vgl. FRANKE et al. 1989).

Anlagen zum quantitativen Teil der Untersuchung

1. Planung

Die Vorgaben des örtlichen ABM-Bewilligungsausschusses verpflichteten uns, neben allgemeinen Fragen zur Lebensgestaltung von Bundesligafans, auch spezifische Fragen zur regionalen Fansituation wie Lebensalter, Berufsprofil, Wohnort, Erwartungshaltung gegenüber dem VfL, etc. zu beantworten. Unter Mitarbeit von MONIKA BATHKE, WILLY KASCH und MICHAEL PACHULICZ wurde ein zweifaches Untersuchungsdesign erstellt.

Zunächst erarbeiteten wir einen Fragebogen mit 15 Fragen, der im Anschluß an eine mehrmonatige aktive Mitwirkung in der Fanszene bei einem gut besuchten Spiel des VfL Osnabrück in der Fankurve verteilt und noch während des Spiels eingesammelt wurde (Summe 240, Rücklauf 71%). Mit der Auswertung der auf diese Weise ermittelten Daten konnte den regionalpolitischen Erwartungen entsprochen werden. Außerdem erhielten wir auf diese Weise einen allgemeinen Überblick über die Altersstruktur, das Einzugsgebiet und erste Hinweise auf die Erwartungshaltung der Fans an einen Fußballbesuch (vgl. insbesondere Frage 7).

Durch Quervergleiche der Variablen in Frage 7 wurde deutlich, daß die Erwartung der Fans, in einer Gruppe Gleichgesinnter nicht-alltägliches Verhalten ungebremst demonstrieren zu dürfen, eine hohe Bedeutung für das 'Fan-Sein' besitzt.

Im *zweiten* Untersuchungsschritt wurden bezugnehmend auf die Kriterien Alter, Wohnort, Bildungsabschluß, etc. Teilnehmer für eine qualitative Untersuchung ausgewählt. Insgesamt konnten 19 Fußballfans in offenen Interviews befragt werden.

2. Fragebogen

Die Ostkurve kommt zu Wort

Ein Fragebogen über die Meinung und die Situation der Fans des VfL Osnabrück. Mit freundlicher Unterstützung des Vereins. Erstellt von dem Projekt 'Fanverhalten im Sport' der Osnabrücker Universität. Die von Dir gemachten Angaben werden selbstverständlich vertraulich behandelt.

1. Auch beim VfL Osnabrück ist seit längerem ein Zuschauerrückgang zu beobachten. Wie ist dies deiner Meinung nach zu erklären, und was kann der VfL unternehmen?

	Ja	Nein
- im Fußball muß wieder offensiver gespielt werden	0	0
- die gezeigten Leistungen der Spieler stehen in keinem Verhältnis zu ihrem Verdienst	0	0
- der Verein sollte engeren Kontakt zu den Zuschauern und den Fans suchen.	0	0
Hättest Du Vorschläge? ________________		
- wenn der VfL erfolgreicher spielt, werden die Zuschauer auch wieder ins Stadion kommen	0	0
- die Spielregeln müßten verändert werden	0	0
Vorschläge: ________________________		
- weitere Gründe oder Vorschläge __________________		

2. Seit wann besuchst Du schon die Fußballspiele des VfL?
Seit 19___

3. Wie oft besuchst Du Heim- (H) und Auswärtsspiele (A)?

	H	A
- ich bin bei jedem Spiel dabei	0	0
- mein Besuch ist abhängig vom Wetter	0	0
von der Attraktivität des Gegners	0	0
vom Tabellenstand des VfL	0	0
andere Gründe ________________________		
- ich komme selten	0	0

4. Mit wem kommst Du zu den Spielen?

	Ja	Nein
- allein	0	0
- ein Freund/Bekannter hat mich mitgenommen	0	0
- mit meiner Fanclique	0	0
- unsere Fanclique trifft sich auch sonst in der Freizeit	0	0

5. Bist Du Mitglied in einem Fanclub?

	Ja	Nein
Name des Fanclubs ____________________________	0	0
- oder in einer Fangruppe?	0	0
Ort/Name __________________________________		

6. In welchem Stadtteil oder aus welchem Ort von außerhalb kommst Du?
   Stadtteil:______________________________
   Ort:__________________________________

7. Weshalb kommst Du in die Fankurve?

	stimmt genau	stimmt ungefähr	stimmt weniger	stimmt überhaupt nicht
a) ich möchte ein gutes Spiel sehen	0	0	0	0
b) hier stehen die Leute, die den VfL noch wirklich unterstützen	0	0	0	0
c) die Atmosphäre ist in der Fankurve am bestend	0	0	0	0
d) hier haben wir viel Spaß und lassen so richtig die Sau raus	0	0	0	0
e) hier treffe ich Leute, mit denen ich mich gut verstehe	0	0	0	0
f) die gegnerischen Fans sollen sehen, daß wir eine 'Macht' an der Bremer Brücke darstellen, auch vor oder nach dem Spiel wollen wir uns mit ihnen messen	0	0	0	0
g) hier kann ich noch was erleben, was im Alltag nicht mehr möglich ist	0	0	0	0

- andere Gründe:______________________________

8. Welchen Schulabschluß hast Du oder wirst Du voraussichtlich bekommen?

Hauptschulabschluß	0
Realschulabschluß oder vergleichbares	0
Abitur	0

   sonstiges:______________________________

9. Was für eine Berufsausbildung hast Du, oder machst Du gerade?
   Ausbildung als:______________________________
   abgeschlossene Lehre als:________________________
   sonstiges:__________________________________

10. Als was arbeitest Du, was für einen Job hast Du?

    ____

    ich mache zur Zeit eine Weiterbildung als

    ____

    ich bin zur Zeit arbeitslos 0

11. Wenn Du zum VfL gehst, trägst Du dann?

    Kutte 0 Trikot 0 Schal 0 oder Mütze 0

    in den Vereinsfarben?

12. Hattest Du Kontakt zum Osnabrücker Fan-Projekt?

	Ja	Nein
- Hatte Kontakt	0	0
- Glaubst Du, daß so ein Fan-Projekt wichtig und notwendig ist?	0	0
13. Bist Du in einem Sportverein aktiv?	0	0
Sportart:____________________		
früher (jetzt nicht mehr)	0	0
ich spiele in einer Freizeitmannschaft	0	0

14. Wie alt bist Du? __________Jahre

15. Geschlecht weiblich 0 männlich 0

Als Dank für das Ausfüllen des Fragebogens möchten wir Dir den Kugelschreiber übergeben.

3. Auswertung

(Beispiel Frage 7):

Die Frage 7 (Weshalb kommst Du in die Fankurve?) impliziert Stellungnahmen nach der Motivation, die Fankurve aufzusuchen und ergab folgende Verteilung:

	stimmt genau	stimmt ungefähr	stimmt weniger	stimmt überhaupt nicht	x
a) ich möchte ein gutes Spiel sehen	125	24	2	4	3,7
b) hier stehen die Leute, die den VfL noch wirklich unterstützen	98	38	6	3	3,6
c) die Atmosphäre ist in der Fankurve am bestend	129	20	4	2	3,8
d) hier haben wir viel Spaß und lassen so richtig die Sau raus	71	33	26	15	3,1
e) hier treffe ich Leute, mit denen ich mich gut verstehe	66	50	16	14	3,2
f) die gegnerischen Fans sollen sehen, daß wir eine 'Macht' an der Bremer Brücke darstellen, auch vor oder nach dem Spiel wollen wir uns mit ihnen messen	68	21	15	47	2,7
g) hier kann ich noch was erleben, was im Alltag nicht mehr möglich ist	51	42	29	22	2,8

Der Mittelwert (x) wurde bestimmt durch:1=Ablehnung ('stimmt überhaupt nicht'); 2='stimmt wenig';3='stimmt ungefähr'; 4=Zustimmung ('stimmt genau').

Wie aus der Tabelle ersichtlich wird, sind die ersten drei Variablen von einer hohen Zustimmung der Fans gekennzeichnet. Alle drei Mittelwerte nähern sich stark dem Wert 4, welche reine absolute Zustimmung anzeigen würde. Ein Absinken der Werte ist bereits bei den Variablen d) und e) zu vermerken, obwohl sie immer noch als relativ starke Zustimmung gelten können. Die niedrigsten Werte finden sich bei den Variablen f) und g). Sie sind nur noch von einer sehr geringen Zustimmung geprägt. Insbesondere fällt bei der Variable f) die hohe Ablehnung der Merkmalsausprägung 'stimmt überhaupt nicht' in ihrer absoluten Zahl (47), in Relation zu den anderen Antwortvorgaben, ins Auge. Dieser hohe Wert ergibt sich zum großen Teil aus den in der Stichprobe enthaltenen älteren Jahrgangsklassen. Soweit ein allgemeiner Überblick.

Unter dem Aspekt der Formation des Spielbesuchs (Frage 4: 'Mit wem kommst Du zu den Spielen?' hinsichtlich der Kategorien allein, Freund/Bekannter, Fan-Clique) liegen die Mittelwerte für die ersten drei Variablen über alle Kategorien hinweg im Bereich einer hohen Zustimmung und streuen nur geringfügig. Während für die Variable d) eine ähnlich geringfügige Streuung der Werte vorliegt, für die Kategorie 'allein' x 3,0; 'Freund/Bekannter' x 3,0, eine Ausnahme bildet die 'Fan-Clique' mit x 3,3, sind für die Variablen f) und g) deutliche Differenzierungen zu verzeichnen. Hier liegen die Werte für f) in der vorab dargestellten Reihenfolge der Kategorien bei x 2,6; 2,5 und 3,1 und für g) bei x 2,3; 2,8 und 3,1.

Insbesondere für die letztgenannten Variablen f) und g), aber auch für d), auf die für die Fan-Cliquen bezogenen Mittelwerte, verweisen auf den Charakter der Fan-Szene als ein Gruppenphänomen und auf den Erlebnischarakter. Denn weder kann man alleine 'so richtig die Sau rauslassen' noch als einzelner eine 'Macht darstellen', und auch etwas 'erleben zu können, was im Alltag nicht mehr möglich ist', ist (in der Regel) in der Gemeinschaft attraktiver.

Die Ergebnisse für die Variable e) indizieren, daß auch diejenigen Fans, die allein oder mit einem Freund ins Stadion gehen, dort mit Jugendlichen zusammentreffen und somit auch in einem Gruppenzusammenhang involviert sein können ('allein' x 2,9; 'Freund/Bekannter' x 3,0). Den höchsten Wert in der Variable e) mit x 3,4 weisen die Fan-Cliquen auf, wodurch sich das Gruppenphänomen noch verstärkt.

Es zeigte sich in den vorab dargelegten Ergebnissen besonders deutlich, daß weitestgehend die Fan-Cliquen sich mit Verhaltensweisen wie 'im Stadion die Sau rauslassen zu wollen', 'Macht' zu demonstrieren und 'sich mit gegnerischen Fans messen zu wollen' sowie 'noch etwas erleben zu wollen, was außeralltäglich ist' identifizieren können (vgl. Tabelle Nr. 2 im Anhang II).

Für die gleichen Verhaltensmuster (d), f) und g), unter dem Gesichtspunkt der Altersklassen läßt sich feststellen, daß es sich in erster Linie um ein jugendliches Phänomen handelt. So liegen die Werte der 13-15jährigen Fans und der der 16-18jährigen im Bereich x 3,3, entsprechen also einer starken Zustimmung. Demgegenüber werden mit zunehmendem Alter und fast kontinuierlicher Abnahme der Werte diese Verhaltensmuster abgelehnt (vgl. ebd.).

Ausgehend von der These, derzufolge das Fanverhalten zum Teil auch als ein 'Ausbrechen' aus dem reglementierten, erlebnis- und risikoarmen Alltags gedeutet werden kann (eine genauere Erläuterung findet sich in 5.3), soll im folgenden durch die Betrachtungsweise des Zusammenhangs der Variablen d) - 'hier haben wir viel Spaß und lassen so richtig die Sau raus' und g) - 'hier kann ich noch was erleben, was im Alltag nicht mehr möglich ist' zum Ausdruck gebracht werden.

Für diesen Zweck wurden die ursprünglichen vier Ausprägungen der Frage 7 (s. allgemeine Häufigkeitsverteilung) dichotomisiert.

'Stimmt genau' und 'stimmt ungefähr' werden als Zustimmung gewertet; 'stimmt wenig' und 'stimmt überhaupt nicht' gelten als Ablehnung.

g \ d	Ja	Nein	Summe
Ja	78	15	93
Nein	23	28	51
Summe	101	43	144

(Keine Angabe: 27)

Für die Beziehung der Variablen d) und g) ergibt sich eine Maßzahl von 0,72. Es besteht also offensichtlich ein starker Zusammenhang.

Zusammenfassend sei noch einmal festgehalten, daß die in den Variablen d), f) und g) enthaltenen Erlebnisbedürfnisse zum einen im wesentlichen von den in einem Gruppenzusammenhang (Fan-Cliquen) involvierten Fans favorisiert und zum anderen bevorzugt von den jüngeren Fans präferiert werden und damit die Ergebnisse als Gruppen- und Jugendphänomen interpretiert werden können.

Anmerkungen

1 Dabei zeigt sich z. T. auch eine Vorentscheidung sozialwissenschaftlicher Forschung gegenüber bestimmten Themen: Die kritische Sozialforschung hat bisher wenig Interesse an der Analyse des modernen Sportbetriebes erkennen lassen; die konservative Sozialwissenschaft tut sich schwer, eine kontextrelevante 'Innensicht' von Fußballfans ohne normative Vorgaben zu entwickeln.

2 Für die kontinuierliche Anwendung des Alltagswissens haben soziale Deutungsmuster eine zentrale Bedeutung. Sie enthalten ein konsistentes Gefüge von Interpretationsregeln, die ihrer eigenen Logik gemäß die Erfahrung der Subjekte zu einer für die Subjekte sinnvollen, ihre Relevanzbereiche bestimmenden Wirklichkeit ordnen. Strukturell sind Deutungsmuster auf objektiv vorgegebene, in der Gesellschaftsstruktur verankerte Handlungsprobleme bezogen. Als relativ verselbständigte objektive Probleminterpretationen bzw. -lösungen und Argumentationsstrukturen steuern sie oft auch hinter dem Rücken der subjektiven Intentionalität der einzelnen Personen das Handeln (vgl. u. a. DEWE/FERCHHOFF 1984).

3 Der Begriff 'raum-zeitliche Sonderwelt' kann im Rahmen dieser Arbeit nur exemplarisch skizziert werden. Wie die Gesamtauswertung gezeigt hat, stellt er neben dem der 'traditionalen *peer-group*' einen wesentlichen Schlüssel dar, um die Verhaltensweisen von Fans aus der Innensicht explizieren und nicht nur gesellschaftskonform klassifizieren zu können.

4 Über die Erfahrungen der teilnehmenden Beobachtung führten wir ein Verlaufsprotokoll, in das die Rahmendaten und uns als wesentlich erscheinende Interaktionsvorgänge aufgenommen wurden.

5 Bei der Interviewauswertung bzw. der Entwicklung von Interpretationsperspektiven waren zwei Lehrveranstaltungen von U. OEVERMANN zur Fanproblematik von großer Bedeutung.
6 Wichtige Hinweise hierzu verdankt die Arbeitsgruppe K. KRAIMER.
7 Anregungen zur Analyse des Intervieweinstiegs verdanken wir in wesentlicher Weise U. OEVERMANN.
8 Bei der Systematik der *peer-group*-Merkmale waren wiederum die Hinweise von U. OEVERMANN sehr hilfreich und wegweisend.

Literatur

ARNOLD, E.: Deutungsmuster. Zu den Bedeutungselementen sowie den theoretischen und methodologischen Bezügen eines Begriffs. In: Zeitschrift für Pädagogik 29 (1983), S. 893-912.

BÄSSLER, R.: Quantitative oder qualitative Sozialforschung in den Sozialwissenschaften. Wien 1987.

BAETHKE, M.: Individualisierung als Hoffnung und als Verhängnis. Aporien und Paradoxien der Adoleszenz in spätbürgerlichen Gesellschaften oder: die Bedrohung von Subjektivität. In: Soziale Welt (1985), S. 299-312.

BECK, U.: Jenseits von Stand und Klasse? Soziale Ungleichheiten, gesellschaftliche Individualisierungsprozesse und die Entstehung neuer Formationen und Identitäten. In: KRECKEL, R. (Hg.): Soziale Ungleichheiten, Sonderband 2, Göttingen 1983, S. 35-74.

DERS.: Risikogesellschaft. Auf dem Weg in eine andere Moderne. Frankfurt a. M. 1986.

BECKER, H./EIGENBRODT, I./MAY, M.: Der Kampf um Raum - Von den Schwierigkeiten Jugendlicher, sich eigene Sozialräume zu schaffen. In: Neue Praxis S. 125-137.

BECKER, P.: Haut'se, haut'se, haut'se in'ne Schnautze - Das Fußballstadion als Ort der Reproduktion sozialer Strukturen. In: PILZ, G. A. (Hg.): Sport und körperliche Gewalt. Reinbek 1982, S. 72-84.

DERS.: Alkohol und Action - Zur Emphase des Jetzt und zur Exaltation des Rausches in der Fankultur. unveröff. Manuskript 1989.

DERS./PILZ, G. A.: Die Welt der Fans. München 1988.

BOTT, D./HARTMANN, E.: Die Fans aus der Kurve. Frankfurt a. M. 1986.

BOURDIEU, P.: Die feinen Unterschiede. Frankfurt a. M. 1984.

BRAKE, M.: Soziologie der jugendlichen Subkulturen. Eine Einführung. Frankfurt a. M./New York 1981.

BRUDER, K. J. u.a.: Fankultur und Fanverhalten. In: HAHN, E. u.a. (Hg.): Fanverhalten, Massenmedien und Gewalt im Sport. Schorndorf 1988, S. 11-52.

CLARKE, G.: Kritik an Theorien jugendlicher Subkulturen. In: Das Argument, Sonderband 121, Berlin, S. 58-82.

DEWE, B./FERCHHOFF, W.: Deutungsmuster. In: KERBER, H./SCHNEIDER, A. (Hg.): Handbuch Soziologie. Reinbek 1984, S. 76-81.

DUNNING, E./MURPHY, P. J./WILLIAMS, J.: Working class social bonding and the sociogenesis of football hooliganism. Leicester 1982.

ELIAS, N.: Zivilisation und Gewalt. In: MATTHES, J. (Hg.): Lebenswelt und soziale Probleme. Frankfurt a. M. 1981, S. 98-122.

DERS./DUNNING, E.: Sport im Zivilisationsprozeß. Münster 1982.

FATHEUER, T.: Eigentore, Soziologie und Fußball. Münster 1985.

FRANKE, E.: Ethik im modernen Sport? Eine philosophische Problemskizze. In: Menschenwürde und Sportethos. DSB Akademie-Schrift 19/1984, S. 27-43.

DERS.: Ethische Fragen im Sport. In: SCHWENKEZGER (Hg.): Sportpsychologische Diagnostik, Intervention und Verantwortung. Köln 1988, S. 40-65.

DERS./BATHKE, M./KASCH, W./PACHULICZ, M.: Fußballfans in Osnabrück. Osnabrück 1989.

GABLER, H./SCHULZ, H. J./WEBER, R.: Zuschaueraggressionen - eine Feldstudie über Fußballfans. In: PILZ, G. A. U. A. (Hg.): Sport und Gewalt. Schorndorf 1982, S. 23-59.

GÖBBEL, N.: Fußballfans: Ballverliebte Phantasien an einem sicheren Ort. in: Psychologie und Gesellschaftskritik (1986), S. 23-39.

DERS./KNAUST, M./LINNEMANN, L. U. A.: "Werder ist da, wo wir zusammen sind". Unveröff. Zwischenbericht des Fan-Projektes Bremen, Bremen 1983.

HEITMANN, H.: Territorien der Fußballfans. In: Deutsche Jugend (1984), S. 559-566.

HEITMEYER, W.: Rechtsextremistische Orientierungen bei Jugendlichen. Weinheim und München 1987.

DERS./PETER, J.-I.: Jugendliche Fußballfans: soziale und politische Orientierungen, Gesellungsformen, Gewalt. Weinheim und München 1988.

HORAK, R./REITER, W./STOCKER, K.: "Soccer Hooliganism" - Theoretische Überlegungen zur und erste empirisch- systematische Überprüfung der Fußballgewalt in Österreich. Wien 1985.

DIES.: So nah, so fern, Zum Verhältnis von Fußball und Fans in Österreich. In: DIES. (Hg.): "Ein Spiel dauert länger als 90 Minuten": Fußball und Gewalt in Europa. Hamburg 1988.

HORTLEDER, G.: Die Faszination des Fußballspiels. Frankfurt a. M. 1974.

HURRELMANN, K./ROSEWITZ, B./WOLF, H. K.: Lebensphase Jugend. Weinheim und München 1985.

KÜCHLER, M.: "Qualitative" Sozialforschung - Ein neuer Königsweg? In: GARZ, D./KRAIMER, K. (Hg.): Brauchen wir andere Forschungsmethoden? Beiträge zur Diskussion interpretativer Verfahren. Frankfurt a. M. 1983.

KURATORIUM SICHERES ÖSTERREICH: Fußballsport und Gewalt. Projektbericht. Wien 1985.

MARSH, P.: Leben und "Laufbahnen" auf den Fußballrängen. In: LINDNER, R. (Hg.): Der Fußballfan. Frankfurt a. M. 1980, S. 117-137.

MATTHIESEN, U.: "Bourdieu" und "Konopka", Imaginäres Rendezvous zwischen Habituskonstruktion und Deutungsmusterrekonstruktion. In: EDER, K. (Hg.): Klassenlage, Lebensstil und kulturelle Praxis. Theoretische und empirische Beiträge zur Auseinandersetzung mit Pierre Bourdieus Klassentheorie. Frankfurt a. M. 1989, S. 221-299.

OEVERMANN, U./ALLERT, T./KONAU, E./KRAMBECK, J.: Die Methodologie einer "objektiven Hermeneutik" und ihre allgemeine forschungslogische Bedeutung in den Sozialwissenschaften. In: SOEFFNER, H.-G. (Hg.): Interpretative Verfahren in den Sozial- und Textwissenschaften. Stuttgart 1979, S. 352-434.

PILZ, G. A. u. a.: Sport und Gewalt. Schorndorf 1982. (a)

DERS.: Wandlungen der Gewalt im Sport. Ahrensburg 1982. (b)
PRAMANN, U.: Das bißchen Freiheit. Die fremde Welt der Fußballfans. Hamburg 1980.
RAAP, R.: Das Fanbuch. Frankfurt a. M. 1980.
REICHERTZ, J.: Probleme qualitativer Sozialforschung. Zur Entwicklungsgeschichte der objektiven Hermeneutik. Frankfurt 1986.
SCHULZ, H. J.: Aggressive Handlungen von Fußballfans. Schorndorf 1986.
WEIS, K.: Gewalt im Stadion - Zur gesellschaftlich bedingten Verrohung von Eishockeyspielern und Fußballfans. In: KUTSCH, T./WISWEDE, G. (Hg.): Sport und Gesellschaft: Die Kehrseite der Medaille. Königstein 1981, S. 181-199.
DERS.: Fußballrowdytum - Zur räumlichen und rituellen Beschränkung eines sozialen Problems. In: VASKOVICS, L. A. (Hg.): Die Raumbezogenheit sozialer Probleme. Opladen 1982, S. 291-309.

Bernhard Haupert

Vom narrativen Interview zur biographischen Typenbildung

Ein Auswertungsverfahren, dargestellt am Beispiel eines Projekts zur Jugendarbeitslosigkeit

1 *Interviews in der qualitativen Sozialforschung: Von der Notwendigkeit einer Auswertungsanleitung*

"Hilfe, ich ersticke in Texten" ist der bezeichnende Titel eines Aufsatzes von Ilse Südmersen (1983), in dem diese sich über die schwierige Aufgabe der Analyse von Textmaterialien beklagt, die mit Hilfe offener (narrativer) Interviews gewonnen wurden. Ein Verfahren, dabei anfallende Textmassen in eine solche Form zu bringen, die diese "zeitökonomisch" analysierbar macht, fehlt. Dieser Notruf ist auch bei der Bearbeitung von anderen Datenmaterialien zu vernehmen, die gleichfalls mit qualitativen Verfahren gewonnen wurden (u.a. Lenz 1986, S. 144). Auch hier wird dic Schwierigkeit beklagt, umfangreiches qualitatives Datenmaterial adäquat auszuwerten. Aus diesem Grunde beschränken sich Sozialforscher oft darauf, die Haupterzählphase narrativer Interviews in die Interpretation einzubeziehen. Die zahlreichen Nachfrage- und Ergänzungsteile werden in der Analyse weitgehend ausgeblendet.

Es fehlen handhabbare Anleitungen, wie mit qualitativen Daten zu arbeiten ist und wie mit vertretbarem Zeitaufwand gültige Resultate erzielt werden können. Bislang existieren nur wenige konkrete Vorschläge, wie derartig komplexe Materialien zu analysieren sind. Diese verbleiben allerdings in der Regel auf der Ebene allgemeiner Anmerkungen und haben nur wenig Bezug zur konkreten Analysepraxis. Es gilt, eine Anleitung zu entwickeln, die dort unmittelbar umsetzbar ist. Eine schematische Anleitung zur komplexen Analyse offener Interviews muß a) handlich und anschaulich und b) jenseits noch zu klärender methodologischer Fragen einsetzbar sein. Wie LÜDERS/REICHERTZ mit Recht betonen, müssen "stärker als bisher Fallanalysen und die konkrete Forschungspraxis der qualitativen Sozialforschung und die in ihr verwendeten Theoreme zu Themen selbstkritischer Reflexion und öffentlicher Diskussion" werden (1986, S. 96). Zentrale Probleme der gesamten qualitativen Sozialforschung sind bislang noch nicht "befriedigend gelöst" (ebd.). Diese Probleme (ebd., S. 97)[1] sind:

-	das Problem der Beliebigkeit,
-	das Problem der Generalisierbarkeit,
-	das Problem der Ökonomisierung,
-	das Problem der Darstellbarkeit,
-	das Problem des Selbst- und Wissenschaftsverständnisses.

Im folgenden werden Analysephasen bearbeitet, die in viele Arbeiten (LENZ 1986, S. 144 ff.; vgl. auch ALHEIT/GLASS 1986; SCHNEIDER 1988) bereits implizit eingehen. So trifft etwa SCHNEIDER bereits metatheoretische Entscheidungen. Er stützt sich bei der Strukturanalyse von Interviews auf OEVERMANNs Vorschlag einer "objektiv hermeutischen Sequenzanalyse von Interviews". Zwar werden auch bei meinem Verfahrensvorschlag theoretische Entscheidungen (biographische Analyse) getroffen, metatheoretische Bestimmungen behalte ich mir vor. Diese Bestimmungen sollen nach Vollzug der ersten Analyseschritte mit pragmatischen und nicht mit methodologischen Vorzeichen in die Diskussion eingebracht werden.

Drei Positionen werden hier vertreten und um die zentralen Problemformulierungen, die von LÜDERS/REICHERTZ (1986) aufgezeigt werden, ergänzt:

1. Qualitative Textmaterialien sind zeitökonomisch auswertbar. Es gilt, eine Technik zu entwickeln, die eine zeitökonomische Bearbeitung ermöglicht;
2. Ziel der Analyse narrativer Interviews ist a) die Generierung sozialwissenschaftlicher Typen, b) die Herausarbeitung von allgemeinen Mustern, c) die Explikation von Strukturelementen;
3. Narrative Interviews bieten eine Möglichkeit, den kritischen Charakter der empirischen Sozialforschung zu erweitern, da eine wesentliche Bedingung, nämlich die "Sicht der Sache aus dem Blick der Sache selbst", von diesem Verfahren eingelöst wird.

Soziologie als empirische Wissenschaft kann sich dann erfolgreich weiterentwickeln, wenn im Rahmen der Disziplin ständig der Versuch gewagt wird, mit neuen Vorgehensweisen neue soziale Felder aufzudecken und somit festgefahrene Diskurse aufzubrechen.

Die Entwicklung eines Rahmenschemas zur Analyse narrativer Interviews verfolgt die Absichten, der sich eine kritische Sozialforschung verpflichtet weiß; nämlich die eigentümliche, verborgene Struktur "sozialer Realität zu durchdringen" (THOMPSON 1980), um Strukturgesetze erkennbar werden zu lassen und um so "verschüttete Anteile" sozialer Wirklichkeit zu Tage zu fördern.

Kritische Sozialforschung orientiert sich an prozessualen Abläufen des "(Er-) Leidens" und trägt damit zur Aufklärung bei. Hier können narrative Interviews helfen, soziale Abläufe (etwa Verlaufskurven; SCHÜTZE 1984), in die Individuen eingebunden oder denen sie unterworfen sind, aus deren Sicht zu rekonstruieren.

Mit meinem Beitrag knüpfe ich an Vorschläge an, wie sie u.a. von ALHEIT/GLAß (1986); BAACKE (1978); GIRTLER (1984); GRUSCHKA (1985); HEINZE u.a. (1980); HERRMANNS (1984); HOFFMANN-RIEM (1980); MATTHES-NAGEL (1986); MAYRING 1983; SCHÜTZE (1977, 1983, 1984, 1989); SCHNEIDER (1988) und SÜDMERSEN (1983) vorgelegt wurden. Vorschläge zur Analyse qualitativer Materialien sind bislang noch weit weniger explizit ausgearbeitet, als dies im Rahmen quantitativ verfahrender Sozialforschung der Fall ist. Dieser Beitrag wird die vorgestellten Verfahrensweisen weiterentwickeln und bereits elaborierteren Verfahren einen Weg aus dem Auswertungsdilemma weisen. Qualitativ gewonnene Ergebnisse sind keineswegs Resultate von "Lehnstuhltheorien" (OEVERMANN 1979, S. 354; SCHÜTZE 1989, S. 32), sondern rekonstruktiv gewonnen. Mein Analyseschema bezieht sich zentral auf Materialien, die mit narrativen Interviews im Rahmen einer biographischen Studie zum Alltag junger Dauerarbeitsloser (HAUPERT 1987) gewonnen wurden. Das vorgestellte Verfahren ist jedoch auch auf andere qualitativ gewonnene Materialien anwendbar. Wie bereits von LEY (1984, S. 234) festgestellt, führen umfangreiche qualitative Datenmassen nicht notwendigerweise zum exakteren Finden und Ausformulieren (Charakterisierung) von weiteren Typen, sondern in der Regel zur Verfeinerung vorliegender Typen.

2. *Skizze der theoretischen Annahmen und des Verfahrens*

2.1 *Methodologische Annahme: Subjektivität der Interviewten*

Das Forschungsprojekt "Biographien von arbeitslosen Jugendlichen auf dem Land", in dessen Verlauf das vorgestellte Auswertungsverfahren entwickelt wurde, stellt die individuelle Sichtweise vom Alltag der Jugendlichen ins Zentrum. Beispiele aus diesem Projekt verwende ich, um die Auswertungsschritte zu verdeutlichen.

Das Projekt orientiert sich an zwei methodologischen Grundideen: Einmal an der von GLASER/STRAUSS (1967, 1976) formulierten Idee einer "grounded theory", zum anderen an dem - besonders von SCHÜTZE - elaborierten Ansatz einer narrativen Soziologie, in deren Mittelpunkt das Verfahren des narrativen Interviews steht (vgl. SCHÜTZE 1977; HERMANNS 1981). Zu beiden Ansätzen sind in den vergangenen Jahren nicht nur grundlagentheoretische Arbeiten vorgelegt worden, sondern darüber hinaus eine Reihe von empirischen Untersuchungen, welche die beträchtliche Reichweite dieser Ansätze aufzeigen (z.B.: RIEMANN 1984; HEINEMEIER/ ROBERT 1984; HILDENBRAND/MÜLLER 1979 und 1984; SCHÜTZE 1981, 1984 und 1989). In meinem Projekt stand neben der "grounded theory" vor allem die SCHÜTZEsche Konzeption im Vordergrund. Zur Entwicklung einer forschungspragmatischen Synthese wurden beide Ansätze um eine ethnopsychoanalytische (DEVEREUX 1976; ERDHEIM 1984) und um SCHAPPs Sichtweise (SCHAPP 1976) erweitert.

Mit Hilfe interpretativer Verfahren werden alltagsweltliche Wissensbestände von arbeitslosen Jugendlichen gefunden, soziologisch analysiert und Wissensebenen rekonstruiert. Meine Ergebnisse sind für eine Theoriebildung z.B. im Bereich der Sozialarbeit insofern von Interesse, als:

a) ein Verfahren zur Analyse narrativer Interviews vorgestellt wird, welches in der alltäglichen Arbeit des Sozialarbeiters von Nutzen ist. Ganz im Sinne der von Schütze vorgestellten klinischen Soziologie (SCHÜTZE 1979; vgl. DEWE/RADTKE 1989), deren Absicht es ist, jene Elemente des narrativen Interviews freizulegen, die dem Sozialarbeiter ein Analyseinstrument in die Hand geben, welches er in der Praxis etwa bei Klientengesprächen einsetzen kann;

b) ansatzweise eine ethnopsychoanalytische Idee integriert wird, die in ihrer Tragweite die Interventionen des Forschers (oder des Sozialarbeiters) während des Forschungsprozesses (professionellen Handelns) im Blick hat und so Rückschlüsse auf verzerrende Faktoren erlaubt;

c) aus dem Datenmaterial rekonstruktiv eine Typologie arbeitsloser Jugendlicher herausgearbeitet wird, die dem mit arbeitslosen Jugendlichen arbeitenden Sozialarbeiter eine exaktere Einordnung der speziellen Bedürfnisse seiner Klienten erlaubt, die m.E. typadäquat gesehen werden müssen. Bisherige Sozialarbeit orientierte sich zu stark an einem "einheitlichen Bild des arbeitslosen Jugendlichen" und ist von daher nicht in der Lage, auf die speziellen Zielgruppenprobleme einzugehen.

Im Zentrum der Studie steht die Subjektivität der befragten Jugendlichen. Diese ist Ausgangspunkt der Rekonstruktion und Maßstab für die Entfaltung der Methode. Hieran knüpft sich darüber hinaus ein zusätzliches methodisches und theoretisches Interesse. Dabei wird folgenden Fragen nachgegangen:

1. Wie kann im Kontext einer Studie, die einer Theorietradition der Rekonstruktion von Subjektivität folgt, die Subjektivität des Forschers ebenfalls Geltung finden? Nicht im Sinne einer apriori vorhandenen Geltung, sondern im Sinne einer geltenden Subjektivität, wie sie sich im Kontext der Interviews manifestiert.

2. Wie kann im Kontext einer empirischen Studie den in den Interviewtexten sich manifestierende gegenseitige Subjektivität von Interviewer und Interviewten und ihrer gegenseitigen Durchdringung Platz in der soziologischen Analyse gegeben werden?

2.2 *Alltag in der Arbeitslosigkeit*

Seit knapp zehn Jahren liegt das Niveau der Arbeitslosigkeit und damit verbunden der Jugendarbeitslosigkeit in der Bundesrepublik, aber auch in anderen europäischen Staaten unverändert hoch. Von der anhaltenden Arbeitslosigkeit sind neben den traditionellen zentralen Industrieregionen (Ruhrgebiet, nordfranzösischer Raum) die peripheren Regionen Europas (Ardennen, Saarland, Lothringen, Ostfriesland usw.) besonders stark betroffen.

Seit der extremen Zunahme der Arbeitslosigkeit, speziell der Jugendarbeitslosigkeit, ist dieser lange Zeit vernachlässigte Themenbereich erneut Gegenstand der sozialwissenschaftlichen Forschung geworden. Es liegen jedoch bislang nur wenige empirische Studien vor (vgl. hierzu u.a. ALHEIT/GLAß 1986; BURGER/SEIDENSPINNER 1977; HEINZ et al. 1985; MORGENROTH 1984; OPASCHOWSKI 1976), die a) den Alltag von arbeitslosen Jugendlichen in den Blick nehmen und b) die Sichtweisen der Betroffenen explizit in den Mittelpunkt stellen.

Auf den ersten Blick scheint es, als seien wesentliche Feststellungen zu den Folgeproblemen der Arbeitslosigkeit, die bereits in den 30er und 40er Jahren dieses Jahrhunderts in den USA, in Großbritannien und Österreich getroffen wurden, um dann erneut in den ökonomischen Krisenjahren nach Ende des Zweiten Weltkrieges in der BRD aufgegriffen zu werden, auch heute unverändert übertragbar (vgl. ALHEIT/GLAß 1986). Dabei handelt es sich einmal um soziale Probleme wie strukturelle Veränderungen des Alltags, der Familiensituation und der Zeitabläufe, um psychische Probleme wie Identitätsverlust, Brüchigwerden der Identität, um Depressionen und um physische Probleme mit manifesten körperlichen Beschwerden (vgl. FRESE/VOLPERT 1980; JAHODA/LAZARSFELD/ZEISEL 1978). Die empirischen Ergebnisse zeigen, daß die offenkundigen Probleme keineswegs die gleichen geblieben sind. Unter veränderten gesellschaftlichen Bedingungen (technologischer Wandel, Veränderungen im Jugendalter und Ausweitung des internationalen Marktes) haben sich die Folgeprobleme der Arbeitslosigkeit und der Jugendarbeitslosigkeit gewandelt.[2] Die Dauerarbeitslosigkeit, mit der immer mehr jüngere Menschen konfrontiert werden, wirft in ökonomischen, sozialen und psychischen Bereichen, im individuellen wie im gesellschaftlichen, prinzipiell neue Fragestellungen auf und konfrontiert sowohl die Sozialforschung als auch die Sozialarbeit mit neuen Problemen, die bislang von Forschung und Praxis ungenügend berücksichtigt wurden. Besonders über die Bewältigung des Arbeitslosenalltags (gerade bei Jugendlichen) liegt wenig gesichertes Wissen vor. Neben der Konfrontation mit der alle existentiellen Bereiche überlagernden Arbeitslosigkeit, die die Veränderung und Anpassung aller Bereiche des Alltags verlangt, sind arbeitslose Jugendliche überdies nach wie vor gezwungen, ihren Alltag mehr oder weniger sinnvoll zu gestalten. Die damit verbundenen Fragen können adäquat nur mit qualitativen Methoden untersucht werden. Gesichertes Wissen über die Alltagsgestaltung von Klienten ist insbesondere für praktische wie theoretische Sozialarbeit notwendig.

2.3 *Das narrative Interview: Ein Verfahren zur Rekonstruktion subjektiver Erlebnisperspektiven*

Im Rahmen qualitativer Sozialforschung bietet sich das narrative Interview als Verfahren zur Rekonstruktion subjektiver Erlebnisperspektiven an. Die Vorteile dieses Interviewverfahrens sind zwar anerkannt, Fülle und Komplexität des zu erwartenden Datenmaterials, verbunden mit der Problematik des Auswertungsverfahrens, verhindert aber oftmals dessen Einsatz.

In der Anlage eines narrativen Interviews wird die Interviewkommunikation den Regeln alltagsweltlicher Kommunikation angepaßt. Der Datenerhebungsprozeß wird zu einem alltagsweltlichen Verständigungsprozeß. Dabei werden die alltagsweltlichen Regeln nicht außer Kraft gesetzt, sondern sie determinieren die Interviewinteraktion. Beim narrativen Interview wird darauf vertraut, daß die alltägliche Form der mündlichen Mitteilung, das Erzählen (SCHÜTZE 1979, S. 39)[3], sich durchsetzt und daß die "Zugzwänge des Erzählens"[4] zum Tragen kommen. Der alltäglich handelnde Mensch tritt mit dem Mitmenschen nicht über Fragen und Antworten - wie in der herkömmlichen empirischen Sozialforschung üblich - in Kontakt, sondern teilt sich in, mit und über Geschichten dem Gegenüber mit (vgl. SCHAPP 1976). Narrative Interviews bringen die Perspektive von Betroffenen zum Vorschein, nicht aber deren Reaktionen auf die Perspektive des Forschers. Damit ist die Bedeutung des narrativen Interviews für biographische Forschungen benannt: Das narrative Interview ist der "Königsweg" zur Erfassung subjektiver Perspektiven.

2.4 Lebensgeschichten

Biographie wird nicht als ein bloßes "Aufeinanderfolgen von Daten und Ereignissen verstanden" (KOHLI 1978, S. 23), sondern die Verwendung des Konstrukts bezieht Subjektivität mit ein. Damit ist einmal ein Bezug auf Sinn (Handlungsmuster, Wissensstrukturen und biographisch geprägter Wissensvorrat), dann auf die wissenschaftliche "Wahrnehmung der eigenen Sinnstrukturen" der Subjekte (SCHÜTZE 1979, S. 145) und zuletzt auf die Wahrnehmung der individuellen Besonderheiten in den Lebensverhältnissen selbst gemeint. Die explizite Einbeziehung von Subjektivität unterstützt die Betrachtung individueller wie überindividueller Strukturen in ihrer Bedeutung für die Konstitution einer spezifischen Biographie. In den autobiographischen Erzählungen werden die unterschiedlichen Strukturierungsebenen erkennbar; die Erzählung selbst ist bereits eine genuine Strukturierungsleistung. Hierbei unterscheidet SCHÜTZE (1979, S. 45) sechs Präsentationsebenen (vgl. auch HERMANNS 1981, S. 65; KIEPER 1980, S. 44), die für eine spätere Interpretation von Interesse sind:

1. die sprachliche Präsentation;
2. die Präsentation des Selbstbildes;
3. die Präsentation von Erfahrungs- und Ereignisketten;
4. die Präsentation von Handlungsabläufen;
5. die Präsentation von spezifischen Lebensumständen und
6. die Präsentation von Situationen hoher biographischer Relevanz.

Das mit krisenhaften Lebensverläufen konfrontierte Individuum gestaltet seine Lebensverhältnisse solange aktiv, wie es in der Lage ist, biographische Handlungsschemata aufrecht zu erhalten, und solange die in Krisensituationen aufgeschichteten Verlaufskurvenpotentiale[5] keine konditionalen Verstrickungsverläufe mit Fallkurvencharakter (SCHÜTZE 1984) auslösen. Ein Großteil individuellen Wissens wird prinzipiell in Sozialisationsverläufen erworben. Nur ein kleiner Teil des vorhandenen Wissens ist allein Resultat von Lebenserfahrung und eigener Anschauung. Die Gestaltung des individuellen Handelns in spezifischen Situationen ist Ergebnis dieses Aneignungsprozesses von Welt und somit biographisch bedingt, weil der Handelnde seine eigenerlebten Erfahrungen, neben den vermittelten, "ehemals aktuellen, situationsgebundenen Erfahrungen" (BERGER/LUCKMANN 1970, S. 140), mit in aktuelle Handlungssituationen einbringt.

3 *Vorarbeiten zur Typenbildung: Stegreiferzählen und biographische Prozeßabläufe; das Konzept der Verlaufskurve*

SCHÜTZE (1984) hat folgende kognitive Strukturen als Elemente autobiographischen Stegreiferzählens herausgearbeitet:

1. den Biographie- und Ereignisträger;
2. Ereignis- und Erfahrungsverkettungen;
3. Soziale Rahmenkontexte;
4. die Gesamtgestalt der Lebensgeschichte.

Mit diesen Konzepten, die an dieser Stelle nicht weiter erläutert werden, hat SCHÜTZE einen grundlagentheoretischen Rahmen zur Analyse erzählter Lebensgeschichten abgesteckt. Das Konzept der Verlaufskurve sowie die von SCHÜTZE herausgearbeiteten kognitiven Strukturen autobiographischen Erzählens haben im Rahmen des vorgestellten Analyseschemas Leitlinienfunktion. Merkmal biographischen Erzählens ist die

Tatsache, daß sich der Erzähler zunächst als Akteur präsentiert, Interaktionspartner vorstellt und interaktive Verwobenheiten andeutet. Diese Aspekte gehen in die Einzelfallanalyse als Analyserahmen mit ein, insofern sie den theoretischen Hintergrund zur Betrachtung der Interviews liefern. Jedes Interview enthält die Schilderung "übergreifender Verknüpfungsformen, die sich zu Prozeßabläufen verdichten" (SCHÜTZE 1984, S. 88). Solche Prozeßabläufe werden in biographischen Handlungsschemata, in institutionellen Ablaufmustern der Lebensgeschichte und in Verlaufskurven erkennbar. Indem der Erzähler Situationen, Lebensmilieus und soziale Welten schildert, wird der soziale Rahmen der Darstellung gesichert, der zur "Plausibilitätssicherung der Lebensgeschichte" notwendig ist. Lebensabläufe sind speziellen Institutionalisierungsverfahren unterworfen. Diese Verfahren definieren und formen den gesamten Lebenszyklus. In zentralen gesellschaftlichen Bereichen (Familie, Beruf) sind diese institutionellen Ablaufmuster besonders ausgeprägt. Randkarrieren sind weit weniger vorgeprägt und müssen von den Betroffenen mit erheblichem Aufwand geformt und ausgestaltet werden. Diese Tatsache gilt in besonderer Weise für die Arbeitslosenkarriere. Zu ihrer Formung benötigen die Betroffenen Handlungsschemata, die der alltäglichen "Orientierung und Aktivitätsorganisation" (ebd., S. 70) dienen, um so die intentionale Ordnungsstruktur des lebensgeschichtlichen Ablaufs in dieser Veränderungsphase aufrechtzuerhalten.

SCHÜTZE (ebd.) verweist auf Untertypen biographischer Handlungsschemata, die diese Ordnungsstruktur etablieren. Vier Strukturelemente bestimmen den intentionalen Charakter dieser Handlungsschemata: Sie verfügen über einen Interaktionsbezug, eine Ankündigungsstruktur, eine Durchführungsstruktur und eine Sicherungsstruktur (ebd., S. 77 f.).

Diese vier Elemente bestimmen den intentionalen Charakter, der nicht aus der rationalen Ordnungs- und Planungsstruktur gewonnen wird, sondern in der Hereinnahme "späterer Handlungsstrategien im Erwartungsrahmen eines vagen Zukunftshorizontes in die Ankündigungsphase und in die Phase der Aushandlung der Bedingungen der Ratifizierung des Handlungsschemas" (ebd., S. 87). Diskrepanzen zwischen Planung und

Realisation werden durch "Reinterpretation und Redefinition des gesamten handlungsschematischen Spektrums" (ebd.) bearbeitet. Diese Integration in die biographische Gesamtrelevanz ist notwendig, um eine intentionale Prozeßstruktur aufrechtzuerhalten. Die handlungsschematische Prozeßstruktur des Lebenslaufs umfaßt eine Reihe von Unterphänomenen mit intentionalem Aktivitätscharakter (ebd., S. 70), daneben jedoch auch Prozeßstrukturen, die den Übergang zu konditionalen Verstrickungen signalisieren. Der intentionale Aktivitätscharakter gewinnt entscheidende Bedeutung bei der Bestimmung von Fallkurven (negativen Verlaufskurven), sobald die intentionalen Handlungselemente von konditionalen Elementen abgelöst werden.

Bislang konzentrierte sich soziologische Biographieforschung auf solche Phänomene, die mit dem Begriff des sozialen Handelns zutreffend umschrieben werden konnten. SCHÜTZE vertritt die Auffassung, daß im "Bezugsrahmen eines Lebens Ereignis- und Aktivitätssequenzen feststellbar sind, die nicht in Termini sozialen Handelns begriffen werden können" (SCHÜTZE 1981, S. 89). Er schlägt vor, diese Prozesse mit dem Begriff des Erleidens zu umschreiben. Diese Sicht und Deutungsweise gewinnt für diese Studie paradigmatische Bedeutung, denn zu stark stützen sich vorliegende Untersuchungen zu Arbeitslosigkeit, speziell die Studien zur Jugendarbeitslosigkeit, auf ein Paradigma des sozialen Handelns. Arbeitslosigkeit wird kaum als ein Prozeß des (Er-) Leidens begriffen. Den Betroffenen werden Handlungsalternativen und -muster unterstellt, die empirisch kaum noch feststellbar sind. Gerade die sich weiter ausdehnende Verweildauer in der Arbeitslosigkeit verstärkt diese Entwicklung hin zur "Arbeitslosigkeit als Erleidensprozeß". Diese Überlegungen führen zu der Entscheidung, die existentielle Situation "Arbeitslosigkeit" einmal unter der Perspektive der Verlaufskurve und zum anderen als biographische Zeremonie der Statusdegradierung zu betrachten. Der soziale Erleidensprozeß des "Arbeitslos-Werdens" erlangt für die arbeitslosen Jugendlichen noch eine zusätzlich neue Dimension, die ich als Zerrüttung und Destrukturierung von Identitätslinien bezeichnen möchte (vgl. HEINEMANN 1978, S. 207;

SCHÜTZE 1981, S. 90 ff.; GARFINKEL 1973; GLASER/STRAUSS 1979). In einem kritischen Moment der zukünftigen Lebensorientierung wird die bislang wirksame handlungsschematische Prozeßstruktur des Lebenslaufs in ihren intentionalen Gehalten unbrauchbar und durch konditionale Prozesse (Leiden) abgelöst. Die Fallkurve des "Arbeitslos-Werdens" schränkt den Möglichkeitsspielraum für Handlungsaktivitäten und Entwicklungen progressiv im Zuge besonderer Verlaufsformen der Aufschichtung "heteronomer" Aktivitätsbedingungen ein.

Erst die Studie von ALHEIT/GLAß (1986) stellt Arbeitslosigkeit, ganz im Sinne von SCHÜTZE, in einen Zusammenhang, der das Leiden der Betroffenen mitberücksichtigt. Das Kernproblem eines Leidensprozesses besteht darin, daß die bisherigen Prämissen sozialen Handelns ganz oder teilweise außer Kraft gesetzt sind, daß bisherige Handlungs- und Identitätsorientierungen zerbrechen, bevor die Betroffenen in der Lage sind, wirkungsvolle biographische Bearbeitungsstrategien zu entwickeln. Die zentrale Wirksamkeit des Erleidens beinhaltet in jedem Fall einen "dramatischen Übergang von der intentionalen Erfahrungs- und Aktivitätsform, die für soziales Handeln konstitutiv ist, zu der Erfahrungs- und Aktivitätsform konditionaler Gesteuertheit, die für individuelles und soziales Erleiden kennzeichnend sind" (SCHÜTZE 1981, S. 90). Diese Prozesse weisen eine innere, sequentielle Ordnung auf, deren Struktur SCHÜTZE, in Anlehnung an STRAUSS, als Verlaufskurve bezeichnet.

4. *Zur Auswertung narrativer Interviews im Rahmen biographischer Feldforschung (Praktische und methodische Hinweise)*[6]

Ausgangspunkt ist ein soziologisches Konzept, das sich an Lebenswelt- und Milieukonzepten orientiert, wie sie im Rahmen phänomenologisch-rekonstruktiver Soziologie (SCHÜTZE 1984, S. 116 f.; GRATHOFF 1979, 1989; HILDENBRAND et al. 1984; SCHÜTZE 1981) entwickelt wurden. Die einzelnen Etappen des Auswertungsverfahrens werden nun zunächst formal skizziert. Ihnen wird dann anhand knapper Beispiele inhaltlich Kontur verliehen.

4.1 Erster Analyseschritt: Analyse von Einzelinterviews

1) Feldphase: Interviewdurchführung und Transkription

Textproduktion:
- Auswahl des Feldes/Milieus
- Auswahl der Interviewpartner
- Entscheidung über den Typ der Interviewdurchführung

Die erste Phase beinhaltet die Kontaktaufnahme mit den Interviewpartnern, die Durchführung der Interviews und die Verschriftung der Interviews. Diese Phase wird hier nicht weiter beschrieben, da diese in der Literatur keineswegs stiefmütterlich behandelt wurde (vgl. GIRTLER 1984; HERRMANNS 1981; SCHÜTZE 1977). Die Datengewinnungsphase soll, zur Vorbereitung der weiteren Auswertungsschritte und zur Ermöglichung der Überprüfung von Eindrücken des Interviewverlaufs, durch Milieubeobachtungen, Expertengespräche und "Hineinschnuppern" ins Feld methodisch ergänzt werden. Die ersten Analyseschritte werden u.a. dadurch vorbereitet, daß a) systematisch Notizen und Beobachtungen gesammelt werden, wodurch Eindrücke entstehen, die eine spätere Interpretationsarbeit unterstützen; und daß b) Hintergrundwissen gesammelt wird, welches zur späteren Analyse - etwa zur Aufdeckung indexikalischer Sachverhalte - notwendig ist.

Beispiel 1:

Den Kontakt zu den Interviewpartnern stellte ich über Besuche in Jugendkneipen, Gespräche in Arbeitsloseninitiativen und Zufallsbekanntschaften her. Das angewendete "Schneeballsystem" gewährleistete, daß jeder interviewte Jugendliche zugleich Vermittler für weitere Interviews war. Bei der Auswahl meiner Interviewpartner legte ich auf zwei Kriterien Wert: Einmal auf das Alterskriterium (bis 29 Jahre) und zum anderen darauf, daß die Auswahl Jugendliche aus verschiedenen Milieus berücksichtigte, um so eine spätere Typenbildung (minimale-maximale Differenz) zu ermöglichen.

2) Beschreibung der Interviewsituation

1. Skizze der Interviewsituation:
- Die Skizzierung erfolgt unmittelbar nach Durchführung des Interviews.

2. Bestimmung der Interviewinteraktion:
- Bestimmung der Interviewatmosphäre
- Charakter der spezifischen Interviewsituation
- "Lebenskonstruktion" (BUDE, 1984)

Unmittelbar nach Durchführung des Interviews wird die Interviewsituation detailliert protokolliert. Damit werden Eindrücke aus der gerade abgeschlossenen Interviewinteraktion fixiert, die in die spätere Interpretation mit eingehen. Insbesondere wird Wert gelegt auf:

a) die Person und die Lebensumstände des Interviewpartners;

b) die Formulierung erster Interpretationsideen, die eine spätere Interpretation anleiten können, und

c) auf die Bestimmung des typischen Charakters der Interviewsituation.

In Anlehnung an einen Begriff von BUDE (1984), kann an dieser Stelle die "Lebenskonstruktion" des Interviewpartners in Umrissen bestimmt werden. Wir erhalten damit schemenhaft eine erste "Rißzeichnung" des

Gegenübers, die als erste, jedoch vorläufige, "Interpretationsfolie" dient und sich in weiteren Analyseschritten kontinuierlich verändert. In der späteren Analyse zeigt sich, daß dieser Schritt wichtig zur Klassifizierung der ersten Interpretationsgestalt ist. Solche Interviewskizzen enthalten entscheidende Hinweise über erste Eindrücke nach dem Interview. Ohne diese Aufzeichnungen bleibt der spätere Versuch einer ethnopsychoanalytischen Herangehensweise oberflächlich, denn die ersten Eindrücke sind mit späteren Einsichten zu konfrontieren.[7] Im Anschluß an die Feldphase folgt die Phase der Vorbereitung der Feinanalyse.

Beispiel 2:

Ich lernte Manfred in einer "Kneipe" in M. kennen, deren Gäste sich überwiegend aus der Altersgruppe der unter 25jährigen rekrutieren. Zu Beginn verlief das Interview stockend. Sehr schnell stabilisierte sich das Gespräch und wurde in einer lockeren und entspannten Atmosphäre weitergeführt. Während des Interviews wird die Erzählfreudigkeit von Manfred erkennbar. Er erzählt gerne und detailliert. Das gesamte Interview zehrt von dieser Eigenschaft Manfreds. Manfred erzählt von seinem Leben, seiner Arbeit, seinen alltäglichen Nöten und Sorgen. Er stellt keine Fragen an den Interviewer und äußert kein weitergehendes Interesse an dem Verwendungszweck der Tonbänder. Insbesondere erzählt er von seiner Arbeit, die ihm Spaß macht, und davon, wie er es geschafft hat, den Meisterbrief zu erwerben. Manfred ist von seinen Fähigkeiten überzeugt, selbstbewußt und stolz, Handwerker zu sein.

3) Vorbereitungen zur Feinanalyse: Die Kurzbiographie

Die Kurzbiographie wird aus dem während des Interviews erhaltenen Material rekonstruiert:
- Kontextwissen;
- chronologische Darstellung biographisch als bedeutsam identifizierter Ereignisse und des explizit geäußerten Wissens- und Handlungsrahmens.

Die Verschriftung der Tonbandaufzeichung ist Bedingung, um das Material einer weiteren Analyse zugänglich zu machen. Bei der Verschriftung der Interviews wurde die dialektal gefärbte Sprache in die Transkription übernommen, wodurch der lebensweltliche Hintergrund deutlicher hervortritt. Die hier getroffenen formalen Entscheidungen beeinflussen die weitere Analyse, denn eine Entscheidung für ein bestimmtes Transkriptionsverfahren schließt von vornherein bestimmte Analyseprozeduren aus.

Der erste Schritt, der uns vom Interview wegführt und in Richtung Analyse weist, ist die Formulierung der Kurzbiographie des Interviewten (HAUPERT 1987). Die Vergegenwärtigung des Interviewablaufs und die erste Durchsicht des verschrifteten Materials ermöglicht die Niederschrift einer Kurzbiographie des Interviewten, welches die Lebensgeschichte chronologisch aufschließt.

Beispiel 3:

Zum Zeitpunkt des Interviews ist Manfred 23 Jahre alt und seit vier Monaten arbeitslos. Er besuchte in M., einem saarländischen Arbeiterdorf, die Hauptschule und erwarb einen qualifizierten Hauptschulabschluß. Seine Kindheit und Jugend verbrachte er in diesem Dorf, an der Peripherie der Industrieachse Neunkirchen-Saarbrücken. Der Herkunft nach kann er in die "untere Mittelschicht" eingeordnet werden. Seine Mutter betreibt ein Geschäft, in dem sein Bruder arbeitet. Insgesamt wird Manfred neun Monate arbeitslos sein. Im August 1985 wird er durch Vermittlung des Arbeitsamtes eine neue Arbeitsstelle in einem holzverarbeitenden mittelständischen Unternehmen finden, die seinen Vorstellungen entspricht. Er hat eine Lehre als Energieanlagenelektroniker abgeschlossen. Dies ist, wie Manfred betont, die "modernere" Bezeichnung für den "alten" Handwerksberuf des Elektrikers. Zunächst absolvierte er bei der 'Neinkerjer Hitt' (Eisenwerk Neunkirchen) seine Lehre. Während seiner Lehrzeit war diese Hütte Teil des ARBED-Konzerns.[8] Anschließend arbeitete er einige Jahre als Geselle in Neunkirchen, bis er durch die Rationalisierungsmaßnahmen gezwungen wird, einen Ausweicharbeitsplatz in einem anderen ARBED-Stahlwerk (Völklingen) anzunehmen. Weitere Rationalisierungsmaßnahmen veranlassen Manfred, gegen eine Abfindung, dort zu kündigen. Er beschließt, diese für ihn einmalige Gelegenheit zu ergreifen, um mit der Abfindung und einem Zuschuß des Arbeitsamtes die Meisterschule für das Elektrohandwerk in Saarbrücken zu besuchen. Im Spätherbst 1984 legt Manfred die Meisterprüfung ab und ist seitdem arbeitslos.

Nach Abschluß dieser Analysephase (Kurzbiographie), die für jedes erhobene Interview getrennt zu vollziehen ist, folgt die sequenzanalytische Bearbeitung (Feinanalyse) aller Interviews, wobei zunächst, an die Methode des "theoretical sampling" (GLASER/STRAUSS 1979) angelehnt, möglichst konträr Interviews bearbeitet werden, um das Gesamtspektrum möglicher Explikation hervorzuheben und einen interpretativen Rahmen abzustecken. Solche "Extrembiographien" werden dann durch "ähnliche"[9] Interviews ergänzt. Diese Prozedur bildet den ersten Schritt zur Vorbereitung einer späteren Typenbildung.

4.2 *Zweiter Analyseschritt: Fallinterne Feinanalyse*

1) Sequenzierung

Textlogische Sequenzierung des Interviews entlang von Schaltstellen (SCHÜTZE):
- Formulierung von Überschriften zu den einzelnen Sequenzen;
- Suche und Darstellung der Sequenzthematik;
- Zuordnung sequenztypischer, explizierender Zitate;
- Biographiekern;
- Kernaussagen.

Im zweiten Analyseschritt ist zuerst die fallinterne Feinanalyse vorzunehmen. Hierbei wird jedes Interview zunächst isoliert und entlang von Schaltstellen (SCHÜTZE) in text- und erzähllogische Sequenzen zerlegt, die sich aus dem Interviewverlauf ergeben. Die Sequenzeinteilung muß sich darstellungsimmanent verhalten, d.h. der interviewinterne Erzählgang (Darstellungsstruktur) darf nicht zerstört werden, sondern muß durch die Sequenzen "hindurchschimmern". Bei den Sequenzen handelt es sich um inhaltlich zusammengehörende Aussageblöcke, deren Konsistenz eine Leistung des Interviewten in der Interviewsituation ist; diese bleibt in diesem Stadium der Analyse erhalten.

In der Regel kann sich die Sequenzrekonstruktion an den Interviewphasen orientieren. Besonders die Ein- und Ausleitungsphase der Interviews sind als erstes zu rekonstruieren, wobei die Themen der ersten Haupterzählung (Einleitungsphase) bereits die biographisch relevanten Markierungsstellen bezeichnen, die im weiteren Erzählverlauf detailliert werden. Der Biographiekern ist bereits in seinen wesentlichen Deutungsgehalten erkennbar. Die Sequenzierung wird komplettiert:

1. Durch die Zuordnung von typischen Überschriften zu den einzelnen Sequenzen. Diese Überschriften sollen sich an den Text anlehnen und zugleich den Inhalt der jeweiligen Sequenz charakterisieren;
2. durch die zusammenfassende Referierung der Thematik der Sequenz, wobei Verdoppelungen in Kauf genommen werden. Diese Zusammenfassung kann als "Kernaussage" der jeweiligen Sequenz aufgefaßt werden (HAHN/HAUPERT/VONDERACH 1985);
3. durch die Zuordnung sequenztypischer Zitate, welche die Typik der Sequenz fokussieren.

Beispiel 4:

"mhmm... da en Grabe ze mache? Isch han en Zeitlang selber en Grabe von Hand gemacht. Ich wäss was das für een Arbeit iss (..) der Spannungsableiter (..) der schlägt erscht bei 1000 Volt durch (..) die sin fuffzig Meter lang und werde sechzisch Zentimeter tief gelegt..."

"ja weil ich so im Handwerkliche mich nicht auskannt han, wenn du aus der Industrie kommst .. ins Handwerk, das geht nie gudd, aber einer aus'm Handwerk kann immer in die Industrie gehen. (..) Un dann han isch gesagt "ei dann zieh dich mal warm an, wenn du da hingehschd, verstehschde (..) geschaffen werde muß da auch!"

2) Paraphrasierung

Paraphrasierung des Interviewtextes:
- Berücksichtigung von Besonderheiten;
- Ausführliche Kontextexplikation;
- Auflösung indexikalischer Elemente des Interviewtextes (Anmerkungen zur Region, Verweise auf übergeordnete Zusammenhänge).

Der Text wird sozialwissenschaftlich paraphrasiert, wobei der Aussagekern erhalten bleibt, zugleich aber Außenstehende, die das typische Milieu, die Lebensumstände usw. nicht kennen, in die Lage versetzt werden, den Text zu verstehen.

In der Paraphrase, die sich an der Sprache des Interviewten orientiert, werden indexikalische Erzählanteile expliziert und situative Kontexte kommentiert, so daß das Interview milieuspezifisch eingeordnet werden kann. Wir erhalten so eine umorganisierte Version des Interviews, bei der Interpretationsrichtungen (unterschiedliche Lesarten) durchscheinen.

Beispiel 5

Die erste Sequenz schließt an das etwa 25minütige Vorgespräch an. Thematische Teile des Vorgesprächs leiten nun die erste Erzählphase ein. Bereits in der ersten Sequenz werden zentrale Orientierungs- und Handlungsmuster thematisiert, so Manfreds Berufs- und Standesstolz (Elektriker und Handwerker). Gegen Ende der ersten Sequenz wird vom Interviewer erneut der Stimulus thematisiert, um das Vorgespräch zu beenden und Manfred zu signalisieren, mit seiner Erzählung zu beginnen. Die zweite Sequenz markiert den Beginn der Haupterzählung. Nun werden die Biographiekerne thematisiert, die in den Folgeerzählungen und Nachfragephasen (nur noch) detailliert werden. Das zentrale Thema des Vorgesprächs

(Umbau eines Hauses) wird in die Haupterzählung hinüber genommen. Manfred erinnert sich an die Phase seines Lebens nach dem Weggang von ARBED, als er, um die Bedingungen zum Besuch der Meisterschule (notwendige Gesellenzeit: 36 Monate) zu erfüllen, noch drei Monate in einem kleinen Betrieb des Elektrohandwerks gearbeitet hatte. Einzig und allein aus diesem Grunde war er bereit, eine Tätigkeit als "Hilfsarbeiter" und "Handlanger" in dem kleinen Handwerksbetrieb auszuüben. Seine Aufgabe dort war es, die elektrischen Anlagen (Schaltkästen etc.) gegen Blitzeinschlag zu erden. Dazu mußten lange, tiefe Gräben zum Verlegen der Erdungsleitungen ausgehoben werden. Manfred ist die beschwerliche Arbeit, mit "Schippe und Hacke", aus dieser Zeit bestens in Erinnerung. Manfred, der Industriearbeiter, stellt sehr schnell fest, daß die "richtigen" Handwerker (d.h. diejenigen, die im Handwerk ausgebildet wurden) die industriell ausgebildeten Handwerker für minderwertig und schlechter qualifiziert halten. Für jene Handwerker ist klar, daß sie in der Lage sind, jederzeit in der Industrie unterzukommen. Sie sind von ihren Fähigkeiten überzeugt, zumal sich ihre Ausbildung dem äußeren Anschein nach als vielfältiger darstellt. Mit einem Handwerker, der diese Meinung vertritt, hat Manfred massive Schwierigkeiten. Manfred erklärt ihm, daß auch in der Industrie gearbeitet werden müsse. "Dieser Typ" muß sich nach Manfreds Überzeugung "warm anziehen", wenn er in der Industrie "zurechtkommen will"! Manfred verdeutlicht mit diesem Hinweis, daß gerade die Industriearbeit besondere Fähigkeiten verlangt, die seines Erachtens nicht jeder "Handwerker" besitzt. Hier wird einer der zentralen Deutungsparameter von Manfred zum ersten Male erwähnt: Sein Stolz auf seine umfassende Ausbildung und sein Standesstolz. Manfred ist, das kann gesagt werden, mit Leib und Seele Elektriker und verteidigt diesen Beruf Außenstehenden gegenüber.

Manfred kann einem bestimmten Typ von Arbeitslosen zugerechnet werden. Er behält in der Arbeitslosigkeit seine berufliche und soziale Kompetenz bei. Manfred artikuliert eine hohe Motivation für eine beruflichen Karriere und hat, damit eng verbunden, eine hohe Motivation, sich weiterzubilden. Letztlich ist er aus diesem Grunde in der Lage, in der Arbeitslosigkeit Zukunftsperspektiven beizubehalten und zusätzlich neue zu entwerfen.

Die Paraphrase bietet die Möglichkeit, erste Interpretationsfragmente zu entfalten und die Interviewsituation am "inneren Auge" vorbeiziehen zu lassen. Hier beginnt jene innere Pendelbewegung (ERDHEIM 1984) zwischen der Eigen- und der Fremdwahrnehmung, die für Analysen im Bereich kommunikativer Sozialforschung so bedeutsam ist und ohne die eine ethnopsychoanalytisch orientierte Analyse nicht durchführbar ist.

3) Milieuexplikation

Exkurse zu:
- Milieu;
- Region;
- Interviewbesonderheiten.

Ergänzt wird die Paraphrase durch Exkurse zu Fragen, die den engen inhaltlichen Rahmen der Paraphrase sprengen. Hierbei kann es sich um ausführliche Milieubeschreibungen, um Anmerkungen zu regionalspezifischen Besonderheiten, um Erklärungen zu Arbeitsstellen und Firmen, um Erklärungen zur Sprache des Interviews sowie um Versuche zur sozialpsychologischen Einordnung des Verhaltens - sowohl des Interviewten als auch des Interviewers - handeln. Bedeutsam ist in jedem Fall die Milieu- und Regionexplikation. Diese Exkurse werden deutlich abgesetzt in die Paraphrase eingeschoben.

Die grundlagentheoretische Annahme der Verwobenheit in Erzählstrukturen im Rahmen eines narrativen Interviews und die frühzeitige Thematisierung relevanter biographischer Ereignisse deuten sich hier in ihrer Wirkrelevanz an. Mein Material rechtfertigt die Annahme, daß handlungsrelevante Schemata zu Beginn der Narrationen thematisiert werden, um den biographischen Handlungshorizont abzustecken, in welchen die nachfolgenden Narrationen eingebettet werden.

Beispiel 6

Die Erfahrungen, die Manfred in dieser kurzen Zeit in diesem kleinen Handwerksbetrieb sammelte, werden in der weiteren Entfaltung der Lebensgeschichte entscheidende Bedeutung erlangen. Für ihn ist bei der Arbeitsaufnahme in diesem kleinen Betrieb klar, daß er nur drei Monate dort verweilen wird. Von daher wurden ihm nur weniger interessante und weniger qualifizierte Handlangertätigkeiten zugewiesen: die Tätigkeiten, die niemand gerne ausführte, die Routinearbeiten und die langweiligen Arbeiten. Er war für die Kollegen der "Hennes", der die

"Knaubarbeiten" und "Knottelarbeiten" ausführen mußte. Diese drei Begriffe, die Manfred an dieser Stelle einführt, entstammen der berufstypischen Sprache des saarländischen Bergmanns, die sich im 19. Jahrhundert herausbildete. Die Begrifflichkeiten dieser Unterschichtsprache wurden im Verlauf der Sprachentwicklung in den allgemeinen Wortschatz der saarländischen Mundart übernommen. "Hennes" oder "e Hennesje" ist ein abwertender Begriff für den Bergmann, für die "Berschmänner". Verwendet wurde dieser Begriff zunächst von den Menschen im Dorf, die keine persönliche Beziehung zu den Bergleuten und keine Beziehung zur Arbeit unter Tage hatten. Der "Hennes" steht symbolisch für den "tumben Tor", der, vom Land kommend, "nicht bis drei zählen konnte" und dem man ein "x für ein u" vormachen konnte. Er arbeitet, "weil er ja zu nichts Besserem nutze war", auf der Grube. Es war die Muskelkraft des Arbeiters, die unter Tage notwendig war, nicht seine Intelligenz und seine geistigen Fähigkeiten. So wird der noch nicht "industriell domestizierte" Bauernsohn aus der Pfalz, dem nördlichen Saarland und dem Hunsrück doppelt gedemütigt: In und über die Sprache und durch die Demütigungen, welche die industrielle Arbeit bereithält. Der Begriff Hennes hat sich mittlerweile aus seinem Ursprungskontext gelöst und bezeichnet nun den "dummen Arbeiter", den Menschen, dem von seinen Kollegen die unbeliebten Arbeiten zugewiesen werden, über den sich die Kollegen lustig machen. Dies geschieht nicht etwa hinter dessen Rücken, sondern vor seinen Augen. Und der Hennes weiß sich nicht zu wehren. Er übernimmt die unangenehmen Arbeiten, weil er keine Mittel und Möglichkeiten kennt, um sich gegen die Demütigungen zur Wehr zu setzen. "Knaubarbeiten" und "Knottelarbeiten": Das sind genau diese unbeliebten, routinisierten, gleichwohl notwendigen Arbeiten, die kaum eine Abwechslung bieten und die mehr schlecht als recht durchgeführt werden. Verwendungskontext letzterer Begriffe ist das Milieu der Arbeiterdörfer. Sie bezeichnen einmal die Arbeit, die von den wenig qualifizierten Tagelöhnern durchgeführt wurde, zum anderen auch die Qualität der von ihnen hergestellten Werkzeuge. Diese Art von Arbeiten mußte Manfred während dieser drei Monate ausführen. Die Konflikte, die er mit seinen Arbeitskollegen austrug, beruhten auf seiner Rolle als Hennes und seinen Schwierigkeiten, diese Rolle für sich anzunehmen.

Der Abschluß der ersten Sequenz wird von einem alltäglichen Gesprächsthema des Dorfes bestimmt, dem im engen Raum des Dorfes existentielle Bedeutung zukommt.

Beide Interviewpartner können sich dem Zugzwang des Alltags, wie er sich in dem Gespräch entfaltet, nicht entziehen. Sie haben beide den Alltag ins Interview zu integrieren. In dieser ersten Sequenz verschafft sich zugleich die Subjektivität des Forschers, neben der Subjektivität des Erzählenden, Raum. Anders als es ein idealtypisches Interviewvorgehen konstatieren würde, wo ja für die anteilige Subjektivität kein Raum bleibt, gewinnen in narrativen Interviews die Gesprächsanteile des Forschers Wirkrelevanz, nicht als interviewstrategische Wirkrelevanz, sondern als eine sich jenseits aller Strategie entfaltende Verwicklung des Forschers selbst. Alltagskommunikative Elemente werden nicht theoretisch eingefordert, sondern empirisch durch die Gesprächsanteile des Forschers eingebracht.

4) Interviewstil und -atmosphäre

Anmerkungen zu Interviewstil und -atmosphäre:
- Anmerkungen und Besonderheiten;
- Ethnopsychoanalytische Interpretation.

Ein weiterer Schritt ist notwendig, dem bislang in der sozialwissenschaftlichen Methodenliteratur kaum Beachtung geschenkt wird. Gemeint ist die Beobachtung des Interviewerverhaltens bzw. der Interviewerinterventionen vor, während und nach den Interviews. Diese können das Verhalten des Befragten entscheidend beeinflussen und müssen aus diesem Grunde ebenfalls mit in die Analysearbeit einbezogen werden.

Die Ethnopsychoanalyse (ERDHEIM 1984) bietet hier Hilfestellungen an, wie ein solches Vorgehen im Rahmen der Analyse narrativer Interviews zu bewerkstelligen ist. Dabei ist die Frage zu beantworten, wie die Interventionen, Vorannahmen und impliziten Wünsche und Ängste des Interviewers die Erzählungen des Interviewten beeinflussen.

4.3 Dritter Analyseschritt: Kerngeschichten und Alltagswissen

1) Kerngeschichten

Herauslösung von zentralen Geschichten aus dem Biographiehorizont (Kerngeschichten):
- Entwicklung der Gesamtgestalt unter Berücksichtigung von Geschichten, Weltbezügen, Idealisierungen und Situierungen in der Lebenswelt des Interviewten;
- Ich- und Wir-Geschichten;
- Kerngeschichten und Botschaften (messages);
- Karrieren;
- Statuspassagen;
- Biographische Handlungsschemata.

Der Abschluß der Paraphrase signalisiert das Ende des Analyseteils, der sich an die Sprache des Interviews anlehnt und der die Erzählstruktur "unangetastet" läßt. Nun folgt ein Analyseschritt, der zum ersten Mal eine Distanz zum Interviewtext einnimmt, indem Kerngeschichten des Interviewten, wie sie im Interview emergieren, herausgearbeitet werden. Es wird die Gesamtgestalt (Wie, [als Wer] präsentiert sich der Befragte im Interview?) unter Berücksichtigung des Gesamtinterviews, incl. aller Idealisierungen usw., beschrieben, bevor die Erzählformanalyse durchgeführt wird. Es wird also herausgefiltert, wie sich der Interviewte in der Welt und mit der Welt (Interaktionsbezug, Interaktionspartner) situiert, ob seine Geschichten einen "Ich-", einen "Wir-" oder einen generalisierenden "Man" -Bezug haben. So erzählte beispielsweise einer der Jugendlichen nur in der Ich-Form und bezog in seiner Erzählung keine anderen Personen mit ein, wohingegen ein anderer seine Erzählung mit der Hereinnahme der Sichtweisen von Freunden und Bekannten "stützte", sich also nicht in einem isolierten Arbeitslosenuniversum situierte, sondern in der Arbeitslosigkeit soziale Kontakte bewahrte und diese im Interview mitteilte. Die Erzählformanalyse hilft darüber hinaus, die soziale Verankerung des Interviewten zu rekonstruieren.

Die Rekonstruktion der Gesamtgestalt wird ergänzt durch das Herausfiltern von "persönlichen Botschaften" (zentralen Geschichten) oder "Welterkenntnissen" ("Die da oben, die wollen uns alle hereinlegen"), die der Interviewte mitteilt. Ich möchte diese Botschaften in der Folge als "messages" auffassen. Ergänzt wird dieser Schritt durch die Rekonstruktion typischer Statuspassagen: Lehrlinge (typische Krankheiten) und/oder Karriereverläufe (Drogenkarriere, Kriminellenkarriere), die aus dem Material rekonstruierbar sind. Mit den "zentralen Geschichten" wird die erzählte Biographie zum ersten Male anders, d.h. im sozialwissenschaftlichen Sinne fokussiert. Hier kann keine explizite Vorgehensweise vorgeschlagen werden; allenfalls können Elemente benannt werden, die in der weiteren Einzelfallbearbeitung zu berücksichtigen sind. Im vorliegenden Fall führte diese Arbeit zur Explikation spezifischer biographischer Handlungsschemata, die eine Verlaufskurve der Arbeitslosigkeit formen, wobei die Erarbeitung dieser Schemata sich am Text des Interviews orientiert und sich nicht auf Hypothesen, die im Vorgriff entwickelt wurden, bezieht, wohl aber auf Hypothesen im Sinne einer "grounded theory", also auf Annahmen über theoretische und alltagsweltliche Zusammenhänge, die sich während der verschiedenen Analyseschritte herauskristallisieren. Diesem Schritt folgt als letzter in der Einzelfallbearbeitung die Rekonstruktion des alltäglichen Wissens, welches in den geschilderten Ereigniskontexten und den explizierten Handlungssituationen Orientierungsfunktion übernimmt.

2) Alltagswissen

Skizzierung des alltäglichen Orientierungswissens in den jeweiligen Handlungs- und hervorgehobenen Ereignissituationen:
- Wissensbestände;
- Strukturen der Lebenswelt/Relevanzen;
- Individuelle Zielsetzungen fungieren als strukturierendes Prinzip im Geschichtenhorizont.

Hier werden neben den aktuell handlungswirksamen Wissensbeständen lebensweltliche Relevanzstrukturen erkennbar. Individuelle Zielsetzungen, wie sie im Interview explizit und implizit geäußert wurden, werden als strukturierende Prinzipien aufgefaßt, an denen sich der Rekonstruktionshorizont orientiert. Mit diesem Schritt ist die Einzelfallarbeit abgeschlossen.

4.4 Vierter Analyseschritt: Fallübergreifende Feinanalyse

1) Zuordnung zu analytischen "Typen"

Zuordnung der Interviews zu analytischen "Typen":
- Typzuordnung entlang rekonstruktiver Kriterien;
- Verlaufskurvenhintergrund und -verstrickung;
- Karriereverläufe;
- Sozialisation.

Aus Anschauung, Kenntnis und Einzelfallbearbeitung aller erhobenen Interviews werden die einzelnen Lebensgeschichten entlang rekonstruktiver Kriterien (etwa typische Karriereverläufe, vergleichbares Orientierungswissen, gemeinsame Sozialisationshintergründe, Verstrickungen in Verlaufskurven usw.) zusammengefaßt. Biographien mit maximalen Ähnlichkeiten bzw. maximalen Unterschieden werden zu Gruppen gebündelt, die in der Folge als empirische Typen bezeichnet werden. Im vorliegenden Beispiel war ein substantieller rekonstruktiver Gesichtspunkt der Grad der Verstrickung in die negative Verlaufskurve des "Arbeitslos-Werdens" und, dadurch ausgelöst, das Ingangsetzen konditionaler Verstrickungszusammenhänge mit erschwerter individueller Lösungsperspektive.

Die Herausarbeitung der Typen beginnt mit der Analyse der Lebensgeschichte eines Jugendlichen, der explizite Zukunftspläne artikulierte, eine Meisterausbildung abgeschlossen hatte und sich nun regelmäßig bei unterschiedlichen Unternehmen bewarb. Die aktuelle Arbeitslosigkeit ist seine erste Arbeitslosenphase. Diese Biographie wurde als "Modellbiographie" für den Typ des KOMPETENTEN (Typ A) verwertet. Sie wurde mit der Biographie eines Jugendlichen konfrontiert, der seit mehreren Jahren arbeitslos war und kein Interesse an Arbeit im allgemeinsten Sinn mehr äußerte. Seine Lebensgeschichte diente als Modell für die Biographie des Typs RENTNER (Sozialhilfeempfänger) (Typ D).

Beide Biographien faßte ich als Extrembiographien auf und entwickelte hieran erste Ideen für eine spätere Typologie. Bereits zu diesem frühen Zeitpunkt der Analyse war erkennbar, daß das kritische Lebensereignis Arbeitslosigkeit zu unterschiedlichen biographischen Verstrickungen führt. Die beiden Beispielbiographien spannen unter dem Einfluß der einsetzenden (oder bereits eingesetzten) Fallkurve der Arbeitslosigkeit einen Bogen zwischen der Fähigkeit der Kontrolle der einsetzenden Verlaufskurve (Typ A: Besuch der Meisterschule für Elektrotechnik) und der extremen Umdefinition der Lebensperspektiven (Typ D: "Ich verstehe mich nun als Rentner"). Die Typen B und C explizieren andere Modalitäten, können aber als zwischen A und D liegende Modalitäten aufgefaßt werden. Typ B, der TRÄUMER und RESIGNIERTE; Typ C der GELEGENHEITSARBEITER. Der verwendete Typenbegriff faßt

Typen nicht im Sinne von Ordnungs-, sondern im Sinne von Haltungs- und Handlungstypen auf, die je spezielle Durchgangsstadien in der Arbeitslosigkeit beschreiben.

2) Verlaufskurven

Kategorien bei der Typzuordnung:
- Verlaufskurvenverstrickung;
- Handlungskompetenz;
- Bündelung;
- Wissen: Orientierungswissen, Handlungswissen.

Die Verstrickung in eine Verlaufskurve und die durch Arbeitslosigkeit ausgelöste bzw. verstärkte Destabilisierung von Handlungskompetenz sind die fundamentalen Kategorien bei der Typenbildung. Der Grad der Verstrickung und die Reduktion von Handlungskompetenz unterscheidet die Jugendlichen, so daß unterschiedliche Typen des Verhaltens, des Umgehens und des Lebens in der Arbeitslosigkeit erscheinen. Kriterium zur Bestimmung des Verstrickungsgrades ist nicht - und darauf muß ich hier ausdrücklich hinweisen - ein "objektiver Beobachterstandpunkt", der mit theoretischen Begriffen operiert, sondern die erzähllogische Präsentation des entsprechenden Verlaufskurvenpotentials. Maßstab für die Zuordnung sind Eigenthematisierungen und die in Geschichten, etwa durch Verbalisierungen ("uns steht das Wasser bis zum Hals"), mittels Schilderung spezifischer Ereignisse (Selbstmord) oder Ereignisverkettungen (Arbeitslosigkeit, Drogen, Kriminalität, Jugendstrafanstalt) zum Ausdruck kommenden Positionierungen in Verstrickungszusammenhänge. Entscheidend ist nicht die isolierte Feststellung einer wie immer gearteten Aufschichtung von Potentialen, sondern der individuelle Umgang mit und die Reaktion auf kritische

Lebenssituationen. Die Dynamik der Verlaufskurvenverstrickung ist zu rekonstruieren, wobei die Erörterung sozialisatorischer und lebensweltlicher Hintergründe für eine Typenbildung unabdingbar ist.

Beispiel 7: Verlaufskurve des Typs A: Der Kompetente

Bei Typ A erfordert die Arbeitslosigkeit eine Neuorientierung des bisherigen Lebens und der bisherigen Berufslaufbahn. Die durch die Arbeitslosigkeit hervorgerufenen Zäsuren sind dabei von weitreichender Konsequenz. Damit meine ich, daß hier eine bestimmte Persönlichkeitsentwicklung, ein bisher planvoller und problemloser Karriereverlauf abrupt unterbrochen wird und in der Extremsituation Arbeitslosigkeit Neuorientierungen und Neudefinitionen des bisherigen Lebensablaufs notwendig werden. Die Arbeitslosigkeit erzeugt die Mobilisierung neuer Ideen.

3) Orientierungswissen

Akzeptierung der Normen und Werte der Leistungsgesellschaft;
Integration in bestehende gesellschaftliche Organisationen; relative Unreflektiertheit der gesellschaftlichen Situation.

Die Bewältigung gelingt nicht zuletzt durch die Aktivierung spezifischer Wissensbestände, welche die Jugendlichen bei der Bewältigung der lebensgeschichtlichen Zäsur unterstützen.

Zu Typ A gehören Jugendliche, die trotz den mit Arbeitslosigkeit verbundenen Problemlagen und potentiellen Verstrickungen in einer Verlaufskurve ihre Planungs- und Entscheidungssouveränität wahren, ja sogar in der Lage sind, neue Perspektiven in dem Moment ins Auge zu fassen, in dem es ihnen gelingt, die Verlaufskurve tentativ zu kontrollieren. Sie verfügen über Wissenssedimente, die eine weitere Verlaufskurvenverstrickung verhindern.

Beispiel 8: Den Alltag und die persönliche Zukunft strukturierende Wissenselemente

Im Gegensatz zu den (an dieser Stelle nicht weiter explizierten) Typen B, C und D kann Typ A präzise Auskunft geben über den konkreten Tagesverlauf in der Arbeitslosigkeit. Die Jugendlichen der anderen Typen leben mehr oder weniger in den Tag hinein. Typisch ist das Herumlungern während des Tages, das späte Aufstehen am Morgen, das Fernsehschauen bis zum "bitteren Testbild" und das "Aufbleiben bis spät in die Nacht" hinein. Die Nacht wird zum Tag, und die sozialen Kontrollen werden reduziert, denn um drei Uhr in der Nacht verbergen Rolläden den psychischen Zustand vor den Nachbarn. Die Organisation der Zeit, des Tages, beginnt erst dann zum Problem zu werden, wenn die Arbeitslosigkeit nicht mehr als willkommene Verlängerung des Urlaubs hingenommen wird und die typische Zeitstruktur des Urlaubs (sich mal gehen lassen, mal das tun, was man immer schon tun wollte) aus vielerlei Gründen nicht mehr handlungsrelevant sein kann.

Herbert (Typ A) fand einen anderen Ausweg aus der Zeit- und Alltagskrise: Er beschäftigt sich zunächst mit Basteln und Lesen und dann, als der Frühling näher rückt, wird er in Haus und Hof aktiv. Er teilt sich seine Arbeit nach eigenem Plan ein, macht pünktlich um siebzehn Uhr Feierabend, so als ob er tatsächlich Lohnarbeit verrichten würde. *"Do wor der Tach.. der Tach wor da ausgefüllt net. Meischtens fünef Uhr, wenn der Zug komm iss, wor Feierabend, do wor nix mehr drenn ne..!"* Die planmäßige Organisation seines Alltags hilft Herbert, seine Zeit, von der er ja im Überfluß hat, einzuteilen und nicht vor dem Übermaß an frei verfügbarer Zeit zu kapitulieren. Diese Fähigkeit der Alltagsorganisation und -strukturierung (Handlungskompetenz) ist für die Bewältigung der Arbeitslosigkeit von entscheidender Bedeutung. Sie verhindert ein Verzweifeln, ein Abgleiten in Dumpfheit und Lebensangst.

Das "Erklärungsmodell Handlungskompetenz" ist sicherlich nicht ausreichend, um dieses Phänomen voll zu veranschaulichen. Auch andere Faktoren sind zu isolieren, die helfen, dieses Verhalten in der Arbeitslosigkeit zu deuten.

Ein typisches Merkmal des Typs A ist die Integration in alte Bezugsgruppen, mit denen die Jugendlichen auch ihre Freizeit verbringen. Auch wird hierdurch verhindert, daß diese Jugendlichen in Anomie und Beziehungslosigkeit abgleiten.

Manfred und Herbert, wie auch die anderen Jugendlichen dieses Typs, organisieren ihre Freizeit und ihren Alltag in der Arbeitslosigkeit entlang der erlernten, erprobten und bewährten Handlungsmuster, die in der Arbeitszeit ihre Bedeutung hatten und auch jetzt nicht in Frage gestellt oder verändert werden. Für diese Jugendlichen entstehen so zunächst weniger Orientierungsprobleme in der Arbeitslosigkeit. Diese Muster sind Bestandteil des dörflichen Lebens, der dörflichen Sozialordnung; die Jugendlichen bleiben Mitglieder in den dörflichen Cliquen.

Bei Typ A führt die Entstrukturierung des Alltages nicht so weit, daß die erworbenen Kompetenzen gänzlich verloren gehen.

4) Typspezifische Alltagssituationen: Soziale und familiäre Hintergründe

Herausarbeitung typspezifischer Situationen:
- Exemplarische Analyse von "Kern-"situationen;
- Orientierung an zentralen Markierungsstellen;
- Kernbereiche handlungsrelevanten Wissens.

Ergänzt wird dieser Schritt durch die Herausarbeitung von Alltagssituationen, die als typspezifische aufgefaßt werden und zwar derart, daß sich in diesen Situationen die Charakteristik des jeweiligen Typs manifestiert. Die entscheidenden Merkmale des Typs werden anhand zentraler biographischer Situationen illustriert und fallübergreifend interpretiert. Diese Interpretation verwendet kontrastiv Materialien aus allen Interviews. Ziel dieser interviewübergreifenden Verknüpfung ist die Präsentation von falltypischen und zugleich typspezifischen Situationen, losgelöst vom Individuellen und doch zugleich damit verknüpft. Es handelt sich um eine Auswahl von Situationen, die aus naheliegenden Gründen umfangmäßig begrenzt sind. Sie verweisen auf Statuspassagen, Karrieremuster und Verlaufskurven, die deutungswirksam für den jeweiligen Typ sind. Diese Passagen markieren jene biographischen Eckpunkte, die eine typspezifische Einordnung erlauben. Hier erscheinen die Parallelen reliefartig und kumulieren in biographischen Gesamtereignissen insofern, als sie in den relevanten Erzählungen öfters thematisiert werden. Diese Situationen werden exemplarisch analysiert. Bei Typ A war die Art und Weise der Arbeitsorientierung eine zentrale Markierungsstelle, von der aus auf Kernbereiche typspezifischen handlungsrelevanten Wissens geschlossen werden konnte.

Beispiel 9: Hauptsache eine Arbeit. Zum Pragmatismus von Berufswahl und Berufserfahrungen

Eine typische Berufsgeschichte an der Saar beginnt häufig mit der Auswahl zwischen zwei Berufsbereichen: Entweder der Arbeit auf Hütte und Grube und den kommunalen und staatlichen Verwaltungen und Einrichtungen oder dem Versuch, bei Großunternehmen in benachbarten Bundesländern eine Lehrstelle zu finden. Nach erfolgreichem Abschluß der Hauptschule kommen Anwerber der Großkonzerne, um die guten Schüler als Lehrlinge in ihre Betriebe zu holen. Es wird eine solide Ausbildung garantiert, verbunden mit der Aussicht auf einen krisensicheren Arbeitsplatz. Mitte der siebziger Jahre war die Situation positiv, wie Martin schildert: *"ich wollt dann erschd wollt ich Maschinenbau, Schlosser un so was machen, das wäre so eine Schule in Lindau am Bodensee gewesen un das war mir zu weit (...) un auf einmal hat der gemeint, ja Chemielaborant oder so was bei BASF.. das hat sich irgendwie großartig angehört (...)"*. Die Eltern müssen einen Zuschuß zur Lehre zahlen, damit der Sohn in Ludwigshafen leben und lernen darf. Sie zahlen, wie in alten Zeiten, Lehrgeld, um eine gute Ausbildung zu gewährleisten. Martin durchschaut heute ansatzweise die Taktik der Konzerne: Die Lehrlinge für die Ausbildung aufkommen zu lassen, obwohl diese Lehrlinge, die aus räumlich entlegenen Gebieten "herantransportiert" werden, benötigt werden. Damals allerdings war Martin von der "weiten Welt der Chemie fasziniert". Für Martin beginnt die Berufslaufbahn bei den BASF in Ludwigshafen; für Manfred bei ARBED in Neunkirchen; für Thomas in einer Zahntechnikerwerkstatt. Alle Jugendlichen dieses Typs erlernen einen anspruchsvollen Handwerksberuf, der ihnen eine sichere berufliche Zukunft verspricht. Die Jugendlichen haben in diesen ersten Phasen ihrer Berufslaufbahn zwar Orientierungsschwierigkeiten, die jedoch gemeistert werden. Mit der nötigen Kompetenz ausgestattet, erwerben sie ihre jeweiligen Berufsabschlüsse. Bereits in der Anfangsphase ihrer Erwachsenen- und Berufsbiographie wird deutlich, daß ein Kernpunkt ihrer Biographie die erworbenen sozialen Handlungskompetenzen darstellen. Diese schaffen die notwendigen Voraussetzungen, um in einer Krisensituation personale Entscheidungskapazitäten zu bewahren. Die Jugendlichen sind stolz auf ihren erlernten Beruf, würden diesen Beruf jederzeit wieder erlernen und möchten gerne nach der Arbeitslosigkeit wieder in diesem Beruf arbeiten.

Beispiel 10: Entscheidungskriterien bei der Berufswahl

Bei der Berufswahl dokumentiert sich in den Berufswünschen der Jugendlichen ein pragmatisches Denken, welches in ihrem jeweiligen Herkunftsmilieu verankert ist. Ziel ist nicht ein Traumberuf, sondern ein sicherer Arbeitsplatz. Es ist relativ zufällig, welcher Beruf ergriffen wird. Eines wird deutlich: Ist der Beruf einmal ergriffen, so werden die Vor- und Nachteile in Kauf genommen, integriert, und ab diesem Zeitpunkt identifiziert man sich damit. Alle Jugendlichen dieses Typs versuchen, sich in der Arbeitslosigkeit beruflich weiterzubilden. Sie bewahren die nötigen Kompetenzen, um die einsetzende Verlaufskurve zu beherrschen. Sie orientieren sich an den Mustern des beruflichen Weiterkommens, des beruflichen Aufstiegs. Ihr Ziel ist eine qualifizierte Ausbildung in technologischen Sektoren mit guten Zukunftsaussichten. Sie haben es individuell geschafft, ihre Karrierepläne ansatzweise zu realisieren. Berufsstolz ist in der Arbeitslosenzeit ein wesentliches Element, um Identitäts- und Verlaufskurvenstabilität zu gewährleisten. Die Jugendlichen dieses Typs werden zwar auch in die Verlaufskurve der Arbeitslosigkeit verstrickt, ihnen gelingt es jedoch relativ unbeschadet, neue Handlungsschemata zu entwickeln und damit diese Kurve zu durchlaufen. Ihre beruflichen Erfolge sind Indiz, daß sie zu beruflicher Leistung in der Lage sind. So helfen die Erfolge der Vergangenheit, in der Arbeitslosigkeit depressive Phasen zu überwinden und Verstrickungen zu entgehen.

Herbert umgeht die Arbeitslosenzeit, indem er eine Fachhochschulstudium beginnt.
Manfred erwirbt, ausgelöst durch die drohende Arbeitslosigkeit, den Meisterbrief.
Thomas besucht Fortbildungsveranstaltungen.

4.5 Verallgemeinernde Typenbildung: Zuordnung der Typen zu lebensweltlichen Milieus

1) Zuordnung zu lebensweltlichen Milieus:

- Explikation von typspezifischen Kernbereichen;
- Zusammenfassung der Kernaussagen.

Nach dem Schritt der Typentwicklung und -entfaltung kann zur Verallgemeinerung übergegangen werden. Hier bieten sich mehrere Vorgehensmöglichkeiten an, von denen ich eine vorstellen will: Die Zuordnung der rekonstruierten Typen zu biographischen Milieus im Sinne GRATHOFFs und HILDENBRANDs (GRATHOFF 1979, 1989; HILDENBRAND et al. 1984) und zugleich die Einbettung in übergreifende soziale Zusammenhänge. Hieraus ergibt sich der letzte Schritt, nämlich die thesenartige Herausarbeitung von Kernaussagen, die den gesamten Gegenstandsbereich betreffen. Der individuell einmalige, biographische Wissensvorrat ist Ergebnis sozialer Interpretations- und Deutungsvorgänge. Das so konstituierte "gemeinsame Wissen" der Mitglieder, obwohl biographisch einmalig, doch kollektiv aufgrund gemeinsamer Handlungs- und Lebenszusammenhänge verankert, manifestiert sich in vier generellen Typen:

2) Rekonstruierte Typen:

Typ A: Der Kompetente;
Typ B: Der Träumer;
Typ C: Der Gelegenheitsarbeiter;
Typ D: Der Rentner.

Beispiel 11: Biographische Typen

Es wurden vier biographische Typen unterschieden. Die Differenzierungsmerkmale bezog ich aus den erzählten Lebensgeschichten. Die Typen wurden parallel zum einzelfallanalytischen Vorgehen entwickelt und ständig revidiert. Die Jugendlichen interpretierten zum Interviewzeitpunkt unter der thematischen Relevanz "Arbeitslosigkeit" ihre Lebensgeschichte. Ausgehend von diesen handlungsleitenden Alltagsinterpretationen der Jugendlichen wurden dann die Typen rekonstruiert.

Die den einzelnen Typen zugeordneten Lebensgeschichten unterscheiden sich hinsichtlich ihres alltäglichen Orientierungswissens (ihrer kollektiven und individuellen Typisierungsmuster) und hinsichtlich ihrer

Verlaufskurvenverstrickung. Abschließend kann festgestellt werden, daß Arbeitslosigkeit als dreifache biographische Krise erfahren wird:

- als eine existentielle Krise der unsicheren materiellen Zukunftsbedingungen (Verarmung);
- als soziale Krise der Reduktion sozialer Kompetenz (Stigma und Desintegration);
- als eine psychische Krise der Depression und des Verlustes des Vertrauens in die eigenen Fähigkeiten (Lebensangst).

Lebensweltliche Krisen werden unterschiedlich bewältigt:

- Entwicklung von konkreten Handlungsalternativen und Kontrolle der Verlaufskurve im sozial vorgegebenen, institutionalisierten Rahmen (Typ A).
- Entwicklung unrealistischer Handlungsalternativen und frühe Verlaufskurvenverstrickungen (Typ B).
- Handlungsalternativen stehen nicht mehr zur Disposition. Der Lebensvollzug wird als persönliches Schicksal ohne Möglichkeit der Gegenwehr und des persönlichen verändernden Eingriffs akzeptiert (Typ C).
- Alternative Handlungsmöglichkeiten werden im Anschluß an die Kontrolle der Verlaufskurve entwickelt. Diese Alternativen verlassen formal den gesellschaftlich akzeptierten sozialen Rahmen und dokumentieren persönliche Unabhängigkeit (Typ D).

5. Abschließende Bemerkungen

Die hier präsentierten Ergebnisse sind sowohl für die sozialwissenschaftliche Methodendiskussion als auch für den Bereich der Sozialarbeit von Interesse. Die vorgestellte Typologie muß - etwa für die Revision sozialarbeiterischer Interventionen - noch weiter ausgearbeitet werden, um im Alltag der Sozialarbeit anwendbar zu sein. Es ist deutlich geworden, wie leistungsfähig eine solcherart durchgeführte qualitative Forschungsstrategie nicht nur im explorativen, sondern im generativen Bereich ist. Mit dem hier vorgestellten Verfahren zur Analyse narrativer (offener, qualitativer) Interviews soll die Diskussion um den Einsatz, die Reichweite und die Auswertung qualitativer Daten angeregt und weitergetragen werden. Die bislang vorgelegten Lösungsvorschläge sind an konkreten Forschungsprojekten weiterzuentwickeln. Hierbei müssen auch unterschiedliche Verfahrensweisen (etwa: Ethnopsychoanalyse, Objektive Hermeneutik) kombiniert werden. Die Grundfragen, die angesprochen wurden, zeigen einen Weg für den Einsatz qualitativer Forschungsstrategien im Rahmen wissenschaftlicher Sozialarbeit. Bei der Vermittlung sozialarbeiterischen Wissens ist neben der Grundlegung professioneller Praxiskompetenz (Kompetenz zur Bewältigung der berufspraktischen Fragen der Sozialarbeit) eine weitere Kompetenz notwendig, die als theoretische Praxiskompetenz (SCHÜTZE 1979) (als theoretisch angeleitete Reflexions-, Erkundungs- und Interpretationskompetenz) bezeichnet wird. Hauptziel ist dabei "die Vermittlung einer Kompetenz zu abgekürzten Erkundungs- und Interpretationsverfahren, die am Ort des aktuellen Berufshandelns unmittelbar zum Einsatz gelangen und wissenschaftlich angeleitet" (ebd., S. 1) und fundiert sind. Das Wissen um diese Kompetenz und die konkrete Umsetzung in der alltäglichen sozialarbeiterischen Praxis sind unabdingbare Voraussetzung eines wissenschaftlich aufgeklärten und kontrollierten Berufshandelns. Hierzu ist neben der Vermittlung der theoretischen Modelle, die aus verschiedenen Einzelwissenschaften stammen können, auch eine methodisch-theoretische Kompetenz zu vermitteln, in deren Mittelpunkt neuere Verfahren der qualitativen Sozialforschung mit ihren jeweiligen

Analyserichtungen (Prozeß-, Evaluations-, Biographie-, Struktur- und Organisationsanalyse) stehen.

Anmerkungen

1 Aus diesem Problemkatalog, der ein Programm für die empirische Forschung formuliert, werden von LÜDERS/REICHERTZ zu vier Problembereichen (Beliebigkeit, Generalisierbarkeit, Ökonomisierung und Darstellbarkeit) Lösungsvorschläge zur Diskussion gestellt.

2 Auf folgende Veränderungsfaktoren sei kurz hingewiesen:
1. Marginalisierung eines Großteils der proletarischen und kleinbürgerlichen Jugend;
2. Die Zerstörung von Zukunftsperspektiven der arbeitslosen Jugendlichen;
3. Einbezug nicht-proletarischer Jugendlicher in den Kreislauf der "Hoffnungslosigkeit";
4. Verarmung der unteren Bevölkerungsschichten.

3 So weist z.B. BAHRDT (1975) nach, daß die wesentliche Form der Mitteilung unter Arbeitern die Erzählung ist. Dies deckt sich mit den Erfahrungen, die ich im Rahmen mehrerer Forschungsprojekte machte. SCHÜTZE (1979, S. 39) weist nach, daß die Erzählkompetenz in vergleichbarer Weise auch in anderen Kulturen anzutreffen ist.

4 Bei den Zugzwängen des Erzählens handelt es sich um den Kondensierungs-, den Detaillierungs- und den Gestaltschließungszwang (vgl. SCHÜTZE 1977).

5 Zum Verlaufskurvenkonzept vgl. SCHÜTZE 1984.

6 Die hier skizzierte Vorgehensweise wurde von mir im Rahmen meiner Dissertation (HAUPERT 1987) entwickelt und lehnt sich direkt an Vorschläge von HAHN (1986), HERMANNS (1984), SCHÜTZE (1977,1983, 1984) und SÜDMERSEN (1983) an. Der vorgestellte Ablauf ist praktikabel, um qualitative Forschungsprojekte unproblematisch und effektiv zu realisieren. Am Lehrstuhl für Sozialarbeit der Universität Freiburg (Schweiz) arbeiten wir mit dem vorgestellten Verfahren erfolgreich z.B. in der Praktikumsauswertung, wie in Forschungsprojekten (vgl. HAUPERT/KRAIMER 1990). Zum besseren Überblick werden die wesentlichen Schritte in Schaubildern zusammengefaßt. Hierdurch wird die Interviewbearbeitung vereinfacht.

7 CICOUREL (1974) weist auf die Bedeutung von Tagebüchern in der sozialwissenschaftlichen Feldforschung hin. Leider wird diesen zu wenig Aufmerksamkeit geschenkt. Das Tagebuch hält systematisch Eindrücke fest, es ist bei der späteren Analyse ein unentbehrlicher Helfer.

8 Der ARBED-Konzern ist zu diesem Zeitpunkt Eigentümer aller Saarhütten, mit Ausnahme der Dillinger Hütte. Die Eisenhütte in Neunkirchen wurde 1981 zum größten Teil stillgelegt. 1985 arbeiteten noch knapp 2000 Menschen in der einzig verbliebenen Walzstraße der ehemaligen Eisenhütte von Neunkirchen, die in den sechziger Jahren mehr als 10000 Menschen zu Arbeit verhalf.

9 "Ähnlich" meint: Im Sinne maximaler Unterschiede bzw. größter Vergleichbarkeit. Ähnlichkeiten lassen sich rekonstruieren 1. Anhand von typischen, prägenden Lebensereignissen, 2. Anhand eines gemeinsamen Milieuhintergrunds usw. Diese Ähnlichkeiten dürfen jedoch keine konstruierten Ähnlichkeiten im Sinne wissenschaftlicher Artefakte sein, sondern müssen sich fallogisch aus dem vorhandenen Material ergeben und unmittelbar nachvollziehbar sein (vgl. GLASER/STRAUSS 1967, S. 45 ff.).

Literatur

ALHEIT, P./GLAß, CH.: Beschädigtes Leben. Soziale Biographien arbeitsloser Jugendlicher. Frankfurt a. M. 1986.

ARBEITSGRUPPE BIELEFELDER SOZIOLOGEN (Hg.): Alltagswissen, Interaktion und gesellschaftliche Wirklichkeit. Reinbek 1973.

BAHRDT, H. P.: Erzählte Lebensgeschichten von Arbeitern. In: OSTERLAND, M. (Hg.): Arbeitssituation, Lebenslage und Konfliktpotential. Frankfurt a. M. 1976.

BERGER, P. L./LUCKMANN, T.: Die gesellschaftliche Konstruktion der Wirklichkeit. Eine Theorie der Wissenssoziologie. Frankfurt a. M. 1970.

BONß, W.: Die Einübung des Tatsachenblicks. Zur Struktur und Veränderung empirischer Sozialforschung. Frankfurt a. M. 1982.

BUDE, H.: Rekonstruktion von Lebenskonstruktionen - Eine Antwort auf die Frage, was die Biographieforschung bringt. In: KOHLI, M./ROBERT, G. (Hg.): Biographie und soziale Wirklichkeit - Neue Beiträge und Forschungsperspektiven. München 1984.

BURGER, A./SEIDENSPINNER, G.: Jugend unter dem Druck der Arbeitslosigkeit. München 1977.

CICOUREL, A.: Methode und Messung in der Soziologie. Frankfurt a. M. 1974.

DEVEREUX, G.: Angst und Methode in den Verhaltenswissenschaften. München 1976.

DEWE, B./RADTKE, F. O.: Klinische Soziologie - eine Leitfigur der Verwendung sozialwissenschaftlichen Wissens. In: BECK, U./BONß, W. (Hg.): Weder Sozialtechnologie noch Aufklärung? Analysen zur Verwendung sozialwissenschaftlichen Wissens. Frankfurt a. M. 1989, S.46-71.

ERDHEIM, M.: Die gesellschaftliche Produktion von Unbewußtheit. Frankfurt a. M. 1984.

FRESE, M./VOLPERT, W.: Berufliche Sozialisation. In: ASANGER, R./WENNINGER, G. (Hg.): Handwörterbuch der Psychologie. Weinheim 1980.

FRIEDRICHS, J.: Methoden der empirischen Sozialforschung. Reinbek 1973.

GARFINKEL, H.: Das Alltagswissen über und in sozialen Strukturen. In: ARBEITSGRUPPE BIELEFELDER SOZIOLOGEN (Hg.): Alltagswissen, Interaktion und gesellschaftliche Wirklichkeit. Reinbek 1973.

GIRTLER, R.: Methoden der qualitativen Sozialforschung. Köln/Wien 1984.

GLASER, B./STRAUSS, A.: The Discovery of Grounded Theory. Chicago 1967.

GLASER, B./STRAUSS, A.: Die Entdeckung gegenstandsbezogener Theorie: Eine Grundstrategie qualitativer Sozialforschung. In: HOPF, CH./WEINGARTEN, E. (Hg.): Qualitative Sozialforschung. Stuttgart 1979.

GRATHOFF, R.: Über Typik und Normalität im alltäglichen Milieu. Alfred Schütz und die Idee des Alltags in den Sozialwissenschaften. In: SPRONDEL, W./ GRATHOFF, R. (Hg.): Alfred Schütz und die Idee des Alltags in den Sozialwissenschaften. Stuttgart 1979, S. 89-107.

GRATHOFF, R.: Milieu und Lebenswelt. Einführung in die phänomenologische Soziologie und die sozialphänomenologische Forschung. Frankfurt a. M. 1989.

GRUSCHKA, A.: Von Spranger zu Oevermann. Über die Determination des Textverstehens durch die hermeneutische Methode und zur Frage des Fortschritts innerhalb der interpretativen Verfahren der Erziehungswissenschaften. In: Zeitschrift für Pädagogik 31 (1985), S. 77-95.

HAHN, A.: Regionale Lebenswelten - Vorstudie zu einer regionalen Sozialforschung. Rasteder Hefte, Heft 2, Rastede 1984.

HAHN, A./HAUPERT, B./VONDERACH, G.: Arbeitslosigkeit und Lebensgeschichte. Rasteder Hefte, Heft 14, Rastede 1985.

HARIG, L.: Die saarländische Freude. Ein Lesebuch über die gute Art zu leben. München 1977.

HAUPERT, B.: Lebenswelt Provinz - Empirische Fallstudie zu Biographien von jungen Arbeitslosen auf dem Land. Soziologische Diplomarbeit. Bielefeld und Illingen 1979.

HAUPERT, B.: Empirische Fallstudie zu Lebensgeschichten von arbeitslosen Jugendlichen auf dem Land. Paraphrase - Interpretation - Typenbildung. Darstellung eines interpretativen Ansatzes. Dissertation Oldenburg. Oldenburg und Illingen 1987.

HAUPERT, B./KRAIMER, K.: Die Heimatlosigkeit der Sozialarbeit/Sozialpädagogik. In: Pädagogische Rundschau, im Druck.

HAUPERT, B. et al: Zur Integration von Praxis- und Theorieanteilen im Studium der Sozialarbeit. (unver. Ms.) Lehrstuhl für Sozialarbeit der Universität Freiburg, Schweiz. Freiburg 1989.

HEINEMANN, K.: Arbeitslose Jugendliche, Ursachen und individuelle Bewältigung eines sozialen Problems. Eine empirische Untersuchung. Neuwied und Darmstadt 1978.

HEINEMEIER, S./ROBERT, G.: "Es bleibt also...?" Arbeitslosigkeit: Biographische Prozeße und textstrukturelle Analyse. In: KOHLI, M./ROBERT, G.: Biographie und soziale Wirklichkeit - Neue Beiträge und Forschungsperspektiven. München 1984.

HEINZ, W.R. et al.: Bremer Jugendstudie. Berufsfindung und Arbeitsmarkt. In: FRIEBEL, H. (Hg.): Berufliche Qualifikation und Persönlichkeitsentwicklung. Opladen 1985, S. 147-180.

HEINZE, TH./KLUSEMANN, H./SOEFFNER, H. G. (Hg.): Interpretationen einer Bildungsgeschichte. Bensheim 1980.

HERMANNS, H.: Das narrative Interview in berufsbiographisch orientierten Untersuchungen. (Arbeitspapiere des Wissenschaftlichen Zentrums für Berufs- und Hochschulforschung an der Gesamthochschule Kassel Nr.9). Kassel 1981.

HILDENBRAND, B. et al.: Wenn ich zu Hause bin, will ich weg .. und wenn ich weg bin, will ich nach Hause. Untersuchungen zur sozialen Organisation von Handlung, Leiblichkeit und Sprache im Familienzusammenhang. In: SOEFFNER, H. G. (Hg.): Interpretative Verfahren in den Sozial- und Textwissenschaften. Stuttgart 1979.

HILDENBRAND, B. et al.: Biographiestudien im Rahmen von Milieustudien. In: KOHLI, M./ROBERT, G.: Biographie und soziale Wirklichkeit - Neue Beiträge und Forschungsperspektiven. München 1984.

HOFFMANN-RIEM, C.: Die Sozialforschung einer interpretativen Soziologie. Der Datengewinn. In: Kölner Zeitschrift für Soziologie und Sozialpsychologie 32 (1980), S. 339-372.

HOPF, CH./WEINGARTEN, E.: Qualitative Sozialforschung. Stuttgart 1979.

HURRELMANN, K. (Hg.): Sozialisation und Lebenslauf. Empirie und Methodik sozialwissenschaftlicher Persönlichkeitsforschung. Reinbek 1976.

JAHODA, M./LAZARSFELD, P./ZEISEL, H.: Die Arbeitslosen von Marienthal. Ein soziographischer Versuch. Frankfurt a. M. 1978.

KIEPER, M.: Lebenswelten verwahrloster Mädchen. München 1980.

KOHLI, M.: Erwartungen an eine Soziologie des Lebenslaufs. In: KOHLI, M. (Hg.): Soziologie des Lebenslaufs. Darmstadt/Neuwied 1978.

KOHLI, M./ROBERT, G.: Biographie und soziale Wirklichkeit - Neue Beiträge und Forschungsperspektiven. München 1984.

LENZ, K.: Alltagswelten von Jugendlichen. Eine empirische Studie über jugendliche Handlungstypen. Frankfurt a. M. 1986.

LEY, K.: Von der Normal- zur Wahlbiographie? In: KOHLI, M./ROBERT, G.: Biographie und soziale Wirklichkeit - Neue Beiträge und Froschungsperspektiven, München 1984.

LÜDERS, CHR./REICHERTZ, J.: Wissenschaftliche Praxis ist, wenn alles funktioniert und keiner weiß warum - Bemerkungen zur Entwicklung qualitativer Sozialforschung. In: Sozialwissenschaftliche Literatur Rundschau. Heft 12, 1986, S. 90-102.

MATTHES-NAGEL, U.: Zur interpretativen Auswertung der Interviews im Forschungsprojekt "Arbeitslosigkeit und Lebensgeschichte". (Ms.) Oldenburg 1986.

MATTHES, J./PFEIFENBERGER, A./STOSBERG, M. (Hg.): Biographie in handlungswissenschaftlicher Perspektive. Verlag der Nürnberger Forschungsvereinigung e.V. Nürnberg 1981.

MAYRING, P.: Qualitative Inhaltsanalyse. Grundlagen und Techniken. Weinheim 1983.

MORGENROTH, CH.: Zwischen Selbstorganisation und Selbstzerstörung. Frankfurt a. M. 1984.

NADIG, M.: Die verborgene Kultur der Frau. Ethnopsychoanalytische Gespräche mit Bäuerinnen in Mexiko. Frankfurt a. M. 1986.

NADIG, M./ERDHEIM, M.: Die Zerstörung der wissenschaftlichen Erfahrung durch das akademische Milieu. In: Berliner Hefte 15 (1980), S. 35-52.

OEVERMANN, U.: Pragmatische Ueberlegungen zu einer Theorie der Bildungsprozesse und zur Strategie der Sozialisationsforschung. In: HURRELMANN, K. (Hg.): Sozialisation und Lebenslauf. Empirie und Methodik sozialwissenschaftlicher Persönlichkeitsforschung. Reinbek 1976.

OEVERMANN, U./ALLERT, T./KONAU, E./KRAMBECK, J.: Die Methodologie einer "objektiven Hermeneutik" und ihre allgemeine forschungslogische Bedeutung in den Sozialwissenschaften. In: SOEFFNER, H.G. (Hg.): Interpretative Verfahren in den Sozial- und Textwissenschaften. Stuttgart 1979.

OPASCHOWSKI, H. W.: Soziale Arbeit mit arbeitslosen Jugendlichen. Streetwork und Aktionsforschung im Wohnbereich. Opladen 1976.

OSTERLAND, M. (Hg.): Arbeitssituation, Lebenslage und Konfliktpotential. Frankfurt a. M. 1976.

RIEMANN, G.: "Na wenigstens..." Zum Umgang mit psychiatrischen Patienten mit übermächtigen Theorien, die ihr eigenes Selbst betreffen. In: KOHLI, M./ROBERT, G.: Biographie und soziale Wirklichkeit - Neue Beiträge und Forschungsperspektiven. München 1984.

SCHAPP, W.: In Geschichten verstrickt. Zum Sein von Mensch und Ding. Wiesbaden 1976.

SCHNEIDER, G.: Strukturanalyse von qualitativen Interviews. (Ms.) Berlin 1987.

SCHÜTZ, A.: Der sinnhafte Aufbau der sozialen Welt. Eine Einleitung in die verstehende Soziologie. Frankfurt a. M. 1974.

SCHÜTZE, F.: Die Technik des narrativen Interviews in Interaktionsfeldstudien - dargestellt an einem Projekt zur Erforschung von kommunalen Machtstrukturen. (Ms.) Bielefeld 1977.

SCHÜTZE, F.: Thesen zum Thema: "Möglichkeiten der Anwendung qualitativer Forschungsverfahren in der Sozialarbeit". (Ms.) Bielefeld 1979.

SCHÜTZE, F.: Prozeßstrukturen des Lebensablaufs. In: MATTHES, J./PFEIFENBERGER, A./STOSBERG, M. (Hg.): Biographie in handlungswissenschaftlicher Perspektive. Verlag der Nürnberger Forschungsvereinigung e.V. Nürnberg 1981.

SCHÜTZE, F.: Biographieforschung und narratives Interview. In: Neue Praxis 13 (1983), S. 283-293.

SCHÜTZE, F.: Kognitive Figuren autobiographischen Stegreiferzählens. In: KOHLI, M./ROBERT, G.: Biographie und soziale Wirklichkeit - Neue Beiträge und Forschungsperspektiven. München 1984.

SCHÜTZE, F.: Kollektive Verlaufskurve oder kollektiver Wandlungsprozzeß. Dimensionen des Vergleichs von Kriegserfahrungen amerikanischer und deutscher Soldaten im Zweiten Weltkrieg. In: BIOS 1 (1989), S. 31-109.

SCHÜTZE, F. et al.: Grundlagentheoretische Voraussetzungen methodisch kontrollierten Fremdverstehens. In: ARBEITSGRUPPE BIELEFELDER SOZIOLOGEN (Hg.): Alltagswissen, Interaktion und gesellschaftliche Wirklichkeit. Reinbek 1973.

SOEFFNER, H. G. (Hg.): Interpretative Verfahren in den Sozial- und Textwissenschaften. Stuttgart 1979.

SPRONDEL, W./GRATHOFF, R. (Hg.): Alfred Schütz und die Idee des Alltags in den Sozialwissenschaften. Stuttgart 1979.

SÜDMERSEN, I.: Hilfe, ich ersticke in Texten! - Eine Anleitung zur Aufarbeitung narrativer Interviews. In: Neue Praxis 13 (1983), S. 294-306.

THOMPSON, E.: Plebejische Kultur und moralische Ökonomie. Frankfurt a. M. 1980.

WHYLIE, L.: Dorf in der Vaucluse. Der Alltag einer französischen Gemeinde. Frankfurt a. M. 1978.

LEONIE HERWARTZ-EMDEN

Universitärer Sprachgebrauch: Männlich - weiblich?

Eine Inhaltsanalyse

I. Skizzierung der theoretischen Leitbegriffe

Mit dem hier vorgestellten Auswertungsverfahren, das im Rahmen eines Forschungsprojektes von der Autorin entwickelt wurde[1], werden theoretische Überlegungen zum Geschlechterverhältnis empirisch handhabbar gemacht.

Theoretischer Ausgangspunkt ist der Gedanke, daß sich Geschlecht als Kategorie nur im Zusammenhang mit den Prozessen, in denen Geschlechtlichkeit hergestellt und bestätigt wird, und im konkreten Kontext, in dem geschlechtliche Wertungen wirksam werden, untersuchen läßt. HAGEMANN-WHITE (1986) hat die amerikanische Forschung und die Theorien zur Geschlechterdifferenzierung in die deutsche Diskussion eingeführt[2]. Mit ihr läßt sich dieser Forschungsansatz folgendermaßen skizzieren:

"Im Rahmen dieses Diskurses ist es zunehmend selbstverständlich geworden, 'weibliche' und 'männliche' Verhaltensmuster zumindest analytisch von der Geschlechtszugehörigkeit der Personen zu trennen. Angenommen wird, daß die symbolische Ordnung der Lebenswelten vom Prinzip Geschlecht strukturiert wird, so daß die Individuen von frühester Kindheit an sich selbst im System der Zweigeschlechtlichkeit verorten müssen, um überhaupt eine soziale Identität zu entwickeln und zu leben". ... "Dieser Sichtweise zufolge ist es schließlich schlechthin unmöglich, in irgendeinem Sinne eine natürliche, elementare Geschlechtlichkeit des Individuums abzutrennen von den sozialen und kulturellen Erwartungen und Stereotypen in bezug auf Geschlechtsrollen" (S. 26 und 27).

Ansätzen zu einer empirischen Umsetzung dieses Programms mangelt es jedoch weitgehend an Operationalisierungen; Theorie und Empirie klaffen (noch) auseinander.

In verschiedenen empirischen Forschungsprojekten hat HAGEMANN-WHITE (vgl. z. B. 1986) das Konzept der 'Geschlechtermodalitäten' entwickelt. Modalitäten sind ihr zufolge weibliche bzw. männliche Modalitäten des Handelns; sie umfassen sowohl die Wahrnehmung als auch die Zuordnung von Verhaltensweisen und Interaktionsverläufen und resultieren (s. o.) nicht aus dem zugeschriebenen Geschlecht der Akteure, sondern sind Frauen wie Männern zugänglich. Modalitäten sind nur induktiv und empirisch im Kontext eines definierten Handlungsfeldes zu gewinnen.

Zwei Modalitäten, die sich zunächst bei der Bearbeitung der Interviews von Hochschullehrerinnen und Hochschullehrern ergaben, lauteten für das Thema 'Macht' folgendermaßen:

1. Weiblicher Modus der Bewertung von Macht: Ich selbst möchte keine Macht haben bzw. habe keine. Ich nehme Machtausübung bei mir selbst und bei von mir geschätzten Menschen nicht wahr. Wenn ich Vorgänge beschreibe, bei denen Einfluß genommen wird auf andere Menschen, bringe ich weder direkt noch indirekt zum Ausdruck, daß hier Macht ausgeübt wurde, sondern führe andere Erklärungen an (z. B. Freiwilligkeit), welche Macht verleugnen. Wenn ich Machtausübung schildere, problematisiere ich sie.

2. Männlicher Modus der Bewertung von Macht: Der Einsatz von Macht ist in manchen Situationen mindestens selbstverständlich, z. T. bewerte ich ihn positiv. Mit der von mir gewählten moralischen Rückendeckung für Anlaß und Ausmaß bin ich durchaus einverstanden, selbst Macht auszuüben. Wenn ich Machtausübung negativ bewerte, so steht dies im Kontext der fehlenden moralischen Rückendeckung. Ich schildere eigene Machtausübung oder solche von Menschen, die ich anerkenne, z. T. ohne sie zu problematisieren. Ich nehme den Machtanteil im Umgang der Menschen meines Umfeldes miteinander wahr und lasse dies in der Schilderung erkennen - ohne Beschwichtigungen, welche die Macht verleugnen.

Wie und auf welche Weise mit dem 'Modalitätenansatz' für das hier vorgestellte empirische Instrumentarium weiter verfahren wurde, geht aus den folgenden Erläuterungen zu den Arbeitsschritten der Inhaltsanalyse hervor.

II. Methodisches Vorgehen

II.1. Materialbasis

Die folgende Analyse ist ein an der qualitativen Inhaltsanalyse orientiertes Auswertungsverfahren (vgl. II.3), dem als Materialbasis strukturierte Interviews mit 21 Professorinnen und 22 Professoren an verschiedenen Universitäten der Bundesrepublik Deutschland zugrunde lagen[3].

Nachstehend aufgeführte Themenbereiche wurden für diese Auswertung bearbeitet:

MACHT

1) Selbstwahrnehmung eigener Macht oder Ohnmacht; Machtstreben;
2) Verhältnis zu Assistentinnen/Assistenten, Mitarbeiterinnen und Mitarbeitern;
3) Verhältnis der Professorinnen und Professoren untereinander;
4) Verhältnis der Professorinnen und Professoren zu Studentinnen und Studenten;

KARRIERE

5) Darstellung von Förderung und Protektion im Zusammenhang mit der eigenen Biographie;
6) Zielstrebigkeit in der eigenen Lebensgeschichte, Ehrgeiz;

KONKURRENZ

7) Erfahrungen mit Männerhierarchien, Plagiat, Ausbeutung, Eingriffe durch Statushöhere;
8) Konflikte, Rivalität, Bewertung von Gegnern bei Konflikten, Bewertung von Rivalität und unterschwelligen Konflikten;

KAMPF

9) Kampflust, Angst vor Kämpfen und Ausweichen, 'Kämpfen-Müssen';

REPRODUKTION

10) Geschlechtsspezifische Arbeitsteilung im Privatleben.

Obige Themen wurden als qualitative Kategorien aus den Interviewtexten heraus entwickelt und dienten wiederum als 'Suchleitfaden' für die ihnen zugehörigen Textstellen, welche die Materialbasis der Inhaltsanalyse bilden.

Die Textstellen wurden für die inhaltsanalytische Bearbeitung vorbehandelt; d. h. sie wurden 'entsexualisiert'[4]: Das Geschlecht der sich äußernden Person sollte den Textstellen nicht mehr zu entnehmen sein. Zu diesem Zweck wurden alle geschlechtsbezogenen Endungen neutralisiert und alle direkten Bezeichnungen des Geschlechts, wie Namen, Titel etc. entfernt und durch neutrale Worte ersetzt[5].

Das Unkenntlichmachen der Geschlechtszugehörigkeit der sich äußernden Personen in den Textauszügen war eine methodische Voraussetzung für die inhaltliche Absicht der Inhaltsanalyse, nämlich das Auffinden von weiblichen und männlichen Modalitäten in den Verhaltensweisen, Einstellungen und Weltsichten der Interviewten.

Die Modalitäten sind Beschreibungen männlicher und weiblicher Verhaltensweisen in den oben genannten Themenbereichen, welche jedoch keineswegs zwingend mit der Geschlechtszugehörigkeit einer Person übereinstimmen (vgl. I.).

Erste Modalitäten ergaben sich aus den Gesamttexten der Interviews; durch die Herauslösung aus dem Text boten die Textauszüge sodann die Chance, weitere als die bereits formulierten Annahmen zu entwickeln. Für die Inhaltsanalyse hatten die ersten (allgemeineren) Modalitäten den Stellenwert von Voraannahmen und dienten als Orientierungshilfe (vgl. im folgenden: Ebene 1).

II.2. Begriffe und Ebenen der Analyse

Der im folgenden verwendete Begriff des 'Musters' ist, in idealtypischer Formulierung, die je auf den Gegenstand bezogene, geschlechtsbezogene, empirisch gerichtete (hier auf das Sprachverhalten)[6] Modalität.

Die Begriffe Aussageform und Argumentationsmuster liegen auf der nächstniedrigeren Abstraktionsebene des Verfahrens und bezeichnen die im Sprachhandeln der Interviewten tatsächlich auffindbaren Verhaltensweisen in konkreten Sätzen, Ausrufen etc.

Beispiele: (Themenbereich Darstellung von Macht im Verhältnis Lehrende/Lernende)

"Ich habe keine so große Macht ... und da habe ich mich auch gedrückt ... Also, ich schätze, die Machtfrage existiert kaum."

"Also, ich versuche da möglichst gedämpft mit umzugehen. Also, ich benutze das natürlich in den Punkten, wo ich das, also, da steuern will, benutze ich das natürlich sehr instrumentell und auch heftig ..."

In den einzelnen Interpretationsschritten der Inhaltsanalyse werden diese Aussageformen und Argumentationsmuster nach inhaltlichen Kriterien zu den sogenannten 'Mustern' zusammengefaßt. Die 'Muster' werden kenntlich gemacht durch einen Kunstbegriff, z. B. dem der 'Distanzsprache'.

Beispiel: (Themenbereich Darstellung von Macht im Verhältnis Lehrende/Lernende)

Distanzsprache

Macht gegenüber Studenten ist nicht oder nur z. T. vorhanden bzw. sollte nicht vorhanden sein; ich assoziiere Macht mit Willkür, sie ist angsterzeugend; ich will mit Macht nichts zu tun haben; sie darf nicht ausgespielt werden bzw. muß bezwungen werden.

Ein 'Muster' ist demzufolge eine empirische Version und Verifikation einer Deutung bzw. Orientierung und drückt, geschlechtsbezogen, die Modalität aus.

Die verschiedenen Abstraktionsebenen, auf denen interpretiert und argumentiert wird, sind:

Ebene 1) Vorannahme: Modalität als Deutungsmuster formuliert

Ebene 2) Vorliegendes Material, Sprachhandeln: Aussageformen und Argumentationsmuster

Ebene 3) 'Muster' als Interpretationsergebnis: empirische Verifikation, geschlechtsbezogen

Ebene 4) Modalität als zusammenfassendes sowie verfeinertes Ergebnis: themenbezogen, die Vielfalt illustrierend, auf die Berufsrolle bezogen bzw. den Arbeitsbereich Hochschule - und, als Fernziel, Mischungen von Modalitäten in Personen aufzeigend (vgl. die Zusammenfassung der Ergebnisse)

II.3. Arbeitsschritte der Inhaltsanalyse

Die Inhaltsanalyse ist ein deskriptives Verfahren. Ihr Ziel ist, Aussageformen und Argumentationsmuster zu kristallisieren und vorzuführen. Die Materialbasis der Analyse ist repräsentativ für den jeweiligen Inhalt, wird aber in der Analyse nicht quantitativ gewichtet. D. h. es wird nicht ausgewertet, wieviele Personen was gesagt haben, sondern, *was wie* gesagt worden ist. Die Beschreibung des Inhalts steht im Vordergrund, nicht die Frage des quantitativen Belegs, so daß es durchaus vorkommen kann, daß eine Person mit verschiedenen Aussagen in verschiedenen 'Mustern' oder eine Person mit der gleichen Aussage in verschiedenen Themenbereichen 'auftaucht', d. h. daß die Aussage in mehreren Dimensionen ausgewertet wird (dies ergibt sich bereits aus dem oben Beschriebenen: Durch die Codierung der Textauszüge war nicht mehr erkennbar, welcher Person die Aussage zugehörig war).

Auf die 'Muster' bezogen bedeutet dies, daß nicht ausgezählt wird, wieviele Aussagen einem 'Muster' zugeordnet werden können und wie breit - in der Quantität - ein 'Muster' einen Themenbereich repräsentiert.

Ein Muster kann, dies ist aber nicht die Regel, auf nur wenigen Textauszügen basieren - unter Umständen auch nur auf einem.

Auch in bezug auf die einzelnen Themenbereiche differiert die empirische Basis der 'Muster': Die verwendeten Textstellen schwanken in der Anzahl zwischen 28 und 143 Aussagen pro Thema und variieren in der Länge (vgl. Tabelle 1).

Entscheidend für die gesamte Analyse ist das Prinzip, wie bedeutsam in inhaltlicher Dimension - je bezogen auf das Erkenntnisziel der Analyse - eine Textstelle ist bzw. wieviel sie 'hergibt'. Die Ergebnisse der Inhaltsanalyse erlauben somit Aussagen der Art, "... daß sich sogenannte 'Muster' auffinden ließen, die wiederum als Beleg für das Vorhandensein von männlichen bzw. weiblichen Modalitäten bei Frauen oder Männern aufzufassen sind...".

Die quantitative Auswertung (vgl. Tabelle 1 und 2) stellt eine Ergänzung der qualitativ orientierten Auswertung dar.

Im *ersten* Arbeitsschritt der Inhaltsanalyse fand die Identifikation aller den einzelnen Themen zugehörigen Textstellen statt, d. h. jede Textstelle wurde mit 'männlich' oder 'weiblich' gekennzeichnet.

Da die Materialbasis der Inhaltsanalyse anhand von qualitativen Kategorien ausgewählte Textstellen waren und (bis auf ein Thema: Verhältnis der Professoren zu Studenten) keine Antworten der Interviewten zu direkten Fragen aus dem Interviewleitfaden, ergab sich die Schwierigkeit einer 'sekundären' Identifikation in der Inhaltsanalyse:

Nicht alle dem Thema zugeordneten Textstellen konnten als 'männlich' oder 'weiblich' identifiziert werden, und nicht alle Textstellen erwiesen sich im Hinblick auf das zugeordnete Thema als ergiebig. Thematisch nicht zuzuordnende Textstellen liegen dann vor, wenn in der aus dem Interview entnommenen Stelle eher der Horizont des Themas, aber nicht der Kern oder die zentrale Bedeutung angesprochen wird. Themen wie KAMPF und KONFLIKTE können z. B. so versteckt in den Interviewaussagen vorhanden sein, daß sie einerseits nur schwer interpretiert werden können, andererseits kann die Vokabel KAMPF oder KONFLIKT erwähnt sein, ohne daß viel von dem gesuchten Sinn enthalten ist (vgl. Tab. 1)[7].

Für alle anderen Bereiche trifft dies nur in geringem Umfang zu (vgl. das Thema KARRIERE).

Für den Themenbereich REPRODUKTION war es dann sogar möglich - sozusagen am anderen Ende der Skala -, alle Textstellen zuzuordnen. Auf die oben aufgeführte Abstraktheit von Themen bezogen heißt dies hier, daß die Aussagen wenig abstrakt sind, viele Situationsschilderungen enthalten und das erfragte Thema eindeutiger 'zur Sprache kommt'. Bezogen auf den oben angeführten zweiten Grund, die Nicht-Identifizierbarkeit der Modalität, gilt ebenso, daß nur selten keine Identifikation erreicht wurde.

Die Textstellen wurden unter der Perspektive gelesen, möglichst Entscheidungen über den Genus der Modalität herbeizuführen, sozusagen forciert. Die Prämisse der forcierten Identifikation war deswegen angebracht, weil diese bei der Interpretation den Blick schärfen und auf die

Charakteristika der Aussagen lenken sollte, die im Sinne des Erkenntniszieles der die Inhaltsanalyse leitenden Hypothesen war.

In einem *zweiten* Arbeitsschritt wurde jedes Thema, unterschieden nach 'männlichen' und 'weiblichen' Aussageformen und Argumentationsmustern, inhaltlich interpretiert und nach 'Mustern' differenziert. Diese 'Muster' sind aus den Aussagen herausgefilterte, sozusagen 'hinter' den Aussagen stehende, abstraktere Ordnungsprinzipien. Sie verdeutlichen, oft in plakativer Formulierung, die thematischen Aussageformen und Argumentationsmuster, bringen ihre Essenz zum Ausdruck. Sie sind im Hinblick auf die identifizierten Textstellen (wie geschildert) erschöpfend.

Der *dritte* und letzte Arbeitsgang des *ersten* Teils der Inhaltsanalyse bestand darin, die Geschlechtszugehörigkeit dem Modus, der den Textauszügen zugeordnet wurde, gegenüberzustellen (vgl. III.3).

In einem *zweiten* Teil der Inhaltsanalyse wurden die aufgefundenen 'Muster' zusammengefaßt, themenübergreifend nach Ähnlichkeiten geordnet und weiter abstrahiert. 13 'männliche' 'Muster' ergaben sich - von 57 Mustern insgesamt - als themenübergreifend und inhaltlich ähnlich aufgebaut, 19 'weibliche' 'Muster' - von 74 Mustern insgesamt.

In diesem Prozeß des Interpretierens und Abstimmens auf einer neuen Ebene der Analyse erwiesen sich die bereits definierten 'Muster' immer noch als stichhaltig und, in empirischer Definition, als sich ausschließende Kategorien. Der zweite Teil der Inhaltsanalyse ist somit nicht nur eine zusammenfassende Interpretation, sondern eine weitere Überprüfung und neuerliche Abstimmung innerhalb des ersten Interpretationsergebnisses sowie zwischen Interpretationsergebnis und Material: D. h. Konsistenz und empirischer Bezug wurden kontrolliert. In der Darstellung werden für die inhaltliche Ausrichtung der 'Muster' diejenigen zusammenfassend vorgestellt, welche, themenübergreifend, bei mindestens zwei Themen aufgefunden wurden. Für die sprachliche

Ausprägung der Muster werden noch einmal besondere, auffällige Floskeln und Wendungen herausgestellt.

Die 'Muster' werden dreiteilig dargestellt. Sie bestehen

1) aus einer 'Überschrift' oder einem 'label' - einem Kunstbegriff, zusammengesetzt aus der inhaltlichen Intention des Musters sowie der sprachlichen Ausprägung. Der Begriff 'Selbstverständlichkeitssprache' z. B. sagt sowohl etwas über die Selbstverständlichkeit, mit der die sich äußernde Person von bestimmten Sachverhalten ausgeht und sie benennt als auch über die sprachliche Ausprägung in Formulierungen wie z. B.: Das ist doch selbstverständlich ... etc.

Die Sprache dient, wie an dieser Stelle deutlich wird, als Transportband für die Deutungen, oder, allgemeiner, die Weltsicht eines Individuums. Sie wird somit häufiger zum Indikator für ein bestimmtes 'Muster', aber nicht ausschließlich, denn häufiger ist ein 'Muster' auch versteckt, und ist nur aus dem inhaltlichen Zusammenhang zu entnehmen. D. h., eine Korrespondenz zwischen sprachlicher Ausprägung und inhaltlicher Intention liegt - offen sichtbar - nicht immer vor. Die Sprache, in diesem Fall die schriftlich fixierte, bleibt allerdings der Bezugspunkt, das Medium der Inhaltsanalyse.

2) Der zweite Teil der 'Muster' ist eine abstraktere Formulierung der inhaltlichen Absicht, vielleicht als deren Substrat anzusehen. Die sprachliche Form ist, falls möglich, eine Aussage in der Ich-Form, wie z. B.: Konkurrenz und Kampf sind für mich selbstverständlich.

3) Den dritten Teil der 'Muster' bilden die je zugehörigen Textstellen in Auszügen oder voller Länge. Um die Vielfalt und andererseits die Reichweite der Interpretation zu verdeutlichen, wurden repräsentative Textstellen ausgewählt.

Die 'Muster' lassen sich in bezug auf die Suche nach der Zuordnung der Aussagen als Kriterien auffassen, die die Festlegung der den einzelnen Textstellen zugehörigen Modalität begründen, wie - im nachhinein - belegen. Dem zirkulären Interpretationsvorgang entsprechend, sind sie nach einer ersten Zuordnung von 'männlich-weiblich' entstanden, sodann, nach weiteren inhaltlichen Such- und Interpretationsvorgängen überprüft, unter Umständen variiert und bestätigt worden.

II.4. Besonderheiten der Inhaltsanalyse

Als Besonderheit sowie als erstes Ergebnis der Interpretation ist vorrangig festzuhalten, daß eine Neutralisierung oder Entsexualisierung der Materialbasis nicht vollständig möglich war. Vor allen Dingen scheint für die Aussagen von Frauen zu gelten, daß sie häufig einer solchen Mühe 'widersprechen' - wenn deren Sinn nicht gänzlich ausgelöscht werden soll. Frauen bezeichnen sich in ihren Äußerungen oft selbst, auch in ihrer Körperlichkeit, sprechen von sich als Frau: "Ich als Frau ..."; "... und das mir mit einem Rock ..."; "Als Frau rasen sie da erst einmal in die Küche ...". In wenigen direkten Äußerungen liegt der Bezug auf die 'klassische' Rolle bzw. die Aufgaben der Frau offen: "... daß die Verantwortung und die Verpflichtung in der Familie trotzdem also auch bei uns ist ..."; "... und dann bekam ich die Kinder".

Die Äußerungen von Frauen bleiben jedoch nicht nur deswegen identifizierbar, weil das Geschlecht direkt genannt wird oder Lebensbereiche angesprochen werden, die, nach der klassisch-geschlechtsspezifischen Arbeitsteilung, nicht die Domäne des Mannes sind, sondern oft deswegen, weil es um die Mitteilung von Diskriminierungserlebnissen oder -erfahrungen geht, in denen das Geschlecht selbstverständlich im Vordergrund steht[8].

Als weitere Besonderheit kann festgehalten werden, daß die Textauszüge immer dann leichter als 'männlich-weiblich' zu differenzieren waren, wenn in den Aussagen konkrete Situationen, Erfahrungen, Erlebnisse geschildert wurden (vgl. dazu I.2). Dies gilt insbesondere für den Themenbereich 'Macht', in ähnlicher Weise aber auch für alle anderen Themen. Je abstrakter, allgemeiner oder wissenschaftlicher eine

Aussage ist, desto schwieriger ist sie auf das Geschlecht zurückzuführen. Das Geschlecht einer Person scheint sich immer dann zu 'verraten', wenn der Alltag und die Individualität bzw. individuelle Erlebnisse die Basis der Aussage bilden. Vergleichbares gilt für die Schilderung von sozialen Beziehungen, welche bei Frauen oft persönlicher als in den Schilderungen der Männer ausfallen - und damit nicht mehr unabhängig vom Geschlecht sind.

Irreführend kann demgegenüber eine solche Aussage sein, in der die sich äußernde Person ihre Perspektive auf das andere Geschlecht richtet. Folgende Aussage stammt von einem Mann: Der Sprecher bezieht sich mehrmals auf Frauen, auch wenn er selbst die 'neutrale' Formulierung mit 'man' wählt.

"Und dann kommt das dazu. Wenn dann noch der dritte Punkt dazu kommt, daß man sich vermehrt, dann kann man das ruhig organisieren, daß man zu Hause eine Kinderfrau hat oder sonst was, wenn man sich das leisten kann. Man ist doch mit den Gedanken, mit der Konstellation und mit der physischen Leistungsfähigkeit natürlich nicht so da wie ein Mann, der sich das mehr oder weniger abstreifen kann und sagt, so, jetzt bin ich hier und ich konzentriere mich jetzt darauf. Ich glaub', daß da einfach die Krux liegt, daß wir so wenig Frauen haben, die in unserem Fach, in anderen Fächern sind es mehr, die an die Spitze kommen. Wir haben in ganz Deutschland nur eine einzige, das ist Frau X. in Y".

Für das Thema: BEZIEHUNGEN, speziell die von Professorinnen/Professoren zu Untergebenen bzw. Mitarbeitern sowie auch für das Verhältnis zu Studenten bzw. die Beziehung Lehrende/Lernende, war es ebenfalls häufig schwierig, die zugehörigen Textstellen geschlechtsspezifisch zu differenzieren: Sozialwissenschaftliche Theoreme, die in festgefügten Sprachmustern verbreitet zu sein scheinen - fast als 'Sprachfertigteile' zu bezeichnen -, spielten in die Benennung und Beschreibung von solchen, auch pädagogischen Beziehungen sehr stark hinein und schienen sie zu vereinheitlichen und zu neutralisieren.[9]

Für den Themenbereich REPRODUKTION gilt, daß die zugehörigen Textstellen - in diesem Bereich wohl am wenigsten verwunderlich - häufig trotz Entsexualisierung identifizierbar blieben. Auffällig ist, wie die quantitative Bearbeitung zeigt, daß hier trotz der relativ großen Menge der bearbeiteten Textstellen lediglich zwei der Stellen nicht zuzuordnen waren und auch die Anzahl der 'falsch' zugeordneten Textstellen gering blieb (vgl. Tab. 1) - was die bereits oben beschriebene Vermutung bestätigt, daß das Geschlecht immer dann 'durchscheint', wenn es um den Alltag geht.

Eine Besonderheit des Materials, die sich als themenunabhängig erwies, waren die Brüche innerhalb der einzelnen Textstellen. Aussagen muteten gelegentlich so an, als seien sie sowohl von einem Mann als auch einer Frau - wenn auch klar war, daß das Geschlecht der sprechenden Person 'festlag'. D. h., Männer äußerten sich 'weiblich' in einer bestimmten Wendung ihrer Aussage; Frauen äußerten sich 'männlich' in einem Teil ihrer Aussage.

Diese Brüche wurden bei der Bearbeitung des Materials als solche gekennzeichnet, aber nicht weiter in die Inhaltsanalyse einbezogen, da diese selbst weniger auf die Darstellung intrapersonaler Differenzen für die reale Person, sondern auf die Erarbeitung intergeschlechtlicher Differenzen sowie intrapersonaler Differenzen, aber in abstrakten Personen abhob.

Bei dem Thema MACHT: BEZIEHUNGEN ZU MITARBEITERN/UNTERGEBENEN wurden solche Brüche besonders häufig identifiziert - was in Zusammenhang stehen mag mit den pädagogischen Elementen der Aussagen.

Bei dem Thema REPRODUKTION: GESCHLECHTSSPEZIFISCHE ARBEITSTEILUNG waren solche Brüche demgegenüber kaum vorhanden - was hier in Zusammenhang stehen mag mit der eindeutigen Ausrichtung dieses Themas bzw. Lebensbereiches (wie bereits erwähnt). Trotz dieser Brüche waren die Textstellen in der überwiegenden Zahl der Fälle einem Geschlecht zuzuordnen.

III. Zusammenfassung der Ergebnisse

III.1. 'Männliche' Aussageformen und Argumentationsmuster

Western-Militär-Jäger-Seemanns-Geschäfts- und Gärtnersprache Gemeinschaftssprache Machtsprache Erfolgssprache Einflußsprache Vermeidungssprache Menschlichkeitssprache	1) Macht: Selbstwahrnehmung eigener Macht oder Ohnmacht,Machtstreben
Strategiesprache Profitsprache Hierarchiesprache Instrumentale Sprache Selbstverständlichkeitssprache Kontrollsprache Hausmachtssprache Kompetenzsprache	2) Macht: Verhältnis zu Assistentinnen und Assistenten, Mitarbeiterinnen und Mitarbeitern
Selbstverständlichkeitssprache Ignoranzsprache Kontrollsprache Sachsprache	3) Macht: Verhältnis der Professorinnen und Professoren untereinander
Strategiesprache Kontrollsprache Menschlichkeitssprache Sport-Geschäftssprache	4) Macht: Verhältnis der Professorinnen und Professoren zu Studentinnen und Studenten

Erfolgssprache Leistungssprache Selbstständigkeitssprache Sachsprache Selbstverständlichkeits-sprache Fördererspräche Souveräne Sprache Vater-Sohn-Sprache	5) Karriere: Darstellung von Förderung und Protektion im Zusammenhang mit der eigenen Biographie
Karrieresprache Kontaktnetzsprache Erfolgssprache Gemeinsamkeitssprache Souveräne Sprache	6) Karriere: Zielstrebigkeit in der eigenen Lebensgeschichte, Ehrgeiz
Sachsprache Strategiesprache Karrieresprache Überlegenheitssprache	7) Konkurrenz: Erfahrungen mit Männerhierarchien, Plagiat, Ausbeutung, Eingriffe durch Statushöhere
Konkurrenzsprache Selbstverständlichkeits-sprache Strategiesprache	8) Konkurrenz: Konflikte, Rivalität, Bewertung von Gegnern bei Konflikten, Bewertung von Rivalität und unterschwelligen Konflikten

Selbständigkeitssprache Strategiesprache Selbstversständlichkeits- sprache Erfolgssprache Einflußsprache Überlegenheitssprache Gemeinsamkeitssprache	9) Kampf: Kampflust, Angst vor Kämpfen und Ausweichen, 'Kämpfen-Müssen'
Sachsprache Selbstverständlichkeits- sprache Konjunktivsprache Ignoranzsprache Profitsprache Verantwortungssprache Unterstützungssprache	10) Reproduktion: Geschlechtsspezifische Arbeitsteilung im Privatleben

Themenübergreifende Aussageformen und Argumentationsmuster

Die inhaltliche Dimension der 'Muster' verdeutlichen insbesondere diejenigen 'Muster', welche themenübergreifend bei mindestens zwei Themen aufgefunden wurden (vgl. II.3 und die Auflistung in III.1 und III.2).

Themenübergreifend in diesem Sinne sind folgende 'männliche' 'Muster': Selbstverständlichkeitssprache; Strategiesprache; Sachsprache; Gemeinsamkeitssprache; Einflußsprache; Erfolgssprache; Instrumentelle Sprache; Kontrollsprache; Ignoranzsprache; Selbständigkeitssprache; Souveräne Sprache; Überlegenheitssprache; Karrieresprache.

Themenübergreifende 'weibliche' 'Muster':

Problemsprache; Emotionale Sprache; Anti-Hierarchie-Sprache; Distanzsprache; Passive Sprache; Inhaltliche Sprache; Konfliktsprache; Biographiesprache; Belastungssprache; Bescheidenheitssprache; Resignativ-realistische Sprache; Unabhängigkeitssprache; Geschlechtssprache; Lernsprache; Nutzensprache; Soziale Sprache; Gleichberechtigungssprache; Weiblichkeits-Strategie-Sprache; Kritiksprache.

Im vorliegenden Text kann die Darstellung der 'Muster' nur verkürzt erfolgen; d. h. nur einige der 13 'männlichen' und 19 'weiblichen' 'Muster' (III.2) werden vorgestellt und mit je einem Originalzitat erweitert, das aus verschiedenen Themenbereichen bzw. Kategorien entnommen ist (welche jeweils genannt werden).[10]

Ausgewählte themenübergreifende 'männliche' Muster

(1) *Selbstverständlichkeitssprache*

Inhaltliche Ausprägung des Musters: Sachverhalte, Situationen und Verhaltensweisen werden von mir als quasi naturgegeben dargestellt.

Beispiel:

MACIIT 3) Verhältnis der Professorinnen und Professoren untereinander

Zitat: "Natürlich ist es klar, daß man da nicht jeden Wunsch erfüllen kann, sondern daß man sagen muß, 'du gehst erst dorthin aus den und den Gründen', daß man dadurch nicht alle zufriedenstellen kann, wenn man so denkt, ist völlig klar".

Sprachliche Besonderheiten des Musters:

"es ist klar, daß ..."
"nichts Spezifisches ..."
"Natürlich ganz klar ..."
".. völlig klar ..."
"etwas, was man einfach machen muß ..."
"in der Sache liegend"
"Selbstverständlich ..."
"es gibt ... (etwas) ..."
"keine Frage, daß ..."

(2) *Strategiesprache*

Inhaltliche Ausprägung des Musters: Ich habe für Situationen Verhaltensstrategien, deren ich mir bewußt bin, ich weiß immer, wohin ich will und wofür ich zu kämpfen habe.

Beispiel:

MACHT 2) Verhältnis zu Assistentinnen/Assistenten, Mitarbeiterinnen und Mitarbeitern

Zitat: "... aber ich möchte das einmal so ausdrücken, ich habe in dem Bereich Leute zur Verfügung, wenn ich das brauche. Und das funktioniert auch tadellos, das ist kein Problem".

Sprachliche Besonderheiten des Musters:

"daß man geneigt ist, natürlich ..."
"habe von hinten die Fäden gezogen ..."
"Also, das kann man ja auch steuern ..."

(3) *Gemeinsamkeitssprache*

Inhaltliche Ausprägung des Musters: Ich fühle mich in einem "Verbund" mit anderen Männern an der Universität, die mir wohlgesonnen sind.

Beispiel:

MACHT 1) Selbstwahrnehmung eigener Macht oder Ohnmacht, Machtstreben

Zitat: "Also zum Beispiel der Beirat für Lehrerbildung: Da bin ich auch noch drin. Da ist es so, daß wir von der alten Garde sehr viel mehr Rolle spielen als Kollegen, die später zugekommen sind. Also, das merkt man einfach in der Wertschätzung, nicht".

Sprachliche Besonderheiten des Musters:

"Wir haben gemacht ..."
"Wir von der alten Garde ..."

(4) *Erfolgssprache*

Inhaltliche Ausprägung des Musters: Erfolg steht mir zu, Erfolg ist mir sicher, ich kämpfe erfolgreich gegen Verhaltensweisen, Personen etc.

Beispiel:

MACHT 1) Selbstwahrnehmung eigener Macht oder Ohnmacht, Machtstreben

Zitat: "Wir kriegen eigentlich alles, was wir wollen. Also, ich denke, wir haben gute Leute auch hier. Bei uns wird viel gearbeitet, ja, wir haben vom Projektträger ... Das sind große Projekte ...".

Sprachliche Besonderheiten des Musters:

"habe jeden Widerstand gebrochen ..."
"... immer das betonen, was ich wollte, ..."
"... aber da ist alles glatt gelaufen, ..."

(5) *Selbständigkeitssprache*

Inhaltliche Ausprägung des Musters: Ich strebe immer nach Selbständigkeit in Arbeit und Leben.

Beispiel:

KARRIERE: 5) Darstellung von Förderung und Protektion im Zusammenhang mit der eigenen Biographie

Zitat: "Mein Professor, bei dem ich Assistent war, wollte mich eigentlich in München behalten, daß ich da also habilitieren konnte, aber ich war immerhin doch schon in den Dreißigern und empfand das doch als reizvoller, nun eine selbständige Dozentur zu übernehmen, wo ich also dann die Themen in eigener Regie bestimmten konnte".

Sprachliche Besonderheiten des Musters:

"Der Wunsch nach Selbständigkeit ... größter ..."
"reizvoller, eine selbständige Dozentur zu übernehmen ..."

(6) *Karrieresprache*

Inhaltliche Ausprägung des Musters: Ich plante meine Karriere und hatte ein Konzept für mein Verhalten auf diesem Weg.

Beispiel:

KARRIERE 6) Zielstrebigkeit in der eigenen Lebensgeschichte, Ehrgeiz

Zitat: "... und dann hatte ich mir hier eine Dreijahresfrist gesetzt, hatte mir gesagt, wenn du also siehst, daß du innerhalb von drei Jahren an der Hochschule was werden kannst, daß sich für dich was Positives entwickelt, dann bleibst du an der Hochschule...".

Sprachliche Besonderheiten des Musters:

"... und dann habe ich rein rationell einen Kassensturz gemacht ... und bin dann rein rationell in das Fach Frauenheilkunde gewechselt".

III.2. 'Weibliche'Aussageformen und Argumentationsmuster

Distanzsprache	1)	Macht:
Problemsprache		Selbstwahrnehmung
Resignativ-realistische		eigener Macht oder
Sprache		Ohnmacht
Lernsprache		Machtstreben
Geschlechtssprache		
Nutzensprache		
Soziale Sprache		
Gleichberechtigungssprache		

Inhaltliche Sprache		
Weiblichkeits-Strategie-Sprache Böse-Mutter-Sprache Problemsprache Emotionale Sprache Anti-Hierarchie-Sprache Gleichberechtigungssprache Pädagogische Sprache Mißtrauenssprache Soziale Sprache	2)	Macht: Verhältnis zu Assistentinnen und Assistenten, Mitarbeiterinnen und Mitarbeitern
Emotionale Sprache Distanzsprache Kritiksprache Weiblichkeits-Strategie-Sprache Lernsprache Anti-Hierarchie-Sprache Körpersprache	3)	Macht: Verhältnis der Professorinnen und Professoren untereinander
Distanzsprache Weiblichkeits-Strategie-Sprache Problemsprache Wissen-ist-Macht-Sprache	4)	Macht: Verhältnis der Professorinnen und Professoren zu Studentinnen und Studenten
Emotionale Sprache Schicksalssprache Passive Sprache Inhaltliche Sprache Bescheidenheitssprache Geschlechtssprache Schülerinnensprache	5)	Karriere: Darstellung von Förderung und Protektion im Zusammenhang mit der eigenen Biographie

Distanzsprache Nutzensprache Passive Sprache Willenssprache Unabhängigkeitssprache Weiblichkeits-Strategie-Sprache Lernsprache	6) Karriere: Zielstrebigkeit in der eigenen Lebensgeschichte, Ehrgeiz
Emotionale Sprache Belastungssprache Resignativ-realistische Sprache Geschlechtssprache Distanzsprache Konfliktsprache Soziale Sprache Biographiesprache Unabhängigkeitssprache Problemsprache	7) Konkurrenz: Erfahrungen mit Männerhierarchien, Plagiat, Ausbeutung, Eingriffe durch Statushöhere
Distanzsprache Geschlechtssprache Belastungssprache Konfliktsprache Lernsprache Soziale Sprache	8) Konkurrenz: Konflikte, Rivalität, Bewertung von Gegnern bei Konflikten, Bewertung von Rivalität und unterschwelligen Konflikten
Distanzsprache Biographiesprache Geschlechtssprache Emotionale Sprache Inhaltliche Sprache	9) Kampf: Kampflust, Angst vor Kämpfen und Ausweichen, 'Kämpfen-Müssen'

Nutzensprache
Lernsprache
Unabhängigkeitssprache
Konfliktsprache

Resignativ-realistische Sprache Bescheidenheitssprache Verzichtssprache Unabhängigkeitssprache Kritiksprache Gleichberechtigungssprache	10) Reproduktion: Geschlechtsspezifische Arbeitsteilung im Privatleben

Ausgewählte themenübergreifende 'weibliche' Muster

(1) *Problemsprache*

Inhaltliche Ausprägung des Musters: Ich benenne und schildere die Probleme, die für mich mit beruflichen und privaten Situationen verbunden sind, und denen ich mich z. T. ausgeliefert fühle.

Beispiel:

MACHT 2) Verhältnis zu Assistentinnen/Assistenten, Mitarbeiterinnen und Mitarbeitern

Zitat: "Also, ich halt den Mund, und laß sie arbeiten und belaste sie nicht mehr. Ich könnte es durchsetzen, nicht. Aber da kommt natürlich eine gewisse Solidarität rein, die Frau muß einen hervorragenden Abschluß machen, also laß ich sie laufen. Aber ich bin natürlich schon ein bißchen sauer, weil die Kollegen natürlich sagen, ja, sie haben ja eine Assistentin. Formal habe ich eine, nicht ...".

Sprachliche Besonderheiten des Musters:

"Das ist eine sehr belastende Sache ..."

"Also, ehrlich gestanden, das war ein Fehler ..., also ... das war ein schlimmer Rollenkonflikt ..."
"Also, für mich ist ja der Widerspruch ..."
"... das ist eine Schwierigkeit ..."
"Ich kann nicht mit Macht umgehen, also, ich fühle mich allem ziemlich ausgeliefert ..."
"Tja, das ist wirklich ein Problem ..."

(2) *Distanzsprache*

Inhaltliche Ausprägung des Musters: Ich weigere mich, mich mit beruflichen Anforderungen, welche sich um die Themen: Macht, Karriere, Konkurrenz und Kampf zentrieren - und die ich ablehne - auseinanderzusetzen.

Beispiel:

MACHT 1) Selbstwahrnehmung eigener Macht oder Ohnmacht, Machtstreben

Zitat: "Ach so, ich bin Vizedirektor in der Klinik, falls sie das interessiert (lacht schallend). Ach, wie die Jungfrau zum Kind, erst wollte ich gar nicht ... Vom Chef gedrängt, sie wissen ja ... Aber ich werde das nicht weitermachen".

Sprachliche Besonderheiten des Musters:

"Ach, wie die Jungfrau zum Kind, erst wollte ich gar nicht ..."
"... die Machtfrage existiert kaum ..."
"... ich empfinde sie nicht als Macht ..."
"Ich habe mich nie darum gekümmert ..."
"Also, ich würde mich da eher fernhalten ..."
"... daß ich nicht gerne kämpfe ..."

(3) *Passive Sprache*

Inhaltliche Ausprägung des Musters: Ich schildere mich in meinem Werdegang so, daß er als durch äußere Umstände zustande gekommen erscheint.

Beispiel:

KARRIERE 6) Zielstrebigkeit in der eigenen Lebensgeschichte, Ehrgeiz

Zitat: "Ich weiß nicht, mir ist das so zugefallen, ich hab mich nie danach gedrängelt, das zu werden. Und irgendwo hat es so einen Knick gegeben in meinem Leben, wo das ein Glück war".

Sprachliche Besonderheiten des Musters:

"... daß dieser Professor mich von Anfang an ... so im Auge gehabt hat ..."
"Ich bin also ... von außen angestoßen worden ..."
"... d. h. ich mußte mich seinerzeit nicht selbst durchsetzen ..., sondern dieser Weg wurde mir sehr stark geebnet ..."
"Dafür habe ich mich nicht entschieden ..."

(4) *Belastungssprache*

Inhaltliche Ausprägung des Musters: Ich schildere die Belastungen einer Situation (vor allem einer Konkurrenzsituation) und benenne die Kraft, die sie mich gekostet hat.

Beispiel:

KONKURRENZ 8) Konflikte, Rivalität, Bewertung von Gegnern bei Konflikten, Bewertung von Rivalität und unterschwelligen Konflikten

Zitat: "Ja, nein, Konkurrenzdenken kenne ich eigentlich gar nicht und ich wäre also, einem wirklichen Konkurrenzkampf wäre ich auch sicher nicht gewachsen, weil ich dazu nicht in der Lage wäre".

Sprachliche Besonderheiten des Musters:

"... so etwas kann ich schlecht verkraften ..."
"... also, einem wirklichen Konkurrenzkampf wäre ich auch sicher nicht gewachsen ..."

"... finde ich sehr schwierig, belastet mich ..."
"... das hat mich viel Kraft gekostet ..."
"Das ist natürlich ein harter Weg".

(5) *Bescheidenheitssprache*

Inhaltliche Ausprägung des Musters: Ich gehe in der Beschreibung meines Werdegangs und meiner Arbeit nicht davon aus, daß mir etwas zusteht aufgrund meiner eigenen Leistung.

Beispiel:

KARRIERE 5) Darstellung von Förderung und Protektion im Zusammenhang mit der eigenen Biographie

Zitat: "Ich habe einen sehr guten Abschluß gemacht mit 1, aber ich glaube, das ist nicht die wesentliche Voraussetzung für meine Entwicklung dann an der Universität. Ich bekam auch eine Stelle durch Vermittlung durch einen Freund - eben eigentlich angeboten".

Sprachliche Besonderheiten des Musters:

"...von der Dissertation her...keine so gute Chancen, berufen zu werden."

(6) *Geschlechtssprache*

Inhaltliche Ausprägung des Musters: Mein Geschlecht steht immer im Vordergrund meiner beruflichen Position, ich werde als Frau diskriminiert, ausgebeutet oder besonders geschont; ich benenne und schildere Situationen und Verhaltensweisen in bezug auf meine Geschlechtszugehörigkeit.

Beispiel:

KARRIERE 5) Darstellung von Förderung und Protektion im Zusammenhang mit der eigenen Biographie

Zitat: "... bei dem wir viel gelernt haben, aber bei dem habe ich das wirklich ganz offen gelebt. Der so gesagt hat, Mädchen, lernt einen ordentlichen Beruf, da habt ihr viel mehr davon, was müßt ihr eine akademische Laufbahn machen, ihr heiratet ja doch alle und kriegt Kinder, das ist also verschwendetes Volksvermögen sozusagen. Das war also noch ganz deutlich, ja. Und den hatte ich auch einmal gefragt, so in dem ganz frühen Stadium, wie ich eine Promotion plante, ob ich bei ihm promovieren könnte, und das hat er eigentlich rundweg abgelehnt".

Sprachliche Besonderheiten des Musters:

"Sie wissen selbst, wie schwer das ist! Und das mit einem Rock!"
"Das war ja auch nicht meiner schönen Klugheit willen, sondern meiner schönen Augen willen ..."

(7) *Weiblichkeits-Strategie-Sprache*

Inhaltliche Ausprägung des Musters: Ich entwickelte selbst bestimmte Strategien, meine Weiblichkeit - oder Teile meiner Weiblichkeit - in meine Berufsrolle zu integrieren und mich gegen eine Ausbeutung meiner Weiblichkeit durch andere zur Wehr zu setzen.

Beispiel:

MACHT 3) Verhältnis der Professorinnen und Professoren untereinander

Zitat: "Ja, genau, wo das mit Sicherheit läuft, wo man ganz genau weiß, daß die Leute von mir Freundlichkeit, eine Sorte von Charme oder sonst etwas erwarten und ich weiß, damit kann ich die Sache erleichtern, warum soll ich mich dann nicht so verhalten? Also, an den Stellen, mit Sicherheit. Die Position, meine hilflose Frauenrolle auszuspielen, die ja auch dazu gehört, hilft aber in der Universität nicht viel. Denn Hilflosigkeit zu signalisieren in der Universität ist immer ein Zeichen von Schwäche und nützt einem überhaupt nichts".

Sprachliche Besonderheiten des Musters:

"... das ist ... wenn man schon keine Kinder hat, dann muß man sie sich anlieben, nicht, und großziehen ..."
"Ich hätte können - wenn ich z. B. zu meinem Doktorvater weinend gegangen wäre, wie die anderen Mädchen das getan haben ... wäre gar nicht in Frage gekommen ..."
"... daß die Leute eine Sorte von Charme ... erwarten - und ich weiß, damit kann ich die Sache erleichtern - warum soll ich mich dann nicht so verhalten?"

Inhaltliche Schwerpunkte der Aussageformen und Argumentationsmuster

	'männlich'	'weiblich'
1)	Direkte, oft positiv-zustimmend gefärbte Benennung der (gefragten) Themen: Macht, Kampf, Förderung, Hierarchie, Konkurrenz, Leistung, Erfolg, Profit (vgl.die 'Muster': Machtsprache, Kampfsprache etc.)	Distanzierte, oft negativ-ablehnend gefärbte Benennung der (gefragten) Themen: Macht, Kampf, Förderung, Hierarchie, Konkurrenz, Leistung, Erfolg etc.
2)	Verwendung einer Sprache, in der sprachliche Floskeln, Redewendungen, Kraftausdrücke aus anderen 'Kampf'-Bereichen des Lebens verwendet werden (vgl. die 'Muster': Militärsprache, Geschäftssprache etc.)	Verwendung einer eng an emotionaler Erfahrung bzw. am eigenen emotionalen Erleben orientierten Sprache - unter Einbezug des Erlebens des Gegenübers, welches im Rahmen einer a-priori vorhandenen 'sozialen' Verantwortung reflektiert und berücksichtigt wird

3)	Überzeugung von sich selbst, der eigenen Überlegenheit, der eigenen Leistung und des - planbaren und beeinflußbaren- Erfolgs in Karriere und Berufsfeld	Vorgabe von Bescheidenheit in bezug auf die eigenen Leistungen, Initiativen und Ansprüche in Beruf, Familie, Privatleben sowie auch hinsichtlich der eigenen Karriere
4)	Argumentation mit quasi naturgegebenen Vorgaben, 'Objektivitäten' und Handlungszwängen	Betonung der inhaltlichen Orientierung wie des persönlichen Nutzens bzw. der Freude (Spaß) am beruflichen Geschehen als Motiv für Handeln
5)	Beschreibung von Beziehungen in der Dimension 'Distanz'/Kontrolle' statt 'Emotion'	Schilderung von Lernerfahrungen und Herstellen von Bezügen zur Herkunftsfamilie und zur eigenen Biographie und Entwicklung
6)	Vorhandensein und Bewußtsein von eigenen Strategien als grundlegendes Element der Darstellung beruflichen und privaten Geschehens	Darstellen der eigenen Belastung in Situationen wie der persönlichen Grenzen des Handelns; Bewußtsein der Eingeschränktheit der Möglichkeiten, etwas zu bewirken
7)	Propagieren funktionaler bzw. effektiver Verhaltensweisen	Problematisieren von Situationen und Konflikten in Zusammenhang mit dem persönlichen Erleben
8)	Darstellen des Strebens nach Selbständigkeit	Kritik an Hierarchie und Unterordnung wie an Anpassung: Beto-

	und selbständiger Entscheidungsfähigkeit (in Karriere und Berufsfeld)	nung des Strebens nach Unabhängigkeit und Gleichberechtigung
9)	Bewußtsein von Kontaktnetzen - Ausbau und Umgang damit - als Element der Aussagen zu: Förderung, Karriere und beruflichem Erfolg	Benennung und Schilderung der Rolle des eigenen Geschlechts in Zusammenhang mit Akten von Diskriminierung, Ausbeutung, Bevorzugung etc.
10)	Propagieren von Verantwortung (für Untergebene wie Familie)	Vorhandensein und Bewußtsein von Strategien für die Verbindung von Weiblichkeit und Professionalität als Element der Darstellung beruflichen Geschehens.

III.3. Quantitativer Vergleich der Zuordnung von Geschlechtszugehörigkeit und Modalität

Der quantitative Vergleich zeigt auf, in welchem Anteil die entwickelten Aussageformen und Argumentationsmuster in 'weiblicher' bzw. 'männlicher' Modalität tatsächlich auf die Aussagen von Frauen bzw. Männern zurückzuführen sind. Bei der Auszählung fiel auf, daß einzelne Personen, scheinbar systematisch, immer wieder im gegengeschlechtlichen Modus 'auftauchen'. Dieser Auffälligkeit konnte im Rahmen der vorliegenden Analyse nicht weiter nachgegangen werden, da sie vor allem auf die Differenz zwischen den Geschlechtern, auf *inter*geschlechtliche Unterschiede angelegt war (vgl. II.4). Um die Ganzheit einzelner Personen zu betrachten und Differenzen innerhalb der Aussagen einer Person interpretieren zu können, bedürfte es einer gesonderten Auswertung - welche eine ideale Ergänzung zur vorliegenden Analyse sein würde.

Die 'Muster' als wesentliches Ergebnis der Inhaltsanalyse zeigen, allerdings auf eine sehr abstrakte Weise, daß Brüche bzw. Übergänge zwischen männlichem und weiblichem Modus auch *intra*personal vorhanden sind. So lassen sich verschiedene Kombinationen von Mustern theoretisch auf eine Person projezieren, und eine Person könnte sogar in einer ihrer Aussagen 'weibliche' und 'männliche' 'Muster' vereinen. In welchem Umfang 'Übergänge' in den Aussagen vorhanden sind, läßt sich anhand der Illustration der Muster durch die Textstellen zum Teil verfolgen (vgl. III); in welchem Umfang Übergänge innerhalb der einzelnen Themenbereiche vorliegen, weist der folgende quantitative Vergleich nach (vgl. Tabelle 1 + 2 im Anhang).

Tabelle 1 gibt die Häufigkeiten, bezogen auf Modalitäten und Themen, wider.

Tabelle 2 rückt die Geschlechtszugehörigkeit in den Vordergrund der Betrachtung und gibt, über die absoluten Häufigkeiten hinaus, die relativen Häufigkeiten für die Zuordnungen zu männlicher bzw. weiblicher Modalität an; zusätzlich werden in einer Summenzeile die Daten zu den einzelnen Themenkomplexen aggregiert.

Folgende Tendenzen zeigen sich im quantitativen Vergleich von Geschlechtszugehörigkeit und Modalität (vgl. Tabelle 1 + 2)[11].

1) Zu den Themen KONKURRENZ (8, Konflikte, Rivalität, Bewertung von Gegnern bei Konflikten, Bewertung von Rivalitat und unterschwelligen Konflikten) und REPRODUKTION (10, Geschlechtsspezifische Arbeitsteilung im Privatleben) äußern sich Männer in geringstem Umfang in weiblicher Modalität (17% bzw. 12%).

2) Zu den Themen KARRIERE (6, Zielstrebigkeit in der eigenen Lebensgeschichte, Ehrgeiz) und KONKURRENZ (7, Erfahrungen mit Männerhierarchien, Plagiat, Ausbeutung) äußern sich Frauen in geringstem Umfang in männlicher Modalität (8% bzw. 17%).

3) Zu den Themen KARRIERE (6, Zielstrebigkeit in der eigenen Lebensgeschichte, Ehrgeiz) und zu dem Thema KAMPF (9, Kampflust, Angst vor Kämpfen und Ausweichen, 'Kämpfen-Müssen') äußern sich Männer umfangreicher in weiblicher Modalität (29% bzw. 27%).

4) Zu dem Thema MACHT (3, Verhältnis der Professoren untereinander) und zu dem Thema KAMPF (9, Kampflust, Angst vor Kämpfen und Ausweichen, 'Kämpfen-Müssen') äußern sich Frauen umfangreicher in männlicher Modalität (22% bzw. 23%).

5) Zu dem Thema MACHT (2, Verhältnis zu Assistentinnen/ Assistenten, Mitarbeiterinnen/Mitarbeitern) und zu dem Thema MACHT (4, Verhältnis zu Studentinnen/Studenten) äußern sich auffallend viele Frauen in männlicher Modalität (42% bzw. 45%). Ebenso auffällig ist, daß sich zu den gleichen Themen viele Männer in weiblicher Modalität äußern (40% bzw. 32%).

6) Zu den Themen MACHT (2, Verhältnis zu Mitarbeitern), MACHT (2, Verhältnis zu Professorinnen/Professoren untereinander) und KONKURRENZ (7, Erfahrungen mit Männerhierarchien, Plagiat, Ausbeutung, Eingriffe durch Statushöhere) äußern sich Männer am umfangreichsten in weiblicher Modalität (40%, 60%, 50%).

7) Zu den Themen MACHT (1, Selbstwahrnehmung eigener Macht oder Ohnmacht, Machtstreben), MACHT (2, Verhältnis zu Mitarbeitern) und MACHT (4, Verhältnis der Professorinnen/ Professoren zu Studentinnen/Studenten) äußern sich Frauen am umfangreichsten in männlicher Modalität (40%, 42%, 45%).

Zusammenfassend läßt sich sagen, daß sich bei den Kategorien bzw. Themen KARRIERE (6) und KONKURRENZ (7) Frauen mit großer Wahrscheinlichkeit in weiblicher Modalität äußerten bzw. hier ihre Äußerungen am leichtesten mit dem eigengeschlechtlichen Modus zu identifizieren waren. Bei den Themen REPRODUKTION (10) und KONKURRENZ (8) äußerten sich Männer mit großer Wahrscheinlichkeit in männlicher Modalität. Die größten Übergänge bzw. die umfangreichsten Äußerungen im gegengeschlechtlichen Modus liegen für Frauen bei den Themen MACHT (2) und MACHT (4) und für Männer bei den Themen MACHT (3) und KONKURRENZ (7). Insgesamt läßt sich festhalten, daß jeweils in gleichem Umfang 92 bzw. 93 Äußerungen von Männern bzw. Frauen im gegengeschlechtlichen Modus zu identifizieren waren, - allerdings nach Themengebieten unterschiedlich verteilt (vgl. oben).

Die Aggregation der Häufigkeit über die Einzelthemen zeigt (Tabelle 2), daß bei den verschiedenen Themenkomplexen MACHT, KARRIERE, KONKURRENZ, KAMPF, REPRODUKTION das Verhältnis der Äußerungen in eigengeschlechtlichem Modus zu Äußerungen im gegengeschlechtlichen Modus relativ konstant bleibt; jeweils 60 bis 80% der Äußerungen bleiben dem eigengeschlechtlichen Modus verhaftet.

IV. Möglichkeiten der Verallgemeinerung des Verfahrens, Übertragbarkeit

Das Konzept der Modalitäten in eine inhaltsanalytisch orientierte Auswertung einzubringen und in ein eigenständiges Verfahren umzusetzen, ist in der vorgestellten Form einmalig. Übertragen wurden die Erfahrungen der Analyse bisher allerdings in ein Design für eine empirische Studie über den Umgang mit Macht von Frauen und Männern in der Politik (vgl. HERWARTZ-EMDEN 1987[b]).

Für diese Untersuchung wurde ein Befragungsinstrument entwickelt, dem als hypothetische Voraussetzung ein Katalog von Verhaltensweisen zugrundelag, welche als 'typisch' für diesen Bereich ermittelt wurden. Sie wurden ihrerseits aus einer mündlichen Befragung, den Schilderungen und Perspektiven von Politikerinnen und Politikern gewonnen und ließen sich zu einem - je quasi idealtypischen - Konstrukt eines 'männlichen' und eines 'weiblichen' Modus zusammenfassen. Die Operationalisierung dieses Verhaltensspektrums verlangte ein Design, das sich nicht damit begnügte, die Messung geschlechtsspezifischer Verhaltensweisen und/oder Einstellungen durch die Reaktionen von Frauen und Männern auf angeblich neutrale Stimuli vorzunehmen und dies wiederum als Beleg für das Vorhandensein geschlechtsspezifischer Unterschiede aufzufassen, sondern es wurde ein Instrument entwickelt, das den Befragten bereits geschlechtsspezifisch 'aufgeladene' Stimuli vorgab. Die Reaktionen der Antwortenden ergaben ein je spezifisch aufgeladenes Profil der einzelnen Befragten. Das Instrument wurde standardisiert und mehrmals getestet (vgl. ebd.).

Weitere Untersuchungen, welche geschlechtsbezogene Modalitäten systematisch im konkreten sozialen Kontext verorten und zum Gegenstand einer empirischen Erhebung machen, stehen noch aus, sind aber in Zukunft wünschenswert.

Tabelle 1

Textstellen / Themen	Anzahl pro Thema	weiblicher Modalität zugeordnet		Anzahl pro Modalität	männlicher Modalität zugeordnet		Anzahl pro Modalität	Anzahl ohne Zuordnung
		v.Frauen	v.Männern		v.Frauen	v.Männern		
1) Macht: Selbstwahrn. ... (Kat.51)	68	22	9	31	20	15	35	2
2) Macht: Verh.z. Mitarb.. (Kat.52)	62	14	14	28	21	10	31	3
3) Macht: Verh. Prof./Prof. (Kat. 52)	14	7	3	10	2	2	4	-
4) Macht: Verh. Prof./Stud. (Kat. 47)	43	11	7	18	15	9	24	1
5) Karriere: Förderung .... (Kat. 53)	94	29	18	47	35	12	47	-
6) Karriere: Zielstrebigkeit.. (Kat. 23)	55	23	6	29	15	2	17	9
7) Konkurrenz: Männerhierarchien (Kat. 55)	28	15	5	20	5	3	8	-
8) Konkurrenz: Konflikte ... (Kat. 62)	126	34	7	41	33	12	45	40
9) Kampf: Angst v.Kämpfen (Kat. 61)	138	46	13	59	35	14	49	30
10) Reproduktion: Geschlechtsspez. Arbeitsteilung.. (Kat. 85)	143	43	10	53	74	14	88	2

Tabelle 2

Themen	Textstellen	Textstellen von Frauen					Textstellen von Männern				
		Anzahl pro Thema	weiblicher Modalität zugeordnet n	weiblicher Modalität zugeordnet p	männlicher Modalität zugeordnet n	männlicher Modalität zugeordnet p	Anzahl pro Thema	männlicher Modalität zugeordnet n	männlicher Modalität zugeordnet p	weiblicher Modalität zugeordnet n	weiblicher Modalität zugeordnet p
	1)	37	22	0,60	15	0,40	29	20	0,69	9	0,31
	2)	24	14	0,58	10	0,42	35	21	0,60	14	0,40
	3)	9	7	0,78	2	0,22	5	2	0,40	3	0,60
	4)	20	11	0,55	9	0,45	22	15	0,68	7	0,32
Summe	1) - 4)	90	54	0,60	36	0,40	91	58	0,64	33	0,36
	5)	41	29	0,71	12	0,29	53	35	0,66	18	0,34
	6)	25	23	0,92	2	0,08	21	15	0,71	6	0,29
Summe	5) - 6)	66	52	0,79	14	0,21	74	50	0,68	24	0,32
	7)	18	15	0,83	3	0,17	10	5	0,50	5	0,50
	8)	46	34	0,74	12	0,26	40	33	0,83	7	0,17
Summe	7) - 8)	64	49	0,77	15	0,23	50	38	0,76	12	0,24
	9)	60	46	0,77	14	0,23	48	35	0,73	13	0,12
	10)	57	43	0,75	14	0,25	84	74	0,88	10	0,12

n = absolute Häufigkeit
p = gibt die relative Häufigkeit dafür an, mit der eine Textstelle (von einer Frau bzw. einem Mann) dem weiblichen bzw. männlichen Modus zugesprochen wird
Summe = Summenzeile für die aggregierten Themenkomplexe

Anmerkungen

1 Vgl. HERWARTZ-EMDEN 1987 (a). In: Abschlußbericht des Projektes: 'Die Arbeitssituation von Frauen und Männern im Hochschuldienst aus der Sicht der Betroffenen'.

2 Sie bezieht sich u. a. auf die Autorinnen CONSTANTINOPLE (1979), CHODOROW (1980), FREIMUTH/HORNSTEIN (1982), DEAUX (1984), LOTT (1985), BEM (1987).

3 Die Interviews wurden anläßlich des Forschungsprojektes: 'Die Arbeitssituation von Frauen und Männern im Hochschuldienst aus der Sicht der Betroffenen' durchgeführt.

4 Die Aussagen von Männern und Frauen waren in den zu bearbeitenden Textstellen gleich verteilt worden.

5 Vergleiche zu der Frage, inwieweit eine 'Entsexualisierung' gelingen kann bzw. gelungen ist, die Ausführungen II.4.

6 Es wäre demgegenüber auch ein 'Bewegungsmuster' (im Sinne von Körpersprache) als äquivalente Kategorie denkbar, welches sich im Rahmen eines empirischen Verfahrens der teilnehmenden Beobachtung, oder bestimmter anderer Verfahrensweisen, wie z. B. den Verfahren der 'unobtrusive measures' ergeben würde.

7 Inwieweit die Problematik durch den vorangehenden Arbeitsschritt reduziert werden kann, muß in weiteren Analysen geklärt werden.

8 Reflektiert werden müßte in diesem Zusammenhang die Rolle der Frau als Interviewerin (die Interviews wurden von einer Frau geführt) und die Auswirkungen des Geschlechts auf das Interviewgeschehen und die Mitteilungen von Frauen und Männern. Vermutet wird, daß die interviewten Frauen bei einer Geschlechtsgenossin als Gegenüber vieles als bekannt voraussetzen und nicht im einzelnen auf ihre Rolle als Frau rekurrieren, aber freier sprechen. Für die Aussagen von Männern kann vermutet werden, daß eine Interviewerin weniger 'gefährlich' erscheinen wird als ein Interviewer und 'Mann' ihr deshalb mehr anvertrauen kann (wie die Erfahrungen aus dem Medienbereich nahelegen, vgl. z. B. TRÖMEL-PLÖTZ 1984, S. 355). Die Funktion des Geschlechts müßte allerdings im einzelnen methodologisch für sozialwissenschaftliche Interviews geklärt werden (was an dieser Stelle nicht geschehen kann).

9 Das Thema PÄDAGOGISCHES SELBSTVERSTÄNDNIS, das ursprünglich in die Inhaltsanalyse miteinbezogen werden sollte, wurde aus diesem Grunde nicht weiter bearbeitet. Das pädagogische Selbstverständnis der Interviewten wird aber zum Teil bei dem Thema MACHT im Verhältnis PROF./STUD. deutlich.

10 Die sprachliche Dimension der 'Muster' wird durch besondere, auffällige Floskeln und Wendungen charakterisiert.

11 Inhaltlich werden die Ergebnisse der Auswertung im vorliegenden Kontext nicht weiter ausgewertet und beschrieben; ebensowenig können sie an dieser Stelle in Zusammenhang mit aktuellen sprachwissenschaftlichen Überlegungen und Untersuchungen diskutiert werden. Eine solche Ausarbeitung liegt vor; die diesbezügliche Veröffentlichung wird vorbereitet.

Literatur

BEM, S. L.: Gender Schema Theory and the Romantic Tradition. In: Review of Personality and Social Psychology 7 (1987), S. 251-271.
CAHILL, S. E.: Reexamining the Acquisition of Sex Roles: A Social Interactionist Approach. In: Sex Roles 9 (1983), S. 1-15.
CONSTANTINOPLE, A.: Sex Role Acquisition: In Search of the Elephant. In: Sex Roles 5 (1979), S. 121-133.
DEAUX, K.: From Individual Differences to Social Categories: Analysis of a Decade's Research on Gender. In: American Psychologist 39 (1984), S. 105-116.
FREIMUTH, M. J./HORNSTEIN, G. A.: A Critical Examination of the Concept of Gender. In: Sex Roles 8 (1982), S. 515-532.
FRENCH, M.: Männer, Frauen und Moral. Frankfurt a. M. 1985.
GOULDNER, A. W.: The Future of Intellectuals and the Rise of the New Class. New York 1979.
HAGEMANN-WHITE, C./SCHULTZ, D.: Die Arbeitssituation von Frauen und Männern im Hochschuldienst aus der Sicht der Betroffenen. In: CLEMENS, B. u. a. (Hg.): Töchter der Alma Mater: Frauen in der Berufs- und Hochschulforschung. Frankfurt a. M. 1986, S. 99-110.
DIES.: Gendered Modes of Behavior - a Strategy for Empirical Research. Paper presented at the Third International Interdisciplinary Congress on Women in Dublin July 6-10. Berliner Institut Für Sozialforschung Und Sozialwissenschaftliche Praxis e.V., Berlin 1987. (a)
DIES.: Antrag zur Durchführung eines Forschungsprojekts 'Politische Sozialisation und politische Beteiligung: Die Bedeutung von sozialer Geschlechtsidentität für die Partizipation von Frauen und Männern'. Berliner Institut Für Sozialforschung Und Sozialwissenschaftliche Praxis e.V. (unveröffentl. Manuskript). Berlin 1987. (b)
HERWARTZ-EMDEN, L.: Anhang zum Abschlußbericht des Projekts 'Die Arbeitssituation von Frauen und Männern im Hochschuldienst aus der Sicht der Betroffenen', Antragstellerinnen: SCHULTZ, D./SCHAEFFER-HEGEL, B. (gefördert durch die DFG von 1983-1986), TU Berlin, Berlin 1987. (a)
DIES.: Abschlußbericht der Vorstudie zum Forschungsprojekt 'Politischer Umgang mit Macht bei Frauen und Männern', Antragstellerinnen: SCHAEFFER-HEGEL, B./KULKE, CH./HAGEMANN-WHITE, C. (gefördert von der VW-Stiftung), TU und BIS Berlin, Berlin 1987. (b)
DIES.: im Anhang zu: "Das Geschlecht läuft immer mit ..." Zur Situation von Hochschullehrerinnen und Hochschullehrern - eine empirische Studie, Pfaffenweiler 1990.
HEUSER, M.: Frauen-Literatur-Sprache. Literaturwissenschaftliche und linguistische Forschungsansätze und Ergebnisse. In: Diskussion Deutsch 12 (1981), S. 383-405.

DIES. (Hg.): Frauen, Sprache, Literatur. Fachwissenschaftliche Forschungsansätze und didaktische Modelle und Erfahrungsansätze für den Deutschunterricht. Paderborn 1982.

KLANN, G.: Weibliche Sprache - Identität, Sprache und Kommunikation bei Frauen. In: ANDRESEN, H./GLÜCK, H./MARKMANN, S., (Hg.): Osnabrücker Beiträge zur Sprachtheorie 8. Sprache und Geschlecht, I. Osnabrück 1978, S. 9-62.

KLANN-DEBELIUS, G.: Thesen über Geschlechtszugehörigkeit und Sprachlernen in Elternhaus und Schule. In: HEUSER, M. (Hg.): Frauen, Sprache, Literatur, Paderborn 1982, S. 77-83.

KUHN, E.: Geschlechtsspezifische Unterschiede in der Sprachverwendung (=L.A.U.T. Serie B 74). Trier 1982.

POPPENHUSEN, M.: "Eine geplante Karriere war das nicht." Wie Wissenschaftlerinnen ihren Berufsweg darstellen. In: CLEMENS, B. u. a. (Hg.): Die Töchter der Alma Mater - Überblick zum Forschungsstand: Frauen in Hochschule und Beruf. Frankfurt a. M. 1986.

SCHOENTHAL, G.: Sprache und Geschlecht. In: Deutsche Sprache Heft 12 (1985), S. 143-185.

SCHULTZ, D.: "Das Geschlecht läuft immer mit ..." Zur Situation von Hochschullehrerinnen und Hochschullehrern - Eine empirische Studie. Pfaffenweiler 1990.

SCHULTZ, D./SCHAEFFER-HEGEL, B./HERWARTZ-EMDEN, L.: Geschlechtszugehörigkeit und Karriere. Frauen und Männer im Hochschuldienst. In: Forschung Aktuell, Nr. 14-15, 4 (1987), S. 16-19.

SICHTERMANN, B.: Weiblichkeit. Zur Politik des Privaten. Berlin 1984.

THORNE, B./KRAMARAE, Ch./HENLEY, N. (eds.): Language; Gender and Society. London 1983.

TRÖMEL-PLÖTZ, S.: Frauensprache: Sprache der Veränderung. Frankfurt a. M. 1982.

DIES.: Linguistik und Frauensprache. In: HEUSER, M. (Hg.): Frauen, Sprache, Literatur. Paderborn 1982, S. 11-30.

DIES. (Hg.): Weiblicher Stil - männlicher Stil. In: Gewalt durch Sprache. Die Vergewaltigung von Frauen in Gesprächen. Frankfurt a. M. 1984.

WERNER, F.: Gesprächsverhalten von Frauen und Männern. Frankfurt a. M. 1983.

WETTERER, A.: "Ja, geben tuts das, aber mir ist das nie passiert". Was sagen subjektive Diskriminierungserfahrungen über die objektive Situation von Wissenschaftlerinnen aus? In: CLEMENS, B. u. a. (Hg.): Die Töchter der Alma Mater - Überblick zum Forschungsstand: Frauen in Hochschule und Beruf. Frankfurt a. M. 1986, S. 273-286.

RONALD HITZLER

Dummheit als Methode

Eine dramatologische Textinterpretation

Das Verfahren

Der von uns so genannte, insbesondere von Anne Honer vorangetriebene, 'lebensweltliche Forschungsansatz' (vgl. HITZLER/HONER 1988, 1990, HONER 1989, 1991), der das Perspektivenproblem ins Zentrum der methodologisch-methodischen Überlegungen rückt, ist immer wieder mit der Schwierigkeit konfrontiert, daß die Übernahme *bestimmter* Perspektiven empirisch - aus unterschiedlichen, die Felderschließung beschränkenden Gründen - nicht möglich ist. Die Frage, vor die wir uns deshalb grundsätzlich gestellt sehen, ist mithin die, ob dieser Ansatz lediglich eine Sonderform ethnographischen Arbeitens für sehr spezifische - eben 'leicht zugängliche' - Arreale der sozialen Welt darstellt, oder ob er mit dem Anspruch auf generellere Bedeutung vorgetragen werden kann und soll. Kurz: Was heißt es für einen sich als 'lebensweltlich' verstehenden Forschungsansatz, für einen Ansatz also, der Wirklichkeiten möglichst so zu erfassen sucht, wie sie von den Mitgliedern typischerweise erfahren, erlitten und erhandelt werden (vgl. SCHÜTZ/LUCKMANN 1984), wenn eine Mitgliedschaft eben *nicht* möglich ist?

Es bedeutet ganz einfach, daß man die in Frage stehende *Welt* wirklich nur *von außen*, eben aus einer *anderen* Perspektive, und das heißt vor allem: nur *vermittelt* über die *Darstellungen*, über die (zeichenhaften und anzeichenhaften) Objektivationen und Repräsentationen der dort tatsächlich gemachten Erfahrungen, kennenlernen kann. Dies ist natürlich eine triviale Einsicht, und sie wäre auch kaum erwähnenswert, würde sie nicht in aller Regel allenfalls proklamiert, fände aber gleichwohl kaum Berücksichtigung in der hermeneutischen *Praxis* der Dateninterpretation[1]: Üblicherweise neigen auch 'qualitative' Forscher dazu, Darstellungen von Erfahrungen nicht zunächst einmal als *Darstellungen* von Erfahrungen, sondern sogleich und vor allem als Darstellungen von *Erfahrungen* zu deuten - und sie selber dann wieder wie Erfahrungen (statt wie Darstellungen) darzustellen. Solche Kurz-Schlüsse aber tragen m. E. nicht unwesentlich dazu bei, jene Pseudo-Objektivität zu perpetuieren, mit der Sozialwissenschaftler so gerne, vermeintlich 'positionslos' alles gesellschaftliche Geschehen beobachtend, menschliche Wirklichkeit beschreiben, gar 'erklären' zu können glauben.

Vor dieser simplen, hintergündigen Einsicht also, daß es ein Jenseits der Perspektive nicht geben kann, daß mithin die je eingenommene Perspektive stets mitzubedenken und kenntlich zu machen sei, und angesichts zugleich der Unmöglichkeit, selber vorübergehend zu Forschungszwecken zu einem Politiker zu werden, erschien es mir im Kontext unseres Projektes über 'Parlamentarier in Bonn'[2] am sinnvollsten und ergiebigsten, *grundsätzlich* die Perspektive eines 'gutinformierten Bürgers' (im Sinne von SCHÜTZ 1972) einzunehmen. Anders gesagt: Ich versuche zu rekonstruieren, wie *wir* 'draußen im Lande' unsere Politiker und ihre Welt *präsentiert* bekommen.[3] Wie macht man das? Nun, jeder Sozialwissenschaftler kann sich auf dem thematischen Feld, mit dem er befaßt ist, ohne weiteres das Wissen aneignen, das sich eben auch ein sich gut informierender Bürger aneignen kann, ohne sich über mehr Quellen zu informieren als die allgemein und relativ problemlos zugänglichen. Statt aber all das, was da 'veröffentlicht' ist, als das zu nehmen, was es zu sein *beansprucht* (nämlich eine Form der *Dokumentation* der Wirklichkeit), registriert man es - theoretisch distanziert - vor allem als das, was es *ist* (nämlich eine Form der *Inszenierung* der Wirklichkeit)[4].

Aus der bei der Daten*erhebung* (*nicht* bei der Daten*interpretation*) also voluntativ eingenommenen Sicht des gutinformierten Bürgers sehe ich die Welt mithin weder mit den Augen des politischen Profis noch mit denen des politischen Idioten, weder kenne ich im strengen Sinne die tatsächliche, institutionelle Produktion, noch kenne ich im strengen Sinne die tatsächliche alltägliche Rezeption von Politik. Aber als Mediennutzer kenne ich eine Vielzahl politischer *Darbietungen* unterschiedlicher Art und Weise in unterschiedlichen Kontexten, als (im Verhältnis zum Durchschnittswähler wohl relativ privilegierter) Bonn-Besucher kenne ich darüberhinaus unterschiedliche *Selbstbekundungen* unterschiedlicher Akteure, und als kognitiv interessierter Beobachter kenne ich eine Vielzahl unterschiedlicher *Reaktionen* unterschiedlicher Leute in unterschiedlichen Kontexten auf politische Darbietungen und Selbstbekundungen. Als soziologischem Theoretiker erscheint mir das Phänomen 'Politik' mithin sozusagen als öffentliches *Drama*[5]. Wenn ich nun aber die Dramaturgie dieser Inszenierung erfassen und erhellen will, dann muß ich vor allem versuchen, die 'Drehbücher', die expliziten und möglichst auch die impliziten Regeln, Regelmäßigkeiten, Schemata, Typen, Muster und Strukturen politikdarstellerischen Handelns, also sozusagen 'the rules of the game' (PRICE/BELL 1970), zu rekonstruieren[6].

Dieser Absicht besonders dienlich scheint mir die methodische Applikation dessen, was ich einmal als 'Attitüde der künstlichen Dummheit' skizziert habe (vgl. HITZLER 1986). Damit ist nichts anderes gemeint, als daß ich in der *theoretischen Einstellung* (hier also bei der Auswertung meines - wie auch immer gearteten - Materials) all jenes Wissen, das ich alltäglich so routinisiert, so fraglos habe (und das ich auch brauche und gebrauche, um überhaupt mit anderen Menschen einigermaßen 'gelingend' zusammenleben zu können), absichtsvoll ausklammere und mich möglichst 'naiv' stelle. Durch eine solche methodologische Haltung systematischen Zweifels gegenüber dem je Selbstverständlichen nämlich (der somit in Teilen mit dem korrespondiert, worauf auch ethnomethodologische 'Experimente' gemeinhin abzielen) läßt sich klären, *wie* alltägliches Wissen um und über unsere Erfahrungen sich *konstituiert*[7].

Im folgenden werde ich nun zu exemplifizieren versuchen, wie sich diese für die dramatologische Arbeit essentielle 'Attitüde der künstlichen

Dummheit' im Rahmen einer lebensweltlichen Ethnographie des politisch gutinformierten Bürgers auf einen in diesem Zusammenhang stehenden Text applizieren läßt[8]. Ich werde mich dabei von Fragen leiten lassen, wie der, welche 'kommunikative Gattung' hier überhaupt vorliegt bzw. welche situativen Rahmen-Bedingungen aus dem Text selber rekonstruierbar sind; an welchen Adressaten-Typus bzw. an welche Adressaten-Typen der Text sich eigentlich wendet; welche typisch erwartbaren Interpretationen des Gesagten durch typische Rezipienten dementsprechend im Text antizipiert sind bzw. welche kommunikativen Absichten sich im Text appräsentieren; und - last but not least - wer der Textproduzent bzw. der Textdistribuent (typischerweise) sein könnte.

Das Transkript[9]

> "ine Damen und Herrn, hh die Weltgesundheitsorganisation hat den ersten Dezember Neunzehnhundertachtundachtzich zum Welt (Ehz)tag ausgerufen hh mit dem Ziel + die Menschen weltweit auf die Gefahr (Ehz) hinzuweisn hh und die Verantwortung *jedes* einzelnen im Umgang mit dieser Seuche bewußt zu machn. hh dies ++ betrifft unsere Verantwortung in der Bundesrepublik + hh aber auch unsre Verantwortung und Hilfe für die Menschn in *den* Staaten der Welt hh die besonders von (Ehz) betroffen sind. + hh + ich begrüße diesen ersten Welt (Ehz)tag und verstehe ihn als einn Tag + an dem wir + über diese Krankheit redn ++ uns fragen + *wie* wir uns verantwortungsvoll verhalten könnn hh und + konkret + unsere Hilfe anbietn. + hh wir habn in den vergangenen Jahren Wichtiges erreicht, ++ die Bevölkerung ist aufgeklärt hh ++ viele Menschen erklären ihre Bereitschaft hh ihr Verhaltn auf die Krankheit einzustelln. hh es ist gelungen + Hilfe und Beratung für Kranke und Infizierte auszubauen. + *ich* möchte heute abend ++ die Gelegenheit nutzn all jenen zu danken hh die sich + im + Kampf gegn (Ehz) engagiert haben. hh + dabei sind nicht zu vergessen + die (V/v)ielen in der Selbsthilfegruppe. + hh +

(i)n den Selbsthilfegruppn=und lassen (sie/Sie) mich besonders Dank sagn + den Ärztn und Flegekräftn in den Krankenhäusern, + die (Ehz)kranke begleitet + auch in der Sterbestunde begleitet habn. + + ich warne (sie/Sie) ausdrücklich hh + die Gefahr (Ehz) zu unterschätzn. + es gilt + + der Ausbreitung der Seuche vorzubeugn. + denken (sie/Sie) an die Gesun- *Ihre* Gesundheit und die Gesundheit + unserer Mitbürger, + verhaltn (sie/Sie) sich verantwortlich. + + ((Rascheln)) mir ist ganz wichtich + am Welt (Ehz)tag auch bewußt zu machn hh daß (Ehz) *mehr* ist als eine tödliche Krankheit, + und eine weltweite Gefahr, + (Ehz) bedeutet für mich zugleich auch eine Bewährungsprobe hh für unsere Gesellschaft wie für *jedn* einzelnen von uns. + hh wie *wir* mit (Ehz) umgehen hh wird darüber entscheidn ob wir in unserer Gesellschaft fäich sind + hh zu Eigenverantwortung und Solidarität. + wenn uns *dies* gelingt + können wir (Ehz) besiegn. + +"

Die Interpretation

Dieser Text repräsentiert zunächst einmal meinen Versuch, etwas *Gesprochenes* möglichst vollständig, möglichst wortgetreu und möglichst interpretationsarm (was bekanntermaßen stets nur ein fernes Ideal anzeigt) zu transkribieren. Die Transkription ist dabei - im Hinblick auf meine generellen Frageinteressen - so unkompliziert wie möglich und so kompliziert wie nötig gehalten. Alltäglich gesprochen würde man vielleicht sagen, dies *sei* ein vollständiger Text. Er *ist* vollständig insofern, als er das, was in einem von einem wohlsozialisierten, normalen Menschen identifizierbaren Kontext von *einer* Stimme gesagt worden ist, vom Anfang bis zum Ende 'wiedergibt'. Er ist *nicht* vollständig z. B. im Hinblick auf diesen Kontext. Das hat, wie sich noch zeigen wird, seinen systematischen Grund.

Aus Gründen der besseren Darstellbarkeit der 'Erträge' der in concreto natürlich komplizierteren hermeneutischen Operationen[10], die im wesentlichen auf der 'Kunstlehre der pragmatischen Hermeneutik' (im

Sinne SOEFFNERs 1989) basieren, führe ich die Interpretation in acht dem Text folgenden, aufeinander aufbauenden Schritten vor. Die 'Erträge' der je vorangegangenen Auslegungen fließen dabei in die je folgenden Passagen ein. Dadurch, daß man bei dieser Vorgehensweise Deutungen kumuliert, ist es möglich, die Interpretationen von Schritt zu Schritt immer stärker zu extensivieren, ohne dabei allzusehr Gefahr zu laufen, sich in 'bodenlosen' Spekulationen zu verirren.

1. Der Text beginnt mit einer leicht verstümmelten und relativ unspezifischen Anrede: "ine Damen und Herrn". - Wir alle neigen hier wahrscheinlich, aufgrund unserer einschlägigen Hörgewohnheiten und aufgrund der Neigung, als unvollständig wahrgenommene, vertraute Formen unaufwendig zu schließen, dazu, "ine Damen und Herrn" einfach als unvollständige Wiedergabe von "Meine Damen und Herren" und damit eben als eine relativ unspezifische Anrede zu interpretieren. (Daß es mannigfaltige andere, aber gleichfalls kulturell sinnhafte, ja: routinisierte 'Vervollständigungen' geben kann, bedarf dabei wohl keiner weiteren Erläuterung). Die Anrede ist allerdings wirklich nur *relativ* unspezifisch. D. h. einige wenige Rückschlüsse auf ihre 'objektive' (was wirklich nicht mehr heißt als: auf ihre in unserer Gesellschaft relativ allgemein und fraglos geltende) Bedeutung lassen sich doch ziehen: Angesprochen sind unzweifelhaft mehr als je ein Vertreter beider Geschlechter. Zum Ausdruck kommt deren relative Anonymität, zum Ausdruck kommt eine relativ geringe Vertraulichkeit des Sprechenden gegenüber seinen Adressaten, zum Ausdruck kommt der Rekurs auf ein kulturelles Wissen, das man vielleicht ziemlich unscharf mit 'bürgerliche Verkehrsformen' umschreiben könnte. Diese Anrede könnte also 'so gut wie jeder' Sprechende hierzulande verwenden, um bei 'so gut wie jeder' Gelegenheit Nicht-Intimität anzuzeigen.

2. Darauf folgt so etwas wie eine Mitteilung über ein zweckhaftes Ereignis: "die Weltgesundheitsorganisation hat den ersten Dezember Neunzehnhundertachtundachtzich zum Welt (Ehz)tag ausgerufen hh mit dem Ziel + die Menschen weltweit auf die Gefahr (Ehz) hinzuweisn hh und die Verantwortung *jedes* einzelnen im Umgang mit dieser Seuche be-

wußt zu machn." - Zum Ausdruck kommt in dieser Sequenz, daß der Sprechende die Adressaten über eine von einer internationalen Organisation getroffene Benennung bzw. Maßnahme informiert, die selber den Zweck verfolgt, international zu informieren. Sie könnte natürlich z. B. von einem Kind beim Frühstück im Kreise seiner Familie aus der Zeitung vorgelesen werden. Dann würde es sich aber gleichwohl um ein *Zitat* einer Art von Mitteilung handeln, wie sie üblicherweise wohl nicht von Privatpersonen, sondern von Informationsfunktionären (z. B. Publizisten, Journalisten, Nachrichtensprecher) und von Repräsentanten von Kollektiven (z. B. Politikern, Interessenvertretern) gegenüber einer (wie auch immer zu qualifizierenden) Öffentlichkeit bei solchen Gelegenheiten gemacht wird, die mit dem Mitgeteilten in einem für die Adressaten verständlichen Zusammenhang stehen bzw. in einen solchen gebracht werden können. Es kann sich aber natürlich auch um eine solche Mitteilung selber handeln, die dann entweder face-to-face (in kleinem Kreise, z. B. bei einem Festessen, oder auch bei einer Großkundgebung, z. B. bei einer Demonstration) oder über ein geeignetes Massenmedium (den Hörfunk, das Fernsehen, eine Schallplatte, eine Ton- oder Video-Aufzeichnung, ein Film), live oder konserviert getätigt worden ist. Bei Berücksichtigung der Anrede allerdings scheint es ziemlich unwahrscheinlich, daß die Mitteilung face-to-face bei einer Massenkundgebung erfolgt sein dürfte.

3. Diese zweckhafte Mitteilung wird nun objektivierend interpretiert: "dies ++ betrifft unsere Verantwortung in der Bundesrepublik + hh aber auch unsre Verantwortung und Hilfe für die Menschn in *den* Staaten der Welt hh die besonders von (Ehz) betroffen sind." - Zum Ausdruck kommt hier ein auf die Nation bezogenes in-group-out-group-Schema, mittels dessen das zuvor Mitgeteilte auf das hin ausgelegt wird, was es der Auffassung des Sprechenden zufolge für die in-group besagt. - Wer also könnte so etwas sagen, und wer könnte mit 'uns' gemeint sein? Nun, sagen könnte es wohl am ehesten ein professionell oder amateurhaft Sozial-Engagierter, der sich zugleich selbstverständlich auf *'uns in der Bundesrepublik'* beziehen kann, darf oder muß. Letzteres macht es

z. B. unwahrscheinlich, daß der Sprechende ein Vertreter einer Kirche ist (er würde sich dann wohl eher auf 'uns Christen' oder auf 'uns in dieser oder jener Kirche' beziehen), ebenso, daß er für ein anderes Teilkollektiv *in* der Bundesrepublik redet ('wir in der Gewerkschaft', 'wir von dieser oder jener Partei', 'wir Rollstuhlfahrer' usw.) - es sei denn, es handle sich um ein durch die vorgängige Mitteilung thematisch besonders betroffenes Teilkollektiv ('wir, die Gefährdeten', oder 'wir, die Verantwortlichen', oder 'wir, die Hinweiser und Bewußtmacher') oder um einen nationalen Repräsentanten der Weltgesundheitsorganisation. Im letzteren Fall jedoch wäre zu erwarten gewesen, daß der Sprechende sich zwischen Mitteilung und Interpretation als Vertreter der WHO identifiziert hätte. Es ist also wahrscheinlich, daß der Sprechende sich entweder auf 'uns, die Hinweiser und Bewußtmacher' (z. B. als Kommentator auf Journalisten), auf 'uns, die Verantwortlichen' (z. B. die Mediziner, die Politiker), auf 'uns, die Gefährdeten' (z. B. die hochgradig 'riskant' Lebenden oder die im weitesten Sinne 'riskant' Lebenden), oder eben auf 'uns *alle*, in der Bundesrepublik', bezieht. Nun finden wir in diesem Textabschnitt zwei für unsere Fragestellung interessante semantisch-syntaktische Hinweise. Zum einen: Es geht um unsere Verantwortung *in* der Bundesrepublik, aber es geht (auch) um unsere Verantwortung *für* die Menschen anderswo. Es geht also nicht um unsere Verantwortung *für* die Menschen in der Bundesrepublik und anderswo, sondern es geht um unsere Verantwortung *untereinander* (in der Bundesrepublik) und *für andere* (anderswo). Der Sprechende formuliert also das, was seiner Auffassung nach 'für uns alle' (in der Bundesrepublik) gilt, aber er formuliert es nicht als *seine* Aufassung, nicht *seiner* (persönlichen oder Standes-)Meinung nach, sondern er formuliert es 'objektivierend'. Er formuliert seine Interpretation also wohl nicht als Hinweiser und Bewußtmacher, nicht als Sprecher *besonders* gefährdeter Bevölkerungsteile, und wohl auch nicht als Mediziner. - Zum anderen: Der Sprechende bezieht sich, wenn er 'unsere Verantwortung' für die besonders Betroffenen thematisiert, nicht auf Menschen, sondern auf *Staaten*. Diese Thematisierung politischer Groß-Gebilde als betroffenheitsfähige Subjekte im Kontext eines 'selbstverständlichen' Anspruchs, 'unser aller' Verantwortung sozusagen 'in unser aller Namen' formulieren zu können, läßt m. E. kaum noch einen anderen 'sinnstiftenden' Schluß zu als den, daß wir es hier mit typischer Politikersprache zu tun haben, genauer: mit der Sprache eines Politikers, der eine Rolle spielt bzw. zu spielen beansprucht, bzw. in einer Situation sich befindet bzw. sich wähnt, die es ihm erlaubt, nahelegt, gebietet, von uns allen und für uns alle zu sprechen. Eine solche Rolle kann prinzipiell z. B. ein führender Funktionär einer politisch relevanten Partei, ein Sprecher der Opposition, ein einschlägig 'legitimiertes' Mitglied der Regierung oder der Inhaber eines anderen hohen Staatsamtes beanspruchen. (Zumindest in den ersten beiden Fällen ist im Folgenden aber mit einer Selbst-Identifizierung zu rechnen). Eine entsprechende Situation wäre wohl eine Feierlichkeit, ein Kongreß bzw. eine Tagung, irgendein offizieller Anlaß jedenfalls. Die Präsensform, in die 'unsere Verantwortung' gefaßt ist, deutet darauf hin, daß das, was der Sprechende von sich gibt, durch das veranlaßt ist, was er zuvor mitgeteilt hat.

4. Daran schließt sich eine bekenntnishafte, persönliche Deutung an: "ich begrüße diesen ersten Welt (Ehz)tag und verstehe ihn als einn Tag + an dem wir + über diese Krankheit redn + + uns fragen + *wie* wir uns verantwortungsvoll verhalten können hh und + konkret + unsere Hilfe anbietn." - Zum Ausdruck kommt hier eine persönliche Bekundung von Freude bzw. Genugtuung, die eine subjektive Explikation der objektivierenden Interpretation einleitet. Wir alle, als deren Repräsentant der Sprechende sich äußert, sollten demzufolge, was der Sprechende als dessen Sinn ansieht, das objektive Ereignis, von dem die Rede ist, zum Anlaß für bestimmte Aktivitäten nehmen. Die Verwendung der Ich-Form, die explizite Bezugnahme auf eine persönliche Einstellung zu dem mitgeteilten und objektivierend interpretierten Ereignis weist auf die Möglichkeit einer weiteren Präzisierung des Typus des Sprechenden hin: Es dürfte sich sehr wahrscheinlich um einen den Adressaten bekannten bzw. vertrauten Politiker handeln, der antizipieren kann, daß seine persönliche Auffassung für die Adressaten interessant bzw. wichtig genug ist, um von ihm geäußert bzw. von ihnen gehört zu werden. Die

relativ unspezifische Anrede im Verein damit, daß die Adressaten weder in der objektivierenden noch in der subjektiven Interpretation näher benannt oder auch nur eingegrenzt werden, legt zum einen die Vermutung nahe, daß das 'wir' auch in dieser Sequenz 'uns alle in der Bundesrepublik' konnotiert, und zum anderen und daran anschließend, daß das Gesagte *nicht* einem (mehr oder weniger) klar begrenzten Publikum vorgetragen wird, nicht explizit an eine Teilöffentlichkeit gerichtet ist, sondern daß damit explizit 'Öffentlichkeit' im diffusen Sinne des 'jedermann' angesprochen ist. Daraus wiederum folgt zweierlei: Das Gesagte wird - zumindest *auch* - massenmedial verbreitet, und zwar - aufgrund der Präsensformen offensichtlich - (relativ) aktuell bezogen auf das mitgeteilte Ereignis, *und*: Bei dem Sprechenden muß es sich, da er seinen Adressaten bekannt sein muß, um einen *prominenten*, aller Wahrscheinlichkeit nach sogar um einen *populären* Politiker handeln.

5. Dieser Politiker zieht jetzt eine objektivierende, spezifizierende Bilanz: "wir habn in den vergangenen Jahren Wichtiges erreicht, + + die Bevölkerung ist aufgeklärt hh + + viele Menschen erklären ihre Bereitschaft hh ihr Verhaltn auf die Krankheit einzustelln. hh es ist gelungen + Hilfe und Beratung für Kranke und Infizierte auszubauen." - Zum Ausdruck kommt darin die Bewertung des Resultates einer Wir-Gruppen-Aktivität und die Spezifizierung dieses Resultates. Diese Sequenz erweist sich bei näherer Betrachtung als in doppelter Hinsicht problematisch: Einerseits macht die bisherige Konnotation des 'Wir' (im Verstande von 'wir alle in der Bundesrepublik') keinen richtigen Sinn mehr. Das in dieser Sequenz mit 'wir' angesprochene Kollektiv handelt nämlich offensichtlich 'strategisch' bzw. hat 'strategisch' gehandelt. Deshalb ist in der Bevölkerung bzw. bei vielen Menschen Verschiedenes geschehen bzw. gelungen. Andererseits erwartet man vom Rede-Duktus her gleichsam eine 'Gegenrechnung' dessen, was noch zu tun sei; denn Aufklärung, Erklärungen, Ausbauten, das vermittelt eher den Eindruck von erreichten Etappen als von einem erreichten End-Ziel. Wer also könnte Derartiges, in dieser Form, bei welcher Gelegenheit wem gegenüber äußern?

Jemand, der für ein Kollektiv sprechen kann, ohne auf jemand anderen, hierarchisch höher Positionierten und mithin 'Verantwortlicheren' verweisen zu müssen; jemand, der es offenbar nicht einmal nötig hat, dieses Kollektiv zu bezeichnen bzw. näher zu beschreiben; also offensichtlich jemand, der an der Spitze eines Kollektivs steht, das dadurch, daß es der Sprechende, daß es *dieser* Sprechende ist, der sich in der Wir-Form darauf bezieht, für die Adressaten typischerweise bereits hinreichend identifiziert ist bzw. von diesen identifiziert werden kann. Es scheint auch jemand zu sein, der an dieser Stelle nicht (bzw. nicht mehr) sagen muß, worüber bzw. inwiefern die Bevölkerung aufgeklärt ist und von wem; warum viele Menschen sich zu etwas bereit erklären; was es heißt, sein Verhalten auf das, wovon die Rede ist, einzustellen; wem es nun eigentlich gelungen ist, Hilfe und Beratung auszubauen; worin Hilfe und Beratung überhaupt bestehen; usw., usf. - Ein, wie wir ja zwischenzeitlich aufgrund der Analysen der vorhergehenden Texteinheiten wissen bzw. begründet annehmen dürfen, prominenter Politiker, der an 'uns alle' adressiert so unspezifiziert so diffuse Resultate von diffusen Aktivitäten eines nicht benannten Kollektivs bilanzieren und anscheinend gleichwohl davon ausgehen kann, verstanden (und wohl grosso modo auch 'akzeptiert') zu werden, der redet ganz offensichtlich nicht nur über ein öffentlichkeitsvirulentes Thema, sondern der 'steht für', der verkörpert aller Wahrscheinlichkeit nach ein ebenfalls bereits öffentlichkeitsvirulentes politisches Programm *zu* diesem Thema. Dieses Thema heißt "(Ehz)" und wird vom Sprechenden als eine Gefahr, eine Seuche, eine Krankheit bezeichnet, über die die Bevölkerung ('wir alle' also?) aufgeklärt ist, besser: aufgeklärt *worden* ist - und zwar von den 'Wir', die 'in den vergangenen Jahren Wichtiges erreicht' haben. D. h., bei dem, was hier gesagt wird, geht es nicht darum, die 'breite' Öffentlichkeit über etwas wichtiges *Neues* zu informieren (z. B. über Einzelheiten zum 'Welt (Ehz)tag'), sondern es geht dabei offenbar darum, im Rekurs auf das als öffentlichkeitsvirulent *vorausgesetzte* Thema '(Ehz)' als *Repräsentant* eines ebenfalls als öffentlichkeitsvirulent vorausgesetzten, thematisch einschlägigen politischen Programms zu einem aktuellen, thematisch einschlägigen Anlaß (dem 'Welt (Ehz)tag') gegenüber einer 'breiten' Öffentlichkeit präsent zu sein. (Dementsprechend - und hier greife ich sequenziell vor - folgt auch nicht gleich eine Gegen-Bilanzierung, wie sie, wie gesagt, dem Rededuktus nach eigentlich zu erwarten gewesen wäre.)

6. Diese Öffentlichkeit nutzt der Sprechende für eine als subjektiv deklarierte Absicht, kollektiv benannten anderen gegenüber seinen Dank zum Ausdruck zu bringen: "*ich* möchte heute abend ++ die Gelegenheit nutzn all jenen zu danken hh die sich + im + Kampf gegn (Ehz) engagiert haben. hh + dabei sind nicht zu vergessen + die (V/v)ielen in der Selbsthilfegruppe. + hh + (i)n den Selbsthilfegruppn=und lassen (sie/-Sie) mich besonders Dank sagn + den Ärztn und Flegekräftn in den Krankenhäusern, + die (Ehz)kranke begleitet + auch in der Sterbestunde begleitet habn." - Zum Ausdruck kommt hier, daß der Sprechende die aus objektivem Anlaß gegebene Möglichkeit, sich zu äußern, für eine als subjektiv deklarierte Absicht nutzt, kollektiv benannten anderen gegenüber eine bzw. seine Einstellung auszudrücken. Der 'gesunde Menschenverstand' würde nun vielleicht vermuten, daß in Bezug auf (Ehz) eben diejenigen "in den vergangenen Jahren Wichtiges" erreicht haben, "die sich im Kampf gegen (Ehz) engagiert haben". Dem ist aber nicht so: Wichtiges erreicht haben 'Wir', engagiert jedoch haben sich 'jene', denen zu danken ist. Wenn aber 'jene' nicht nur die in den Selbsthilfegruppen und die Ärzte und Pflegekräfte in den Krankenhäusern sind, wer sind sie dann, ohne daß sie zu der In-group gehören, auf die sich der Sprechende zuvor bezogen hat? Dies ist nicht erkennbar, aber zu beachten ist vielleicht Folgendes: Der Sprechende äußert sich hier (wieder, wie in der 4. Sequenz) nicht explizit als Vertreter eines gesellschaftlichen Teilkollektivs oder als Vertreter von 'uns allen', sondern ohne jeden Verweis nur von sich aus. Allerdings erscheinen die dabei gebrauchten Formulierungen, etwas genauer betrachtet, doch merkwürdig 'gespreizt' und distanziert bzw. reserviert. Es heißt nicht: "Bei dieser Gelegenheit danke ich denen...", sondern "ich möchte die Gelegenheit nutzen, all jenen zu danken...". Es heißt auch nicht: "Dabei darf ich nicht vergessen....", sondern "dabei sind nicht zu vergessen...". Und es heißt auch nicht: "Besonders bedanke ich mich...", sondern "lassen Sie

mich besonders Dank sagen...". Derlei syntaktische 'Klimmzüge' verweisen in aller Regel darauf (und werden im Alltag auch zumeist ganz selbstverständlich so verstanden), daß jemand - auch entgegen manifesten Bekundungen - eben nicht 'von sich aus' schlicht etwas sagen, sondern daß er etwas 'zum Ausdruck bringen' will bzw. glaubt, etwas 'zum Ausdruck bringen' zu sollen oder zu müssen. Derlei Formulierungen wählt man, wenn man sich beauftragt, gehalten oder wenigstens (wodurch auch immer) 'veranlaßt' wähnt. Man wählt sie wohl kaum, wenn man sich aus einem persönlichen Bedürfnis heraus äußert. Kurz: Der Sprechende teilt 'uns allen' mit, daß er - sozusagen 'in unser aller Namen' - etwas zu tun beabsichtigt, was er damit, daß er die Absicht äußert, es zu tun, auch schon getan hat. Man hat sich, salopp ausgedrückt, einer (lästigen oder auch freudigen) Pflicht entledigt, ohne sich tatsächlich zu ver-pflichten. D. h., man hat mit der Typisierung derer, denen man 'zu danken hat', zugleich implizit auch *die* typisiert, denen man eben *nicht* zu danken hat, und man hat mit der Separierung von Wichtigkeit und Engagement zugleich auch eine hierarchische Ordnung in die 'Kampfformation gegen (Ehz)' gebracht. (Die analytischen Erträge der Sequenz-Interpretationen werden damit bereits ersichtlich redundanter: Das zuvor Entdeckte bestätigt sich am weiteren Text.)

7. Daran schließt sich jetzt ein 'persönlicher', warnender Appell an: "ich warne (sie/Sie) ausdrücklich hh + die Gefahr (Ehz) zu unterschätzn. + es gilt + + der Ausbreitung der Seuche vorzubeugn. + denken (sie/Sie) an die Gesun- *Ihre* Gesundheit und die Gesundheit + unserer Mitbürger, + verhaltn (sie/Sie) sich verantwortlich." - Zum Ausdruck kommt hier, daß jemand - entweder 'sie', von denen zuvor die Rede war, oder 'Sie', die Adressaten, also 'wir alle' - vom Sprechenden persönlich (also nicht etwa, wie man sich ja auch gut denken könnte, im Sinne von 'Der Bundesgesundheitsminister rät ...") auf etwas und darauf, was zu tun ist, hingewiesen wird. Da bei "denken (sie/Sie) ..." und bei "verhalten (sie/Sie) sich ..." keine Frageintonation festzustellen ist, läßt sich aber die Lesart, daß in dieser Sequenz 'sie', von denen zuvor die Rede war, gemeint sind, mit großer Wahrscheinlichkeit ausschließen. Es liegt also

eine Warnung und ein Appell an die Adressaten des Gesagten, also an 'uns alle' vor, die wir die 'breite Öffentlichkeit' bilden. Damit folgt nun also doch jenes 'Aber', das wir bereits im Anschluß an den 5. Textabschnitt erwartet haben. Wenn wir die drei Sequenzen nun zusammenziehen, dann läßt sich der Sinngehalt etwa so zusammmenfassen: Wir, die wir eine bestimmte (Ehz)-Politik verfolgen, haben damit und dank der Mithilfe engagierter Gruppierungen schon sehr viel Positives erreicht. Ihr anderen alle, die ich hier direkt anspreche, solltet aber trotzdem nicht meinen, das Problem sei schon gelöst, und ihr bräuchtet euch deshalb nicht mehr darum zu kümmern. - Hier bemerkt man unschwer einen pädagogischen Impuls, sieht man förmlich den 'erhobenen Zeigefinger' dessen, der den 'rechten Weg' weisen muß und kann. (Eine 'ausdrückliche Warnung', ist das nicht schon (fast) eine Drohung?) Wer aber kann mit einer solchen 'autoritären Geste' wem unter welchen Umständen gegenübertreten? Nun, das kann wohl, ohne sich lächerlich zu machen, nur jemand, der qua Amt legitimerweise über die Autorität und qua persönlicher Eigenschaften über das nötige Charisma verfügt, um 'uns (zumindest potentiellen) Sündern allen' ins Gewissen zu reden, das angesichts des allgemein verbreiteten Lebenswandels hierzulande hinsichtlich dessen, was in diesem Kontext mehr oder weniger jeder als 'verantwortliches Verhalten' versteht, bei den meisten 'von uns' jedenfalls potentiell ein schlechtes zu sein scheint. (Damit zeichnet sich nun deutlich auch das vermutete politische Programm selber schlagwortartig ab: Verantwortung, Aufklärung, Engagement.)

8. Der Text endet mit einer Art (metaphorischer) Deutung der Bedeutung des Themas: "mir ist ganz wichtich + am Welt (Ehz)tag auch bewußt zu machn hh daß (Ehz) *mehr* ist als eine tödliche Krankheit, + und eine weltweite Gefahr, + (Ehz) bedeutet für mich zugleich auch eine Bewährungsprobe hh für unsere Gesellschaft wie für *jedn* einzelnen von uns. + hh wie *wir* mit (Ehz) umgehen hh wird darüber entscheidn ob wir in unserer Gesellschaft fäich sind + hh zu Eigenverantwortung und Solidarität. + wenn uns *dies* gelingt + können wir (Ehz) besiegn." - In dieser Schlußsequenz zeigt sich - vor dem Hintergund dessen, was wir mittler-

weile schon material begründet über die 'öffentlichkeitsrelevanten Elemente' des Textes annehmen können - m. E. so etwas wie eine dezidiert 'persönlich bekennende', komplexe ideologische Grundeinstellung, die sich gleichsam zusammenfügt aus einer religiös-moralischen Weltanschauung, einem liberalen Menschenbild und einer sozial-konservativen Politikauffassung: Daß etwas 'mehr' ist, als es 'oberflächlich betrachtet' zu sein scheint, daß etwas also über sein An-sich-Sein hinaus verweist, daß man etwas als bedeutungsgeladen, sozusagen als 'Zeichen' sehen muß, eine solche Denkfigur verweist auf eine religiös-moralische Weltanschauung. Daß etwas eine 'Bewährungsprobe' für den Einzelnen darstellt, die es zu bestehen gilt, daß es mithin, gesellschaftlich gesehen, auf den Einzelnen ankommt, daß mithin der Einzelne entscheidungs- und handlungskompetent ist, das thematisiert m. E. gleichsam den 'Kern' eines liberalen Menschenbildes. Und die Kombination von 'Eigenverantwortung und Solidarität *im Rahmen* einer bestimmten Gesellschaftsstruktur' schließlich deutet m. E. auf eine sozial-konservative Politikauffassung hin.

Dies ist nun natürlich doch eine ziemlich extensive Auslegung des Schlußteiles. Ich will damit auch nicht *mehr* behaupten, als daß ich auf der Basis dieser letzten Sequenz und im Rekurs auf den Gesamttext wagen würde, den Sprechenden grundsätzlich im Spektrum des sogenannten 'linken' Flügels der CDU oder des 'wertkonservativen' Flügels der SPD zu verorten, so daß sich im Rückblick auch auf den vorhergehenden Abschnitt, in dem ich einen 'pädagogischen Impuls' zu entdecken geglaubt habe, nun einigermaßen ahnungsvoll die Gretchen-Frage stellen ließe: Wer kann es sein, der im Schnittpunkt dieser interpretativ gewonnenen 'Koordinaten' steht? Wer ist der prominente, populäre Politiker, der da, durch die Aktualisierung eines sozusagen 'allgegenwärtigen' Themas offiziell veranlaßt, sich und 'sein' bekanntes Programm massenmedial 'uns allen' präsentiert und uns 'persönlich' an-spricht als betroffene, aufgeklärte und (mithin) verantwortliche Menschen, die man gleichwohl ein wenig 'an der Hand nehmen' und behutsam führen muß?

Der Ertrag

Was ich hier, mich künstlich 'dumm' stellend und auf dieser Basis Wissen aus dem Text selber erwerbend, unternommen habe, das hat also wenig Spektakuläres zutage gefördert. Solches war auch gar nicht beabsichtigt. Es ging mir vielmehr, wie fast immer bei meinen Textinterpretationen, darum, ein klein wenig zur Klärung der ständigen - und ständig lästigen - Frage beizutragen, *wie* wir das, was wir alle alltäglich ohnehin schon wissen (und zumeist natürlich auch besser-wissen), eigentlich wirklich *wissen* (also aufgrund welcher 'Bedingungen' und welchen Vor-Wissens, auf das wir in aller Regel ganz fraglos rekurrieren). 'Wir alle' *wissen* z. B. etwas über AIDS und auch über so Manches, was im Kontext von AIDS öffentlichkeitsvirulent bzw. politisch thematisiert wird. Wir alle verfügen über einen - mehr oder minder diffusen - *Wissensvorrat* zum Schlagwort 'AIDS' (und zum Schlagwort 'AIDS-Politik'). Wir alle haben sozusagen einen *AIDS-Komplex*, genauer: einen als 'AIDS' etikettierten Problemkomplex, im Kopf. Und gerade diese schlichte Tatsache, daß wir alle 'irgendetwas' *wissen* zum Thema AIDS, habe ich nun sozusagen 'subversiv' genutzt, und eben *nicht* gefragt: Was *ist* AIDS?, sondern: Wie *entsteht* dieses (überaus heterogene) Wissen *über* AIDS eigentlich in unseren Köpfen? Ich habe also versucht, *einen* kleinen Beitrag zu leisten zur *empirischen* Erschließung derjenigen sozialen Praktiken, die unser Wissen (über AIDS) erzeugen, indem ich einfach gefragt habe, *wer* (welche Typen von Sprechenden) üblicherweise *wem* (welchen Typen von Publikum bzw. 'Öffentlichkeit') gegenüber *wann*, *wo* und *warum* (bei welcher Art von Gelegenheit bzw. Anlaß) *wie* (auf welche Art vermittelt) den obenstehenden Text, bzw. einen Text wie diesen, sprechen bzw. gesprochen haben könnte.

Um nicht mißverstanden zu werden: Das Transkript allein belegt keineswegs, daß hier *tatsächlich* ein prominenter Politiker spricht. Es könnte durchaus immer noch das Transkript z. B. dessen sein, was jemand aus einer Zeitung vorliest. Aber was vorgelesen würde, wäre mit all der durch die vorangegangenen Interpretation gewonnenen Sicherheit die an eine 'breite', diffuse Öffentlichkeit gerichtete Ansprache eines solchen Politikers (die dann eben in einer Zeitung oder sonstwo abgedruckt wäre). Womit wiederum keineswegs behauptet würde, der Politiker habe den Text dieser Ansprache selber erdacht, geschrieben, bearbeitet, korrigiert oder auch nur vor der Ansprache genau gelesen (gerade dafür, daß dies in diesem Fall zumindest nicht der Fall gewesen ist, gibt es einige Indizien im Material selber, sowie einige einschlägige Hintergund-Informationen). Zu behaupten, das Medium, über das vom Transkribierenden das Gesagte rezipiert worden ist, ließe sich auf der Grundlage des Textes eindeutig identifizieren, würde ich für ausgesprochen dreist halten. Zu behaupten, der (zumindest ursprünglich) Sprechende ließe sich (nur) auf der Grundlage des Textes *zweifelsfrei* identifizieren, hielte ich gleichfalls für ein wenig gewagt. (Ich kann z. B., trotz meiner einschlägigen Bemühungen, *nicht* am Text entscheiden, ob der Sprechende ein Mann oder eine Frau ist.)

Aber ich würde durchaus die Behauptung wagen, daß sich die Antwort auf ein 'Was bin ich?' auf eine ziemlich begrenzte Personenzahl beschränken ließe, und daß der Sprechende dann höchstwahrscheinlich darunter zu finden wäre. Allerdings haben wir es hier auch mit einem vergleichsweise wohl sehr leicht zu lösenden 'Fall' zu tun. Darauf kommt es mir aber gar nicht an. Es geht vielmehr darum, daß, wenn wir uns in wissenssoziologischer Absicht mit einem 'politischen' Thema wie z. B. AIDS befassen, wir eben grundsätzlich vor der Frage stehen, *mit welchen Mitteln wer wem gegenüber* das Phänomen eigentlich in Szene setzt. Wenn hinter der Inszenierung in einem ganz weiten Sinne soziale Ordnungs-Interessen stehen, und wenn die Inszenierung mehr oder weniger unter Verwendung *aller* gesellschaftlich zur Verfügung stehender Medien statthat, dann liegt die Vermutung nahe, daß die Inszenierung 'uns allen', dem 'Massenpublikum' schlechthin gilt[11].

'Wir alle' werden hier angesprochen. Zwar bekommen wir dabei keinerlei konkrete Anweisungen oder Hinweise darauf, was wir eigentlich *praktisch* zu tun oder zu lassen haben. Gleichwohl verstehen wir, auf der Basis unserer (typischerweise durch massenmediale 'Aufklärung' gegebenen) vorgängigen informativen Sättigung, die Botschaft wohl, die hier zu Gehör gebracht wird, denn wir alle sind ja, mehr oder weniger gut, darüber informiert, was AIDS, HIV, AZT usw. heißt, was ungeschützte Sexualkontakte, kontaminierte Drogenbestecke, positive Blutkonserven usw. sind, was mit Übertragungsweg, Infektionsrisiko, Durchseuchungsrate usw. in diesem Zusammenhang überhaupt gemeint ist. D. h. 'wir alle' haben ein sozusagen 'selbstverständliches', quasi 'objektives' Wissen über das Phänomen, das nicht zuletzt auch beinhaltet, daß es sich dabei um ein *Problem* handelt[12]. Und indem man uns sagt, daß AIDS eine 'schreckliche Seuche', 'eine tödliche Krankheit', mithin 'eine Bewährungsprobe für unsere Menschlichkeit' ist, sagt man uns z. B. auch, daß AIDS eben *keine* 'Gottesstrafe' und *keine* 'Schwulenpest' sei. Und so verstehen wir unter anderem auch ganz beiläufig, wie man sich 'richtig' verhält: Vorsichtig eben und trotzdem 'menschlich', oder: möglichst 'menschlich' aber vor allem halt vorsichtig[13].

Selbstverständlich wissen wir auch, daß solche Schlagworte und Stereotypen lediglich Hinweise sind auf differenzierte und komplexe Wissensbestände von einschlägig befaßten Experten, die zwar hinsichtlich einiger Fakten, mancher Interpretationen und vieler daraus gefolgerter Empfehlungen nachwievor uneins sind, auf deren 'Besserwissen' wir uns jedoch verlassen müssen, die wir also brauchen, und deren - idealerweise autonome - Arbeit wir dementsprechend zu alimentieren haben[14]. Schließlich werden wir hier auch nochmals daran erinnert, daß die 'Krankheit', die 'Betroffenheit', die 'Hilfsbereitschaft' zu bejahen, die 'Hysterie', die 'Diskriminierung', die 'Verantwortungslosigkeit' hingegen zu verneinen ist. Wir erkennen einmal mehr, daß der Problemkomplex AIDS über unsere alltägliche Einsichtsfähigkeit hinausweist, und daß wir mithin in all unserer 'Selbstverantwortlichkeit', eben das tun und lassen sollen, was 'man' uns sagt bzw. sagen - und 'erklären' - läßt[15].

AIDS ist also (darüber dürfte wohl Konsens bestehen) als - durchaus diffuser - Problemkomplex im sozialen Wissensvorrat vorhanden[16]. Mithin ist in der Tat begründet anzunehmen, daß in dieser Rede die 'breite' Öffentlichkeit angesprochen ist, daß die hier zur Debatte stehende Inszenierung auf das 'Massenpublikum' zielt. Die Frage ist nur: Ist diese Interpretation die einzig richtige? Ist sie die einzige, die einen Sinn bzw. vermittels derer der Text einen Sinn ergibt? Könnte es nicht sein, daß hier der Masse des Publikums ins Gesicht geschaut und dabei auch ganz relevante Botschaften an ihm vorbei und zu sehr viel spezielleren Adressaten hingeschoben werden? - Wie komme ich auf einen solchen Gedanken? Nun, in diesem Text gibt es Stellen, die mir nicht sehr sinnvoll erscheinen, wenn ich sie als (nur) an eine 'breite' Öffentlichkeit gerichtet verstehen soll, die mir hingegen viel eher einleuchten, wenn ich davon ausgehe, daß sie sich (auch) an andere Adressaten wenden, nämlich an die programmatischen *Kritiker*, an die politischen *Gegner* des Sprechenden. Dazu gehört z. B. die Betonung dessen, daß (mit einer bestimmten AIDS-Politik) schon viel erreicht worden sei, oder die (grammatisch etwas verworrene) Behauptung, daß wir AIDS besiegen (sic!) können, wenn es uns gelingt, uns eigenverantwortlich und solidarisch zu verhalten. Dazu gehört der ausdrückliche Dank an die Aktiven an der 'AIDS-Front', dazu gehört aber auch das *Fehlen* bestimmter, prinzipiell erwartbarer Topoi, wie Infektionswege, riskante Lebensweisen, *besondere* Gefährdungen, die Test-Problematik, statistische Zahlen, usw.

Gleichwohl hat das Gesagte keinen ersichtlich 'argumentativen' Charakter. Es ist weder so angelegt, daß man es als eine Entgegnung auf vorher Gesagtes, noch daß man es als Antizipation einer nachfolgenden Gegen-Rede verstehen könnte. Es steht seiner gesamten Dramaturgie nach 'für sich'. Es wirkt 'selbst-verständlich' und erinnert von seinem Duktus her an eine (säkularisierte) Predigt oder eben an eine *Ansprache*. Und darum handelt es sich natürlich auch, denn zum Kontext-Wissen, über das man als Rezipient des hier Transkribierten gemeinhin ganz selbstverständlich verfügt, gehört unter anderem die (mit Bedacht dem analysierten Transkript *nicht* vorangestellte) Ankündigung "Zum Welt-AIDS-Tag spricht jetzt die ehemalige Bundesgesundheitsministerin und heutige Bundestagspräsidentin Rita Süßmuth", die am 1.12.1988 im Fernsehprogramm der ARD nach Tagesschau, Wetterkarte und dem Ertönen eines Gongs von einer männlichen Stimme 'aus dem Off' getätigt worden ist. (Auf dem Bildschirm war dabei das Logo des Ersten Programms zu sehen). Nach einer kurzen Pause erschien dann (mit Bildschnitt 'Oberkörper') die offenbar hinter einer Art Tisch sitzende Rita Süßmuth mit Brille, weißer Bluse und roter Jacke vor einem Hintergrund, der an eine Wohnzimmergardine erinnerte, auf dem Bildschirm und sagte "ine Damen und Herrn ....". Nach dem Ende ihrer Ansprache wurde Süßmuth ausgeblendet und auf dem Bildschirm erschien ohne Ton der Text "Die Arbeitsgemeinschaft deutscher AIDS-STIFTUNGEN bittet um Spenden auf das Konto Nr. 4004 Überweisungsformulare bei allen Sparkassen, Banken und Postscheckämtern".

Viele interessante und auslegungsrelevante Informationen (von denen die jetzt noch genannten lediglich die naheliegendsten waren) stecken also einfach *nicht* im Text. Gleichwohl erfährt man, so meine Behauptung, anhand *jedes* Textes, an den man ein paar absichtsvoll 'dumme' Gretchen-Fragen stellt, über Strategien der Inszenierung durchaus strukturell Wissenswertes - weil typisch Verallgemeinerbares. Hier z. B., daß Politiker, jenseits ihrer im engeren Sinne 'instrumentellen' Aufgaben, auch in Bezug auf den AIDS-Komplex im wesentlichen als *soziale Sinnstifter* fungieren (vgl. dazu HITZLER 1987). M.a.W.: Politiker, die *als* Politiker das Problem AIDS eher zu 'verwalten' haben, als daß sie es bewältigen könnten, müssen die Bedeutung dessen, was im Kontext des Problemkomplexes AIDS zufällig, zwangsläufig und absichtsvoll geschieht, vor allem *plausibilisieren*. D. h., sie müssen das, was sozial ohnehin passiert, und das, was voraussichtlich passieren wird, tunlichst als das darstellen, was passieren *muß*, bzw. als einen (ersten, wichtigen, unumgänglichen) Schritt dazu. Kurz: sie müssen all dem einen (transzendenten, also auf wissenschaftliche, ideologische, religiöse 'Erkenntnis' bezogenen) *Sinn* geben (immer wieder und beileibe nicht unbedingt immer denselben). Und genau das ist hier geschehen, so 'schlecht' diese Rede unter formalrhetorischen - und im übrigen auch unter redepragmatischen und visualisierungstechnischen - Gesichtspunkten auch gewesen sein mag.

Anmerkungen

1 Dies hat übrigens auch HANS-GEORG SOEFFNER immer wieder angemahnt; neuderdings versammelt in: SOEFFNER 1989; vgl. aber auch BERGMANN 1985; REICHERTZ 1988.

2 Bei und mit FRIEDHELM NEIDHARDT am Forschungsinstitut für Soziologie der Universität zu Köln und in Zusammenarbeit mit dem Max-Planck-Institut für Gesellschaftsforschung in Köln. - Vgl. auch MAYNTZ/NEIDHARDT 1989.

3 Was mich als *soziologischem* Beobachter allerdings vom *normalen* gutinformierten Bürger unterscheidet, das ist, daß ich mich weltanschaulichen Räsonnements tunlichst zu enthalten habe, daß ich mich weniger daran interessiert zeige, meine individuelle politische Meinung zum Besten zu geben, sondern daß ich das Wissen, das man zu einem Thema als gutinformierter Bürger *optimalerweise* haben kann, sammle, ordne und beschreibe, um Politik, so wie sie von wem, wo, wann und warum auch immer *dargestellt* wird, verstehen und letztlich vielleicht sogar manche Zusammenhänge 'erklären' zu können. - Vgl. dazu auch SCHÜTZ 1971.

4 Dies meint die Rede von der *dramatologischen* Sicht auf die soziale Welt bzw. auf die sozialen Welten, die ich von WOLFGANG LIPP (1984) übernommen habe. Letztlich zielt eine *Dramatologie*, wie ich sie verstehe, nicht nur auf die Analyse *besonderer* Aspekte des gesellschaftlichen bzw. geselligen Lebens (wie z. B. bei VEBLEN 1971, BOURDIEU 1982, GIRTLER 1989 - und wie auch bei meiner Beschäftigung mit Phänomenen *politischer* Dramaturgie), sondern auf eine erfahrungswissenschaftliche Beschreibung von in der 'normal science' vernachlässigten *Grundstrukturen* des menschlichen Miteinanders. Der dramatologische Gedanke scheint mir gleichwohl in der soziologischen und sozialphilosophischen Literatur vielfältig angelegt zu sein: Z. B., um nur die hierzu *für mich* wichtigsten Namen zu nennen, bei GEORG SIMMEL, ERNST CASSIRER, HELMUTH PLESSNER, ERVING GOFFMAN, PETER L. BERGER und HANS-GEORG SOEFFNER.

5 Wobei ich die sonst in diesem Zusammenhang so gern gestellte Frage nach dem Verhältnis zwischen dem 'Machen' von Politik und dem 'Darstellen' von Politik, zwischen 'instrumenteller' und 'expressiver' Politik mit Bedacht ausklammere (vgl. z. B. EDELMAN 1976, 1988; ELDER/COBB 1983; MERELMAN 1969; PROSS 1974; SARCINELLY 1987; SCHWARTZENBERG 1980).

6 Dabei betrachte ich übrigens den Politiker auch und gerade unter Zugrundelegung dieser Spiel- und Bühnenmetapher durchaus nicht als 'Marionette' an den Fäden sich im Hintergrund quasi-automatisch ereignender Abläufe oder verschwörerischer Puppenspieler und Drahtzieher, sondern als einen in seiner Rolle Improvisierenden in einer Art von 'Commedia dell'arte' der politischen Kleinkunstbühne von Bonn. Damit meine ich, daß seine Rolle ihm zwar eine bestimmte und zu rekonstruierende Grunddisposition auferlegt, daß sie aber so definiert ist, daß sein Publikumserfolg vor allem von seiner Persönlichkeit, von seinen darstellerischen Befähigungen, von seiner Spiellaune, aber auch von den Zufälligkeiten des 'Stückes', das gespielt wird, von der Ausstattung, von Fundus und Requisiten, von den Maskenbildnern, aber nicht zuletzt auch von den Qualitäten der Mit- und Gegenspieler abhängt.

7 Das hierbei implizierte Erkenntnisinteresse korrespondiert natürlich hochgradig mit ULRICH OEVERMANNs Überlegungen zur Nützlichkeit 'künstlicher Naivität' für eine 'objektive Hermeneutik' (vgl. OEVERMANN 1986, bes. S. 35f). Gleichwohl: Ich habe den Gedanken nicht von OEVERMANN übernommen. (Und wie PLESSNER (1981, S. 34) schon so richtig bemerkt hat: "Es wird in der Welt mehr gedacht, als man denkt.") Meine 'künstliche Dummheit' schließt eher an GOFFMANs 'Rahmen-Analyse' (1977) an, richtet sich jedoch weniger auf eine *Typologie* von 'Rahmen' als eben vielmehr auf die situative *Konstruktion* von 'Rahmen' (vgl. auch SOEFFNER 1989, S. 140-157).

8 Wohlgemerkt: *Im Rahmen* eines lebensweltlichen Forschungskonzeptes; und das heißt: hier steht lediglich *ein* 'Mosaiksteinchen' dieser Unternehmung zur Debatte.

9 *Transkriptionszeichen bzw. -hinweise:*
( )........Unklarheit über korrekte Schreibweise
+.........kurze Pause
++........längere Pause
. ,........stark bzw. schwach sinkende Stimme
hh........hörbares Ein- oder Ausatmen
=.........schneller Sprechanschluß
-.........Wortabbruch
__......betont gesprochen

10 Für eine ebenso anregende wie fruchtbare Diskussionsrunde zu dem infragestehenden Text danke ich unserer Bamberger Interpretationsgruppe, namentlich BIRGIT HODENIUS, ANNE HONER, SABINE LOTZE und MATTHIAS MICHAILOW.

11 Grundsätzlich allerdings ist natürlich auch nicht auszuschließen, daß das 'Massenpublikum' nur die 'Zuschauerkulisse' einer Inszenierung bildet, die tatsächlich sehr viel spezifischer zugeschnitten ist, auf ganz bestimmte Teile der Bevölkerung abzielt. 'Wir alle' dienen dann vielleicht nur der legitimatorischen Absicherung ganz spezieller politischer (und professionspolitischer) Absichten. - Vgl. hierzu auch die verschiedenen Prinzipien der Skandalierung in HITZLER 1989.

12 Dies ist so ungefähr das, was man eine 'Politik der Benennung' nennen könnte. - Vgl. auch EDELMAN 1988, S. 12-36; vgl. auch BECK 1988, z. B. S. 161.

13 Dies sind dann, im Sinne von BERGER/LUCKMANN (1969, S. 101), bereits "theoretische Postulate in rudimentärer Form", mit denen 'semantische Felder' ideologisch besetzt werden.

14 Dies könnte man vielleicht als eine 'Politik der Expertise und Gegenexpertise', als die Politik der Professionellen gegenüber den Laien bezeichnen. - Vgl. dazu GIESEN 1983; vgl. auch BECK 1988.

15 Und dies entspricht im wesentlichen wohl dem, was BERGER/ LUCKMANN (1969, S. 102ff) als die Konstruktion "symbolischer Sinnwelten" durch einschlägig interessierte Akteure und Akteursgruppierungen beschreiben, deren 'politische' Relevanz eben vor allem darin besteht, unsere heterogenen Erfahrungen zu 'ordnen'.

16 AIDS als Medienklamauk unterliegt zwar eindeutig 'Konjunkturschwankungen'. Gleichwohl ist das Thema in mannigfaltigen Variationen mindestens seit August 1985 (als SPIEGEL, STERN und QUICK in

derselben Woche mit AIDS als Titelstory auf den Markt kamen) auch hierzulande massenmedial ständig präsent. Aber auch die medizinische, die moral- und sozialwissenschaftliche, und nicht zuletzt die populärwissenschaftliche Literatur zum Thema füllt inzwischen Bibliotheken. - Statt (allzu) Vielem vgl. AGGLETON/HOMANS 1988 und BURKEL 1988.

Literatur

AGGLETON, P./HOMANS, H. (eds.): Social Aspects of AIDS. London 1988.
BECK, U.: Gegengifte. Frankfurt a. M. 1988.
BERGER, P. L./LUCKMANN, TH.: Die gesellschaftliche Konstruktion der Wirklichkeit. Frankfurt a. M. 1969.
BERGMANN, J.: Flüchtigkeit und methodische Fixierung sozialer Wirklichkeit. In: BONSS, W./HARTMANN, H. (Hg.): Entzauberte Wissenschaft. (Sonderband 3 Soziale Welt). Göttingen 1985, S. 299-320.
BOURDIEU, P.: Die feinen Unterschiede. Frankfurt a. M. 1982.
BURKEL, E. (Hg.): Der AIDS-Komplex. Frankfurt a. M./Berlin 1988.
EDELMAN, M.: Politik als Ritual. Frankfurt a. M./New York 1976.
DERS.: Constructing the Political Spectacle. Chicago/London 1988.
ELDER, C. D./COBB, R. W.: The Political Uses of Symbols. New York/London 1983.
GIESEN, B.: Moralische Unternehmer und öffentliche Diskussion. In: Kölner Zeitschrift für Soziologie und Sozialpsychologie 35 (1983), S. 230-254.
GIRTLER, R.: Die feinen Leute. Linz/Frankfurt a. M. 1989.
GOFFMAN, E.: Rahmen-Analyse. Frankfurt a. M. 1977.
HITZLER, R.: Die Attitüde der künstlichen Dummheit. In: Sozialwissenschaftliche Informationen 15 (1986), S. 53-59.
DRS.: Repräsentanten - Bezeichnendes über Parlamentarier. (Manuskript V. Internationalen Kongreß der Deutschen Gesellschaft für Semiotik Essen 1987).
DERS.: Skandal ist Ansichtssache. In: Ebbighausen, R./Neckel, S. (Hg.): Anatomie des politischen Skandals. Frankfurt a. M. 1989, S.334-354.
DERS./HONER, A.: Der lebensweltliche Forschungsansatz. In: Neue Praxis 18 (1988), S. 496-501.
DERS./HONER, A. Qualitative Verfahren zur Lebensweltanalyse. In: FLICK, U. u. a. (Hg.): Handbuch qualitativer Sozialforschung. München 1990.
HONER, A: Einige Probleme lebensweltlicher Ethnographie. In: Zeitschrift für Soziologie 18 (1989), S. 297-312.
DIES.: In diesem Band (1991).
LIPP, W.: Kultur, dramatologisch. In: Österreichische Zeitschrift für Soziologie 9 (1984), S. 8-25.
MAYNTZ, R./NEIDHARDT, F.: Parlamentskultur: Handlungsorientierungen von Bundestagsabgeordneten - eine empirisch explorative Studie. In: Zeitschrift für Parlamentsfragen (1989), S. 370-387.
MERELMAN, R. M.: The Dramaturgy of Politics. In: The Sociological Quarterly 10 (1969), S. 216-241.

OEVERMANN, U.: Kontroversen über sinnverstehende Soziologie. In: AUFENANGER, St./LENSSEN, M. (Hg.): Handlung und Sinnstruktur. München 1986, S. 19-83.
PLESSNER, H.: Die Stufen des Organischen und der Mensch. In: Gesammelte Schriften, Band IV. Frankfurt a. M. 1981.
PRICE, C. M./BELL, C. G.: The Rules of the Game. In: The Journal of Politics 32 (1970), S. 839-855.
PROSS, H.: Politische Symbolik. Stuttgart 1974.
REICHERTZ, J.: Hermeneutische Auslegung von Feldprotokollen? In: Grounded (1988), H. 5, S. 1-28.
SARCINELLY, U.: Symbolische Politik. Opladen 1987.
SCHÜTZ, A.: Wissenschaftliche Interpretation und Alltagsverständnis menschlichen Handelns. In: Gesammelte Aufsätze, Band 1. Den Haag 1971, S. 3-54.
DERS.: Der gutinformierte Bürger. In: Gesammelte Aufsätze, Band 2. Den Haag 1972, S. 85-101.
DERS./LUCKMANN, TH.: Strukturen der Lebenswelt, Band 2. Frankfurt a. M. 1984.
SCHWARTZENBERG, R.-G.: Politik als Showgeschäft. Düsseldorf/Wien 1980.
SOEFFNER, H.-G.: Auslegung des Alltags - Der Alltag der Auslegung. Frankfurt a. M. 1989.
VEBLEN, T.: Theorie der feinen Leute. München 1971.

Anne Honer

Die Perspektive des Heimwerkers

Notizen zur Praxis lebensweltlicher Ethnographie

Vorbemerkung

"Wie es scheint, ist der Tüftler ein Opportunist. Er nimmt die materiellen Gelegenheiten wahr, die er an einem bestimmten Ort vorfindet und benutzt sie für seine eigenen Ziele. Er sieht, was machbar ist und richtet seine Vorhaben daran aus. Im Verlaufe seiner Tätigkeit ist er ständig um Produktion oder Reproduktion irgendeines funktionablen Objektes bemüht, das ihm bei der Verwirklichung seines gegenwärtigen Zieles weiterhilft. Beobachten wir die Arbeit des Wissenschaftlers ..., so gewinnen wir den Eindruck, daß ein solcher Opportunismus auch für seine Produktionsweise typisch ist" (Knorr-Cetina 1985, S. 287f).

Methoden haben keinen Eigen-Wert - auch, und schon gar nicht, in den Sozialwissenschaften. Methoden sind nur dazu da, daß man (sozial-)wissenschaftliche Probleme 'in den Griff' bekommt (dazu aber sind sie 'in der Tat' grundsätzlich nützlich). Dieses Problem bekommt man besser mit dieser, und jenes Problem bekommt man besser mit jener Methode 'in den Griff'. Interessant ist also 'eigentlich' nicht die Methodenfrage, sondern die Frage danach, welchem Problem man sich stellt (dann erst wiederum stellt sich einem die Frage, mit welcher Methode man dies am besten tut). Die Frage z. B., ob es soziologisch sinnvoll ist, Lebenswelten bzw. Ausschnitte aus Lebenswelten zu erkunden, ist zunächst einmal weit weniger eine Frage des Verfahrens, als eine Frage danach, ob man es überhaupt für soziologisch relevant erachtet, 'Welt' mit anderen

Augen, mit den Augen anderer zu sehen, oder ob man sich nicht eigentlich viel mehr dafür interessiert, 'Welt' zu vermessen, auszuzählen, zuzurechnen und herzuleiten, kurz: zu verwalten.

Der Sinn lebensweltlicher Forschung

Wenn wir vom 'lebensweltlichen Ansatz' sprechen, dann meinen wir ein Forschungsverfahren, das sich aus der Verbindung von Ethnographie und Phänomenologie ergibt. Seine Spezifik zeigt sich darin, daß möglichst viele und vielfältige aktuelle und sedimentierte Äußerungs- und Vollzugsformen einer zu rekonstruierenden (Teil-)Wirklichkeit erfaßt und zur Interpretation verfügbar gemacht werden sollen, vor allem aber darin, daß die 'Innensicht' des normalen Teilnehmers an einem gesellschaftlich-kulturellen Geschehen wenigstens näherungsweise verstanden und nachvollziehbar gemacht werden soll. Nach Möglichkeit soll deshalb eine solche lebensweltliche Forschung methodenplural durchgeführt werden, damit die einzelnen Verfahren sich wechselseitig ergänzen und 'kritisieren' können. Zugleich ist eine existentielle Perspektivenübernahme durch den Forscher anzustreben; d. h. er sollte idealerweise zum beobachtenden *Teilnehmer* der thematisierten 'sozialen Veranstaltung' werden. Programmatisch - und sozusagen als Forschungsideal - meint 'lebensweltliche Ethnographie' also die Verknüpfung von praktischen Insidererfahrungen mit feldrelevanten Daten aller Art (vgl. dazu v. a. HITZLER/HONER 1988a; HONER 1989).

Wenn damit einerseits die Ethnographie, als traditionelles Verfahren der Kulturanthropologie, nämlich als (tendenziell 'ganzheitliche') Beschreibung ausgrenzbarer Gesellschaften bzw. gesellschaftlicher Kulturzusammenhänge, sich als adäquates Mittel auch zur Erfassung moderner, in heterogene Teilkulturen zerfallender Gesellschaften applizieren läßt, und wenn andererseits die subjektive Erfahrung und die Konstruktion der Wirklichkeit als sicheres Fundament sozialwissenschaftlichen Bemühens nicht nur programmatisch postuliert, sondern auch und vor allem empirisch operationalisiert werden soll, dann impliziert dies quasi 'automatisch' die Notwendigkeit, gelebte Wirklichkeit in eine Textwirklichkeit zu transformieren und damit überhaupt erst dem Soziologen interpretativ und analytisch zugänglich zu machen (vgl. SOEFFNER 1989, bes. S. 66ff und 98ff; vgl. auch GROSS 1981).

Von seiner Genese wie auch von seiner bisher hauptsächlichen empirischen Applikation her erweist sich der lebensweltliche Ansatz so vor allem als ein methodenplurales Verfahren zur Rekonstruktion *'kleiner'*, für den Forscher relativ gut abgrenzbarer und - im Sinne praktischer Teilnahme - zugänglicher Wirklichkeitsbereiche. Gleichwohl stößt man, will man das *thematische* Interesse nicht der Frage nach den Feldzugangschancen unterordnen, auf vielfache praktische Beschränkungen, wie grundsätzliche 'Verschlossenheit', wie mangelnde persönliche Möglichkeiten bzw. Kompetenzen des Forschers, oder einfach wie die Limitierung der Forschungsressourcen. Solche für die '*Ethnographie* kleiner Lebens-Welten' (bzw., wie wir inzwischen lieber sagen: die Ethnographie kleiner *Zweckwelten* bzw. *Sinnwelten*) fundamentalen Schwierigkeiten führten zum einen zur Reflexion möglichst 'sensibler' Interviewtechniken (vgl. dazu HONER 1989, S. 303ff), zum anderen zu einer erneuten Reflexion des Perspektivenproblems (vgl. dazu HITZLER 1991).

Zu klären, was der Erwerb der praktischen Mitgliedschaft an dem Geschehen, das erforscht werden soll, bzw. was der Gewinn der existentiellen Innensicht jeweils heißen soll oder kann, erscheint uns als die eigentliche, unverzichtbare Notwendigkeit, sozusagen als die Minimal-Forderung, um von *lebensweltlicher* Forschung sprechen zu können[1]. Dies hängt zusammen mit einem methodologischen Problem des Verstehens: Grundvoraussetzung für das Verstehen des Anderen ist, daß sich mein Sinnsystem und das dieses Anderen zumindest partiell überschneiden. Dies setzt, um es mit LUCKMANN (1986) zu sagen, zwar nicht voraus, daß wir unsere Erfahrungen 'teilen' (was unmöglich ist), aber es setzt voraus, daß wir gemeinsame Erfahrungen machen. Gemeinsame Erfahrungen machen aber heißt, sich typisch gleich in der Welt zu orientieren. Methodologisch relevant für verstehende Forschung ist dabei, sich zu erinnern daran, daß zwar Sinn sich im individuellen Bewußtsein konstituiert, daß aber Sinn*systeme* intersubjektiv konstruiert werden.

Um also einen anderen zwar nicht seinem tatsächlich gemeinten, wohl aber seinem *typisch* gemeinten Sinn nach verstehen zu können, müssen er und ich am selben Sinnsystem partizipieren, und zwar so partizipieren, daß es mir möglich wird, das existentielle Verstehensproblem des 'Welchen Sinn macht seine Erfahrung für ihn?' unter der Generalthese der reziproken Perspektiven wieder zu veralltäglichen zum 'Was täte ich, wäre ich an seiner Stelle?'. Fremdverstehen, das eben stets nur *typisches* Fremdverstehen sein kann, gelingt in dem Maße, wie es gelingt, die Welt sozusagen aus der Normalperspektive dessen zu sehen, der verstanden werden soll. Und diese Normalperspektive übernehme ich wiederum in dem Maße, in dem die Reziprozität der Perspektiven nicht nur hypothetisch, sondern faktisch statthat, und zwar bezogen auf ein die Perspektiven synchronisierendes, gemeinsames Substrat.

Annäherung an die Zweckwelt des Selbermachers

Um diese abstrakten Verweisungen an einem konkreten Thema zu verdeutlichen, skizziere ich im Folgenden einige Ergebnisse eines Forschungsprojektes, das ich - im Rekurs auf den lebensweltlichen Ansatz - zusammen mit PETER GROSS, RONALD HITZLER und JÖRG ECKHARDT durchgeführt habe. Dieses Projekt, das von November 1985 bis Oktober 1987, finanziert von der Deutschen Forschungsgemeinschaft, an der Universität Bamberg durchgeführt worden ist, befaßte sich mit *einer* der zahllosen kleinen Lebens-Welten des modernen Menschen: mit dem Heimwerken als einem besonderen Erfahrungsstil im Kontext einer sozialen Teilzeit-Praxis. Ziel der Empirie war - und ist - es, mit multiplen ethnographischen Methoden *die kleine soziale Zweckwelt des Heimwerkers* zu erfassen und durch Datenanalysen Handlungs- und Wissensstrukturen im Wirklichkeitsbereich des Do-It-Yourself zu rekonstruieren (vgl. GROSS u. a. 1985).

Uns dem Heimwerker tastend, zögernd, vorsichtig, also Vorab-Gewißheiten zurückstellend und ausklammernd, zu nähern, das darf wohl als Grundkonsens unserer einschlägigen Forschungsarbeiten gelten. Denn, so meinten und meinen wir, der Heimwerker ist für jeden, der nicht selber schon Heimwerker ist, ein irgendwie 'fremdes' Wesen. Oder andersherum gesagt: Wir Nicht-Heimwerker sind - mehr oder weniger - Fremde im Wirklichkeitsbereich des Do-It-Yourself, mithin reichlich naiv, prinzipiell ein wenig desorientiert, handlungspraktisch etwas 'vernagelt' und deshalb auch unter dem Gesichtspunkt von Legitimationsbedürfnissen von allenfalls ephemerer Relevanz (vgl. dazu UNRUH 1980). Dies mag hyperskrupulös anmuten, denn wir alle wissen ja nicht nur, daß es Heimwerker 'mitten unter uns' gibt, wir alle 'wissen' auch ganz selbstverständlich (wenigstens so ungefähr), was es mit dem Heimwerken auf sich hat, was den Heimwerker 'auszeichnet' gegenüber dem Nicht-Heimwerker. Dieses 'Wissen' reicht alltäglich durchaus hin, um Heimwerken als normales Phänomen in Gesellschaften wie der unseren anzusehen, und es reicht auch durchaus hin, um bei Bedarf den Entschluß fassen zu können, selber praktisch damit zu beginnen, heimzuwerken.

Aber je genauer wir theoretisch distanziert über das Heimwerken und den Heimwerker nachdenken, umso deutlicher erkennen wir, daß der Heimwerker ein seltsamer, ja ein geheimnisvoller 'Geselle' in unserer 'Nähe' ist, daß sein spezifisches Wissen und Handeln einer Erfahrungswelt zugehört, die sich absondert von dem, was uns allen, als Mitgliedern einer Kultur, an Wissen und Praktiken ganz selbstverständlich gemeinsam ist. Der Heimwerker lebt als Heimwerker - also immer dann, wenn er in die 'Rolle' des Heimwerkers schlüpft - in *seiner* Welt, die aber natürlich zumindest strukturell keine individuell erfundene, sondern eine teilgesellschaftlich (vor-)konstruierte, auf einen Zweck, den Zweck des Heimwerkens hin geordnete, begrenzte Sinnwelt ist.

In dieser kleinen sozialen Zweckwelt des Heimwerkers gilt, was - aufgrund der Pluralität der Perspektiven - für die alltägliche Lebenswelt des modernen Menschen insgesamt problematisch geworden ist, nämlich:

daß zumindest dieser Ausschnitt aus der Welt vom *anderen* Heimwerker typischerweise hinreichend ähnlich erfahren wird, daß die individuellen Standpunkte vertauschbar, daß die jeweiligen Relevanzsysteme kongruent, daß mithin die verschiedenen subjektiven Perspektiven reziprok sind (vgl. SCHÜTZ 1971a, 1971b). In der Zweckwelt des Heimwerkers gilt auch, was ebenfalls für den alltäglichen Lebensvollzug in der Moderne problematisch geworden ist, nämlich: daß bewährte Deutungs- und Handlungsmuster relativ fraglos auch aktuell und zukünftig erfolgreich angewandt werden können - und zwar sowohl dann, wenn sie aus eigenen Erfahrungen resultieren, als auch dann, wenn sie sozial vermittelt sind (vgl. dazu SCHÜTZ/LUCKMANN 1979; LUCKMANN 1981).

Dadurch werden in der Zweckwelt des Heimwerkers auch reziproke Verhaltenserwartungen typisch standardisiert. D. h. das Sonderwissen des Heimwerkers ist, wie sein individuell verfügbares Wissen überhaupt, zum größten Teil über und durch Andere vermittelt, es ist sozusagen sozial 'abgeleitet'. Abgelagert, erinnert und angewandt allerdings wird es aufgrund subjektiver Relevanzen, also entsprechend dem, was eben ihm - warum auch immer - mehr, weniger, kaum oder gar nicht dringlich, wichtig, bedeutsam erscheint. Aber auch wenn das, was er subjektiv weiß, empirisch vor allem aus dem aufgebaut wird, was in der Heimwerker-Welt an Wissen verfügbar ist, so setzt sich andererseits logisch doch auch dieser Teil des sozialen Wissensvorrats aus - vergangenen und gegenwärtigen - individuellen Bewußtseinsleistungen zusammen. Individuelle Erfahrungen, die sich lebenspraktisch bewähren, werden über Sozialisations- und andere Distributionsprozesse an andere vermittelt und allmählich teilkulturtypisches 'Allgemeingut'.

Die 'Kultur' des Do-It-Yourself besteht demnach vor allem aus angesammelten und sedimentierten Gewißheiten darüber, wie und warum man Dieses und Jenes womit und unter Berücksichtigung wovon selber 'machen' kann und - dem normativen Anspruch nach - auch selber 'machen' sollte. Allgemeiner formuliert: Was als Do-It-Yourself-Problem zu gelten und wie 'man' es prinzipiell zu bewältigen hat, das steckt die sozial approbierten Grenzen dieser 'Kultur' ab, auf die der einzelne

Heimwerker wiederum eben in dem Maße rekurriert, wie sie ihm typische Lösungen zur Bewältigung *seiner* konkreten Werkelprobleme bereitstellt. Damit jedoch leistet er wiederum immer auch einen - üblicherweise nicht als solchen intendierten - Beitrag zur Existenz dieser 'Kultur'. (Der Heimwerker weiß also, als Heimwerker, z. B., wie er Materialien und Werkzeuge typischerweise einsetzen und handhaben kann, aber er weiß auch um die Grenzen und um die Substitutionsmöglichkeiten dieser typischen Lösungen.)

Das Exemplarische am Einzelfall

Bei einer empirischen Analyse dieser 'Kultur' geht es mithin zunächst einmal, summarisch gesprochen, "um die möglichst genaue Bestimmung der einzelnen Fallstruktur, weil nur an ihr sich das *besondere Allgemeine* erfassen läßt, von dem her allein methodisch, methodologisch und theoretisch kontrolliert eine *Typenbildung mit realistischen Erkenntnisabsichten* sich einführen läßt" (BECKER u. a. 1987, S. 305). Denn das, was im Einzelfall stattfindet, sofern es für den Soziologen interpretierbar ist, ist immer allgemeiner Natur. Über das, was sozial 'determiniert' ist und - wie auch immer - entäußert wird, sagt der Einzelfall im Prinzip genausoviel aus, wie ein Kollektiv. Setzt das Kollektiv sich doch, wenn es faßbar werden soll, zusammen aus lauter unterschiedlichen Einzel-'Fällen' zu einer 'Struktur', die dann den Einzelnen und sein Handeln wiederum transzendiert.

Mit derlei Überlegungen kommen wir natürlich nicht soweit, daß wir das Teil-Kollektiv der Heimwerker irgendwie 'erklären' könnten. Was wir aber sehr wohl anstellen können, das sind *begründete* Vermutungen über diese 'Kultur': Bei der Einzelfallanalyse interpretieren wir, wie gesagt, zumindest eine Struktur, die das sozial objektiv Wirksame innerhalb einer Person darstellt. Die Frage bleibt natürlich, inwieweit dieses Objektivierte über diese eine Person hinausreicht. Es mag nun sein, daß das, was im einzelnen Heimwerker sozial objektiviert ist, im Augenblick noch nicht oder nicht mehr für den Wirklichkeitsbereich des Do-It-Yourself (DIY) gilt. Im Einzelfall können sich die Ruinen des Vergangenen ebenso zeigen wie der Grundstein des Kommenden (vgl. HALBWACHS 1985). Aber auf jeden Fall kommt 'es' vor, damit ist es als Thema legitim und muß analysiert werden.

Nun kann man natürlich gegen Einzelfallstudien bzw. die Ergebnisse von Einzelfallstudien immer einwenden: Einmal ist keinmal. Aber unsere Behauptung ist: Was typisch in einem Heimwerker ist, ist tendenziell in allen: Das sozial, das über Zeichensysteme Objektivierte. Wenn wir 'den' Heimwerker also vertexten, d. h., wenn wir sozusagen 'einfrieren', was wir an Daten mit unterschiedlichen Methoden 'erzeugt' haben, dann bewahren wir Gedachtes, Gesehenes, Gehörtes und Gesprochenes derart, daß wenigstens die *Sedimente* gehabter Erfahrungen und getaner Handlungen ohne weitere 'Verluste' bearbeitet werden können (vgl. dazu LUCKMANN/GROSS 1977). Idealerweise also dokumentieren die Texte flüchtige und vergängliche Phänomene unserer Begegnungen mit Heimwerkern und unserer Beobachtungen des Heimwerkens in einer Weise, die dem Dritten, dem 'impliziten Leser' (ISER 1972) dieses Berichtes gegenüber die Repräsentation dieses Wirklichkeitsbereichs und ihm auch gegebenenfalls die Repetition der von uns unternommenen wissenschaftlichen Prozedur und damit deren Rekonstruktion und Prüfung ermöglicht - zumindest ermöglichen sollte. Durch Vertextungen überführen wir unsere 'flüchtigen' Daten (vgl. BERGMANN 1985) in ein stabiles Medium, ohne dabei zu übersehen, daß wir zwangsläufig damit die Zweckwelt, wie sie dem Heimwerker tatsächlich gegeben sein mag, und wie sie von ihm alltäglich erhandelt wird, vercoden, entsinnlichen und damit auch 'entleeren'. D. h., wir opfern zwangsläufig den Ereignischarakter gelebter Wirklichkeit seltsam 'fremder' Bastler und Bohrer der Verfügbarkeit und Vorzeigbarkeit theoretisch konstruierter homunculi (vgl. dazu auch GROSS 1981).

Im Rahmen solcher - trotz allem: vorsichtigen - Annäherungen an die 'fremde' Welt der Selbermacher habe ich, nach einer Reihe von Felderkundungsgesprächen (auch mit Frauen), sozusagen als Extrakt eines theoretischen Samplings (vgl. GLASER 1978), drei 'Fälle' ausgewählt und versucht, sie möglichst 'dicht' zu rekonstruieren (vgl. dazu GEERTZ 1983). D. h., ich habe die 'Probanden' beobachtet und vor allem Intensivinterviews in zeitlich distinkten Phasen mit modifizierten Gesprächstechniken durchgeführt. Außerdem habe ich (themenzentriert) Familienmitglieder und ebenfalls heimwerkende Freunde und Verwandte befragt. Aus diesen 'Fällen' will ich im Folgenden zur materialen *Illustration* meiner Ausführungen den herausgreifen und in einigen Grundlinien skizzieren, den wir als den überzeugtesten (und vielleicht auch 'überzeugendsten') Protagonisten des Selbermachens ansehen, und den wir demnach als den '*Ideologen*' des Do-It-Yourself etikettiert haben.

"Das muß ja nun fast eigentlich wirklich ein jeder können"

Für den Ideologen liegt der Wert des Selbstgemachten vor allem darin, daß es *selber* gemacht ist: "... weil, wenn du selber was machst, dann hast ja immerhin die Chance, das auf die ganz konkreten Bedürfnisse und Funktionen abzustimmen, ned, das heißt - und Platz, also Platz auch optimal auszunutzen, ned" (Protokoll: D-L:1, S. 28, 26-29). Triebfedern der Do-It-Yourself-Aktivitäten dieses Typs sind einerseits 'Kreativität' und 'Lebensfreude' bzw. 'Lebensqualität', andererseits aber auch eine explizite 'Knausrigkeit'. Diese ist ihm ständiger (und subjektiv offenkundig willkommener) Anlaß, nahezu sportliche Ambitionen auf der Suche nach billigem Material und preisgünstigen Werkzeugen und Maschinen zu entwickeln (vgl. HONER 1990). Als sich als besonders *sparsam* stilisierender Konsument stellt er nicht nur Preisvergleiche an, nutzt er nicht nur Sonderangebote und erhandelt er nicht nur Rabatte, außerdem und nicht zuletzt wird ihm auch der Heimwerker-Markt und das Möbelfachgeschäft zur Fundgrube für kostenlose Ideen - auch und vor allem, was praktikable Lösungswege für konkrete Realisationsprobleme angeht. D. h. er eignet sich, ohne irgendwelche Skrupel, Know-How an, wo immer er es finden kann. Mithin erscheint ihm Selbstgemachtes natürlich allemal kostengünstiger und fast immer auch 'funktionaler' als Gekauftes (wobei man die investierte Frei-Zeit natürlich nicht bzw. nur bedingt rechnen darf - vgl. HONER/UNSELD 1988).

Über dieses sein Sparsamkeits-Ideal rechtfertigt er aber nicht nur seine eigene Heimwerkelei, er versucht damit auch das 'kreative Potential' seiner ganzen Familie zu mobilisieren. Denn eine (begrüßenswerte) "Grundeigenschaft" des freizeitlichen Selbermachers ist es seiner Meinung nach, "immer möglichst spitzfindige und optimale Lösungen auszutüfteln" (D-L:S, S. 3). So gibt es immer (immer noch und immer wieder) etwas zu tun: Bereits Gemachtes läßt sich verbessern, Liegengebliebenes gilt es weiterzubearbeiten, noch nicht Begonnenes muß (endlich) in Angriff genommen werden, und selbst augenscheinlich Funktionierendes ist natürlich nie vollkommen: "Du mußt draufkommen, was Du machen kannst, und das, ja, diese Kreativitätsversuche, ned, die werden zur Freizeitbeschäftigung" (D-L:2, S. 6, 27-29).

Das ungeschriebene Credo des Hardcore-Heimwerkers läßt sich vielleicht in den folgenden drei Punkten zusammenfassen: 1. Kaufe nichts, was Du auch selbermachen kannst, denn das Selbergemachte ist (allemal) besser als das Gekaufte[2]. 2. Suche und schaffe Dir mannigfaltige Gelegenheiten zum Selbermachen, denn Selbermachen fördert Deine Kreativität und dient somit Deiner Selbstentfaltung und Selbstverwirklichung[3]. 3. Wirf nichts weg ohne Not, denn Du könntest es noch einmal brauchen, da man aus allem noch etwas machen kann[4]. - Für den sozusagen 'bekennenden' Heimwerker, dem DIY zu einer Weltauffassung, zu einer Ideologie geworden ist, ist Heimwerken also weit mehr als ein Hobby, das nur 'nebenher' betrieben wird. Heimwerken ist für ihn nicht-entfremdetes Arbeiten, ist ein zentraler Lebensbereich, eine konkrete, eine im Wortsinne *praktische* Gegenwelt zu seinem Berufsleben. Seine besondere Qualität gewinnt dieser Lebensbereich vor allem durch seine 'Sinnlichkeit', durch seine 'Handfestigkeit', die sich letztlich in mannigfaltigen Heim-Werken manifestiert, also in materialen Lösungen für Probleme in Haushalt, Hof und Garten, welche als die besseren Alternativen gelten zu käuflichen und in der Regel unzulänglichen Fertigprodukten. Die gelingenden und insbesondere die gelungenen

Heim-Werke wiederum motivieren immer neue, immer 'verwegenere' Ideen und Projekte des Selbermachens. Kurz: Die freizeitlichen Aktivitäten brechen, erst einmal in Schwung gebracht, kaum je noch ab.

Das 'Ideal' dieses 'echten', vom Selbermachen überzeugten Heimwerkers ist es, die funktionalste Lösung eines - wodurch auch immer - gegebenen Wohn(raum)problems überhaupt zu finden. Und eine optimale Lösung ist *dann* gefunden, wenn ein Heim-Werk unter maximaler Nutzung räumlicher Gegebenheiten und mit minimalem materiellem Aufwand technisch machbar erscheint und größtmögliche Funktionalität verspricht. Das (ideale) Ziel ist also stets das funktionalste Produkt, und der beste Weg ist stets der möglichst kostengünstigste. Das Ideal der Sparsamkeit impliziert die kreative, die originelle Lösung. Die originelle Lösung aber kann es nicht geben ohne Improvisationen, die dazu dienen, Materialmängel, Pannen und Mißgeschicke welcher Art auch immer 'aufzufangen'.

Improvisationen sind ohnehin ein wesentliches Merkmal von Heim-Werken ebenso wie von Heim-Reparaturen, und sie sind dem 'echten' Heimwerker in aller Regel durchaus stolzer Beweis seiner praktischen Erfindungsgabe (vgl. HITZLER/HONER 1988b). Dies - und darin liegt offenkundig auch das Vergnügen und die Befriedigung, die das gelingende Selbermachen bereitet - geschieht durch ausgiebiges Planen und Tüfteln, durch Umwidmen von Materialien und durch vielfältige Improvisationen und Substitutionen. Maschinen können dabei nützliche Hilfsmittel sein (vgl. auch HITZLER 1989). Sie zu benutzen und einzusetzen, ersetzt jedoch keinesfalls die Erfahrung und Kompetenz, das Wissen und die Geschicklichkeit des Amateur-Handwerkers selbst. Maschinen sind in Situationen, in denen es 'auf das Wesentliche' ankommt, kein Ersatz für durch die Praxis erworbene Fähigkeiten. Die eigenen händischen Fertigkeiten erst garantieren den Erfolg, ermöglichen die Herstellung eines wirklich schönen Werkstückes: "A jedes hat seine eigene Qualität, oder. Ich muß, ned, also ich kann bestimmte Dinge mit dem Handwerkszeug machen, was mit der Maschine unmöglich geht. Ich kann meinetwegen Unebenheiten, kleine, in einem Werkstück mit dem Handhobel beseitigen. Mit dem Maschinenhobel mach ich nur eine größere Delle noch hinein, ned. Ned, ich kann mit dem Schmirgelpapier mit der Hand Feinheiten erledigen. Mit dem Sander komm ich da garnicht *hin* an das Eck, ned. Ich kann mit der Bohrmaschine Schrauben eindrehen, ja, äh, aber richtig ganz festziehen, mit *Gefühl,* kann ich's immer nur mit der Hand, ja." (D-L:2, S. 26, 07-16).

Mit der Formel "das muß ja nun fast eigentlich wirklich ein jeder können" (D-L:2, S. 2, 05) zieht der Do-It-Yourself-Ideologe sozusagen gegen das von ihm als stereotyp empfundene Vorurteil zu Felde, Heimwerken zahle sich im Grunde nicht aus, weil der Aufwand an Zeit, Energie und Können sowie an Material, Werkzeugen und Maschinen, im Verhältnis zum Ersparten bzw. zum - wie auch immer zu bewertenden - Ertrag einfach zu hoch sei. Die Ideologie des Selbermachens will es nämlich, daß die vielfältigen (und durchaus nicht nur technischen) Probleme, die das Heimwerken mit sich bringt und auch nach sich ziehen kann, heruntergespielt, ja tunlichst negiert werden, während die kleinen Widrig- und Lästigkeiten, die mit dem *Erwerb* von Waren und Dienstleistungen verbunden sind, nachdrücklich betont und herausgestellt werden. Was immer man etwa in einem Möbelgeschäft kaufen kann, es ist niemals genau das, was man braucht bzw. gerne haben möchte. Ja, je näher er sich damit befaßt, um so ungeeigneter erscheint dem Do-It-Yourself-Protagonisten das angebotene Fertigprodukt: "Schau dir mal in einem Möbelgeschäft an, was die da für einen Ramsch hinstellen ... Das, was du da kaufen kannst, (ist) lauter Schmarren. Das wundert mich eigentlich, daß man sowas *verkaufen* kann (lachend)." (D-L:2, S. 11, 31-32 und S. 14, 36-38). Und die Suche nach einer besseren Alternative gestaltet sich, jedenfalls in der späteren Darstellung, zu einer sinnlosen 'Odyssee', bei der sich das Gewünschte (natürlich) nicht finden läßt, weil "wir auch irgendwo fixiert sind auf eine bestimmte *Art*, also ich möcht, ah, entweder Vollholzmöbel, ja, ah, oder, ah, mindestens eine ordentliche, ah, ordentliche Furniere, echt holzfurniert halt, kombiniert mit Vollholz oder sowas, ned" (D-L:2, S. 8, 21-25).

Diese ganze Prozedur wird als von Anfang an außerordentlich problematisch, umständlich und lästig geschildert: Man sucht "ewig, wo's das Zeug überhaupt gibt, ... und dann haben wir dort eigentlich nichts gefunden, ... also haben wir beschlossen, müssen wir eigentlich weitersuchen, ja" (D-L:2, S. 8, 07-11). Nach längerem (oder auch kürzerem) Hin-und-Her schließlich obsiegt dann (erwartungsgemäß) einmal mehr die Einsicht, daß man sich das, was man will, doch einfacher, schneller und angemessener *selber* zusammenbastelt - unter Verwendung durchaus von so mancher Konstruktions-Idee, die man sich bei der Besichtigung der Fertig-Möbel 'billig' abgeschaut hat: "Also in der einen Woche hab ich den nun wirklich selber gemacht, ja, so in der Größe, wie ich ihn mir vorstell, so daß der ordentlich verstellbar ist, daß er stabil ist, ah, und eine ordentliche Endbehandlung hat. Und das Material hat mich also achtzig Mark gekostet, höchstens" (D-L:2, S. 9, 08-12).

So wird jeder, ohnehin mit größten Vorbehalten unternommene und dementsprechend 'ins Leere' gehende, 'Vorstoß' in die äußerst gering geschätzte Welt der Konsumartikel zu einer weiteren Bestätigung dafür, daß es sich nicht nur nicht lohnt, Geld für etwas auszugeben, was 'ja nun fast eigentlich wirklich ein jeder können' muß, sondern daß es sich noch nicht einmal lohnt, überhaupt den Versuch zu unternehmen, etwas dem Selbergemachten Adäquates zu kaufen. Das 'eigentliche' Problem des Do-It-Yourself-Ideologen ist also gar nicht so sehr die Unzulänglichkeit des *einzelnen* Fertigangebotes. Sein 'eigentliches' Problem ist vielmehr seine ganz grundsätzliche, schier unüberwindliche Abneigung dagegen, überhaupt etwas zu kaufen, das man 'gerade so gut' auch selbermachen kann. Und letztlich konstatiert der überzeugte Heimwerker nämlich, ohne daß er dies explizit sagen würde, daß jeder, der nicht möglichst Vieles selber macht, ein wenig 'deppert' oder zu faul oder eben beides sei.

Der Hardcore-Heimwerker scheut deshalb natürlich auch vor keiner Reparatur zurück: "Tapezieren, Fußböden verlegen, Korkparkett, Teppichböden, Fliesen auf insgesamt zweihundert Quadratmetern, eine zweifach gewendelte Kellertreppe fliesen, bei der *alle* Fliesen geschnitten werden mußten, mehrere Wände in zwei Stockwerken einziehen, Türen einbauen", usw. (D-L:S, S. 9). Vor allem der Besitz bzw. der Erwerb eines Eigenheims, sei es nun Altbau oder Neubau, bietet eine "unvergleichlich breitere 'Gelegenheitsstruktur' mit intensiven Anreizen" und die Möglichkeit, "dermaßen aus dem Vollen schöpfen zu können... Vor allem hat man das Gefühl, nicht nur Kleckerles-Arbeiten zu machen, sondern zu 'produzieren', Werkschöpfung zu betreiben." (D-L:S, S. 8). Ein Schränkchen fürs Badezimmer etwa verschwendet, kauft man es fertig, einfach immer zu viel des 'tatsächlich' nutzbaren Raumes, oder stellt z. B. nicht genügend Ablagefläche 'für Mundddusche und Handtücher' zur Verfügung.

Das Problem *entsteht* also zwar durch die Unzulänglichkeit von Fertigprodukten, es wird jedoch durch die Möglichkeit des Selbermachens sozusagen auf eine andere, höhere Funktionalitäts-Ebene verlagert, wo es dann gilt, die optimale Version schlechthin zu kreieren. Dem 'echten' Heimwerker sind seine Aktivitäten also keineswegs nur feierabendlicher Zeitvertreib, sondern vielmehr komplexe Arbeitsprozesse, die ein hohes Maß an Planung und 'Logistik' erfordern. Erst durch ein bestimmtes Maß an Quasi-Professionalisierung realisiert man strukturell "die Chance zu Spitzenleistungen bei Finkelei, ausgefuchsten und spitzfindigen Lösungen." (D-L:S, S. 11).

Derlei Selbstbekundungen verraten einigen Stolz auf die vollbrachten Leistungen. Aber auch wenn sich der überzeugte Selbermacher selber dementsprechend weitaus weniger als Hobbybastler sieht, denn als quasi-professioneller Handwerker, als eine Art 'Meister seines Fachs', dem eben lediglich die Meister-Prüfung fehlt, so geht diese Selbsteinschätzung zumeist doch mit einem gewissen Hang zum (pädagogischen?) Understatement einher, wie es sich z. B. in dem Hinweis zeigt, daß all das, was man da so mache, ja garnicht so schwierig sei, sondern "eigentlich ganz simpel ... genial (verhalten gesprochen und dann Lachen). Das ist ganz, ganz läppisch, ...das ist ein ganz läppischer Mechanismus, der nur da, hier halt fixiert ist, ...und *ganz einfach* zu machen, ned." (D-L:2, S. 16, 01-02; 23-24). Gerade das Läppische ist also das

Geniale, und so etwas Simples, 'das muß ja nun fast eigentlich wirklich ein jeder können'.

Zumindest *begreifen* müßte es doch jeder können, und erst recht, wenn man ihm das Problem und seine Lösung auch noch aufzeichnet. Aber so mancher Novize zeigt sich eben besonders 'begriffsstutzig':

"A: Also das ist auch in einer Lade drin?
B: Das ist eben nicht in einer Lade drin, äh, das ist in, ah, in, ah, die Tür ist eine Schiebetür nach unten.
A: Eine Schiebetür nach unten?
B: Eine Schiebetür nach unten!
A: So schräg?
B: Ne, ne, das geht, das hat ganz einfach eine seitliche Führung, ja, und, ah, das nimmst so und ziehst nach unten, ja, so daß dann nachher, ned, also das irgendwie und dann nachher hängt die Tür hier unten, ned, und dann da ist halt die Lade zugänglich.
A: Ah, also das ist praktisch so zum Runterklappen?
B: Nicht klappen, nicht klappen, eben nicht, na, na, *ziehen*, das hat eine ganz normale *Nut*, da hier eine *Nut*.
A: Ahm, mein Vorstellungsvermögen. Dieses seitliche Ding da, diese Führung und die, die ist schräg?
B: Das ist so, das hier ziehst nach vor, aber genauso gut könntest du damit, um da hineinzukommen, du hier und hier eine Nut machen, ja, also so, so ane Führung, und dann nimmst du diesen Teil und schiebst ihn so hinunter.
A: Aach, jetzt
B: jetzt kommst auch hinein
A: jetzt ja
B: ja!" (D-L:2, S. 17, 05-30)

Es ist also nicht so, daß der überzeugte Ideologe, der 'Verkünder' des Selbermachens (als einer Lebensauffassung), seine ausgefeilten, seine simpel-genialen Konstruktionen nicht gerne erläutern würde. Sogar

Skizzen fertigt er an, um dem interessierten Zuhörer auch noch die kleinsten zweckmäßigen und funktionalen Details seiner Arbeiten verständlich zu machen. Aber derlei Belehrungen, derlei 'Weisheitsvermittlungen' (vgl. dazu KEPPLER 1989; KEPPLER/LUCKMANN 1989) stoßen - und dies ist eine generelle Einsicht in die ausgesprochen 'händische' Kultur des Do-It-Yourself - auch schnell und unüberseh- bzw. unüberhörbar an die Grenzen der Verbalisierbarkeit des hier vorherrschenden Wissenstypus: nämlich dem der Fertigkeiten, der Routinen, der 'inkorporierten' Rezepte (vgl. SCHÜTZ/LUCKMANN 1979).

Die Kultur des Do-It-Yourself

Heimwerken, das umfaßt, wie wir gesehen haben, für den typischen Heimwerker also alle möglichen Arten, am, im und um das Heim herum zu arbeiten, sich handgreiflich mit Dingen zu befassen, die noch nicht, nicht mehr, nicht richtig funktionieren, aussehen, passen, usw. Heimwerken heißt: bauen, installieren, befestigen, wiederherstellen, erhalten - und vieles andere mehr. Heimwerken findet vor allem dann statt, wenn irgendetwas im Haushalt schadhaft (geworden) ist oder einfach dem gewünschten Wohn-'Niveau' nicht mehr genügt; kurz: wenn irgendetwas nicht (mehr) 'in Ordnung' ist, bzw. vom Heimwerker (warum auch immer) als 'nicht (mehr) in Ordnung' befindlich betrachtet wird. Die 'Ordnung' bzw. die 'Ordentlichkeit' des Haushaltes zu erhalten, wiederherzustellen oder zu verbessern, das erfordert - wenn es nicht 'nach außen' delegiert wird - vielfältige praktische Maßnahmen und nimmt, genau genommen, nie ein Ende. Anders ausgedrückt: Für den Heimwerker gibt es kaum (noch) etwas im häuslichen Bereich, das nicht prinzipiell von ihm selbst renoviert, repariert, verschönert, verbessert, verändert werden kann. Das Heim-Werk, erst einmal auf den Weg gebracht, tendiert dazu, zum Lebens-Werk sich zu entfalten: Bereits Gemachtes ist nie perfekt; es kann stets besser oder auch neu gemacht werden. Wie gesagt: Immer findet sich Liegengebliebenes, das es weiterzubearbeiten gilt; noch nicht Begonnenes muß endlich in Angriff genommen werden; und selbst augenscheinlich Funktionierendes und Gebrauchstüchtiges entblößt seine Mängel und Schwachstellen dem leidenschaftlichen Selbermacher, wenn er sich 'die Sache' nur genau genug anschaut. Das Heim des Heimwerkers verwandelt sich, so gesehen, typischerweise wenigstens im Prinzip in eine 'ewige Baustelle'.

In seinen Heim-Werken objektiviert sich der Heimwerker. In seinen Heim-Werken manifestieren sich seine 'guten Eigenschaften': Originalität, Kreativität, Begabung, Geschicklichkeit, Sachverstand, Fleiß, Ausdauer, usw. Deshalb 'machen' Heimwerker in der Regel auch lieber Dinge, oder 'verbessern' sie zumindest *sichtbar*, als daß sie Dinge 'nur' reparieren. Reparaturen werden normalerweise als langweilig, uninteressant, reizlos empfunden, denn Reparaturen, auch wenn sie noch so kompliziert, aufwendig und 'gekonnt gemacht' sind, stellen ja im Grunde nur jene 'Ordnung' wieder her, die der Heimwerker ohnehin als die betrachtet, die zu sein, die in seinem Haushalt zu herrschen hat. Wer eine zerbrochene Fliese auswechselt, einen tropfenden Wasserhahn abdichtet, einen beschädigten Zaun flickt oder eine vergilbte Tapete erneuert, der gleicht Defizite in seinem Lebensraum aus, die eher 'erklärungsbedürftig' sind, solange sie bestehen, als daß sie nach ihrer Beseitigung noch besonders 'erwähnenswert' wären. Der selbstgeschreinerte Schrank, das handgeschmiedete Gartentor, der gemauerte Holzkohlengrill, ja selbst das rustikalisierte Vesperbrett hingegen haben in den Milieus, in denen sie entstehen, in den sozialen Mit- und Umwelten, für die sie produziert werden, einen repräsentativen 'Mehrwert'. D. h. sie finden, wenn sie mehr oder weniger dezent 'vorgeführt' werden, zumeist wohlwollende Beachtung, mitunter sogar stürmischen Applaus, und fördern somit die Reputation des freizeitlichen Herstellers.

Im Heim-Werk symbolisiert sich also das Welt- und Selbstverständnis des Heimwerkers, appräsentiert sich seine Handlungs- und Problemlösungskompetenz und repräsentieren sich kollektive Vorstellungen von funktionaler und ästhetischer Wohnqualität. Allgemeiner ausgedrückt: Im Heim-Werk gerinnt ein individuell verfügbares, gleichwohl zum größten Teil selbstverständlich sozial vermitteltes bzw. abgeleitetes Sonder-

Wissen. Und die kleine Zweckwelt des Heimwerkers erscheint somit als eine sozial 'organisierte', diffuse (Be-)Deutungseinheit, eine Welt ohne formale 'Grenzen', ohne offizielle Mitgliedschaften und ohne klare räumliche Verortbarkeit. Die Sinnwelt des Heimwerkers ist gegeben als ein intentionales Geflecht von Akteuren und Ereignissen, von Erfahrungen und Praktiken, das unter der Perspektive eines ganz bestimmten Zweckes, nämlich der Erbringung des Heim-Werks, um den einzelnen 'Teilnehmer' sich verspinnt (vgl. dazu nochmals UNRUH 1980). Die Rede von der kleinen sozialen Zweckwelt des Heimwerkers impliziert somit bereits vor allen sich hier anknüpfenden soziologischen Überlegungen ein Verständnis des Heimwerkers als einem handelnden Subjekt.

Den Heimwerker als Handelnden zu betrachten, bedeutet, wie gesagt, dem Heimwerker die letztinstanzliche Kompetenz für den Sinn seines Wissens, seines Tuns und Lassens zuzubilligen, bedeutet, sich der Mühe zu unterziehen, *seine* Sicht der Dinge zu rekonstruieren. Und dies wiederum bedeutet, (vor-)schnelle theoretische 'Erklärungen' seines Verhaltens zu stornieren zugunsten des - vielleicht schlicht anmutenden - Versuchs, ihn erst einmal zu verstehen. Dabei ist, auch in diesem Falle, vor allem zu beachten, daß jeder Sinn, den wir dem Heimwerker als seinen Sinn *unterstellen*, abweichen kann von dem Sinn, den er *selber* seinen Erfahrungen verleiht. Wir erfassen stets nur Fragmente seines tatsächlichen Erlebens, und wir verstehen stets nur möglicherweise und näherungsweise den von ihm subjektiv tatsächlich gemeinten Sinn. Nochmals also: Die Sichtweise, die durch lebensweltliche Ethnographie auf den Begriff gebracht werden soll, ist, wie gesagt, die der 'Innenperspektive' des Heimwerkers. Und dadurch sind wir natürlich, 'vermittelt' sozusagen durch unser Forschungsinteresse, doch auch beständig mit dem Problem konfrontiert, wie wir uns dieser Perspektive, als einer 'fremden', überhaupt annähern können.

Den Heimwerker verstehen

Unsere Deskriptionen wie auch unsere einfließenden Second-Hand-Erklärungen sind ja bekanntlich nichts anderes als rekonstruktive Hilfsmittel, um unser mitmenschliches, unser quasi-natürliches Verstehen zu transformieren in ein 'künstliches', ein theoretisches Verstehen, das dazu beitragen soll, sich gegebenenfalls auch praktisch in die Welt des Heimwerkers hineinzuversetzen, und sich gegebenenfalls auch *praktisch* in dieser Teilzeit-Wirklichkeit zu orientieren (vgl. GEERTZ 1984). Wir versuchen deshalb, vielfältige Impressionen aus und eine Reihe kontrollierter Erhebungen zu diesem Wirklichkeitsbereich des Do-It-Yourself ganz allmählich - und mit ständigen Revisionen - zu einem Sinn-Bild, zum Sinn-Bild des Heimwerkers und des Heimwerkens, zusammenzufügen.

Heimwerken als ein Komplex von *körperpraktischen* Handlungsschemata etwa läßt sich kaum angemessen erfragen, sondern weit konkreter beobachten und erleben. Handlungsschilderungen von Heimwerkern wirken oft ein wenig 'aufgesetzt', erscheinen eher als mehr oder minder mühsame 'Erklärungen' (im Sinne von SCOTT/LYMAN 1976), denn als verbalisierte Selbst-Verständigungen. Sie sind "Außendarstellungen, die das Geschehen nicht erschließen, sondern verschlüsseln" (KNORR-CETINA 1988, S. 99). Lernen durch Tun und Tun als ständiges Dazu-Lernen hingegen kennzeichnet den praktischen Heim-Werkeltag. Denn: "Der Körper als Depot einer *eingeprägten Verfahrensgeschichte* (...) funktioniert, wie man sagen könnte, nur eingespannt in die Situation, deren Kenntnis er in analogen Situationen erworben hat"[5]. Das, was einem im Umgang mit Heimwerkern also immer wieder wie eine Mischung aus Bescheidenheit und Arroganz erscheinen mag, könnte zumindest in Teilen auch einfach aus der Diskrepanz zwischen implizitem und explizitem Wissen resultieren - was einmal mehr für eine methodenplurale Ethnographie spräche. Und wir meinen - nach wie vor -, daß wir mit einem solchen Ansatz eine nicht-reifizierende Sichtweise gegenüber unserem Gegen-Stand eröffnen, die am Beispiel des Heimwerkers gewisse, sozialwissenschaftlich üblicherweise vernachlässigte Aspekte von Kultur als sinnhafte deutlicher in den professionellen Blick zu rücken hilft.

Wir verstehen die Praxis des Do-It-Yourself als Tätigkeits- und Ausdrucksform des Individuums im Alltag, durch die es einerseits an der kollektiven Mentalität eines sozialen Groß-Aggregats (der mehr oder minder 'globalen' Do-It-Yourself-Bewegung) partizipiert, und durch die es sich andererseits habituell gegen kollektive Lebensentwürfe anderer sozialer Formationen abgrenzen kann. Heimwerken verstehen wir, *aus der Perspektive des Heimwerkers*, mithin typischerweise als tätiges Alltagsleben und als eine Form der Selbstverwirklichung und der selbstbestimmten Gestaltung des freizeitlichen Privatbereichs. Heimwerken wirkt - seinem Erfahrungsgehalt nach - der Abstraktion, der Entsinnlichung lebensweltlicher Erfahrungszusammenhänge entgegen. Heimwerken ist, bei aller vielleicht sozialkritisch zu konstatierenden 'objektiven' Fremdbestimmtheit durch profitorientierte Warenästhetiken, eine Form der Appräsentation und Realisation subjektiver Bedürfnisse, Wünsche und Interessen und mitunter sogar so etwas wie ein privater Versuch, eine heil-los zersprungene Welt ganz handfest und im Wortsinne zu reparieren.

Anders ausgedrückt: Wir erkennen einen sehr allgemeinen Deutungs-Rahmen, innerhalb dessen bestimmte Handlungsweisen und -vollzüge als 'Heimwerken' erscheinen, und wir erkennen, daß dieser allgemeine Deutungs-Rahmen Heimwerken vom Nicht-Heimwerken für den Heimwerker ähnlich abgrenzt wie für den Nicht-Heimwerker. Aber wir haben auch entdeckt, daß das, was dabei thematisiert ist, nur eine Grobmarkierung darstellt, die individuell stets überschritten und unterlaufen wird, daß die Wissens- und Handlungsarreale des *einzelnen* Heimwerkers tatsächlich nie so ganz in den *allgemeinen* Deutungs-Rahmen passen, daß er also nicht nur als genereller Typus eine soziale Teilkultur repräsentiert, sondern daß er eben stets auch als individueller Typus sich zwischen den Strukturen einnistet und - wortwörtlich - seine eben ihm entsprechende kleine Welt zusammenbastelt, deren Sinn manchesmal 'querliegt' zur kollektiv gültigen Bedeutung.

Diese 'Abweichungen' aber sind wiederum verstehbar als Konsequenzen der Applikation von in der Heimwerker-Welt vorhandenen Deutungsmustern auf konkrete Lebens- und Handlungssituationen, die ihrerseits aus subjektiv zuhandenen, biographisch 'gewachsenen' Relevanzsystemen resultieren. Denn, um es zu wiederholen: Die soziale Konstruktion auch des Wirklichkeitsbereichs Do-It-Yourself beruht auf sinnkonstitutiven subjektiven Bewußtseinsleistungen, die sich durch Handeln vergegenständlichen und zu 'Tatsachen' verfestigen, welche ihrerseits in Sozialisationsprozessen vermittelt werden und so die hingenommenen oder verinnerlichten Bedingungen sinnkonstitutiver Akte der vergesellschafteten Einzelnen bilden. Die Analyse solcher 'dialektischer' Konstruktionsprozesse (im Sinne von BERGER/LUCKMANN 1969) aber basiert eben auf der Beschreibung der 'Innenperspektive' des Heimwerkers, denn nochmals bzw. immer wieder: Nur wenn wir, und in dem Maße, wie wir den typischen Sinn - hier eben des Heimwerkers - verstehen, gelingt uns auch jene werturteilsfreie lebensweltliche Beschreibung, dic dic in der Soziologie chronisch vernachlässigten Aspekte individueller Kulturleistungen wieder in das Licht unserer professionellen Aufmerksamkeit rückt (vgl. dazu HITZLER 1988).

Anmerkungen

1 Diese Forderung wird plausibel, wenn wir uns daran erinnern, was in der Tradition von Schütz 'Lebenswelt' heißt: Die Welt, wie sie unserer Erfahrung gegeben ist, die Welt, wie wir sie erhandeln und erleiden (vgl. SCHÜTZ/LUCKMANN 1979, 1984; dazu auch LUCKMANN 1990; HITZLER/HONER 1984).

2 "Und das *schau* ich ja dann oft *an,* und dann kauf ich's nicht, weil ich mir sag, also wenn ich das mach, dann wird's besser, ned" (D-L:2, S. 11/27ff).

3 "Daß du, ahm, Reparaturen dann letztlich ausführst, weil's du's kannst, und damit des Ding repariert ist, das hat überhaupt kein'n Zweck mehr " (D-L:2, S. 5/10ff).

4 "Selbermachen, improvisieren, umwidmen von Materialien bringt mit sich, daß man alles, also auch Abfallprodukte irgendwann einmal brauchen kann. Abfälle können daher nicht weggeschmissen werden, sondern müssen so lange aufbewahrt werden, bis der Platz überhaupt nicht mehr reicht und die Unmenge der Abfälle einen Grad an Unübersichtlichkeit erreicht hat, aus den

Abfällen das herauszufinden, was man gerade braucht oder sich von Abfällen zu Improvisationen anregen zu lassen." (D-L:2, S. 12).

5 KNORR-CETINA 1988, S. 99. - All dies - und vieles andere mehr - läßt sich schwerlich erfragen, sondern allenfalls mitmachen und beobachten, handelt es sich dabei doch im wesentlichen nachgerade prototypisch um jenen nicht-expliziten Wissensbereich körperlicher Fertigkeiten und Routinen, deren Verbalisierung eben keineswegs 'natürlich' (im normalen Alltagsleben) erfolgt - und dort auch gar nicht erforderlich ist, sondern eher dem pragmatischen 'Gang der Dinge' hinderlich wäre.

Literatur

BECKER, C./BÖCKER, H./MATTHIESEN, U./NEUENDORFF, H./RÜSSLER: Kontrastierende Fallanalysen zum Wandel von arbeitsbezogenen Deutungsmustern und Lebensentwürfen in einer Stahlstadt (Studien des Instituts für Empirische Kultursoziologie, Band 1) Dortmund 1987.

BERGER, P./LUCKMANN, TH.: Die gesellschaftliche Konstruktion der Wirklichkeit. Frankfurt a. M. 1969.

BERGMANN, J.: Flüchtigkeit und methodische Fixierung sozialer Wirklichkeit. In: BONSS, W./HARTMANN, H. (Hg.): Entzauberte Wissenschaft (Sonderband 3 Soziale Welt). Göttingen 1985, S. 299-320

GEERTZ, C.: Dichte Beschreibung. Beiträge zum Verstehen kultureller Systeme. Frankfurt a. M. 1983.

DERS.: From the Native's Point of View. In: SHWEDER, R./LEVINE, R. (Hg.): Culture Theory. Cambridge 1984, S. 123-136.

GLASER, B. G.: Theoretical Sensitivity. San Francisco 1978.

GROSS, P.: Ist die Sozialwissenschaft eine Textwissenschaft? In: WINKLER, P. (Hg.): Methoden der Analyse von Face-to-Face-Situationen. Stuttgart 1981, S. 143-167.

DERS./ HITZLER, R./ HONER, A.: Selbermachen. Symbolische Repräsentation und Schattenarbeit: Heimwerken als Erfahrungsstil und soziale Praxis. (Forschungsbericht Nr. 1 des DFG-Projekts 'Heimwerker'). Bamberg 1985.

HALBWACHS, M.: Das kollektive Gedächtnis. Frankfurt a. M. 1985.

HITZLER, R.: Sinnwelten. Opladen 1988.

DERS.: Die Maschinen des Heimwerkers. Kreativer Lebensstil, alternative Lebensform oder Konsumhypertrophie? In: RAMMERT, W./BECHMANN, G. (Hg.): Technik und Gesellschaft (Jahrbuch 5). Frankfurt a. M./New York 1989, S. 206-218.

DERS.: Dummheit als Methode. In diesem Band. (1991)

DERS./HONER, A.: Lebenswelt - Milieu - Situation. In: Kölner Zeitschrift für Soziologie und Sozialpsychologie 36 (1984), S. 56-74.

DERS./HONER, A.: Der lebensweltliche Forschungsansatz. In: Neue Praxis 18 (1988), S. 496-501. (a)

DERS./ HONER, A.: Reparatur und Repräsentation. Zur Inszenierung des Alltags durch Do-It-Yourself. In: SOEFFNER, H.-G. (Hg.): Kultur und Alltag (Sonderband 6 Soziale Welt). Göttingen 1988, S. 267-284. (b)

HONER, A.: Einige Probleme lebensweltlicher Ethnographie. In: Zeitschrift für Soziologie 18 (1989), S. 297-312.

DIES.: "Was man halt so braucht". Der Heimwerker und seine Maschinen. In: BAERENREITER, H./KIRCHNER, R. (Hg.): Der Zauber im Alltag? (Studienbrief der Fernuniversität Hagen, Kurseinheit 1). Hagen 1990, S. 66-75.

DIES./UNSELD, W.: "Die Zeit darf man natürlich nicht rechnen". Der Heimwerker und seine Zeiten. In: GROSS, P./FRIEDRICH, P. (Hg.): Positive Wirkungen der Schattenwirtschaft? Baden-Baden 1988, S. 219-225.

ISER, W.: Der implizite Leser. München 1972.

KEPPLER, A.: Schritt für Schritt. Das Verfahren alltäglicher Belehrung. In: Soziale Welt 40 (1989), S. 538-556.

DERS./LUCKMANN, TH.: 'Weisheits'vermittlung im Alltag. In: OELMÜLLER, W. (Hg.): Philosophie und Weisheit. Paderborn 1989, S. 148-160.

KNORR-CETINA, K.: Soziale und wissenschaftliche Methode. In: BONSS, W./HARTANN, H. (Hg.): Entzauberte Wissenschaft (Sonderband 3 Soziale Welt). Göttingen 1985, S. 275-297.

DIES.: Das naturwissenschaftliche Labor als Ort der 'Verdichtung' von Gesellschaft. In: Zeitschrift für Soziologie 17 (1988), S. 85-101.

LUCKMANN, TH.: Einige Überlegungen zu Alltagswissen und Wissenschaft. In: Pädagogische Rundschau 35 (1981), S. 91-109.

DERS.: Zeit und Identität. In: FÜRSTENBERG, F./MÖRTH, I. (Hg.): Zeit als Strukturelement von Lebenswelt und Gesellschaft. Linz 1986, S. 135-174.

DERS.: Lebenswelt: Modebegriff oder Forschungsprogramm? In: GdWZ 1 (1990), S. 9-13.

DERS./GROSS, P.: Analyse unmittelbarer Kommunikation und Interaktion als Zugang zum Problem der Konstitution sozialwissenschaftlicher Daten. In: BIELEFELD, H.-U./HESS-LÜTTICH, E. W. B./LUNDT, A. (Hg.): Soziolinguistik und Empirie. Wiesbaden 1977, S. 198-207.

SCHÜTZ, A.: Wissenschaftliche Interpretation und Alltagsverständnis menschlichen Handelns. In: Gesammelte Aufsätze, Band 1. Den Haag 1971, S. 3-54. (a)

DERS.: Symbol, Wirklichkeit und Gesellschaft. In: Gesammelte Aufsätze, Band 1. Den Haag 1971, S. 331-411. (b)

DERS./LUCKMANN, TH.: Strukturen der Lebenswelt, Band 1 und 2. Frankfurt a. M. 1979 und 1984.

SCOTT, M. B./LYMAN, S. M.: Praktische Erklärungen. In: AUWÄRTER, M./KIRSCH, E./SCHRÖTER, M. (Hg.): Seminar: Kommunikation, Interaktion, Identität. Frankfurt a. M. 1976, S. 73-114.

SOEFFNER, H.-G.: Auslegung des Alltags - Der Alltag der Auslegung. Frankfurt a. M. 1989.

UNRUH, D.: The Nature of Social Worlds. In: Pacific Sociological Review 23 (1980), S. 271-296.

Hartmut Keil mit Hans Schmid, Friederike Bauer, Carol Gillert und Monika Spindler

Deutschlandberichterstattung in amerikanischen Fernsehnachrichten

Die jahrelang von bundesdeutschen Politikern erhobene Klage, die amerikanischen Medien behandelten Deutschland nach Umfang der Berichterstattung stiefmütterlich, darf mit dem Einsetzen der Übersiedlerwelle aus der DDR seit Ende September, spätestens aber seit der Öffnung der Mauer Anfang November 1989 als überholt gelten. Noch nicht absehbar ist allerdings, ob damit auch das bisherige Deutschlandbild einer dauerhaften Revision unterzogen wird oder ob sich nicht im Gegenteil seit längerem erkennbare und thematisierte Befürchtungen über die Entwicklung der Bundesrepublik noch verstärken werden. Besonders deren Verläßlichkeit als Bündnispartner und die ihr unterstellte Bereitschaft, aus nationalem Egoismus zu bereitwillig auf Gorbatschows Offerten einzugehen, werden möglicherweise noch mehr, als das in jüngerer Zeit bei der Auseinandersetzung um die Beteiligung deutscher Firmen am Bau einer Giftgasfabrik in Libyen, um die Modernisierung atomarer Kurzstreckenraketen und um die Rolle der Bundesrepublik als Wirtschaftskonkurrent auf dem Weltmarkt der Fall war, die kritische Aufmerksamkeit der amerikanischen Öffentlichkeit auf sich ziehen. Mehr denn je ist anscheinend für die Regierung Bush die Frage von vorrangigem Interesse, ob ein vereintes Deutschland weiterhin der NATO angehören wird. Bereits im Winter 1989 glaubte der neokonservative Publizist Irving Kristol eine Abnabelung der Bundesrepublik vom westlichen Bündnis feststellen zu können, als er im Wall Street Journal schrieb: "What is happening to NATO can be simply put: West Germany today is in the process of seceding from NATO - slowly, grudgingly, reluctantly, but the secession is under way."

Das gegenwärtige Deutschlandbild in den nationalen Abendnachrichten der großen Fernsehanstalten der USA in einem Forschungsprojekt zu untersuchen, entstand vor allem aus der Motivation, in dieser historisch bedeutsamen Phase der deutsch-amerikanischen Beziehungen zu erfahren, welche thematischen Schwerpunkte die Berichterstattung setzt, ob sie bestimmte Problemfelder aufgreift, andere dagegen vernachlässigt, ob sie historisch gewachsene Stereotypen fortsetzt, verändert oder abgelöst hat, inwieweit sich also die Berichterstattung über kurzfristige und neue Entwicklungen an solch langfristigen Interpretationsmustern orientiert[1].

Ebenso wichtig und untrennbar verbunden mit diesem Interesse an den Inhalten der deutschlandrelevanten Nachrichten ist die Frage nach den medienspezifischen Mitteln, die die Form und Struktur dieser Sendungen bestimmen. Worin unterscheiden sich die journalistischen Arbeitsweisen und Präsentationstechniken des Fernsehens von denen anderer Medien? Gibt es für Nachrichtensendungen des amerikanischen Fernsehens typische Formen der Darstellung und Aufbereitung? Der vorliegende Aufsatz wird diesen zweiten Problemkomplex in den Mittelpunkt stellen und an einem Beispiel zu verdeutlichen suchen, welche Methoden angemessen erscheinen, die Vielschichtigkeit der in Fernsehnachrichten vermittelten Eindrücke und Signale (visuelle, verbale, akustische), ihr Zusammenwirken im Prozeß der Informationsvermittlung und deren bewußte Konstruktion zu oft komplexen Bedeutungsgehalten zu analysieren. Freilich tauchen dabei mindestens ebenso viele Probleme auf wie gelöst werden können - ein Tatbestand, der auf die Schwierigkeit eines Vorhabens verweist, das sich noch kaum auf Vorbilder berufen kann.

Nachrichten im amerikanischen Fernsehen

Es erscheint zunächst nötig, die veränderten Bedingungen zu erklären, die die Produktion und Ausstrahlung der Nachrichtensendungen der drei großen amerikanischen Anstalten ABC, CBS und NBC heute maßgeblich bestimmen. Fernsehen in den USA war immer eine kommerzielle Unternehmung; es war und bleibt in erster Linie profitorientiert. Da die Anstalten ihre Gewinne ausschließlich über Werbeeinnahmen einspielen, zielen sie - in ständiger Konkurrenz zu ihren großen Rivalen und zu neuen Anbietern - auf hohe Zuschauereinschaltquoten ab, die regelmäßig gemessen und veröffentlicht werden und die Grundlage für Werbeaufträge und -einnahmen sowie die Programmgestaltung sind. Diese orientiert sich nicht an inhaltlichen und Qualitätskriterien, sondern ist "a tool with which to sell audiences to commercial sponsors" (TUCHMAN 1978, S. 7; siehe auch RAPPING 1987, S. 35-37). Stellten die Nachrichtenabteilungen von ABC, CBS und NBC bis Anfang der 80er Jahre eine gewisse Ausnahme dar, so sind sie inzwischen ebenfalls dem Diktat des Profits unterworfen. Noch 1981 konnte WALTER CRONKITE, der anerkannteste Nachrichtenmoderator jener Jahre, behaupten, die Macht der Einschaltquoten ende vor den Türen der Nachrichtenstudios (CRONKITE 1981, S. 45). Seit jedoch auch sie enorme Gewinne zu erwirtschaften begannen - etwa ab 1980 - wurden sie ebenfalls immer mehr nach kommerziellen Gesichtspunkten geführt (LARSEN 1984, S. 6-7). Diese Tendenz nahm Mitte der 80er Jahre noch zu, als auch die Fernsehanstalten in den Sog profitorientierter Börsenspekulanten und in die Hände medienfremder Großkorporationen gerieten. Alle drei großen Fernsehanstalten wechselten in den Jahren 1985 und 1986 die Besitzer mit der Konsequenz, daß die Nachrichtenabteilungen nach Effizienzkriterien reorganisiert und durchrationalisiert wurden. In den New Yorker Zentralen wie im Ausland setzten die neuen Besitzer Personal- und Ausgabenkürzungen durch. Fachfremde Journalisten (z. B. Sportredakteure) avancierten zu Leitern der Nachrichtenabteilungen. Auch konzeptuelle Veränderungen - "more tears and emotions", so bei CBS (GRIFFITH 1986, S. 59); man spricht auch von einer Tendenz zu "soft news" (CAREY 1987, S. 68) - sollten zur größeren Popularität der Nachrichtensendungen beitragen und damit die neuen Anbieter in ihre Schranken verweisen; also die Kabel- und Satellitenprogramme - so das 24stündige Nachrichtenprogramm CNN, das inzwischen von ca. 40% aller amerikanischen Haushalte empfangen werden kann - die den Zuschaueranteil für die großen Drei ständig reduzierten, so daß diese zu Einsparungen gezwungen wurden (SANOFF 1987, S. 51; GOLDMAN 1985, S. 59). Die auflagenstärkste amerikanische Programmzeitschrift, TV Guide, urteilte nüchtern: "The direction is toward commercialism - a dirty word to the traditionalists, but a fact of life for those who see TV news as what it really is: big business" (WEISMAN 1985, S. 8).

Diese organisatorisch-unternehmerischen Veränderungen waren begleitet von bedeutenden technologischen Neuerungen; beide hatten enorme Auswirkungen auf die Auslandsberichterstattung. Kosteneinsparungen führten beispielsweise bei CBS zur Entlassung von 15 der 100 Auslandskorrespondenten, drei Außenbüros (in Seattle, Bangkok und Warschau) mußten schließen (SANOFF 1987, S. 51; LOFTUS 1985, S. 93; MCCABE 1987). Die verbleibenden Büros übernahmen die Berichterstattung für größere Regionen mit der Folge, daß Korrespondenten für mehrere Länder zugleich eingesetzt werden und als sogenannte "roving correspondents" arbeiten, sich damit aber auch nicht mehr das detaillierte Hintergrundwissen aneignen können, das für eine gründliche Berichterstattung vor Ort unerläßliche Voraussetzung ist. Zudem fehlen ihnen ohnehin die dafür erforderlichen Sprachkenntnisse. Die Berichterstattung über Nord-, West- und Mitteleuropa etwa wird bei den großen Drei von Büros in London und Paris geleitet.

Durch die technologischen Neuerungen in den 80er Jahren sind die Korrespondenten in eine beinahe totale Abhängigkeit von den New Yorker Zentralen geraten. Deren Redakteure planen das "lineup" der abendlichen Nachrichtensendungen und geben entsprechende Berichte - oft über sog. "preplanned events", die ca. 70% der Nachrichten ausmachen (SMITH 1979) - in Auftrag, schreiben selbst die Texte dazu, zum Teil noch bevor die Videoberichte aus dem Ausland vorliegen (zur entsprechenden deutschen Praxis siehe RÖPER 1983, S. 83-84). Die Satelliten- und die Videotechnik mit ihrer leichteren Kamera- und Edierausrüstung ermöglichen eine brandaktuelle Berichterstattung, weil die Überspielung nach New York ohne größere Vorbereitung und inzwischen oft direkt in die laufende Nachrichtensendung erfolgen kann. Immer mehr konzentrieren sich die Auslandsnachrichten deshalb auf, wie der CBS-Korrespondent TOM FENTON es ausdrückte, "big, breaking stories," auf "hard news". Die Korrespondenten erscheinen wie Feuerwehrleute, die von einem Ort zum nächsten jetten, um den nächsten aufgeflammten Nachrichtenherd mit einem Bericht abzudecken (LARSEN 1984, S. 6). Die Genauigkeit und Sorgfältigkeit des Recherchierens und die Qualität der Berichtserstattung leiden unter solchen Produktionsbedingungen notgedrungen.

Die genaue Planung der abendlichen Nachrichtensendung durch die New Yorker Zentralen erfolgt nicht nur nach dem Kriterium des Nachrichten- oder Aktualitätswertes. Ebenso wichtig ist die Stimmigkeit eines Berichts im Kontext der gesamten Sendung, die sehr sorgfältig durchkomponiert wird, so daß zumindest deren einzelne Segmente von einem thematischen "roten Faden" durchzogen sind. Der durch die Sendung führende vertrauenweckende Moderator verbindet diese einzelnen Geschichten als allwissender Erzähler. Av Westin, der ehemalige Produzent von ABC News, hat die für ihn maßgeblichen Strukturprinzipien wie folgt beschrieben: "Stories ... should be combined into a logical progression that threads its way through the day's news. The audience ought to be guided through the news so that it doesn't have to make sharp twists and turns to follow and understand what is going on... In each segment, a narrative of sorts is fashioned, weaving together stories that relate to one another- ... Under this system, it is not unusual to find a story in a newscast's lead segment that the Associated Press places way down on its list of importance" (WESTIN 1982, S. 66). Die Redakteure bedienen sich narrativer Strategien, die denen fiktionaler Sendungen gleichen. Tatsächlich sollen die zu Beginn der prime time plazierten abendlichen Nachrichtensendungen die Zuschauer an das eingeschaltete Programm binden; die Übergänge zu den nachfolgenden Serien müssen fließend sein, zumal Zuschauer häufig nicht selektieren, sondern einen Kanal eingeschaltet lassen und die aufeinanderfolgenden Sendungen als Kontinuum erfahren (STEVENSON/WHITE 1980, ROBINSON/LEVY 1986). Die Sehgewohnheiten dürfen also nicht durch erkennbare Brüche in der Struktur der Sendungen gestört werden.

Methodische und theoretische Vorüberlegungen

Wie diese typischen Strukturmerkmale bei der Analyse amerikanischer Nachrichtensendungen angemessen zu berücksichtigen sind, ist im Augenblick ein Hauptproblem der Forschung. Unser Projekt sucht verschiedene methodische und theoretische Überlegungen zu nutzen, die geeignet erscheinen, zu einem dem speziellen Medium Fernsehen angemessenen Ansatz beizutragen.

Materialgrundlage unserer Untersuchung sind Kopien der nationalen Nachrichtensendungen von ABC, CBS und NBC für die Zeiträume vom 22.2.-26.8.1988 und 22.2.-21.3.1989, deren deutschlandbezogene Sendungen untersucht werden. Hinzukommen die deutschlandbezogenen Sendungen für die Zeit vom 27.8.1988-21.2.1989, die aus den Vanderbilt Television News Index and Abstracts ermittelt und uns als Kopien vom Vanderbilt Television News Archive der Vanderbilt University in Tennessee leihweise zur Verfügung gestellt wurden. Aktualisiert wird das Material durch Berichte vom Herbst und Winter 1989, als aufgrund der Übersiedlerwelle, der politischen Veränderungen in der DDR und der Öffnung der Grenzen ein absoluter Rekord der Deutschlandberichterstattung zu verzeichnen war, sowie über einen neuerlichen vierwöchigen kompletten Kontrollmitschnitt vom 15.1.-10.2.1990.

Bisherige Studien von Fernsehnachrichten haben sich traditioneller Methoden quantitativ-empirischer Inhaltsanalyse bedient, um Aussagen über den Inhalt der Sendungen und deren thematische Gewichtung zu machen. In den letzten Jahren sind eine Reihe solcher auch vergleichender Studien gerade zur Auslandsberichterstattung in amerikanischen Fernsehnachrichten vorgelegt worden (ADAMS/SCHREIBMAN 1978; HESTER 1978; ADAMS 1982; LARSEN/HARDY 1977; LARSON 1979; LARSEN 1984; WEAVER 1984), die Umfang und Art der Berichterstattung zu bestimmten Regionen (etwa Ländern der Dritten Welt), einzelnen Ländern oder Organisationen (UN) und Veränderungen des Umfangs der Auslandsberichterstattung über längere Zeiträume analysieren. Ihnen liegt ein Verständnis von Nachrichten als "reiner" Information zugrunde, als gewissermaßen "objektiver" Wiedergabe des Tagesgeschehens. Nachrichtensendungen haben demnach die Aufgabe, "to monitor the flow of international news to the American public through television" (LARSEN/HARDY 1977, S. 242). Daß die dabei verwendeten Methoden ursprünglich für die Analyse anderen Materials, vor allem schriftlicher Quellen, entwickelt wurden, ist auch den erwähnten Studien deutlich anzumerken, die sich auf die Erfassung der verbalen Ebene dieser Nachrichtensendungen beschränken. Sie greifen in ihrer Mehrheit nicht einmal auf die im Fernsehen gesendeten Berichte zurück, sondern beziehen sich auf den nachgewiesenermaßen äußerst verläßlichen Vanderbilt News Index and Abstracts, der in knapper Form die (verbal artikulierten) Inhalte der Sendungen zusammenfaßt. Auf diese Weise sind gerade für Vergleichszwecke sehr nützliche Ergebnisse zur Berücksichtigung einzelner Länder in der gesamten Berichterstattung gewonnen worden, mit denen wir unsere eigenen generellen Analysen vergleichen können.

Die Film-, Literatur- und Kulturwissenschaften haben in den letzten Jahren die Auffassung von Fernsehnachrichten als reine Informationsvermittlung heftig kritisiert und Gegenmodelle vorgelegt, die Nachrichtensendungen als bewußt inszeniertes Konstrukt begreifen und deshalb mehr noch als ihren Inhalten in erster Linie ihrer Form und der Art ihrer Präsentation Aufmerksamkeit widmen (RAPPING 1987; BAGGALEY/DUCK 1977; KLINE 1981; DAHLGREN 1986; ALTHEIDE 1976; TUCHMAN 1977; SPERRY 1981; WULFF-NIENHÜSER 1982; MENAKER 1982). Zwei Ansätze müssen besonders hervorgehoben werden. Einmal weisen Kritiker auf die im Grunde selbstverständliche Tatsache hin, daß das Fernsehen ein vornehmlich visuelles Medium ist. GRABER bemängelt an vorliegenden Studien, sie beschäftigten sich ausschließlich entweder mit der verbalen Ebene (so wie die oben vorgestellten Untersuchungen) oder mit den Bildern (etwa Wirkungsstudien über Fernsehauftritte von Präsidentschaftskandidaten). Sie fordert demgegenüber "systematic techniques for coding messages which are composed of a combination of interacting auditory and visual stimuli" (GRABER 1985, S. 25; siehe auch STRASSER 1981, S. 446-450). Wichtiger aber noch ist der andere Kritikansatz, der die "offen rationalistischen Prämissen" des Modells der Informationsvermittlung angreift und demgegenüber Fernsehnachrichten als "besondere kulturelle Form des Diskurses" versteht (DAHLGREN 1986, S. 12; siehe auch ROBINSON 1984). Auch Nachrichtensendungen ordnen und interpretieren die Realität genau wie soap operas oder Fernsehserien (RAPPING 1987). Redakteure bedienen sich dabei Konventionen des Erzählens (SCHUDSON 1982), die auch für fiktionale Geschichten eingesetzt werden: "The news as narrative approach does not deny that news informs; of course readers learn from the news. However, much of what they learn may have little to do with the 'facts', 'names' and 'figures' that journalists try to present so accurately" (CAREY 1987, S. 69). "(Melo)dramatische" und "rhetorische" Stilmittel werden eingesetzt, um formal und inhaltlich abgerundete, Konfliktlösungen anbietende Berichte zu produzieren, deren wohlgeordnet strukturiertes Weltbild in offenem Gegensatz zur Unbestimmtheit und Unsicherheit der Wirklichkeit steht, über die sie informieren wollen (BREEN 1983; NIMMO/COMBS 1985; MENAKER 1982; MUMBY/SPITZACK 1983). Ein Autor versteht Fernsehnachrichten deshalb "as a narrative that 'explains' or 'renders' in fictive terms perception of our social environment" (SMITH 1979, S. 80).

Allerdings genügt die bloße Anwendung narrativer Theorie allein ebensowenig aus, dem Medium gerecht zu werden. CAREY etwa geht über die bloße Inhaltsanalyse hinaus und untersucht den Symbolgehalt und formalen Charakter der Nachrichten-"geschichten", orientiert sich dabei aber ebenfalls ausschließlich am gesprochenen Wort (CAREY 1987, S. 67-86). Uns kommt es dagegen darauf an, die besondere "Sprache" des Fernsehens zu berücksichtigen, die sich aus visuellen, verbalen und anderen akustischen Elementen zusammensetzt, und den diesem Medium eigenen kulturellen Diskurs zu begreifen, der durch eine "andere Logik" (FISKE/HARTLEY 1985, S. 112) bestimmt ist.

Analyse einer Nachrichtensendung

Die knappen Überlegungen zu dem von uns verfolgten Ansatz sollen in diesem Abschnitt auf einen Nachrichtenbeitrag beispielhaft angewendet werden, damit erkennbar wird, welche Möglichkeiten dieses Vorgehen eröffnet und welche Grenzen ihm gesetzt sind. Der Bericht wurde in den nationalen Abendnachrichten der Fernsehgesellschaft ABC vom 2. März 1988 ausgestrahlt. Zum besseren Verständnis und Nachvollzug geben wir ein Protokoll bei, auf das wir uns beziehen.

Aufbau

Der Bericht beschäftigt sich mit der Frage, wie die NATO auf den zwischen Ost und West beschlossenen Abbau nuklearer Mittelstreckenraketen reagieren soll, um die eigene Verteidigungsbereitschaft zu erhalten. Der Kommentator befragt dazu ausführlich den europäischen NATO-Oberbefehlshaber General JOHN GALVIN sowie zwei Verteidigungsexperten; sie alle kommen zu dem Schluß, daß die Sicherheit des Westens nur über eine verstärkte konventionelle Nachrüstung weiterhin garantiert werden könne.

Diese knappe Charakterisierung entspricht weitgehend auch der Inhaltsangabe, wie sie der Vanderbilt Television News Index and Abstracts zu dieser Sendung liefert. Es heißt dort:

> SPECIAL ASSIGNMENT (THE WESTERN FRONT)
>
> (S: PJ) Rpt. introd.
>
> *(Fulda Gap, W. Germany:* JOHN LAURENCE*) Problem of def. of W. Europe featured; scenes shown. [NATO Supreme Allied Cmdr.-Europe Gen.* JOHN GALVIN *- says our US def. begins right here.] Li-*

*kely site of conventional war attack in Europe shown. [*GALVIN *- says NATO forces could hold out for about 10 days during conventional war; explains def. options.] Concern of Europeans with prospect of use of nuclear weapons detailed; scenes shown. [*GALVIN *- says needs 30 days supply of conventional weapons.] NATO budget explained; mil. concept of "flexible response" outlined. [Jane's Def. Weekly spn.* PAUL BEAVER *- says Europe's response is not a truly flexible response.] [*GALVIN *- discusses mil. options.] [Armed Forces Journal spn. Ben.* SCHEMMER *- says "nuclear threshold" needs to be raised.] Manner in which expected arms reductions could incr. risk of nuclear conflict explained.*

Die in der Sendung geäußerten Meinungen sind hier ganz im Sinn des Verständnisses von Nachrichten als Informationsvermittlung aufbereitet. Weder erfahren wir etwas über den Aufbau des Berichtes noch über die Gewichtung seiner einzelnen Segmente noch über einen Großteil des gezeigten Bildmaterials. Der Index begnügt sich mit dem pauschalen und nichtssagenden Verweis "scenes shown", der nicht erkennen läßt, daß es sich hierbei um Manöveraufnahmen handelt. Diese fehlende Erschließung der Bildebene gilt es besonders deshalb festzuhalten, weil es nicht unüblich ist, amerikanische Nachrichtensendungen allein auf der Grundlage der im Vanderbilt Index gemachten Angaben zu analysieren. Forschungen zur Erinnerungsleistung von Fernsehzuschauern zeigen jedoch, wie sehr diese von der Präsentationsform abhängt. So stieg sie besonders bei Auslandsnachrichten dann an, wenn der Beitrag auch Filmmaterial enthielt (COLIN/GUNTER/CLIFFORD 1980). Dieser offenbar große Stellenwert der visuellen Komponenten der Fernsehnachrichten muß über Strukturanalysen angemessen berücksichtigt werden, die über den "Nachrichtengehalt" hinaus mehrschichtige, affektiv-emotionale Bedeutungsgehalte erfassen sollen.

Unserer Untersuchung liegt der gesendete Bericht und nicht nur die Inhaltsangabe des Vanderbilt Index zugrunde. Es handelt sich, wie wir zeigen wollen, um eine bewußt durchkonstruierte und edierte Geschichte, die sich traditioneller Erzählstrategien bedient. Sie beginnt mit der Ankunft General JOHN GALVINs in einem Gebiet, in dem Truppen im Einsatz sind. Die Exposition (Einstellung 1-8; im folgenden beziehen sich Zahlen in Klammern jeweils auf die Nummern im Protokoll) konfrontiert uns mit einem - im Kommentar auch so genannten - "Problem", das der Lösung bedarf. Schon der Moderator im Studio, PETER JENNINGS, stimmt auf dieses Thema ein, indem er auf "Männer, die Probleme haben" verweist (1). Der Kommentar greift sofort diese Formulierung auf (3) und wiederholt sie kurze Zeit später noch einmal (6). Nachdem sie auch inhaltlich ausgefüllt ist - thematisiert wird die Notwendigkeit, die konventionellen Streitkräfte der NATO aufgrund der atomaren Abrüstung zu verstärken - schließt sich ein zweiter Teil an, der vom Korrespondenten JOHN LAURENCE mit dem Leitmotiv eingeführt wird: "Finding the right answers" (7 u 8). Nachfolgend wird in einer Art Durchführungsteil nach diesen richtigen Antworten gesucht. Allerdings kommen von General GALVINs Vorschlägen abweichende Meinungen nicht selbst zu Wort; sie werden allenfalls im Kommentar angesprochen, der keinen Zweifel aufkommen läßt, wer die Autorität und damit das letzte Wort hat: "The commander says he needs it" [einen größeren Munitionsvorrat für konventionelle Waffen] (20). Die wahre Lösung wird folgerichtig ab Einstellung 20 von GALVIN selbst (im Interview) vorgeschlagen, setzt sich auf der Bild- und Kommentarebene aber erst allmählich zweifelsfrei durch. Denn zunächst wird das "Problem" noch einmal aufgegriffen und konkretisiert - "The problem is money" (22 und 23) und mangelnde Effizienz wegen fehlender Abstimmung der Waffensysteme (26-32) - und in schneller Bild- und Kommentarfolge vielfach variiert und differenziert (23-32). Dann erst erfolgt das dénouement, die endgültige Lösung, von JOHN GALVIN, in seiner Meinung unterstützt von zwei Experten und dem Kommentator, formuliert, die keinerlei Widerspruch mehr zuläßt (33-36). Zwar wird das "Problem" im Schlußkommentar von JOHN LAURENCE nochmals zusammengefaßt, doch suggeriert die narrative Kreisstruktur, mit der die Geschichte eine völlige Geschlossenheit und Abrundung erfährt, es sei bereits gelöst. Der Kreis wird geschlossen, indem mit der letzten

Einstellung die des Anfangs wieder aufgenommen wird: der General besteigt den Hubschrauber, mit dem er gekommen war (37); die Länge beider Sequenzen ist etwa dieselbe (22,7 bzw. 20,9 Sek.). Die Geschichte, die angeblich eine ernste Krise zum Thema hatte, hat ein glückliches Ende gefunden. Diese Identität von Kreis- und Krisenstruktur (GALVIN kommt an, das Problem wird gelöst, GALVIN fliegt ab) verstärkt den Eindruck eines "happy ending". Er wird in der letzten Einstellung durch das Verhalten der Personen nachhaltig unterstrichen: Der General wird gezeigt, wie er sich ganz gelöst im Kreis seiner Untergebenen bewegt, locker auf den Hubschrauber zutrabt und sich lässig, und gar nicht im Stil des ranghöchsten Offiziers der NATO, mit "good luck" verabschiedet.

Diese allgemeine Kennzeichnung der Grundstruktur des Berichts soll nun durch eine genaue Analyse der erzähltechnischen Mittel sowie einzelner sprachlicher, visueller und akustischer Elemente fortgesetzt werden, um festzustellen, wie durchgängig dessen Fiktionalisierung ist.

Elemente der Fiktionalisierung

Personalisierung

Der Bericht stellt die Person des Oberbefehlshabers der NATO in Europa, General JOHN GALVIN, ins Zentrum. Von den 4 Minuten 16 Sekunden Gesamtdauer entfallen beinahe 2 Minuten (45%) auf ihn; entweder spricht er als Interviewter (72 Sek.) oder aber er ist wenigstens im Bild zu sehen (43 Sek.). Während der Moderator bei der Ankündigung des Berichtes noch pauschal "die Männer, die die Entscheidungen auf dem Schlachtfeld treffen" erwähnt (1), führen die ersten Bilder GALVIN ganz im Sinne einer klassischen filmischen Exposition ein: 1. Das Standbild eines schießenden Panzers wird abgelöst vom 2. Standbild auf GALVIN vor einem Hubschrauber, aus dem er ausgestiegen zu sein scheint. Dieses Standbild belebt sich (2); ihm folgt 3. der Blick auf GALVIN allein in Naheinstellung (3), der nächste Schnitt 4. bringt GALVIN in Naheinstellung mit zwei Soldaten ins Bild (4), die 5. Einstellung zeigt ihn im Anschnitt zwischen Nah- und Großaufnahme, schließlich wird er in Großaufnahme ins Bild genommen (6). Diese konsequente visuelle Fokussierung durch den stufenweisen Übergang von der Totale zur Großaufnahme wird im Verlauf des Berichts durch die wiederholte und dominierende Präsenz des Generals fortgesetzt, bis die abschließende Bildsequenz mit dem Abflug der Hauptperson den Bericht zu einem von seinem Handlungsablauf her logischen Abschluß bringt.

Auf der verbalen Ebene wird die Personalisierung ebenfalls konsequent durchgehalten. Der erste Satz des Kommentators - in dem Augenblick gesprochen, als der General zum ersten Mal allein ins Bild kommt -erhebt die noch vom Moderator so bezeichneten Probleme nicht namentlich genannter verschiedener Personen zum alleinigen Problem des NATO-Oberbefehlshabers: "General GALVIN has a problem to solve" (3). Die Satzstruktur des parallel zur beschriebenen schrittweisen visuellen Konzentration auf den General gesprochenen Kommentars unterstützt die Bilder: in allen vier Sätzen ist GALVIN das (handelnde) Subjekt. Diese Konstellation wird im gesamten Bericht durchgehalten. GALVIN allein ist der Akteur, der Entscheidungen fällt. Nicht nur sind die NATO-Verbände "seine" Truppen; er kommandiert allein, er entscheidet über Krieg oder Frieden, er muß schließlich die richtigen Antworten finden - und findet sie auch. Sowohl im Kommentar als auch in den Interviews wird diese sprachliche Fixierung auf die Person des Generals durchgehalten. Er sieht sich offenbar selbst in dieser zentralen Position, wenn er fordert: "I need...", "I would like to have...to help me out" und sich beklagt: "I don't have...", "I only have..." (20 u. 21). Auch ein interviewter Experte versteht Mannschaften, Munition und militärisches Material als Verfügungsmasse des Generals: "he would have...", "he wouldn't need..." (36). GALVIN erscheint als der einsam Entscheidungen fällende Kommandierende, mit dem die gesamte Verteidigung des Westens steht und fällt. Andere, Verbündete wie "Gegner", bleiben dagegen gesichtslos. Sie erscheinen als anonyme Europäer oder Alliierte, sind aber nicht spezifische Personen.

Entsprechend diesem Image wird GALVIN vor Ort gezeigt, mitten im scheinbaren Kampfgetümmel, dort, wo nicht nur Westeuropa, sondern vor allem die USA verteidigt wird, wie er durch dreimaligen Gebrauch der Formel "right here" und durch eine emphatische Geste nachhaltig unterstreicht. Er gewährt ein Interview nicht in seinem warmen Dienstzimmer, sondern in unwirtlicher winterlicher Landschaft, in die ihn seine Verantwortung und seine Pflicht gerufen haben. GALVIN trägt einen Kampfanzug, die ungünstige Witterung - er ist, während er interviewt wird, Schnee (und Kälte) ausgesetzt - scheut er nicht. So scheint er sich an vorderster Front und mitten in der Gefahr solidarisch unter seinen Truppen zu befinden.

Diese extreme Personalisierung entspricht den festen Handlungsmustern, die in Fernsehserien, aber auch in Wildwestfilmen und generell in narrativen Filmen immer wiederkehren. Die wohl zufällig ins Bild gerückte Uhr an einer Panzergarage (18) zeigt die Zeit an: es ist 5 vor 12 Uhr. Das könnte als symbolischer Verweis auf die Dringlichkeit der im Bericht angesprochenen Problematik aufgefaßt werden - es ist höchste Zeit, konventionell nachzurüsten. Gleichzeitig können wir sie aber auch als Zitat aus dem Film "High Noon" verstehen - und damit JOHN GALVIN als den GARY COOPER des westlichen Bündnisses.

Die Konstruktion von Realität

Es ist nützlich, an dieser Stelle ein weiteres Mal daran zu erinnern, daß der Analyse von Nachrichten häufig eine Vorstellung von Kommunikation zugrundeliegt, die eine rationale, überprüf- und nachvollziehbare, also eine im ganzen "objektive" Informationsvermittlung impliziert. Wir wollen dagegen zeigen, daß die Produktion von Nachrichtensendungen nach Maßstäben erfolgt, die wenig mit solch traditionellen, etwa an Printmedien entwickelten Kriterien zu tun haben, wohl aber mit offenbar dem Fernsehen eigenen Konstitutionsmerkmalen, die auch auf tatsachenbezogene Sendungen zutreffen. Diese sind weder nur Abbild noch Interpretation von Wirklichkeit; in ihnen entsteht vielmehr eine neue konfliktfreie oder doch zumindest Strategien zur Konfliktlösung bereithaltende Welt.

Diese Welt wird durch Fiktionalisierung geschaffen. Es sei in unserem Beispiel zunächst auf die Erzählperspektive verwiesen. Der Bericht wird von zwei auktorialen Instanzen mit allerdings klarer hierarchischer Abstufung erzählt. Der Moderator PETER JENNINGS ist der allwissende Erzähler für die gesamte Nachrichtensendung. Er hat die Macht, einen Bericht abzurufen und dem nachgeordneten allwissenden Kommentator, in unserem Fall JOHN LAURENCE, das Wort zu erteilen und zu entziehen. Ausschließlich diese beiden dürfen direkt in die Kamera sprechen, doch JENNINGS' übergeordnete Position zeigt sich u.a. auch daran, daß er die allgemeineren, größeren Zusammenhänge formuliert, in denen ein Beitrag steht, und daß er mit seinen Blicken auf einen (imaginären?) Monitor den Bericht abruft bzw. sich wieder das Wort zurückholt. Er gibt sich damit als der einzige zu erkennen, der den Erzählfaden wiederaufnehmen kann.

Die schlagwortartige Ankündigung des Berichts selbst scheint eher auf eine Fernsehserie denn auf einen Tatsachenbericht zu verweisen. Tatsächlich hatte der Moderator schon vorher - in unserem Protokoll nicht festgehalten - mehrere aufeinanderfolgende Berichte, zu denen auch der von uns ausgewählte gehört, mit der gemeinsamen inhaltlichen Klammer eingeführt, sie handelten von verschiedenen zu erfüllenden "Missions Impossible". Der Begriff ist der Titel einer jahrelang ausgestrahlten beliebten Fernsehserie (deutsch: "Kobra, übernehmen Sie"), deren Protagonisten in jeder Folge mit schwierigen Fällen beauftragt werden, diese aber immer erfolgreich abschließen. Unser Bericht wird mit zwei Inserts eingeführt, die beide ebenfalls derartigen Serientiteln Konkurrenz machen: "Special Assignment" ist auf einer sprachlich vergleichbaren Ebene angesiedelt wie etwa die Fernsehserien "FBI" oder "The Untouchables", während der in der unteren Bildhälfte links eingeblendete Titel "The Western Front" wie die Ankündigung der speziellen Folge des Abends (Tonight's Episode) wirkt. Eine derartige auf verfestigte Zuschauergewohnheiten abzielende Eröffnung weckt gleichzeitig Erwartungen für den Ablauf des Berichts: es werden wie in den Massenunterhaltungsserien auch hier Helden mit übermenschlichen Fähigkeiten auftreten, die alle auftauchenden Probleme aus dem Weg räumen. In unserem Fall wird diesen Erwartungen folgerichtig mit der Person General JOHN GALVINs entsprochen, den eben solche Eigenschaften auszeichnen wie die Serienhelden.

Genau wie Episoden aus Fernsehserien ist der gesamte Bericht offenbar mit der Absicht zusammengesetzt und durchkonstruiert, keinerlei Leerstellen, Widersprüche oder Zweifel offenzulassen. Die einzelnen Einstellungen sind oft durch verbale Wiederholungen von Begriffen miteinander verbunden, so wenn der Kommentator den vom Moderator zuvor verwendeten Begriff "Problem" mehrfach aufgreift, wenn auf die Forderung des Kommentators nach "right answers" (8) GALVIN im unmittelbar anschließenden Interview dreimal das Wort "right" gebraucht, wenn LAURENCE auf GALVINs letzte Äußerung "right here" (9) die geographische Ortsbestimmung mit "It is here" aufgreift und konkretisiert ("at the Fulda gap in West Germany" 10), wenn er im Kommentar zu bedenken gibt, die NATO sei nicht gerüstet, einen konventionellen Krieg "for that long" (13) durchzustehen und unmittelbar darauf GALVIN fragt: "How long, realistically, do you think that your forces could hold out?" (14), wenn GALVIN von "right decisions" spricht (14), und Laurence seinen nächsten Satz mit "The right decisions" anfängt (14), wenn LAURENCE fragt, wie "flexible" die NATO-Strategie sei (33), und der interviewte Experte den Begriff der "flexible response" aufgreift (34).

Natürlich müssen wir uns den tatsächlichen Zusammenschnitt und das Edieren des Berichts in der Abfolge genau umgekehrt vorstellen, als dies in der fertigen Sendung selbst erscheint. Das heißt, Laurence hat die einzelnen Versatzstücke (Interviews, Bildmaterial) zunächst aufgenommen und seinen Kommentar im nachhinein darauf abgestimmt. Umso klarer tritt dadurch jedoch seine Absicht zutage, den Bericht an allen

Nahtstellen (etwa Schnittstellen von Kommentar zu Interview oder im Interview selbst[2] auf der verbalen Ebene zu verzahnen und im übrigen durch ständige auktoriale Eingriffe den Fortgang der Erzählung in seinem Sinne zu lenken und zu kontrollieren, so in Einstellung 33, wo LAURENCE in der Halbtotale im Bild zu sehen ist und die Aussagen General GALVINs zusammenfaßt bzw. interpretiert.

Genauso sind Versatzstücke aus Interviews eingefügt, um die erzählte Geschichte zu bestätigen und voranzutreiben. Es kann ja keine Rede davon sein, daß in diesem Bericht umfassende Interviews wiedergegeben wären. Gerade die beiden Verteidigungsexperten werden nur mit dem zitiert, was der Argumentation dienlich ist, der erste nur mit einem einzigen Satz; die mutmaßlich vorher gestellte Frage ist herausgeschnitten. Wir wissen nichts darüber, wie umfangreich das Interviewmaterial tatsächlich war, aus dem LAURENCE ausgewählt hat, ob andere Gesichtspunkte angesprochen und andere Urteile geäußert wurden (siehe dazu auch COHEN 1987). Weil die hier einbezogenen Stellen sich so nahtlos in die gesamte Argumentationskette fügen, wird die bewußte Auswahl der wenigen Sätze besonders deutlich.

Durch die verbalen Wiederaufnahmen und den auktorialen Duktus, der sich auch in der rigiden Auswahl kurzer Interviewsegmente manifestiert, wird Kontinuität suggeriert, die auf der akustischen Ebene, etwa mittels sich durch den gesamten Bericht ziehender Hubschraubergeräusche, und auch auf der visuellen Ebene noch verstärkt wird. Aufschlußreich ist das spärlich - nämlich dreimal - eingesetzte Mittel der Überblendung, das einen besonders weichen Übergang von einer zur anderen Einstellung, gleichzeitig aber auch ein besonders intensives Verschmelzen zweier Bildfolgen bewirkt. Die erste Überblendung (von 1 zu 2) bindet den Bericht eng an die Einleitung des Moderators an und damit in die gesamte Nachrichtensendung ein. Vor allem aber die zweite Überblendung ist aufschlußreich, da ihre Wirkung durch parallele verbale und akustische "Überblendungen" noch intensiviert wird. Diese dreifache Überblendungstechnik wird in dem Augenblick eingesetzt, als zum ersten Mal von GALVIN Lösungen des "Problems" formuliert werden. Während das Bild konventionelle Waffen (Panzer) zeigt und auf der Tonspur Motoren und dann Hubschrauber hörbar sind, die lauter werden (von 20 zu 21), sagt der Kommentator: "The commander says he needs it" (20). Darauf ist GALVINs Stimme zu vernehmen ("What I would like to have", noch 20), ehe von den vom General gewünschten Waffen auf das Gesicht des Generals überblendet wird (zu 21): die Identifikation ist vollständig. Die dritte Überblendung leitet nach der von GALVIN und den Verteidungsexperten widerspruchslos vorgetragenen Lösung auf die Schlußsequenz über, die mit dem Abflug des Generals die Geschichte abrundet und beendet.

So soll eine in sich völlig geschlossene Geschichte konstruiert werden, die keinerlei Widerspruch aufkommen läßt. Aber gerade auf der Bildebene haben sich dennoch solche Widersprüchlichkeiten eingeschlichen, die ihrerseits den hohen Grad des auktorialen Eingriffs, des Edierens und damit der Fiktionalisierung dokumentieren. Es muß verwundern, daß in einem Bericht, der in einer Nachrichtensendung mit dem Anspruch auf große Aktualität gesendet wurde, beinahe ein Viertel des Filmmaterials (23%) Archivaufnahmen sind. Nur die Sequenzen im Umfeld GALVINs sind aktuell: die Manöverbilder aus der sog. Fuldasenke, aufgenommen im Winter 1988. Mindestens 15 Einstellungen jedoch sind aus dem Archiv zusammengestellte Versatzstücke, die austauschbar erscheinen. Nicht nur stimmen die Bilder in der Jahreszeit nicht mit dem Originalmaterial überein, auch die Nationalität scheint unwesentlich, solange die Waffengattung stimmt. Die in Einstellungen 18-20 gezeigten Panzer gehören zu den britischen Streitkräften, wo doch von der Logik der Geschichte her deutsche oder französische Panzer zu erwarten wären. Auch die Bedrohung der Zuschauer durch einen britischen Panzer (20) steht im Widerspruch zur sonstigen Aussage des Berichts, daß die Bedrohung aus dem Osten zu erwarten sei. Offenbar ist das Repertoire an Manöverbildern begrenzt, ja auch veraltet. (Die Untersuchung ähnlicher Berichte deutet darauf hin, daß wiederholt auf das gleiche Archivmaterial zurückgegriffen wurde.)

Wir müssen uns fragen, warum solche Manöverbilder in diesem Bericht überhaupt eingesetzt werden. Das Fernsehen ist natürlich ein Medium, das vom Wechsel der Bildeindrücke und Sequenzen lebt. Darüberhinaus ist aber auch die Absicht unverkennbar, mit diesen Kampfbildern ein Pseudo-Ereignis zu inszenieren, um die Bedrohungssituation zu visualisieren und damit glaubhaft erscheinen zu lassen. Zwar wird auf der verbalen Ebene der hypothetische Charakter eines Angriffs nachhaltig ausgesprochen; im Bericht werden 10 Konditionalsätze ("if") artikuliert, und entsprechend häufig wird der Konjunktiv verwendet. Doch die visuellen und akustischen Signale konterkarieren die sprachliche Ebene; ständige Hubschrauber- und andere Motorengeräusche, schießende Panzerraketen, Deckung suchende und Gewehre und MGs abfeuernde Kampftruppen nehmen auf einer symbolischen Handlungsebene das Kriegsgeschehen vorweg. So wird in dem Augenblick eine (atomare) Rakete nach einem brutalen Bildschnitt (16 zu 17) abgefeuert, nachdem General GALVIN gesagt hat: "...then we'll turn to the nuclear weapons and we'll use those for our defense" (16). LAURENCE setzt gleichzeitig seinen Kommentar fort: "Going nuclear..." (17).

In der längeren, aus Archivmaterial zusammengeschnittenen Sequenz von den "Ernstfall" probenden Truppen (22-32) wird das Tempo des Berichts enorm, ja geradezu atemberaubend beschleunigt. Diese Wirkung wird durch eine rapide Schnittfolge erzielt. Dauerte zuvor eine Einstellung im Durchschnitt etwa fünf Sekunden, so reduziert sie sich hier auf die Hälfte. Einerseits kann dies als angemessene filmtechnische Erzählstrategie verstanden werden, um visuell das im Kommentar vorgebrachte Argument der mangelhaften Abstimmung der verschiedenen Waffensysteme der NATO-Partner abzustützen. Gleichzeitig wird durch die schnell wechselnden Bilder aber auch der Eindruck unmittelbarer Bedrohung erhöht. Die Grenze zwischen Manöver und "Ernstfall" wird in den Bildern aufgehoben.

Die Art, wie das Archivmaterial eingesetzt wird, unterstreicht, daß der Bericht strukturelle Gemeinsamkeiten mit Kriegsberichterstattung bzw. Kriegsfilmen aufweist - ein Sachverhalt, den der Vanderbilt Index mit seiner ausschließlichen Erfassung der sprachlichen Elemente der Nachrichtenberichterstattung nicht vermitteln kann und vor dem er mit inhaltslosen Leerstellen ("scenes shown") kapituliert. Wir erinnern uns an Konventionen des Kriegsfilms. Zu Anfang des Berichts im Übergang vom Standbild zum bewegten Bild entsteht der Eindruck, als ob die erste Seite eines Tagebuchs aufgeblättert würde (2) - so wie nicht selten Kriegsfilme während des Zweiten Weltkriegs einsetzten. Das Genre der Kriegsberichterstattung wie des Kriegsfilms wird mit dem Symbol des allgegenwärtigen Hubschraubers evoziert: Im Bericht wie in bekannten Vietnamkriegsfilmen ("In the Year of the Pig", "The Deer Hunter", "Apocalypse Now") verweist seine lärmende Präsenz auf tatsächliche Erfahrungen des Kriegs und der Bedrohung. Diese Interpretation führt uns zu dem zu Anfang des Berichts eingeblendeten Titel zurück: "The Western Front". Hier wurde die Deutung, es handle sich um Kriegsberichterstattung, bereits suggeriert.

Thematische Schwerpunkte der Deutschlandberichterstattung

Welcher Stellenwert kann diesem Bericht im Kontext der Deutschlandnachrichten des amerikanischen Fernsehens insgesamt beigemessen werden? Wenn wir einerseits guten Grund haben, das Unvermögen traditioneller quantitativer Methoden zu kritisieren, die "complex significance and subtleties of the television text" (FISKE/HARTLEY 1985, S. 36) zu erfassen, so sind wir doch andererseits auf klare Anhaltspunkte angewiesen, die uns erlauben, Aussagen darüber zu machen, ob dieser Bericht - oder andere in aller Ausführlichkeit zu untersuchende Berichte - ein zufälliges Beispiel oder ein Glied in einer eher kontinuierlichen Berichtskette darstellt und für das in amerikanischen Fernsehnachrichten verbreitete Deutschlandbild daher symptomatisch ist.

Um diese Frage beantworten zu können, müssen wir uns einen Gesamtüberblick über den Umfang und die Themen der Deutschlandberichterstattung verschaffen. Tatsächlich war dies der erste Schritt bei unserem Projekt, die Voraussetzung für die Erkennung zentraler Themen und die nachfolgende Auswahl einzelner Berichte. In einem ersten Schritt griffen auch wir deshalb auf den Vanderbilt Index zurück und untersuchten die thematische Gewichtung der Deutschlandberichterstattung für das Jahr 1988. Zwar dominierte die Katastrophenberichterstattung mit beinahe einem Drittel (31%) aller Sendungen - ein Befund, der kaum überrascht, da Fernsehnachrichten besonders auf Krisensituationen reagieren. Der von uns durchgeführte Vergleich mit der Berichterstattung zu Frankreich im selben Zeitraum weist nach, daß in diesem Punkt (30,6%) keine Länderunterschiede auszumachen sind. Umso mehr fallen die Unterschiede in den anderen Themenbereichen auf. In der Deutschlandberichterstattung waren Verteidigungsfragen (13,8%) von übergeordneter Bedeutung. Deutschland erschien als Frontstaat, als die vordere Verteidigungslinie des westlichen Bündnisses; Frankreich (Verteidigung: 5,8%) wurde dagegen häufiger als Kulturnation thematisiert (Kultur und Wissenschaft 18,1% gegenüber Deutschland 2%). Es scheint, als rekurriere die Berichterstattung auf bestimmte nationale Stereotypen und Klischees. So schlägt die nationalsozialistische Vergangenheit Deutschlands mit einem Anteil von 18,5% besonders und noch stärker als der Bündnisbereich zu Buche. Dieser Anteil würde noch höher liegen, wenn die nicht deutschlandbezogenen Sendungen berücksichtigt würden, in denen am Rand, oft nur in einem Satz oder einer Nebenbemerkung, auf HITLER, die Nazis oder den Holocaust Bezug genommen wird. Dagegen fehlen Berichte und Bilder zum Alltag und zur Lebenssituation der Deutschen. Abgesehen von der Allgegenwart der deutschen Geschichte erklärt sich die Gewichtung der einzelnen Themenbereiche aus ihrer Relevanz für die Vereinigten Staaten. Die deutsche Innenpolitik etwa spielte 1988 mit einem Anteil von 3,5% nur eine geringe Rolle. (Vgl. dazu JARAUSCH 1986; MARTEN 1989).

Von einer Vernachlässigung Deutschlands in amerikanischen Fernsehnachrichten konnte schon 1988 keine Rede sein. Mit einem Anteil von 1,6% an der gesamten Sendezeit in den nationalen Abendnachrichten der drei großen Networks lag Deutschland noch vor Frankreich (1,2%)[3].

Bausteine einer Nachrichtenästhetik

In dieser Phase unserer Arbeit bleiben noch manche inhaltlichen und methodischen Probleme ungelöst. Neben der Auswertung des Vanderbilt Index für 1989, relevanter Berichte des letzten Jahres und eines gerade abgeschlossenen vierwöchigen Mitschnittes von Anfang 1990 - alles Schritte, die die Aktualisierung des Materials zum Ziel haben, damit wir Aussagen über die Entwicklung des Volumens und der Inhalte der Berichterstattung machen können - steht die Analyse der Mittel und Techniken, mit denen Fernsehnachrichten produziert werden, im Vordergrund mit dem ausdrücklichen Erkenntnisziel, die Besonderheiten von Fernsehnachrichten"sprache" herauszukristallisieren. Es werden inhaltliche und visuelle Elemente aller Berichte erfaßt, um die Verbindung filmischer Arbeitsweisen (wie Schnittechnik, Kameraeinstellung, Bildausschnitt, Hintergrund) mit sprachlichen narrativen Techniken systematisch zu untersuchen.

Zu diesem Zeitpunkt lassen sich einige Ansätze erkennen, die geeignet erscheinen, dem Fernsehen als einem Medium mit spezifischen Ausdrucks- und Aussagemöglichkeiten genauer auf die Spur zu kommen. Wenn die Prämisse stimmt, daß es im Unterschied zu anderen Medien, auch zum Kunstfilm, eine eigene Fernsehästhetik gibt, die nach anderen Maßstäben beurteilt werden muß und die ihre besonderen Formen und Konventionen entwickelt hat oder noch entwickelt, so muß nach Wegen gesucht werden, diese genauer zu bestimmen.

Die Stereotypen- und Symbolforschung könnte wichtige Aufschlüsse über die Vorgabe und Einübung von "Lese"- bzw. Sehgewohnheiten bringen. Als zentrale kulturelle Institution der Gesellschaft orientiert sich das Fernsehen an von einer breiten Mehrheit der Bevölkerung akzeptierten Normen und Konventionen, die es wiederum an das Fernsehpublikum zurück vermittelt. Nachrichtensendungen bedienen sich regelmäßig "visueller Metaphern" (FISKE/HARTLEY 1985, S. 48) als einführenden Leitsymbolen, die hinter dem Moderator eingeblendet erscheinen. Sie können als vereinheitlichende Bedeutungsvorgabe verstanden werden, mit deren Hilfe die Interpretation nachfolgender Berichte gesteuert werden soll. Diese inzwischen allgemein praktizierte Form der visuellen Etikettierung kann sich vermutlich bereits einer gewissen Zuschauerakzeptanz sicher sein. Die Frage ist also, wie und wie nachhaltig sie die Seh- und Lesegewohnheiten lenkt. Welcher visuellen Symbole bedienen sich die Sender, gibt es Unterschiede zwischen den Programmen, verändern sich die Symbole im Verlauf mehrtägiger Berichterstattung zu einem Thema? Kristallisieren sich im Lauf der Zeit stereotype Ländersymbole heraus, auf die die Redaktionen beinahe automatisch zurückgreifen? Diese Frage könnte ausgeweitet werden auf das verwendete Filmmaterial. Wird durch den wiederholten Rückgriff etwa auf Archivmaterial (Manöverbilder, dokumentarische Filmsequenzen zu Nazi-Deutschland) im Sinn einer "rituellen Verdichtung" (FISKE/HARTLEY 1985, S. 89) ebenfalls ein länderspezifisches stereotypes Bild festgeschrieben?

Auch die im Fernsehen, und hier speziell in Nachrichtensendungen, eingesetzten Stilmittel müssen genauer untersucht werden. Was ist in diesem Medium - etwa im Unterschied zum Kunstfilm oder zu literarischen narrativen Techniken - erlaubt, was gerät mit am Fernsehen entwickelten Sehweisen nicht in Konflikt, würde aber in anderen Medien als störend empfunden? Nachrichtensendungen arbeiten - aus Zeitgründen? - offenbar mit Verkürzungen (Schnittfolgen), Auslassungen (etwa in Interviews), und Verdichtungen bildlicher Informationen (z. B. krasse Gegenüberstellungen durch Zweiteilung des Bildschirms). Sie reihen z. B., wie im Bericht "The Western Front", im strengen Sinn widersprüchliches Bildmaterial (hier Manöverbilder aus verschiedenen Jahreszeiten) aneinander, ohne daß dies bei einmaligem Sehen als Bruch in der Geschichte bemerkt würde: "[A]pparent inconsistencies or lapses in logic are not necessarily faults in tv discourse. They must be seen as aspects of a different kind of logic: as part of a process whose aim is to produce fully satisfactory and plausible meaning" (FISKE/HARTLEY 1985, S. 122). Die Analyse von Nachrichtensendungen wird sich nicht zuletzt auch mit dem Problem auseinandersetzen müssen, inwieweit journalistische Prinzipien im Wettstreit oder gar im Widerspruch mit narrativen Strukturen stehen.

Anmerkungen

1 Seit Ende 1988 läuft am Amerika-Institut der Universität München ein Forschungsprojekt zur Deutschlandberichterstattung in amerikanischen Fernsehnachrichten, das von der Herbert Quandt Stiftung finanziert wird.
2 JOHN FISKE erklärt, mit welchen filmischen und Editionstechniken eine solche nahtlose Verbindung erreicht werden soll: "This attempt at seamlessness is not confined to fictional realism. In news or current affairs programs location interviews are normally shot with a single camera turned on the interviewee. After the interview is finished, the camera is then turned onto the interviewer who asks some of the questions again and gives a series of ... reaction shots, nods, smiles, or expressions of sympathetic listening. These are used to disguise later edits in the interviewee's speech. Then a section of this speech is edited out, the out is disguised by inserting a "noddy", thus hiding the fact that any editing of the speaker's words has occurred. Without the "noddy", the visuals would show an obvious "jump" that would reveal the edit" (1987, S. 29).
3 Dieser Befund widerspricht dem Ergebnis, das LARSEN vorlegte. Demnach rangierte Frankreich auf Platz 9 der 50 in den Nachrichten der drei großen Networks am häufigsten erwähnten Länder, Deutschland auf Platz 12. Allerdings war LARSENs Bewertungsgrundlage die Anzahl der gesendeten Berichte, nicht die Sendezeit (1984, S. 55).

Literatur

ADAMS, W. C. (ed.): Television Coverage of International Affairs. Norwood 1982.
ADAMS, W./SCHREIBMAN, F. (eds.): Television Network News: Issues in Content Research. Washington 1978.
ALTHEIDE, D. L.: Creating Reality: How TV News Distorts Events. Beverly Hills 1976.
BAGGALEY J./DUCK, S.: Dynamics of Television. Lexington 1977.
BREEN, M.: Television News Is Drama: The Dramatic Thrust Theory of Television News. In: Media Information Australia 29 (August 1983), S. 42-52.
CAREY, J. W. (ed.): Media, Myths, and Narratives: Television and the Press. Beverly Hills 1987.
COHEN, A. A.: The Television News Interview. (The Sage Communication Text Series. Bd. 18). Newbury Park 1987.
COLIN, B./GUNTER, B./CLIFFORD, B.: Nachrichtenpräsentation im Fernsehen. In: Media Perspektiven 10 (1980), S. 688-694.

CRONKITE, W.: What's Right, Wrong with Television News. In: U.S. News & World Report 90 (16.3.1981), S. 45-46.
DAHLGREN, P.: Beyond Information: TV News as a Cultural Discourse. In: Communications 12 (1986), H. 2, S. 125-136.
FISKE, J.: Television Culture. London 1987.
Ders./HARTLEY, J.: Reading Television. London 1985.
GOLDMAN, K.: Tough Times for Network News; Budget Binders Force Cutbacks. In: Variety (25.9.1985), S. 59.
GRABER, D. A.: Approaches to Content Analysis of Television News Programs. In: Communications 11 (1985), H. 2, S. 25-36.
GRIFFITH, T.: Emotions Exhibit Themselves. In: Time 18 (5.5.1986), S. 59.
HESTER, A.: Five Years of Foreign News on U.S. Television Evening Newscasts. In: Gazette (1978), H. 214, S. 86-95.
JARAUSCH, K.: Das amerikanische Deutschlandbild in drei Jahrhunderten. In: WEIGELT, K. (Hg.): Das Deutschland- und Amerikabild. Beiträge zum gegenseitigen Verständnis beider Völker. (Forschungsbericht der KONRAD-ADENAUER-Stiftung. Bd. 50). Melle 1986, S. 10-20.
KLINE, S.: National Perspective and News Bias: A Comparison of National News Broadcasts. In: Canadian Journal of Communication 7 (1981), H. 4, S. 47-80.
LARSON, J. F.: International Affairs Coverage on U.S. Network Television: Third World News and Views. In: Journal of Communication 29 (1979), H. 2, S. 136-147.
Ders.: Television's Window on the World: International Affairs Coverage on the U.S. Networks. Norwood 1984.
Ders./HARDY, A.: International Affairs Coverage on Network Television News. A Study of News Flow. In: Gazette 23 (1977), S. 241-256.
LOFTUS, J.: CBS, AP Talk New Link; Bureau Sharing, Overseas Moves Too. In: Variety (21.8.1985), S. 93.
MARTEN, E.: Siegfried or Wotan in Krauts-Country? Was amerikanische Journalisten von den 'Deutschen' und 'Deutschland' halten. In: Publizistik 34 (1989), S. 78-95.
MCCABE, P.: Bad News at Black Rock: The Sell-Out of CBS News. New York 1987.
MENAKER, D.: Art and Artifice in Network News. In: NEWCOMB, H. (ed.): Television: The Critical View. New York 1982, S. 240-246.
UMBY, D. K./SPITZACK, C.: Ideology and Television News: A Metaphorical Analysis of Political Stories. In: The Central Speech Journal 34 (1983), S. 162-171.
NIMMO, D./COMBS, T. E.: Nightly Horrors: Crisis Coverage by TV Network News. Knoxville 1985.
RAPPING, E.: The Looking Glass World of Nonfiction TV. Boston 1987.
ROBINSON, J. P./LEVY, M. R.: The Main Source: Learning from Television News. (People and Communication. Bd. 17) Beverly Hills 1986.
RÖPER, H.: Elektronische Berichterstattung: Formen und Folgen der neuen Fernsehproduktion. Hamburg 1983.
SANOFF, A.: The Way It Is for Network News: Smaller Budgets and Shrinking Audiences Are Changing What Viewers Will See. In: U.S. News & World Report 102 (16.3.1987), S. 51.
SCHUDSON, M.: The Politics of Narrative Form: The Emergence of News Conventions in Print and Television. In: Daedalus 111 (1982), S. 97-112.

SMITH, R. R.: Mythic Elements in Television News. In: Journal of Communication 29 (1979), H. 1, S. 75-82.
SPERRY, L.: Television News as Narrative. In: ADLER, R. P. (ed.): Understanding Television. New York 1981, S. 295-312.
STEVENSON, R. L./WHITE, K. P.: The Cumulative Audience of Network Television News. In: Journalism Quarterly 57 (1980), S. 477-481.
STRASSNER, E.: Fernsehnachrichten. In: Media Perspektiven 6 (1981), S. 446-460.
TUCHMAN, G.: Making News: A Study in the Construction of Reality. New York 1978.
WEAVER, J. B./PORTER, C. J./EVANS, M. E.: Patterns of Foreign News Coverage on U.S. Network TV: A 10-Year Analysis. In: Journalism Quarterly 61 (1984), S. 356-363.
WEISMAN, J.: Network News Today: Which Counts More - Journalism or Profits? In: TV Guide 33 (26.10.1985), S. 6-12.
WESTIN, A.: Newswatch: How TV Decides the News. New York 1982.
WULFF-NIENHÜSER, M.: Nachrichten im Fernsehen: Theoretische und methodische Probleme bei der Analyse von Medienrealität. Münster 1982.

Protokoll zu ABC March 2, 1988 (5:36:40-5:41:00)

Einstellung (Nr. + Länge)	Handlung	Tonspur	Kommentar (Sprecher nicht zu sehen - falls nicht anders vermerkt)	Interviews (Sprecher zu sehen - falls nicht anders vermerkt)
1. 14,7 s.	Anchorman JENNINGS (halbnah) kündigt Bericht an, spricht direkt in Kamera		JENNINGS (zu sehen): And while the men who make the political decisions are meeting and proclaiming mutual agreement, the men who might have to make the battlefield decisions are having problems. As ABC's John Laurence reports tonight a shortfall in conventional forces for the West could have - nuclear consequences.	
	ÜBERBLENDUNG			
2. 3,1	obere Bildhälfte links: ABC-Logo rechts: *Special Assignment* untere Bildhälfte links: The Western Front rechts: Standbild von schießendem Panzer Trick: Standbild wird nach links gezogen, gibt Blick auf Standbild mit Galvin frei, der aus Hubschrauber gestiegen zu sein scheint, Standbild belebt sich, füllt ganzes Bildschirm aus	Piep-Ton Hubschrauber		

3.	9,3	GALVIN (zwischen amerikanisch und nah) geht vom Hubschrauber weg; Schneefall	Hubschrauber	LAURENCE: General John Galvin has a problem to solve. As Supreme Allied Commander in NATO General Galvin is ...	
		SCHNITT			
4.	5,7	GALVIN spricht mit zwei Soldaten (nah); Schneefall	Motoren, Stimmen	L: ... responsible for the defense of Western Europe. He has almost a million troops, including ...	
		SCHNITT			
5.	3,0	GALVIN (nah, im Anschnitt) spricht mit einem Soldaten (nah); Schneefall	Stimmen	L. ... 325.000 Americans, under his ...	
		SCHNITT			
6.	4,7	GALVIN (groß) spricht	Motoren, Stimmen	L: ... command. General Galvin's problem is how to improve ...	
		SCHNITT			
7.	6,3	Panzer (Halbtotale) fährt von rechts auf die Kamera zu; Schnee-	Motoren	L: ... his conventional military forces now that NATO is giving up some of its nuclear strength. Finding ...	
		SCHNITT			
8.	4,6	Kamera folgt vorbeifahrendem Panzer; Besatzung im Bild (nah); Schneefall	Motoren	L: ... the right answers could have consequences for American security.	
		SCHNITT			
9.	8,5	GALVIN (nah) spricht an Kamera vorbei; Schneefall; Hubschrauber im Hintergrund; eingeblendet: Gen JOHN GALVIN, NATO Supreme Cmdr - Eur	Hubschrauber (leise)		GALVIN: "Our U.S. defense is right here on this hill, right here, not back in - on the East coast somewhere. Right here."

		SCHNITT			
10.	9,1	Kamera im fliegenden Hubschrauber; schwenkt von rechts (Pilot, von hinten, nah) nach links (zweiter Pilot wie erster) (Archivmaterial?)	Hubschrauber	L: ... It is here at the Fulda Gap in West Germany that a conventional attack from Eastern Europe would probably come. If it did ...	
		SCHNITT			
11.	2,2	Halbtotale: Militärfahrzeuge, Soldaten,		L: ... these troops would have to hold out until ...	
		SCHNITT			
12.	3,1	Zwei Soldaten (nah), in Militärfahrzeug sitzend; Soldat im Vordergrund bedient Funkgerät und schaut nach links	Stimme aus Funkgerät (leise)	L: ... reinforcements arrived from the United States. That ...	
		SCHNITT			
13.	7,5	Panzer fährt von links nach rechts an Kamera vorbei; Schneefall	Motoren	L: ... could take up to thirty days. But NATO is not prepared to fight a conventional war for that long.	
		SCHNITT			
14.	14,0	GALVIN (nah) spricht an Kamera vorbei; Hubschrauber im Hintergrund; Schneefall	Motoren (leise)		L (nicht zu sehen): "How long, realistically, do you think that your forces could hold out?" G: "Hold out - oh - conventionally, about ten days, two weeks, somewhere in there." L: "Would that be long enough?" G: "That would be long enough to make the right decisions, yes."
			GALVINs Stimme (sehr leise)	L: The right decisions for ...	

		SCHNITT			
15.	3,0	Halbtotale: LAURENCE und GALVIN; Hubschrauber im Hintergrund; Schneefall	GALVINs Stimme (sehr leise)	L: ... General Galvin would be to escalate.	
		SCHNITT			
16.	14,7	GALVIN (nah) spricht an Kamera vorbei; Hubschrauber im Hintergrund; Schneefall	Motoren (leise)		G: "If we receive an attack, we'll do the very best we can in a conventional manner, without nukes to defend here. If the - eh defense can't hold, then we'll turn to the nuclear weapons and we'll use those for our defense."
		SCHNITT			
17.	9,3	Archivmaterial (A): Rakete wird abgefeuert	Rakete	L: Going nuclear in the early stages of a conventional conflict is a frightening prospect to Europeans. Yet ...	
		SCHNITT			
18.	4,0	A: Zwei Panzer (Halbtotale) werden aus Garage gefahren	Motoren	L: ... <u>they</u> are largely responsible. Some European countries ...	
		SCHNITT			
19.	3,0	A: Panzerfahrer (nah) von der Seite; hält an	Motoren	L: ...refuse to stockpile more than a few day's supply of ...	
		SCHNITT			
20.	7,4	A: Panzer (halbnah); Rohr schwenkt von rechts nach links, kommt zur Ruhe, zielt direkt in Kamera	Motoren Hubschrauber	L: ... conventional ammunition. They say it's too expensive. The commander says he needs it.	G: (nicht zu sehen): "What I would like to have ...
		ÜBERBLENDUNG			
21.	12,7	GALVIN (nah) spricht an Kamera vorbei; Hubschrauber im Hintergrund; Schneefall	Hubschrauber (wird lauter)		G: ... is more than thirty days, at least; thirty days worth of ammunition on the ground ready to help me out. But in some cases I don't have thirty days; I only

				have something like - ten days, fifteen days."
		SCHNITT		
22.	3,5	A: Gelandeter Hubschrauber, schießende und rennende Soldaten	Schüsse	L: The problem ...
		SCHNITT		
23.	1,9	A: Kamera hinter Stacheldrahtzaun; Hubschrauber fliegen schräg über Wiese	Hubschrauber (leise)	L: ... is money. European ...
		SCHNITT		
24.	1,3	A: Soldaten im Einsatz		L: ... countries contribute less ...
		SCHNITT		
25.	3,3	A: Soldaten im Einsatz	Motoren (leise)	L: ...than half of NATO's 225 billion dollar ...
		SCHNITT		
26.	3,4	A: Getarnter Soldat (groß) mit Gasmaske und Gewehr im Anschlag	Motoren (leise)	L: ... budget. And it is not spent efficiently ...
		SCHNITT		
27.	3,7	A: Panzer und Hubschrauber bei Manöver	Motoren (leise)	L: ... For example: there are eight different kinds of battle tanks ...
		SCHNITT		
28.	2,2	A: Schießender Panzer	Schuß	L: ... in NATO. They fire four different types ...
		SCHNITT		
29.	1,9	A: Schießender Panzer	Schuß	L: ... of ammunition ...
		SCHNITT		
30.	2,2	A: Soldat (amerikanisch) an Funkgerät	Fiep-Ton	L: ... There are three tactical radio...
		SCHNITT		
31.	2,4	A: Soldat (amerikanisch) in Fahrzeug,	Stimme aus Funkgerät	L: ... systems, none of which can be used to ..

		an Funkgerät SCHNITT			
32.	1,9	A: Soldat (amerikanich) an Funkgerät ÜBERBLENDUNG	Motoren (leise)	L: ... to communicate with the other.	
33.	24,3	LAURENCE bei geparkten Militärfahrzeugen; geht in Bogen auf Kamera zu; spricht in Kamera (nah); leichter Schneefall; eingeblendet (4s): JOHN LAURENCE, Fulda Gap W Germany SCHNITT	Motoren (werden leiser)	L (zu sehen): A central part of NATO's strategy for defending Europe is a military concept called "flexible response", the ability to fight an invading force with conventional <u>or</u> nuclear weapons. But if NATO's conventional strength would be overwhelmed in only ten days, at which point the Allies would have to go nuclear or give up the fight, how flexible is the whole strategy?	
34.	7,1	Experte (nah) im Büro, spricht an Kamera vorbei; eingeblendet: PAUL BEAVER, Jane's Defense Weekly SCHNITT			BEAVER: "It - it really is not - a true flexible response, if you can't use it - eh - at all times."
35.	16,7	GALVIN (nah) spricht an Kamera vorbei; Hubschrauber im Hintergrund; Schneefall SCHNITT			G: "We need to keep a strong conventional defense capability. That's the major thing. Eh - if we loose that, then we would be back to this question of a tripwire, eh - in which the very first attack that took place somebody would want to go to nuclear weapons. What else could you do?"
36.	20,4	Experte (nah) im Büro, spricht an Kamera vorbei; eingeblendet:			SCHEMMER: "If NATO had more ammunition, if it could fight longer, if it could get to its general defensive positions before the

		BENJAMIN SCHEMMER, Armed Forces Journal		Soviet armies could, then he would have a robust conventional defense, he wouldn't need to go nuke as - as early. That's called raising the nuclear threshold. We can raise the nuclear threshold in Europe. But today we've got a two-week tripwire at best."
37.	20,9	ÜBERBLENDUNG Kamera folgt GALVIN (zwischen amerikanisch und halbnah), der im Kreis seiner Soldaten auf Hubschrauber zugeht/läuft und einsteigt; Schneefall	Soldat: "Yeah." G: "Good luck." Soldat: "Thank you, General."	
				L: So unless General Galvin's allies can be persuaded to strengthen their conventional forces, the forthcoming reduction of nuclear weapons may actually increase the risk of nuclear conflict rather than reduce it. John Laurence, ABC News at the Fulda Gap in West Germany.
		SCHNITT JENNINGS, der von einem (imaginären?) Monitor zurück in die Kamera schaut		

CHRISTIAN LÜDERS

Deutungsmusteranalyse

Annäherungen an ein risikoreiches Konzept[1]

1. Vorbemerkung

Das Konzept der Deutungsmusteranalyse hat eine kurze und stille, aber vor allem forschungspraktisch erfolgreiche Karriere hinter sich. So konnten z. B., als H. NEUENDORFF und C. SABEL auf dem Bielefelder Soziologentag 1976 einen Vortrag "Zur relativen Autonomie der Deutungsmuster" (NEUENDORFF/SABEL 1978) hielten, bestenfalls einige wenige Soziologen aus dem Bereich Arbeiter- und Angestelltenbewußtsein mit diesem Ansatz etwas anfangen. Und nur wenige Eingeweihte wußten, daß dabei auch die damals weitgehend unbekannten und nur im kleinen Kreis als graue Papiere kursierenden Entwürfe zum Deutungsmusterkonzept von U. OEVERMANN (1973) rezipiert worden sind.

Auch heute noch gehört der Begriff Deutungsmuster nicht zu *den* Schlüsselkategorien soziologischer Theoriebildung. Weder gibt es *den einen* theoretischen Guru - wie z. B., um ein vergleichbares Beispiel zu nehmen, im Falle des Habituskonzeptes notwendigerweise immer P. BOURDIEU zu nennen wäre; noch läßt sich so etwas wie ein konsistenter Diskurs zu diesem Konzept identifizieren. Stattdessen entwickelte sich die Deutungsmusteranalyse eher unauffällig im Windschatten der Debatten um qualitative bzw. rekonstruktive Methodologien zu einer vor allem im hermeneutisch-orientierten Lager heimischen Forschungsperspektive. Die Folge dieser Wertschätzung liegt auf der Hand: es gibt mittlerweile eine nicht mehr überschaubare Zahl von Projekten und Einzelarbeiten, die mit dieser Forschungsperspektive arbeiten, und ein breites Spektrum an konzeptionellen und methodologischen Varianten mit unscharfen Rändern. Dies ist folgenreich. Wer sich heute auf die Deutungsmusteranalyse einläßt, kann weder mit einer klaren kategorialen Systematik rechnen noch sich auf allgemein akzeptierte und bewährte methodische Verfahrensregeln verlassen. Stattdessen überwiegen auf der konzeptionellen Ebene kategoriale Unschärfe, Heuristik und viel Programmatik, im empirischen Umgang situative Plausibilisierungen, Vorläufigkeiten und ein buntes Durcheinander an methodischen Vorgehensweisen[2].

Dieses facettenreiche Spektrum unterschiedlicher methodischer Zugänge und theoretischer Variationen der Deutungsmusteranalyse läßt sich allerdings allein mit dem Verweis auf das Aufblühen der qualitativen Sozialforschung während der letzten 15 Jahre kaum angemessen verstehen. Die Karriere dieses Konzeptes hat auch etwas mit dem vorherrschenden inhaltlichen Analysefocus zu tun. Denn Deutungsmusteranalysen besitzen eine deutliche Nähe zu gegenwartsdiagnostisch interessierten Mikroanalysen; sie setzen an den scheinbar unauffälligen Verwerfungen des Alltages, an den nur situativ aufspürbaren kleinen Brüchen der Lebenswelt und an der »Verflüssigung« des Gewohnten und Normalen an. Gleichgültig, ob es um veränderte Formen der Intimität, wie sie in Kontaktanzeigen aufscheinen (NAGLER/REICHERTZ 1986), oder um die Erosion von Lebensstilen im Ruhrgebiet (BECKER u. a. 1987) geht, ob im Mittelpunkt Familien unter dem Druck der Arbeitslosigkeit (vgl. HORNSTEIN u. a. 1986) oder ehemalige Psychiatriepatienten (KÜHNLEIN/MUTZ 1988) stehen, ob es sich um Arbeiterbewußtsein (ZOLL u. a. 1984) oder Aussteiger (OEVERMANN 1985) handelt: in all diesen Fällen geht es um die Rekonstruktion von brüchig gewordenen Alltagserfahrungen und um - mit H. BUDE gesprochen - das kasuistische Aufspüren der "okkasionellen Rationalität" (1988, S. 423). So gesehen kann die Verbreitung der Deutungsmusteranalyse auch als ein Ausdruck eines wachsenden Bedarfs und Interesses an Deutungen einer im Umbruch befindlichen und in ihren bisherigen Formationen obsolet gewordenen historischen Konstellation verstanden werden. Gegen die globalen Thesen eines epochalen gesellschaftlichen Wandels setzt die Deutungsmusteranalyse detailversessen die Analyse des Einzelfalles, um in der Sprache des Falles den Spuren der Verwerfungen und Fragmentierungen nachzugehen (vgl. ähnlich: BECKER u. a. 1987, S. 2ff.).

Spätestens an dieser Stelle werden wohlmeinende Kritiker entweder, wenn sie Skeptiker sind, dazu raten, das Unternehmen Deutungsmusteranalyse - da zu diffus und deshalb zu risikoreich - auf sich beruhen zu lassen; oder aber sie beginnen - das wären die Unverzagten -, gegenüber der diagnostizierten Bedeutungsvielfalt und Vagheit des Konzeptes doch noch einmal eine »umfassende allgemeine«, diesmal theoretisch »wirklich« fundierte und hoffentlich auch dann bald verbindliche Definition zu formulieren. In solchen Versuchen wird dann darauf hingewiesen, daß der Deutungsmusteransatz aus einem Amalgam aus französischem Strukturalismus, Sozialphänomenologie und Wissenssoziologie, WEBER'scher Religionssoziologie und linguistischer Pragmatik und einigen anderen Beifügungen hervorgegangen ist (vgl. z. B. DEWE/FERCHHOFF 1984, S. 77)[3]. Im Anschluß an derartige theoriehistorische Rekonstruktionen bemüht man sich meist, die zentralen Bestimmungsstücke von Deutungsmustern zusammenzutragen (vgl. DEWE/SCHERR 1987; ARNOLD 1983a; THOMSSEN 1980). So anregend derartige Abhandlungen auch sein mögen, sie können für die Forschung nicht mehr als allgemeine Heuristiken liefern. Sowohl aus dem unauflösbaren gegenseitigen Verweisungszusammenhang von Gegenstand, Methode und Theorie als auch aus der Besonderheit rekonstruierender Ansätze heraus, daß materiale Rekonstruktion und Theoriebildung kaum getrennt werden können, ergibt sich, daß das, was jeweils unter Deutungsmustern verstanden wird, in hohem Maße von der Fragestellung, dem Gegenstand der Analyse und dem verfügbaren Material abhängt[4].

Beispielhaft deutlich wird dies an Hand der detaillierten und umfangreichen Überlegungen zum Deutungsmusterkonzept von U. MATTHIESEN im Rahmen des Dortmunder Projekts "Kontrastierende Fallanalysen zum Wandel von arbeitsbezogenen Deutungsmustern und Lebensentwürfen in einer Stahlstadt". Im Mittelpunkt steht dabei ein dezidiert gegenwartsdiagnostisches Erkenntnisinteresse, das alle voreiligen Generalisierungen vermeiden möchte. Im strikten Sinne empirisch soll nach den beobachtbaren arbeitsbezogenen Deutungen, Biographieentwürfen und Weltbildern und den ihnen zugrundeliegenden Systematisierungsleistungen und Begründungsmustern gefragt werden. Vor diesem Hintergrund stellt sich für MATTHIESEN u. a. in der Auseinandersetzung mit dem Ansatz der objektiven Hermeneutik das Problem, ob und inwiefern das diesem Verständnis von Deutungsmustern zugrundeliegende Strukturkonzept historisch obsolet geworden ist: "Muß man nicht, so wie die lebenspraktische Schwurformel eines überzeitlich-gattungskonstitutiven Grundparadoxes zwischen Handlungs- und Begründungszwang von der historischen Variabilisierung beschleunigter kultureller Veränderungsrhythmen »relativiert« wird, auch kategoriale Umstellungen ins Auge fassen, um emergente Deutungssystematisierungen und Biographieentwürfe mit anderen, »gebrocheneren« oder »offeneren« Eigenstrukturen entschlüsseln zu können; gerät man nicht sonst in den theorietechnischen Zwang, derartige wie immer noch ephemere Lebensentwürfe mit Labels wie »Erfahrungszerstörung«, »chronische Vermeidung von Begründungspflichten«, »routinehaft vorgeleistete Begründungen«, »Selbsttechnokratisierung«, »technokratisches Bewußtsein« in den Schlagschatten der eigenen, ... Theorieannahmen zu rücken?" (MATTHIESEN 1986, S. 29)[5].

Somit kann es also nicht darum gehen, hier ein allgemein gültiges Konzept von Deutungsmustern anzubieten, das im übrigen letztendlich nur die Zahl der Varianten erhöhen würde. Stattdessen erscheint es sinnvoll, in einem ersten Schritt auf einer abstrakten Ebene Deutungsmuster als ein *forschungspragmatisch-heuristisches* Konzept vorzustellen (Abs. 2), um es dann in einem zweiten Schritt über den Weg einer projektspezifischen »Einverwandelung«, ohne die der heuristische Entwurf hohl und nichtssagend bliebe, an einem konkreten Beispiel - soweit dies aus Platzgründen möglich ist - nachvollziehbar zu machen (Abs. 3). Ergänzt werden soll dies durch einige Überlegungen bezüglich der gegenwärtig noch weitgehend ungelösten Probleme des Deutungsmusterkonzeptes (Abs. 4).

2. Deutungsmuster als forschungspragmatisch-heuristisches Konzept

Die folgenden Überlegungen gehen davon aus, daß es aus den oben genannten Gründen wenig Sinn macht, Deutungsmuster allgemein zu definieren. Alle essentialistischen Definitionen (»ein Deutungsmuster ist ...

und besteht aus...«) laufen Gefahr, daß sie den jeweiligen Analysegegenstand »verfehlen« bzw. unangemessen präformieren. Dem entkommt man, indem man Deutungsmuster als *heuristisches* Konzept begreift, mit dessen Hilfe theoretische Differenzen erzeugt und Perspektiven eröffnet werden, die dann forschungs- und projektpragmatisch »bearbeitet« werden müssen. Als eine Art von »sensitizing concepts« (vgl. DENZIN 1978, S. 16f.; SCHWARTZ/JACOBS 1979, S. 28) ermöglichen Deutungsmuster eine spezifische »Organisation« der Daten. Behauptet wird also, daß, wer immer Deutungsmusteranalysen betreibt, einen besonderen Blick einnimmt und dabei nicht umhin kann, sich einer Reihe spezifischer theoretischer Fragen zu stellen und diese forschungspragmatisch zu beantworten.

Vor dem Hintergrund des derzeitigen Diskussionsstandes scheinen mir dabei folgende Aspekte konstitutiv für eine Deutungsmusteranalyse:

Latenz - Performanz bzw. *Sinn - Intention*: Die einzig unverzichtbare Prämisse der Deutungsmusteranalyse ist die Annahme, daß Deutungsmuster latent bzw. implizit seien. Behauptet wird, daß mit dem Deutungsmusterbegriff eine Analyseebene sui generis, die zwischen den vergegenständlichten Strukturen der sozialen Wirklichkeit einerseits und dem subjektiven Bewußtsein andererseits angesiedelt ist, anvisiert wird. Gefüllt wird diese Annahme meist *erstens* mit der Demonstration dessen, was Deutungsmuster *nicht* sind - also keine manifesten Einstellungen, Meinungen, Glaubensüberzeugungen, subjektiven Bewußtseinsinhalte, Intentionen, Handlungsvollzüge, Äußerungen etc. - und *zweitens* mit der Behauptung, daß Deutungsmuster quasi eine Ebene tiefer diesen Phänomenen als Muster kultureller Sinnstrukturen zugrundeliegen.

Die Uneinigkeit beginnt mit der Frage, wie dieses Verhältnis von manifesten Phänomenen und Deutungsmustern zu denken ist. Während U. OEVERMANN von einem strikten Regelbegriff ausgeht und dementsprechend alle Performanz-Phänomene als "Derivate von Deutungsmustern" betrachtet (1973, S. 11), gehen andere Forscher von einem »weicheren« Regelbegriff und einer weniger strikten Grenzziehung zwischen den beiden Analyseebenen aus. So betrachten die Mitglieder der

Dortmunder Forschungsgruppe "Äußerungen der Befragten, Aussagen, Erzählungen, Argumentationen ... als »Rohmaterial«, das ... auf die ihnen zugrunde liegenden Strukturen der »Welt- und Selbstdarstellung« hin analysiert wird" (BECKER u. a. 1987, S. 10). Will man sich nicht auf die problematischen theoretischen Implikationen eines rigiden Struktur- und Regelbegriffes, wie er bei OEVERMANN vor allem in späteren Arbeiten sichtbar wird (REICHERTZ 1986), einlassen, erscheint es forschungspragmatisch sinnvoll, das Verhältnis von latenten bzw. impliziten Regeln und manifesten Äußerungen als ein empirisch zu klärendes Problem umzuformulieren. Zwei Argumente sprechen für dieses Vorgehen: zum einen hängt es von der Fragestellung ab, wie »tief« die Fallstrukturebene »gehängt« wird. Charakteristische Deutungsmuster der Moderne (z. B. protestantische Ethik, okzidentaler Rationalismus u.ä.) sind sicherlich »tiefer« anzusiedeln als Deutungsmuster, die sich z. B. auf die innerfamiliale Partnerbeziehung oder die politische Lage beziehen. Zum anderen läßt sich an Hand einer Reihe empirischer Analysen zeigen, daß es je nach Fragestellung durchaus Fälle gibt, in denen die Subjekte das zugrundeliegende Deutungsmuster, häufig formelhaft verdichtet, intentional verfügbar haben, die strikte Differenz zwischen Performanz und latenten Deutungsmustern also porös wird. Beliebt sind solche Fälle allemal: in der Sprache des Falles liefern sie lukrative Überschriften für die Darstellung der Analyse[6].

Der Vorteil dieses »offenen« Zugangs liegt auf der Hand. Eine derart angelegte Deutungsmusteranalyse kommt mit minimalen theoretischen Vorannahmen aus, ohne dabei theorielos zu werden: "Die Rekonstruktion der kulturellen Sinnstrukturen gedeuteter Wirklichkeit bedarf .... zu ihrem Gelingen vorweg keiner Annahmen etwa über die Bewußtheit des Handelnden, über das Verhältnis von Bewußtsein und Realität, von handelnden und sozialen Strukturen, von kommunikativen Handlungen und Geltungsbedingungen" (BECKER u. a. 1987, S. 9 und ff).

Eng mit der eben diskutierten Differenz hängt ein weitgehend theoretisch ungelöstes, zumindest jedoch kontrovers diskutiertes Problem zusammen, nämlich die Frage, was im Kontext des Deutungsmusterkonzeptes eigentlich unter »Regel« bzw. »Struktur« verstanden wird. Dichotomisch angeordnet lassen sich die Positionen irgendwo im Spektrum zwischen *generativer Regel* im Sinne N. CHOMSKYs auf der einen Seite und *selbstreferentieller Konstruktion* im Sinne des Konstruktivismus auf der anderen Seite ansiedeln. Die bisherige Forschungspraxis zeigt jedoch, daß dieses Problem für die unmittelbare Empirie kaum eine Rolle spielt; im Dortmunder Projekt setzt man darauf, das Strukturkonzept im Verlauf materialer Analysen entwickeln zu können (vgl. BECKER u. a. 1987, S. 11; vgl. hierzu Abs. 4).

Während die zuvor diskutierte Annahme, daß es sich bei Deutungsmustern um eine Analyseebene eigener Art handelt, genaugenommen die einzig unverzichtbare Prämisse darstellt, kennzeichnet es die folgenden Differenzen, daß sie unterschiedlich gewichtet werden (vgl. die Auflistung der zentralen Prämissen dieses Ansatzes bei ARNOLD 1983a; DEWE/SCHERR 1987).

Ein immer wieder auftauchendes Kriterium ist dabei die Unterscheidung von *Konsistenz* vs. *Bruch*. Mehr oder weniger explizit geht die Konsistenz-Annahme in alle Deutungsmusteranalysen ein. Theoretisch wird dies durch die Behauptung gefördert, daß unter Deutungsmustern "nach allgemeinen Konsistenzregeln strukturierte Argumentationszusammenhänge verstanden werden" (OEVERMANN 1973, S. 3) sollen. Verbunden wird diese Konsistenzannahme meist noch mit der Betonung, daß Deutungsmuster "im Kontext ihrer je eigenen Logik konsistent" (DEWE/ SCHERR 1987, S. 4), also entsprechend einer »inneren Logik« strukturiert seien.

Diese durchaus plausible Annahme wird allerdings in der empirischen Praxis immer wieder zum Problem - und dies aus zwei Gründen. *Erstens* ist es meistens kaum begründet entscheidbar, welche Aspekte wie strukturiert zu einem Deutungsmuster gehören und welche nicht, welche Momente marginal sind und welche konstitutiv für ein Deutungsmuster sind, ob »Abweichungen« fallspezifische Idiosynkrasien anzeigen oder ob sich in solchen Fälle ein Wandel des Musters abzeichnet. Mit dem zuletzt genannten Aspekt hängt *zweitens* das zuvor schon in dem längeren MATTHIESEN-Zitat angesprochene Problem epochaler Wandlungsprozesse, die dann auf der Ebene der Deutungsmuster zu Inkonsistenzen und Brüchen führen, zusammen. In der empirischen Praxis resultiert aus beiden Problemen immer wieder die große Diffusion: man verzichtet meist zum einen großzügig darauf, genau anzugeben, ob und inwiefern das rekonstruierte Muster vollständig ist und welche interne Struktur es aufweist; zum anderen wird bei auftretenden Inkonsistenzen schnell die nächst abstraktere Analyseebene erklommen, um von dort aus die Brüche zu übertünchen.

Auch hier ist das Problem nicht allgemein zu lösen. Eine Überwindung dieses unbefriedigenden Zustandes kann nur auf der Basis einer projektbezogenen, möglichst präzisen Explikation der Fallstrukturebene vor der Interpretation erfolgen, die dann auch nicht - auch nicht um den Preis empirischer Inkonsistenzen - verlassen werden darf. In diesem Sinne wird hier das Postulat von der »inneren konsistenten Logik« von Deutungsmustern als ein regulatives Prinzip bei der Interpretation verstanden: es ist das Ziel, soweit wie möglich die innere Struktur und Konsistenz des Deutungsmusters zu rekonstruieren. Es ist aber mit Brüchen und unscharfen Rändern zu rechnen. In diesem Sinne hat es sich die Dortmunder Gruppe zum forschungspragmatischen Prinzip gemacht, "in immer neuen Anläufen *soweit wie eben möglich* das Generalisierungslevel der deutungsmustererzeugenden »Regeln« zur Spezifik des Falles hin abzusenken, *ohne* aber sich darüber in einer bloßen, soziologisch witzlosen ideographischen Verdoppelung zu verlieren" (BECKER u. a. 1987, S. 69).

Bezog sich die vorige Differenz auf den inneren Aufbau von Deutungsmustern, so verweisen die Begriffe *Deutungsregel*, *Wissen*, *Argumentation* u.ä. gleichsam auf die inhaltlichen Bausteine von Deutungsmustern. Innerhalb der Diskussion lassen sich eine Vielzahl von Versuchen ausmachen, das »Material«, aus dem Deutungsmuster zusammengesetzt sind, zu bestimmen. Für U. OEVERMANN sind es "strukturierte Argumentationszusammenhänge" (1973, S. 3), für B. DEWE und W.

FERCHHOFF "Sinninterpretationen sozialer Sachverhalte" (1984, S. 76), während B. DEWE und A. SCHERR diese letzte Bestimmung durch den Hinweis auf "normative Handlungsregeln" (1987, S. 4) ergänzen; R. ARNOLD versteht unter Deutungsmustern die "mehr oder weniger zeitstabilen und in gewisser Weise stereotypen Sichtweisen und Interpretationen von Mitgliedern einer sozialen Gruppe" (1983a, S. 894), während in Dortmund Deutungsmuster als "fallspezifische, lebenspraktisch vertretende Symbolisierungsleistungen" (BECKER u. a. 1987, S. 7) und als "kulturelle Sinnstrukturen" (BECKER u. a. 1987, S. 8) beschrieben werden.

Auch in diesem Fall scheint es mir wenig fruchtbar, am Schreibtisch festlegen zu wollen, was die »Elemente« von Deutungsmustern im Detail ausmacht. Je nach Fragestellung und Material werden die empirisch auffindbaren Muster mit unterschiedlichen Wissensformen, Regelstrukturen und Darstellungsformen durchsetzt sein. Es ist eine Frage der Besonderheit des jeweiligen Falles und der Fragestellung, ob und inwiefern diese »Elemente« rekonstruiert werden können. Es muß der empirischen Analyse und dem Fallvergleich überlassen bleiben, woraus Deutungsmuster im konkreten Fall bestehen.

Eine ähnliche Antwort ist auch im Hinblick auf die leidige Differenz *Deutung - Handlung* angebracht. Zwar wird in der Literatur meist der Begriff »Deutungsmuster« bevorzugt; doch mitunter trifft man auch auf »Handlungsmuster«, so daß sich - auch aus grundlagentheoretischer Perspektive - die Frage stellt, wie das Verhältnis dieser beiden Konzepte zueinander gedacht werden kann. Jenseits der sicherlich richtigen, aber für die konkrete Analyse wenig fruchtbaren Annahme, daß jegliche symbolische Äußerung als Handlung verstanden werden kann wie umgekehrt jeglicher sozialer Handlung eine Deutung der Handlungssituation und entsprechende generative Muster zugrundeliegen, kann es wiederum nur von der forschungspraktischen Konstellation abhängen, ob und an welcher Stelle die Differenz gezogen wird. Es gibt Fragestellungen, für die diese Unterscheidung keine Rolle spielt; bei anderen hingegen wird genau der Unterschied zwischen Deutungs- und Handlungsmustern virulent.

Neben diesen Momenten werden in der Literatur immer wieder eine Reihe weiterer Bestimmungsstücke für das Deutungsmusterkonzept genannt. Demnach seien Deutungsmuster "funktional immer auf eine Systematik objektiver Handlungsprobleme bezogen" (OEVERMANN 1973, S. 3; DEWE/SCHERR 1987, S. 7f.; NEUENDORFF/SABEL 1978, S. 842), sie würden der "Reduktion von Komplexität" dienen (ARNOLD 1983a, S. 894), sie seien "auf Kontinuität angelegt" (ARNOLD 1983a, S. 896) und besäßen "beträchtliche Stabilität" (THOMSSEN 1980, S. 360). Betrachtet man sich empirische Deutungsmusteranalysen, dann findet man für diese Bestimmungsstücke immer wieder eine Reihe von Plausibilitäten; zugleich trifft man aber auf Fälle, für die dies alles so nicht gilt bzw. sich als ungedeckte Behauptung herausstellt. Wer heute Deutungsmusteranalysen z. B. bei Jugendlichen auf der Basis einmaliger Interviews betreibt (vgl. z. B. ZOLL u. a. 1989), kann allein auf der Basis seiner Daten und ohne weitreichende Zusatzannahmen guten Gewissens kaum begründen, daß die empirisch rekonstruierten Muster auf Kontinuität angelegt seien und beträchtliche Stabilität aufweisen.

In diesem Sinne mag der Deutungsmusteranalytiker all diese Bestimmungsstücke in seinem Gedächtnis aufbewahren; inwiefern sie empirisch und theoretisch relevant bzw. inwieweit möglicherweise neue im Verlauf materialer Rekonstruktionen hinzukommen, hängt allein vom jeweiligen Forschungszusammenhang ab.

Diese Annäherungen an ein heuristisches Verständnis von Deutungsmustern stellen jedoch nur die eine Seite dar. Die andere Seite dieser Forschungsperspektive sind die methodologischen Prinzipien und methodischen Schritte ihrer Umsetzung. Allerdings zeigt ein Blick in die Forschungsberichte, daß hierbei derzeit fast alles möglich zu sein scheint: von der Sequenzanalyse über konversationsanalytisch und narrationsstrukturelle Verfahren bis hin zu eher phänomenologischen und paraphrasierenden Zugängen. Gegenüber diesem bunten Strauß von methodologischen Möglichkeiten wird hier die Deutungsmusteranalyse auf die sequentielle Analyse verpflichtet. Gemäß der Prämisse, daß die Bedeutung einer Handlung bzw. Äußerung nur in ihrem Kontext verstanden werden kann, es also primäre Aufgabe der Rekonstruktion ist, die Kontexte einer Handlung bzw. Äußerung zu entschlüsseln, kann eine Deutungsmusteranalyse gar nicht anders, als die jeweiligen Handlungen bzw. Äußerungen in ihrer sequentiellen Abfolge zu interpretieren. Gerade weil sich "die Struktur individuierter Handlungssysteme ... in der sequentiellen Anordnung ihrer Äußerungen (realisiert), (vermag) erst die Methodologie einer strengen Sequenzanalyse individuierte Strukturen aufzudecken" (OEVERMANN u. a. 1979, S. 415). Da die Sequenzanalyse in den letzten Jahren, sowohl was die grundlagentheoretische Fundierung als auch was das konkrete methodische Vorgehen betrifft, hinreichend diskutiert wurde, kann hier auf eine Wiederholung dieser Diskussion verzichtet werden (vgl. REICHERTZ 1986, S. 247ff; SCHNEIDER 1985, S. 78ff).

3. Der Blick in die Werkstatt: Familie Weber

Das folgende Fallbeispiel stammt aus einem Forschungsprojekt, in dessen Mittelpunkt Familien standen, deren Hauptverdiener arbeitslos geworden waren[7]. Untersucht werden sollte, wie die Familien sich mit dieser Situation auseinandersetzen, wie und mit Hilfe welcher Deutungsmuster der Verlust der Arbeit und die Lage der Familie gedeutet wird und welche Formen der Problembewältigung damit zusammenhängend »eingesetzt« werden (vgl. HORNSTEIN u. a. 1986). Die Daten wurden durchgängig mittels offener Interviews gewonnen, da wir es uns zum Ziel gesetzt hatten, möglichst vielschichtige Einblicke zu erhalten. Thematisch fokussiert wurden die Interviews auf die Geschichte der Familie und dabei besonders auf jene Zeit vor und nach der Arbeitslosigkeit. Dies schloß jedoch nicht aus, daß in nahezu allen Interviews lange Exkurse und Passagen zu allen möglichen anderen Themen vorkamen.

Ergänzt wurden diese Daten durch Situationsprotokolle, in denen die Interviewsituation festgehalten wurde (vgl. LÜDERS 1985).

An Hand des folgenden Beispiels soll das methodische Vorgehen bei der Auswertung und Interpretation der Interviews verdeutlicht werden. Dabei ist allerdings zu berücksichtigen, daß hier nicht der Forschungsprozeß als solcher und vollständig dokumentiert wird bzw. werden kann, sondern nur eine verdichtete Darstellung der ersten wesentlichen Schritte und einiger zentraler Ergebnisse.

Der erste und in vielen Projekten vernachlässigte Schritt besteht in der *Bestimmung der Analyseebene*. Die allgemeine Projektfragestellung, wie sich betroffene Familien mit der Situation der Arbeitslosigkeit auseinandersetzen, war viel zu unspezifisch: gegenüber dem immer wieder anzutreffenden naiven Glauben, daß Texte gleichsam aus sich heraus oder via des möglichst »vorurteilsfreien Anschmiegens« auf derartige Fragen Antworten offenbaren würden, gingen wir davon aus, daß erst der theoretische Blick auf das Material tragfähige Ergebnisse ermöglicht. Zentrale Bedeutung gewann dabei die Überlegung, daß Familien nicht einfach aus sich heraus existieren, sondern daß alle Familienmitglieder tagtäglich an der Aufrechterhaltung der Familie, ihrer Abgrenzung nach außen, der Strukturierung nach innen und der Ermöglichung eines kollektiven Verständnisses von Familie beteiligt sind (vgl. OSTNER/PIEPER 1980). Daraus resultierte u. a. die Frage, mit Hilfe welcher Deutungs- und Handlungsmuster - siehe dazu unten - es von Arbeitslosigkeit betroffenen Familien gelingt, sich selbst als "soziale Gruppe eigener Art" (BÖSEL 1980, S. 68f.) zu konstituieren und die Grenze zwischen dem privaten Binnenraum und der Öffentlichkeit zu ziehen. Diese Fragestellung erschien uns hinreichend präzise, um mit der Interpretation der Texte zu beginnen.

Als *zweites* stellte sich - wie in jedem Forschungsprojekt - an dieser Stelle auch uns angesichts von 12 Interviews, die ungefähr 2100 Seiten Transkriptionen ergaben, die Frage: wo beginnen? Genau genommen, beinhaltet diese Frage zwei Aspekte: zunächst mußte geklärt werden, an Hand welcher Interviews die Interpretation begonnen werden soll, um dann festlegen zu können, an welcher Stelle, bei welchem Thema innerhalb des ausgewählten Interviews die Interpretation einsetzen soll. In der Diskussion um qualitative Sozialforschung werden diese Fragen immer wieder zu Grundsatzproblemen hochstilisiert. Vor allem von Vertretern eines statistisch-nomologischen Wissenschaftsverständnisses - aber nicht nur von ihnen - wird argumentiert, daß dieser Entscheidung im Hinblick auf die Typenbildung zentrale Bedeutung zukomme. Denn nach dem Konzept des »theoretical sampling« hänge jede weitere Auswahl von der ersten Entscheidung ab, so daß man unter Umständen Gefahr laufe, von Anfang an einen »irrelevanten Fall« zum Maßstab zu machen. Gegenüber diesem Argument muß betont werden, daß es rekonstruktiver Sozialforschung nicht um die Beantwortung der Frage geht, inwieweit ein beobachtbares empirisches Phänomen repräsentativ im Hinblick auf eine Gesamtpopulation ist. Dies würde Annahmen über die Struktur der Gesamtpopulation und die Verteilung von Fällen notwendig machen, die diesen Typus von Sozialforschung überfordern würde. Demgegenüber geht es ihr um die Rekonstruktion der *Eigenart* des Falles. Wie oft dieser empirisch innerhalb einer Population erscheint, ob er für die jeweilige Population im verteilungstheoretischen Sinne typisch ist oder nicht, ist eine andere Frage. Abgesehen davon eignet sich jede *erste* Fallrekonstruktion immer auch als Kontrastfolie für den Fallvergleich. Deshalb war es für uns zunächst nebensächlich, mit welchem Interview begonnen wurde. Wir gingen davon aus, daß in jedem Fall relevante Ergebnisse gewonnen werden konnten.

Etwas schwieriger zu beantworten war die Frage, wo *innerhalb* eines Interviews mit der Interpretation begonnen werden sollte[8]. Sollten wir also nach der ersten Gesamtlektüre alle diejenigen Passagen markieren, die auf den ersten Blick Aufschluß darüber gaben, wie die Familie das Verhältnis von Innen und Außen deutet? Und welche Kriterien könnten dafür maßgeblich sein, die auch für Nicht-Eingeweihte nachvollziehbar sind?

Unsere »Lösung« gleicht der Geschichte vom gordischen Knoten. Wir gingen davon aus, daß es für diese Fragen keine prinzipiell befriedigenden Antworten geben konnte, und zwar aus einem einfachen Grund. Eine begründete Auswahl von aufschlußreichen Passagen würde zur Voraussetzung haben, daß bereits bekannt ist, um was es in dem jeweiligen Abschnitt in bezug auf die Fragestellung geht. Dies aber würde genaugenommen bereits eine Interpretation der Sequenz *und ihres Kontextes* voraussetzen. Was auf den ersten Blick relativ problemlos zugänglich ist, sind die explizit formulierten Intentionen und Bewußtseinsinhalte der Interviewten. Da jedoch Deutungsmuster praktisch nie vollständig expliziert werden, würde eine Auswahl nach den auf den ersten Blick zugänglichen Inhalten einem Kategorienfehler gleichkommen[9].

Neben diesem prinzipiellen Argument ließ sich für unser Projekt noch ein weiterer Aspekt ins Feld führen. Wenn davon ausgegangen werden konnte, daß die Konstitution der Familie als Familie eine permanente Leistung aller Beteiligten ist, dann galt diese Annahme auch für die Situation des Interviews. Dies bedeutete, daß sich unsere Fragestellung im Hinblick auf zwei Aspekte diskutieren ließ: zum einen ging es um die Frage, wie die Familienmitglieder den Interviewern gegenüber ihre Beziehungen innerhalb der Familie und nach außen darstellen und welche *Deutungsmuster* dieser »Inszenierung« zugrundeliegen. Zum anderen ließ sich aber auch die *Interviewsituation* selbst, also die Interaktionen zwischen den Familienmitgliedern während des Interviews bzw. ihre Interaktionen mit den beiden Interviewern unter der Perspektive der Grenzziehung von Binnenraum Familie und fremden Interviewern deuten. Dies war keine punktuelle Option, sondern vor dem Hintergrund unserer theoretischen Prämisse eine permanente Handlungsaufgabe. Unter diesem Blickwinkel konnten die formale Struktur (z. B. Sprecherwechsel) und die Inhalte der Interviews als Ausdruck zugrundeliegender familialer *Handlungsmuster*, mit deren Hilfe die Grenzziehung vollzogen wird, interpretiert werden. Zugleich stellen diese einen *äußeren Kontext* für die Interpretation der semantischen Äußerungen dar.

Wir zogen aus diesen Überlegungen den Schluß, daß es weitgehend gleichgültig ist, wo innerhalb eines Interviews die Interpretation einsetzt. Aus pragmatischen Gründen begannen wir immer mit der ersten Zeile der Transkription. Am unbeschwertesten von möglichen vorgehenden Passagen können an dieser Stelle gedankenexperimentelle Lesarten bezüglich des Kontextes, der die vertexteten Äußerungen sinnvoll macht, entwickelt werden.

Damit konnte *drittens* die eigentliche Interpretation beginnen, die hier allerdings aus Platzgründen nicht vollständig in ihren sequentiellen Detailschritten nachgezeichnet wird. Stark gerafft sollen nur die wesentlichen Aspekte bei der Rekonstruktion des Deutungsmusters erwähnt werden; die zahlreichen alternativen Lesarten, Umwege und Sackgassen wurden aus Gründen der Kürze und Lesbarkeit nicht extra dokumentiert. Um jedoch die Möglichkeit der Überprüfung durch den Leser zu gewährleisten, wird zunächst die erste Seite des Interviews wiedergegeben[10]:

I.: Jesses, san jetzt die Batterien wieder ausgegangen (..) [Lachen, Geräusche, Kind (.) Geräusche im Hintergrund].

F.: Wenn Ihr jetzt nicht so einen Krach macht, ist das ganz angenehm. So jetzt.

I.: Ja Frau Weber, zunächst vielen Dank, daß Sie mich angerufen haben, Ich weiß nicht, wir können auch vielleicht gleich in die .. Sache einsteigen. // F.: Ja // K.: (.) // Wenn es Ihnen recht ist. [Kind spricht im Hintergrund (..)]. Und zwar, äh, ich hab Ihnen ja gesagt oder Sie habens ja auch auf diesem Informationsblatt auch gelesen, uns gehts halt vor allem darum, wie sich, mhm, die Arbeitslosigkeit auf die Familie auswirkt [Dazwischen lautes Kindersprechen (..)]. Und da wär halt zunächst mal schon wichtig zu erfahren, wie ist es überhaupt dazu gekommen, also zu dieser Arbeitslosigkeit [Kindersprechen im Hintergrund].

F.: Also mein Mann war in einer englischen Firma 13 Jahre lang. Und die Firma hat sich aufgelöst, und, ehm, das war, wann war das, 79 ne, 79. Und dann hat er gewechselt und also die Auflösung war 30. Juni und den neuen Job fing er am 1. Juli an, //I.: mhm, mhm// und ich wurde dann schwanger mit dem Kleinen, und er hatte also dann in der neuen Firma eigentlich von Anfang an ziemliche Probleme, es, oder er war leitender Angestellter und fühlte sich also da ziemlich überfordert und hat also dann eigentlich schon sehr bald nach einer anderen Arbeit sich umgeguckt und hat darauf praktisch, wann war das dann, wie lange war das eineinhalb Jahre ne? Und hat dann praktisch sich also hier wieder ne andere Stelle gesucht. //I.: mhm, mhm// Und bekam dann da nach einem halben Jahr die Kündigung //I.: mhm, mhm// Das war am 30. August, eh also ja, 30. August //I.: mhm, mhm// F.: 1984 //I.: mhm// F.: ne, ja doch //I.: mhm// F.: 82, 81, //I.: 81, ja ja,// F.: 81. Und also mit der Kündigung begann das eigentlich als er krankgeschrieben war, weil er also wahnsinnige Angstzustände hatte, auch nicht mehr in die Firma reingegangen ist. Muß dazu sagen, daß er diese Angstzustände eben schon vorher gehabt hat, schon, aber halt nicht in dem Ausmaß [Dazwischen immer wieder lautes Kindersprechen und Geräusche].

Aus dem Beobachterprotokoll geht hervor, daß neben dem Interviewer und einer begleitenden Projektmitarbeiterin, der die Aufgabe zukam, ein Situationsprotokoll von der Interviewsituation zu erstellen, Frau WEBER, die Ehefrau von Herrn WEBER, ihr ältester Sohn JOCHEN (17 Jahre alt) und die beiden jüngeren Söhne HORST (9 Jahre) und CHRISTIAN (4 Jahre) anwesend sind. Nicht anwesend bei dem Interview sind Herr WEBER, der zum Zeitpunkt des Interviews nach einem längeren Klinikaufenthalt und einer 2-monatigen Phase Arbeitslosigkeit einen vom Arbeitsamt initiierten EDV-Kurs durchläuft, und die Tochter TAMARA (15 Jahre alt). Zu Beginn des Interviews sitzt Frau WEBER auf dem Sofa; neben ihr deutlich distanziert der älteste Sohn. Die beiden jüngeren Kinder toben zwischen Sofa, Tisch und Wohnzimmerschrank herum. Die beiden Projektmitarbeiter sitzen auf Sesseln Frau WEBER gegenüber. Das Kassettengerät steht auf dem Couchtisch.

Weil, wie angedeutet, die interaktiv hergestellte Handlungssituation ein zu berücksichtigender äußerer Kontext des Interviews ist, interessieren uns zunächst die der Anfangssituation zugrundeliegenden *familialen Handlungsmuster* im Hinblick auf die beiden fremden Interviewer: Während der Interviewer zu Beginn des Gespräches noch etwas selbstvergessen mit dem Kassettenrecorder beschäftigt ist, bittet Frau WEBER in einer zugleich leicht distanziert ironischen wie unpersönlichen Weise (sie sagt nicht, daß es ihr (!) angenehm wäre) jemanden um Ruhe. Es darf angenommen werden - und das Beobachtungsprotokoll stützt dies -, daß sie sich dabei auf die beiden jüngeren Söhne bezog, die zu diesem Zeitpunkt um den Tisch herumtollten.

Auf den ersten Blick scheint somit alles schon bekannt. Das Gespräch hat noch nicht begonnen, Frau WEBER praktiziert die typische Mutterrolle, souverän dominierend im Haushalt und gegenüber den Kindern. Angesichts dieses Befundes mag man mit einigem Recht einwenden, daß diese Sequenz noch nicht sehr viel für die Beantwortung der Fragestellung hergibt, und geneigt sein, schnell zu »aufschlußreicheren« Passagen zu gelangen.

Und doch ist es schon an dieser Stelle notwendig innezuhalten. Nicht nur um die habituelle Detailversessenheit des Deutungsmusteranalytikers ein wenig nachvollziehbar zu machen, sondern auch um die methodischen Einzelschritte der Sequenzanalyse mit Inhalt zu füllen, soll deshalb an dieser Passage, und hier nur an dieser Passage, genauer nachgefragt werden. Dies beginnt schon mit dem im Beobachtungsprotokoll beschriebenen Setting. Was bedeutet es, daß eine Ehefrau sich zu einem Gespräch, in dem es explizit über die Erfahrungen mit Arbeitslosigkeit in der Familie gehen soll, ohne ihren Mann als unmittelbar Betroffenen bereit erklärt? Es mag sein, daß der Mann verhindert war. Es könnte auch sein, daß der Mann sich verweigert hatte oder von dem Gespräch nichts wußte - z. B. weil die Ehefrau ihn nicht dabei haben wollte. Was auch immer die motivationalen Hintergründe dazu sein mögen: zunächst ist festzuhalten, daß die Familienperspektive in der Interviewsituation offensichtlich nur gebrochen zur Sprache kommen kann. Allein schon durch die Konstellation der Situation erscheint der Ehemann als Objekt der Erzählung. Als Subjekt ist er nicht anwesend. Es wird deshalb zu prüfen sein, wie die Ehefrau mit diesem Umstand umgeht: ob sie im Gespräch nur ihre Perspektive darstellt oder ob sie auch stellvertretend den Blickwinkel des Mannes einnimmt; ob sie die Abwesenheit des Mannes begründet oder als einen problemlosen Umstand behandelt.

Ähnliche Fragen wirft die Anwesenheit der Kinder auf: was bedeutet es, daß der älteste Sohn anwesend ist (hat er nichts besseres zu tun?) und nicht die Tochter? Und warum bleiben die beiden jüngsten Söhne bei der Mutter, wenn sie in der Wahrnehmung der Mutter so laut sind? Schließlich könnte man die Geschwister bitten, während des Interviews außerhalb des Raumes auf die beiden jüngsten aufzupassen. Und warum sind die beiden im Hintergrund zu hören - und dies trotz der vorangegangenen mütterlichen Aufforderung um Ruhe? Auch hier geht es weniger um die motivationalen Hintergründe, sondern um die Frage, was dieses Setting »objektiv« bedeuten könnte. Denn offensichtlich gehören die beiden jüngeren Söhne so selbstverständlich zum alltäglichen Binnenraum von Frau WEBER, daß eine Trennung für die Zeit des Interviews ausgeschlossen wird. Vermutet könnte werden, daß ihr Standort und ihre Rolle als Mutter innerhalb der Familie zu wesentlichen Momenten über die beiden jüngeren Söhne definiert wird[11]. Diese Lesart kann jedoch wenig Überzeugungskraft für den 17-jährigen Sohn JOCHEN beanspruchen. Alt genug, um den Darstellungen der Mutter folgen zu können und ihre Hintergründe zu kennen, scheinen in bezug auf ihn zwei Lesarten plausibel: entweder fungiert er als Beistand und Unterstützung der Mutter oder als ihre Kontrolle. Beide Varianten lassen auf ein prekäres Verhältnis der Mutter zum Vater schließen. Im ersten Fall gäbe es eine Solidarität von Mutter und Sohn, im zweiten Fall von Vater und Sohn. Schließlich könnte es sein, daß der Sohn gleichsam als Sprecher der jüngeren Generation anwesend ist.

Auch die Äußerungen selbst werfen eine Reihe von Fragen auf. Haben denn die Interviewer die Batterien des Gerätes nicht vorher geprüft? Es macht nicht gerade einen professionellen Eindruck, wenn, kaum daß das Gerät steht, erst einmal die Stromzufuhr überprüft werden muß. Wichtiger ist jedoch die Überlegung, welche Handlungsoptionen die Mutter im Anschluß an diese Äußerungen plausiblerweise hatte und was diese jeweils über den Fall »aussagen«. Sie hätte *erstens* das Gespräch von sich aus beginnen können. In diesem Fall wäre der Verdacht aufgekommen, daß es sich um eine Art Monolog vor neutralen Zuhörern handelt, und kühn hätte vermutet werden können, daß die Kommunikationsmöglichkeiten über dieses Thema aus der Sicht von Frau WEBER nur unzureichend vorhanden sind. Da der Interviewer mit seiner Äußerung jedoch gerade deutlich gemacht hatte, daß das Aufnahmegerät noch gar nicht bereit ist, wäre ein derartiger Einstieg sehr ungewöhnlich; dem Interview käme in diesem Fall eine Art Ventilfunktion zu, die wiederum auf eine tiefgreifende Sprachlosigkeit innerhalb der Familie - zumindest aus der Sicht von Frau WEBER - hinweisen würde. Sie hätte *zweitens* gar nicht reagieren können. Dies hätte die Verlegenheiten des Interviewers für alle spürbar gemacht. Eine etwas peinliche Situation wäre kaum zu vermeiden gewesen. Frau WEBER hätte sich dann als Abwartende begriffen, die erst aufgefordert und eingeführt werden möchte und die die Führung des Gespräches und die Gestaltung der Situation allein dem Interviewer überläßt. Sie hätte schließlich *drittens* einen eigenen vorbereitenden Beitrag zum Gelingen des Interviews leisten können. Und genau in diesem Sinne lesen wir ihre Äußerungen. Indem sie die Kinder zur Ruhe mahnt, signalisiert sie ihr Interesse an einem störungsfreien Gespräch. Dem Interviewer vermittelt sie das Gefühl, daß auch von ihrer Seite noch nicht alles bereit ist. In dieser Lesart wäre auch die unpersönliche Formulierung verständlich. Ihr geht es nicht allein um ihre Annehmlichkeit, sondern um die Sicherung des Interviews. Mit der Formulierung "so, jetzt" wird der erfolgreiche Vollzug ratifiziert und die Bereitschaft zum Beginn des Gespräches explizit signalisiert. Die Interviewsituation erscheint so aus der Sicht von Frau WEBER als eine besonders zu sichernde Situation, die gezielter Aktivität auch im Binnenraum der Wohnung bedarf. Vermutet werden kann, daß für Frau WEBER der Bericht über die Arbeitslosigkeit ihres Mannes einen hohen Stellenwert besitzt, daß möglicherweise das Gespräch mit Fremden selbst ein Teil der Auseinandersetzung mit diesem Problem ist und daß es deshalb vermutlich kein Zufall ist, daß der Ehemann nicht anwesend ist, und nur der älteste Sohn distanziert zuhört. In einer gewagten Spekulation könnte angenommen werden, daß hier ansatzweise ein innerfamiliales Handlungsmuster der Familie sichtbar wird: zwischen den Ehepartnern, u. U. auch innerhalb der gesamten Familie, ist die *gemeinsame Handlungsperspektive* zerbrochen und der Dialog auf ein Minimum reduziert. In dieser Situation setzt sich Frau WEBER über ihre traditionelle Rolle als Zuständige für den Binnenraum der Familie partiell hinweg und sucht Kontakt nach außen. Der Kontakt mit dem Projekt kann dabei als eine kontrollierte Form der Hinwendung an die Öffentlichkeit außerhalb der Familie verstanden werden. Das Interview als eine Art *begrenzter Öffentlichkeit* sichert einerseits die Anonymität und den durch die Sozialwissenschaftler verbürgten »ungefährlichen«, weil folgenlosen Umgang mit den Erzählungen zu; andererseits stellt sowohl die Kontaktaufnahme als auch das Einzelgespräch einen Schritt über die bisherigen Zuständigkeiten dar. Geprüft werden müßte, inwiefern dieser Aspekt eines *Handlungsmusters*, der Suche nach begrenzter Öffentlichkeit, auch eine Folge aus den Erfahrungen mit der Arbeitslosigkeit des Mannes ist.

Genug der weit ausgreifenden Lesarten. Diese Rekonstruktion ist selbstverständlich noch vollkommen ungedeckt; sie resultierte allein aus den Nachfragen an den ersten Sprecherwechsel. Immerhin lieferte sie eine, wenn auch extrem kühne, so doch immerhin prüfbare vorläufige Lesart.

In der folgenden Passage signalisiert der Interviewer, dessen Äußerungen hier aus Platzgründen nicht im Detail ausgedeutet werden sollen, die Bereitschaft, das Interview zu beginnen ("Ja"). Explizit bedankt er sich bei Frau WEBER für ihre (!) Initiative, sich beim Projekt telephonisch gemeldet zu haben. Auffallend ist, daß sich der Interviewer nur für diese Initiative bedankt und nicht noch einmal auf die aktuelle Situation eingeht. Weder bedankt er sich bei Frau Weber noch bei den anwesenden Kindern - der älteste Sohn ist immerhin 17 - für die Möglichkeit, das Interview führen zu können. In den Äußerungen des Interviewers tauchen die Kinder mit keinem Wort auf; die Bereitschaft für das Interview scheint nicht einer ausdrücklichen Erwähnung wert zu sein. Unterstellt man, daß der Interviewer kein besonders unhöflicher Mensch war, dann könnte diese Einführung in das Interview auf eine spezifische Interpretation der Situation durch den Interviewer hinweisen: demnach wäre durch die vorangegangenen Interaktionen bereits ausgemacht, daß das Interview allein mit Frau WEBER stattfinden wird, daß der anwesende ältere Sohn nicht unmittelbar beteiligt ist bzw. sein möchte und daß es keiner gezielten Herstellung einer entlasteten und vertraulichen Erzählsituation bedarf[12]. Der Interviewer behandelt Frau WEBER so, als ob er erwarte, daß sie von sich aus ohne Umschweife berichten möchte.

Auffallend ist dabei nur die zögerliche und unpersönliche Bezugnahme des Interviewers auf das Thema: "wie sich die Arbeitslosigkeit auf die Familie auswirkt" (anstatt: wie sich die Arbeitslosigkeit Ihres Mannes auf Ihre Familie auswirkt). Und er fragt, wie es zu "dieser Arbeitslosigkeit" gekommen sei, anstatt konkret auf den Ehemann einzugehen. Das Thema erscheint hier als etwas abstrakt Verobjektiviertes. Verständlich werden könnte diese Bezugnahme, wenn sich hier a) die objektivierende Haltung des Sozialwissenschaftlers, b) die Einschätzung, daß genau dies die Perspektive von Frau WEBER ist, oder c) die Unsicherheit, wie mit dem Thema angesichts der Nicht-Anwesenheit des Mannes umgegangen werden soll, gleichsam manifestiert.

Fragt man nun sequenzanalytisch, welche Handlungsoptionen Frau WEBER angesichts dieser Gesprächseröffnung angemessenerweise zur Verfügung stehen, dann erscheinen folgende Möglichkeiten wahrscheinlich:

- Frau WEBER könnte sich auf das Angebot eines sachlichen Berichtes einlassen. Dies könnte darauf hinweisen, daß der Interviewer mit seiner Eröffnung eine bestimmte Form der Thematisierung bereits antizipiert hatte, und daß sich darin eine innerfamilial »eingespielte« Form der Auseinandersetzung mit der Arbeitslosigkeit des Mannes ankündigt. Während der Ehemann sich verweigert, sucht Frau WEBER die Öffentlichkeit, will ihre Sicht der Dinge entäußern.

- Frau WEBER könnte ihre Betroffenheit gegenüber dem sachlichen Ton des Interviewers hervorheben. Zu erwarten wäre dann, daß sie mit einer Bewertung, etwa, daß das Ganze eine schlimme Geschichte sei, eröffnen würde. In diesem Fall wäre zu vermuten, daß das Gespräch in einer Phase weitgehend ungeklärter innerfamilialer Verhältnisse stattfindet.

- Frau WEBER könnte die unmittelbare Aufforderung zum Bericht ablehnen, entweder durch eine Rückfrage oder indem sie ihren Sohn einbezieht bzw. sich mit den spielenden Kindern beschäftigt. Dies würde auf eine noch ungeklärte Gesprächssituation hinweisen. Folgt man der Interpretation des ersten Sprecherwechsels, ist diese Variante jedoch als vergleichsweise unwahrscheinlich einzuschätzen; ihr empirisches Eintreten käme einer »Widerlegung« der ersten Lesart gleich.

Wie die folgenden Äußerungen von Frau WEBER indizieren, »wählt« sie die hier als erstes vorgestellte Variante. Sie schlägt dabei den neutralen Ton der Berichterstattung an, der zunächst keinerlei unmittelbare Betroffenheit erkennen läßt. Ihre Erzählung erscheint der Form nach als eine reine Sachverhaltsdarstellung. Sie wirkt fast schon eingeübt und für das Interview vorbereitet: fließend wird chronologisch berichtet, Frau WEBER beschränkt sich auf die scheinbar unstrittigen objektiven Ereignisse, weder werden die Namen der Arbeitgeber genannt noch erscheint der Mann als eine Person, zu der besondere familiäre Beziehungen bestehen. Die eigene Schwangerschaft wird emotionslos eingeordnet. Der

Bericht für sich genommen, macht in dieser ersten Sequenz an keiner Stelle deutlich, daß es sich um die Geschichte einer Arbeitslosigkeit handelt. Eher deuten die Hinweise auf eine Überforderung, die Krankschreibung und die Angstzustände auf eine Krankengeschichte[13].

Damit stellt sich die Frage, welches *Deutungsmuster* bzw. welche Momente davon eine derartige Darstellungsform »motivieren« könnten. Trotz aller an dieser Stelle gebotenen Vorsicht kündigt sich erneut an, daß es für die Familie WEBER in bezug auf die Geschichte der Arbeitslosigkeit keine geteilte Familienperspektive zu geben scheint. Die Familie zerfällt in die subjektive Geschichte des Ehemannes und den sachlichen Bericht der Frau darüber. Der Mann hat im doppelten Sinn des Wortes zu diesem Thema nichts zu sagen; nicht einmal stellvertretend wird sein Blickwinkel eingenommen. Die Frau hingegen präsentiert die Arbeitslosigkeit bzw. Krankheitsgeschichte gegenüber dem fremden Interviewer wie ein offizielles Bulletin. Angesichts der Tatsache, daß Frau WEBER die Initiative zu dem Interview ergriffen hatte, verstärkt sich auf der Ebene der Deutungsmuster, was zuvor schon als Handlungsmuster sich abzeichnete. Während der Mann und teilweise auch die Kinder sich nach innen zurückziehen und verstummen, sucht die Ehefrau in einer streng sachlich sich gebenden Form den Kontakt nach außen.

Allerdings stellt sich die Frage, warum Frau WEBER mitten im Bericht über ihren Mann auf ihre Schwangerschaft zu sprechen kommt und dabei kurzzeitig die Perspektive von ihrem Mann auf sich selbst ("ich") wechselt. Vermutet werden könnte, daß die Erwähnung der Schwangerschaft indiziert, daß Frau WEBER damals noch ein vertrauensvolles und von Gegenseitigkeit gekennzeichnetes Verhältnis zu ihrem Mann hatte. Indirekt wäre damit auch angezeigt, daß zum Zeitpunkt des Interviews dieses Verhältnis zwischen den Ehepartnern gestört ist. Unwahrscheinlich angesichts der Formulierung, aber nicht gänzlich auszuschließen, wäre die Lesart, daß die Erwähnung der Schwangerschaft in einer thematischen Reihe mit dem Bericht über den Mann steht. Es könnte sich z. B. andeuten, daß ihr Mann immer wieder Dinge beginnt, ohne sie aber erfolgreich zu Ende zu bringen. Ebenso könnte es Teil einer Opfer-Geschichte sein.

Ich breche an dieser Stelle die Detailinterpretation ab, ohne daß aus den hier vorgelegten Interviewpassagen die zugrundeliegenden Deutungs- und Handlungsmuster in diesem Fall vollständig rekonstruiert werden können. Immerhin »lieferten« sie ausreichend Lesarten, um diese in eine *vorläufige* Gesamtdeutung des Falles, wie sie im Rahmen des Projektes (vgl. HORNSTEIN 1986, S. 113ff) und im Rahmen einer Diplomarbeit (WADOWSKI 1986) erstellt worden ist, einzubauen.

Demzufolge war das Bemühen, im Kontext der begrenzten Öffentlichkeit des Interviews über die Situation in der Familie zu sprechen, kein Einzelfall, sondern Ausdruck einer Strategie bzw. eines Handlungsmusters, das sich bruchlos in die spezifische Deutung der familialen Gesamtsituation einfügt. Danach entstanden nach Darstellung von Frau WEBER, nachdem Herr WEBER, für den der Beruf gleichsam alles war, seinen Arbeitsplatz verloren hatte, zunehmend Konflikte innerhalb der Familie. Der Ehemann wird dabei als kontaktabweisend, unzugänglich und zurückgezogen dargestellt, der die bisher weitgehend autonome Organisation des Haushaltes störte. Hingegen stellt Frau WEBER sich selbst als eine Frau dar, die auf Grund dieser Belastungen ihren Alltag neu organisieren muß. Nach jahrelanger Beschränkung auf ihre Rolle als Mutter und Hausfrau lernt sie wieder, sowohl Kontakte nach außen aufzunehmen (z. B. indem sie eine Kindergruppe in ihrer Wohnung betreut) als auch über ihre Probleme und Erfahrungen mit der Arbeitslosigkeit und der Krankheit des Mannes außerhalb der Familie zu sprechen. Dies kann illustriert werden an einer Passage, in der Frau WEBER in der Form eines Selbstgespräches ihre Lerngeschichte schildert, wie sie begann, über die Bedeutung der Krankheit des Ehemannes für sich nachzudenken: "Das war am Anfang sehr schwer, weil ich habe gemerkt, daß ich im Grunde auch mit niemanden drüber rede. //I.: ja// Ich ging also damals mit Christian in die Spielgruppe. Und habe also ein halbes Jahr lang überhaupt nicht drüber geredet //I.: mhm// Und dann irgendwann dachte ich, na ja, ich meine, es ändert sich ja im Grunde nichts. Er ist nun zu Hause. Er ist krank. Was soll das Ganze. Warum redest du darüber nicht. Und habe ich mich halt so herangetastet //I.: ja, mhm// aber mittlerweile habe ich da keine Probleme mehr." (Z. 344ff). Die Auseinandersetzung mit den Folgen der Arbeitslosigkeit des Mannes wird hier als eine *Lerngeschichte* der Ehefrau und als das *Bemühen um Kontakt- und Gesprächsmöglichkeiten* bzw. um das *Öffnen des bisherigen Lebensraumes* dargestellt. Die Familie selbst erscheint im Kern gespalten: hier die lernbereite und lernfähige Mutter, die sich nach außen öffnet, dort der sich zurückziehende, kranke und sich verweigernde Vater.

In diesem Zusammenhang wird das Interview selbst zu einem Moment dieser Spaltung, da der Ehemann das Interview verhindern wollte. Dazu sagt Frau WEBER relativ spät: "F.: Nein, ich hab ihm gesagt, daß ich das machen möchte, und daß ich dann auch der Meinung bin, daß ich das mache. Und er hat gesagt: Okay, und Du mußt es halt akzeptieren, daß ich nicht dabei bin //I.: ja//. Ja, das akzeptiere ich, ich habe es Ihnen ja auch am Telephon gesagt" (Z. 862ff). Die Familie erscheint hier als *zerfallen* in die Ansprüche und Reaktionsmuster der beiden Eheleute. Für die Situation des Ehemannes bringt zwar Frau WEBER gelegentlich Verständnis auf, dennoch beharrt sie auf Ihrem Blickwinkel, aus dem der Ehemann als nicht funktionierendes und teilweise störendes Element der Familie aufscheint.

Väterlicher Rückzug in die innere Emigration und Verweigerung, vorsichtige Öffnung nach außen bei der Mutter, also eine Verkehrung der traditionellen bürgerlich-familialen Innen-Außen-Differenzierung (vgl. HORNSTEIN u. a. 1986, S. 119ff), bei gleichzeitiger gegenseitiger Aus- und Abgrenzung: dies scheinen die zentralen Momente des familialen Deutungsmusters im Fall WEBER zu sein. Der Verlust des Arbeitsplatzes wird dabei als der Kristallisationspunkt für eine schon länger schwelende Entwicklung wahrgenommen. In der jeweiligen Reaktion und Deutung dieses Ereignisses scheiden sich die Positionen. Wir haben keine Formulierung oder Metapher gefunden, die dies formelhaft, aber präzise auf den Begriff bringen könnte. Paradox formuliert könnte vermutet werden: die »Gemeinsamkeit« in der Familienperspektive besteht in der

Bezugnahme auf die evident werdenden Differenzen und das Auseinanderdriften der jeweiligen Ansprüche und Standpunkte der Ehepartner als Folge des Arbeitsplatzverlustes des Ehemannes[14].

Festgehalten werden muß jedoch, daß diese - hier rudimentär angedeutete Rekonstruktion - unter dem Vorbehalt steht, daß alle Aussagen allein das Deutungsmuster der Ehefrau widerspiegeln. Zwar könnte man sich gedankenexperimentell und unter Hinzuziehung einiger Plausibilitäten den Blickwinkel des Ehemannes zusammenreimen. Doch ist ein derartiges Vorgehen mit vielen Unsicherheiten belastet, so daß wir in diesem Fall nur im eingeschränkten Sinne von »familialen« Deutungs- und Handlungsmustern sprechen.

Eine Stützung dieser Rekonstruktion ergibt sich allerdings aus einer detaillierten Interpretation der wenigen zugänglichen Äußerungen des ältesten Sohnes. Diese und ein weiteres Interview ein Jahr später, haben deutlich gemacht, daß auch für die Kinder dieses Familienbild konstitutiv ist. Sie teilen zwar weitgehend die Perspektive des Vaters, bemühen sich aber dennoch gleichsam als Kitt und Übermittler zwischen den Eltern wirken zu können (vgl. WADOWSKI 1986, S. 64ff).

4. Offene Fragen

Wie sowohl die Vorstellung der Deutungsmusteranalyse als heuristisches Konzept als auch das Fallbeispiel gezeigt haben, ist dieser Zugang weit davon entfernt, den Status eines ausgereiften methodischen Konzeptes beanspruchen zu können. Denn für die Deutungsmusteranalyse trifft auch zu, was generell für die rekonstruktive Sozialforschung festgestellt werden muß: zentrale Fragen bezüglich der Gütekriterien und der Forschungsstandards sind noch weitgehend offen und werden derzeit kontrovers diskutiert (LÜDERS/REICHERTZ 1986, S. 96f.). Diese Diagnose kann nur noch durch den Hinweis überboten werden, daß im Kontext qualitativer bzw. rekonstruktiver Sozialforschung mit guten Gründen gefragt werden kann und muß, was ein »ausgereiftes methodisches Konzept« hier überhaupt heißen kann. Denn die Qualität einer Analyse bemißt sich nicht an der methodischen Reife des Konzeptes und seiner »richtigen« Anwendung, sondern an dem hermeneutisch-fallbezogen einzulösenden Verhältnis von Fragestellung, Gegenstand und Methode.

Das kann nun freilich kein Freibrief sein. Deshalb sollen zum Schluß zumindest zwei Problemaspekte aufgegriffen werden, ohne daß allerdings gültige Lösungen versprochen werden können.

- Da das von mir favorisierte Deutungsmusterkonzept - wie oben gezeigt - mit minimalen theoretischen Prämissen arbeitet, muß sich jede Fallanalyse quasi gleichzeitig auf zwei Ebenen bewegen: zum einen geht es um die Rekonstruktion des Falles, zum anderen um eine theoretische Auffüllung dessen, was im konkreten Projektkontext als Deutungsmuster verstanden wird. Zudem muß geklärt werden, in welchem Vermittlungszusammenhang das zu rekonstruierende Deutungsmuster mit anderen Bereichen sozialer Wirklichkeit (z. B. Ökonomie, Politik, Kultur, subjektives Bewußtsein etc.) steht. In diesem Sinne fallen Theoriearbeit und empirische Rekonstruktion immer zusammen. Darüber hinaus gibt es jedoch keine fallexternen Überprüfungsmöglichkeiten der in Anspruch genommenen Gütekriterien: "Die in Deutungsmustern enthaltenen Normalitätsunterstellungen und Urteilsformen folgen Geltungsstandards, die im Prozeß der Deutungsmusterrekonstruktion überhaupt erst zu explizieren sind und doch zugleich dazu dienen, die Gültigkeit der Interpretationsergebnisse zu begründen" (BECKER u. a. 1987, S. 12). Deshalb stehen nicht nur Theoriearbeit und empirische Rekonstruktion, sondern zudem auch noch die in Anspruch genommenen Gütekriterien in einem unauflösbaren gegenseitigen Verweisungszusammenhang.

Diese konzeptionelle Offenheit birgt in der empirischen Praxis allerdings eine Reihe von Gefahren in sich. *Erstens* wird meistens darauf verzichtet, diese Ebenen klar zu unterscheiden. Da jedoch nur ein theoretisch gehaltvoller und materialer Begriff Kriterien bezüglich der Struktur eines Deutungsmusters enthalten könnte, resultiert daraus *zweitens*, daß in der überwiegenden Zahl der Analysen keine explizierbaren Anhaltspunkte dafür vorliegen, wann eine Rekonstruktion vollständig abgeschlossen ist, welche »Strukturelemente« zu einem Deutungsmuster gehören und welche nicht und welche Geltungsstandards beansprucht werden. Da derartige Entscheidungen meist intuitiv aus der intimen Kenntnis des Falles heraus fallen, ist das wesentliche Problem weniger die Frage nach der Angemessenheit der Rekonstruktionen als vielmehr jene nach der Überprüfbarkeit und Nachvollziehbarkeit. In diesem Sinne arbeiten Deutungsmusteranalysen derzeit noch mit einem fast schon ungehörigen Maß an Vertrauensvorschüssen.

- Deutungsmusteranalysen leben von der hermeneutischen Rekonstruktion des Einzelfalles: "Nicht Regelverallgemeinerung, vielmehr Regelbesonderung ist die Absicht hermeneutischer Forschungsstrategien" (BUDE 1988, S. 424). In diesem Sinne folgen Deutungsmusteranalysen einer kasuistischen Forschungspragmatik, die sich vor allem für das Unbekannte, Fremde und Unerwartete in einem Fall interessiert. Diesem auf die Spur zu kommen, kann jedoch nicht verfahrenstechnisch abgesichert werden. "Hier zeigt sich eine andere Vernunft, die man als normungebundene, nicht in Prinzipien vorgefaßte und auf allgemeine Regeln verpflichtete »Gelegenheitsvernunft« bezeichnen kann. Es handelt sich um eine okkasionelle Rationalität, die sich nach Lage der Dinge von Fall zu Fall artikuliert. .... Es ist eine ganz und gar singuläre Evidenz, die zur Erfindung einer neuen Regel führt: gewissermaßen ein »Würfelwurf« (MALLARME), der im Augenblick des Wurfs die Regeln seines Geworfenseins an den Tag bringt" (BUDE 1988, S. 423f.). Der okkasionelle Charakter von Deutungsmusteranalysen macht diese in den Augen vieler Kritiker zu einem suspekten Unternehmen. Überzeugend wirken dagegen allein die detailreiche und theoriegesättigte Entfaltung der Eigenart des Einzelfalles. Dafür gibt es jedoch kein Rezept.

Anmerkungen

1 Mehr als Fußnoten und Zitate im Detail ausweisen können, verdankt sich dieser Beitrag auch zahlreichen Gesprächen mit YVONNE LÜDERS und JO REICHERTZ. Ihre hartnäckige Kritik auf weichem Untergrund, ihre Anregungen zur Sache und ihre ungebrochene Lust am Interpretieren habe ich dankbar angenommen.

2 Eine Übersicht über die zahlreichen Arbeiten und Projekte, die mit dem Deutungsmusterkonzept und seinen Abkömmlingen (vgl. z. B. BOHNSACK 1989) arbeiten, gibt es bislang nicht. Auch läßt sich die Menge der Studien, die hier einschlägig wären, schon lange nicht mehr überblicken. In jedem Fall herauszuheben sind jedoch die Forschungsgruppen um U. OEVERMANN in Frankfurt a. M. (vgl. HÄRTEL 1980; MENNE 1980; ROETHE 1980), um H. NEUENDORFF in Dortmund (BECKER u. a. 1987; HÄRTEL u. a. 1985; MATTHIESEN 1986, 1989) und um R. ZOLL in Bremen (vgl. ZOLL 1984 und 1989 mit den Beiträgen u. a. von H. BENTS, E. NEUMANN, M. OECHSLE). Hinzuweisen ist auch auf jene verstreuten theoretischen Beiträge, die im Kontext von empirischen Analysen entstanden (z. B. ARNOLD 1983 a, b) sind. Theoretische Abhandlungen zum Deutungsmusterkonzept ohne unmittelbaren empirischen Projekthintergrund sind gelegentlich Produkte von Handbüchern (THOMSSEN 1980; DEWE/SCHERR 1984) und ansonsten bislang selten (z. B. DEWE/SCHERR 1987). Schließlich wurde das Deutungsmusterkonzept seit kurzem auch auf dem ihm bislang eher fernen Markt der Lebensberatung gesichtet: so z. B. in einem Ratgeber zum Umgang mit Lebenskrisen (MEUELER 1989, S. 78ff.).

3 Merkwürdigerweise spielt bisher in der theoretischen Diskussion zum Deutungsmusterkonzept E. GOFFMAN und sein Konzept der »Rahmenanalyse« keine Rolle, obwohl sich m. E. von ihr viel für die Deutungsmusteranalyse lernen ließe (vgl. GOFFMAN 1974; ebenso den wichtigen Beitrag dazu von M. WEHRSPAUN 1989).

4 Vgl. hierzu das Diktum H.-G. SOEFFNERS: "Über Methoden und Methodologien sollte man eigentlich nichts Theoretisches schreiben. Ihre Praktikabilität und theoretische Legitimation ergeben sich vielmehr daraus, daß man sie in ihrem praktischen Verwendungszusammenhang, in der praktischen Forschungsarbeit explizit beschreibt und am Material begründet" (1985, S. 109).

5 Die von MATTHIESEN erwähnten "Labels" stammen weitgehend aus Arbeiten OEVERMANNS. In ihnen wurden unter dem gleißenden Scheinwerfer seines strukturtheoretischen Konzepts von Lebenspraxis empirisch beobachtbare Phänomene wiederholt als »Verweigerung und Selbsttechnokratisierung von

Lebenspraxis« gedeutet (vgl. z. B. OEVERMANN 1985). Zum Deutungsmusterkonzept vgl. OEVERMANN 1973; Zum Konzept der objektiven Hermeneutik generell und zu der darin eingelagerten Vorstellung eines für die Alltagspraxis konstitutiven Handlungs- und Begründungszwangs vgl. REICHERTZ 1986. - Es kann hier nicht diskutiert werden, ob und inwiefern das im Anschluß an derartige Überlegungen entwickelte Dortmunder Konzept kontrastierender, sozialphänomenologisch angereicherter Fallanalysen diesen Problemen gerecht werden kann bzw. welche neuen Schwierigkeiten auftreten (vgl. MATTHIESEN 1986, S. 19ff.); wichtig ist hier zunächst nur, daß exemplarisch ein Grundprinzip qualitativer Sozialforschung, nämlich die Reflexion auf das wechselseitige Verhältnis von Gegenstand, Methode und Theorie, eingelöst wird.

6 Vgl. z. B. das Deutungsmuster "Pechvogel" bei HORNSTEIN u. a. 1986, S. 159ff.;

7 Der hier ausgewählte Fall wurde innerhalb der Projektgruppe interpretiert. Die Darstellung der Fallinterpretation im Projektbericht stammt von S. ROSNER, H. SCHUSSER und Y. WADOWSKI (vgl. HORNSTEIN u. a. 1986, S. 113ff.). Zudem gibt es unter dem ausgewählten Aspekt der Auswirkungen von elterlicher Arbeitslosigkeit auf die Kinder eine Diplomarbeit von Y. WADOWSKI (1986), in die ein weiteres Interview mit dieser Familie ein Jahr später einging. Die hier vorgestellte Analyse geht auf eine eigene detaillierte Interpretation einiger Sequenzen im Hinblick auf das Deutungsmuster einer »gespaltenen Familienperspektive« und das damit zusammenhängende Handlungsmuster der Mutter im Sinne des Bemühens um eine »beschränkte Öffentlichkeit« zurück (siehe dazu unten).

8 Angesichts des Vordringens EDV-gestützter Datenverwaltungssysteme und entsprechender Textprogramme (dbase, notebook, askSam, intext, etc.) wird dieses Problem voraussichtlich noch an Bedeutung gewinnen, weil diese Programme die Möglichkeit eröffnen, einzelne Textsequenzen zu codieren und schnell auf scheinbar thematisch »einschlägige« Interviewpassagen zuzugreifen.

9 Deshalb hat die neuerdings beliebte Strategie, die Komplexität und Länge von Interviews themenbezogen synopsenförmig zu reduzieren, nichts mit einer hermeneutischen Interpretation zu tun. Unweigerlich werden auf diese Weise die Kontexte der jeweiligen Passagen zerstört.

10 Um der Lesbarkeit willen wurde die Transkription hier etwas vereinfacht.
I. Interviewer
F. Frau Weber
K. jüngster Sohn von Frau Weber
. kurze Sprechpause
... längere Sprechpause
(.) kurze unverständliche Passage
(...) längere unverständliche Passage
// // kurze, spontane Einschübe des Gesprächspartners
[ ] Kommentare und »Backgroundinformationen«

11 Dies läßt sich auch durch eine Interpretation der Altersabstände der Kinder 17 - 15 - 9 - 4 Jahre stärken. Während die beiden ersten Kinder kurz hintereinander geboren wurden, folgten die beiden jüngeren fast im 6-Jahre Abstand. Da bekanntermaßen Kinder ungefähr im Alter von 6 eingeschult werden, folgt aus diesem Abstand, daß Frau WEBER zweimal hintereinander genau zu dem Zeitpunkt, als das jeweils jüngste Kind in die Schule kam, sie also zum Teil von

ihren Mutterpflichten hätte entlastet werden können, erneut schwanger wurde und damit ihr Angebundensein an den Binnenraum Familie und ihre Rolle als Mutter verlängerte. - Den Hinweis auf diese Lesart verdanke ich einer Deutung der »objektiven Daten« dieses Falles von Y. LÜDERS und J. REICHERTZ.

12 Das wird vor allem im Vergleich zu anderen Interviews deutlich: alle sonst üblichen Versicherungen bezüglich Vertraulichkeit und Anonymität, alle Strategien, »locker« in das Gespräch einzuführen, entfallen hier.

13 An dieser Stelle kündigt sich eine spezifische Form der Auseinandersetzung mit Arbeitslosigkeit an, die auch in anderen Fällen beobachtet werden konnte. Demnach wird Arbeitslosigkeit nicht als solche wahrgenommen, sondern in eine andere Geschichte »umgedeutet«. Der Verlust des Arbeitsplatzes wird dann z. B. - wie hier - vor allem zu einer Krankengeschichte.

14 Eine hieran anschließende Explikation des Deutungsmusters müßte im Detail präziser und im Hinblick auf unterschiedliche Aspekte (innerfamiliale Aufgabenverteilung, Bezug zu den Kindern, gegenseitige Erwartungen, Zukunftsperspektiven der Familie, Selbstbild und Rolle der Kinder u.ä.) nachzeichnen, was hier mit den Stichworten »Rückzug«, »Öffnung nach außen« und »gegenseitige Abgrenzung« beschrieben wird und welche Darstellungen der Familiensituation durch dieses Muster »motiviert« werden.

Literatur

ARNOLD, R.: Deutungsmuster. Zu den Bedeutungselementen sowie den theoretischen und methodologischen Bezügen eines Begriffs. In: Zeitschrift für Pädagogik 29 (1983), S. 893-912. (a)

ARNOLD, R.: Pädagogische Professionalisierung betrieblicher Weiterbildung. Explorative Studie zur Ermittlung weiterbildungsrelevanter Deutungsmuster des betrieblichen Bildungspotentials. (Studien zur Erziehungswissenschaft. Bd. 17) Frankfurt a. M. 1983. (b)

BECKER, C./BÖCKER, H./MATTHIESEN, U./NEUENDORFF, H./RÜSSLER, H.: Kontrastierende Fallanalysen zum Wandel von arbeitsbezogenen Deutungsmustern und Lebensentwürfen in einer Stahlstadt. Umbrüche (Studien des Instituts für Empirische Kultursoziologie. Bd. 1). Dortmund 1987.

BÖSEL, M.: Lebenswelt Familie. Ein Beitrag zur interpretativen Familiensoziologie. Frankfurt 1980.

BOHNSACK, R.: Generation, Milieu und Geschlecht. Ergebnisse aus Gruppendiskussionen mit Jugendlichen. Opladen 1989.

BUDE, H.: Der Fall und die Theorie. Zum erkenntnislogischen Charakter von Fallstudien. In: Gruppendynamik 19 (1988), S. 421-427.

BUDE, H.: Der Essay als Form der Darstellung sozialwissenschaftlicher Erkenntnisse. In: Kölner Zeitschrift für Soziologie und Sozialpsychologie 41 (1989), S. 526-539.

DENZIN, N.: The Research Act. New York 1978.

DEWE, B./FERCHHOFF, W.: Deutungsmuster. In: KERBER, H./SCHNEIDER, A. (Hrsg.): Handbuch Soziologie. Reinbek 1984, S. 76-81.

Ders./SCHERR, A.: »Deutungsmuster« als Schlüsselkategorie einer kultursoziologisch reflektierten Theorie sozialen Handelns? Ms. o.O. 1987.

GOFFMAN, E.: Frame Analysis. An Essay on the Organization of Experience. New York/London 1974. Dt.: Rahmen-Analyse. Frankfurt 1980.

HÄRTEL, U.: Latente Erziehungstheorien in Arbeiterfamilien des Ruhrgebietes. 6 exemplarische Fallanalysen, dargestellt im Rahmen einer Theorie und Methodologie. Ms. Dortmund 1980.

HÄRTEL, U./MATTHIESEN, U./NEUENDORFF, H.: Deutungsmuster Arbeit in der Krise? In: FRANZ, H. W. (Hg.): Soziologie und gesellschaftliche Entwicklung. Opladen 1985, S. 707-709.

HORNSTEIN, W./LÜDERS, C./ROSNER, S./SALZMANN, W./SCHUSSER, H. (Hrsg.): Arbeitslosigkeit in der Familie. Bericht zum Forschungsprojekt. Universität der Bundeswehr, Fakultät für Pädagogik. Neubiberg 1986.

KÜHNLEIN, I./MUTZ, G.: Kontinuität des Traditionalen - Einbruch in die Moderne: Zur Normalisierung psychotherapeutischer Erfahrungen. Ms. München 1988.

LÜDERS, Chr.: Arbeitslosigkeit in der Familie. In: neue praxis 15 (1985), S. 368-375.

LÜDERS, Chr./REICHERTZ, J.: Wissenschaftliche Praxis ist, wenn alles funktioniert und keiner weiß warum - Bemerkungen zur Entwicklung qualitativer Sozialforschung. In: Sozialwissenschaftlicher Literatur Rundschau 9. Jg., H. 12, (1986), S. 90-102.

MATTHIESEN, U.: 'BOURDIEU' und 'KONOPKA', Imaginäres Rendezvouz zwischen Habituskonstruktion und Deutungsmusterrekonstruktion. In: EDER, K. (Hg.): Klassenlage, Lebensstil und kulturelle Praxis. Theoretische und empirische Beiträge zur Auseinandersetzung mit PIERRE BOURDIEUS Klassentheorie. Frankfurt a. M. 1989, S. 221-299.

Ders.: Standbein-Spielbein: Deutungsmusteranalysen im Spannungsfeld von Objektiver Hermeneutik und Sozialphänomenologie. Diskussionspapier Februar 1986. Erscheint überarbeitet in: GARZ, D./KRAIMER K. (Hg.): Objektive Hermeneutik. Frankfurt a. M. 1991 (im Druck).

MENNE, K.: Soziale Deutungsmuster. Realität und psychoanalytischer Prozeß. In: MENNE, K./SCHRÖTER, K. (Hg.): Psychoanalyse und Unterschicht. Frankfurt a. M. 1980, S. 73-112.

MEUELER, E.: Wie aus Schwäche Stärke wird. Vom Umgang mit Lebenskrisen. Reinbek 1989.

NAGLER, K./REICHERTZ, J.: Kontaktanzeigen - auf der Suche nach dem anderen, den man nicht kennen will. In: AUFENANGER, S./LENSSEN, M. (Hg.): Handlung & Sinnstruktur München 1986, S. 84-122.

NEUENDORFF, H./SABEL, C.: Zur relativen Autonomie der Deutungsmuster. In: BOLTE, K. M. (Hg.): Materialien aus der soziologischen Forschung. Verhandlungen des 18. Deutschen Soziologentages. Darmstadt/Neuwied 1978, S. 842-863.

OEVERMANN, U.: Zur Analyse der Struktur von sozialen Deutungsmustern. Unveröffentl. Ms. Frankfurt a. M. 1973.

OEVERMANN, U.: Versozialwissenschaftlichung der Identitätsformation und Verweigerung von Lebenspraxis: Eine aktuelle Variante der Dialektik der Aufklärung. In: LUTZ, B. (Hg.): Soziologie und gesellschaftliche Entwicklung. Verhandlungen des 22. Deutschen Soziologentages in Dortmund 1984. Frankfurt a. M. 1985, S. 463-474.

OEVERMANN, U./ALLERT, T./KONAU, E./KRAMBECK, J.: Die Methodologie einer 'objektiven Hermeneutik' und ihre allgemeine forschungslogische Bedeutung in den Sozialwissenschaften. In: SOEFFNER, H.-G. (Hg.): Interpretative Verfahren in den Sozial- und Textwissenschaften. Stuttgart 1979, S. 352-434.

OSTNER, I./PIEPER, B.: Problemstruktur Familie oder: Über die Schwierigkeit in und mit der Familie zu leben. In: Dies. (Hg.): Arbeitsbereich Familie: Umrisse einer Theorie der Privatheit. Frankfurt a. M. 1980, S. 96-170.

REICHERTZ, J.: Probleme qualitativer Sozialforschung. Zur Entwicklungsgeschichte der Objektiven Hermeneutik. Frankfurt a. M. 1986.

ROETHE, T.: Acht exemplarische Fallanalysen zur These von den zwei politischen Kulturen. Diss. Dortmund 1980.

SCHWARTZ, H./JACOBS, J.: Qualitative Sociology. A Method to the Madness. New York 1979.

SCHNEIDER, G.: Strukturkonzept und Interpretationspraxis der objektiven Hermeneutik. In: JÜTTEMANN, G. (Hg.): Qualitative Forschung in der Psychologie. Weinheim 1985, S. 71-91.

SOEFFNER, H.-G.: Anmerkungen zu gemeinsamen Standards standardisierter und nicht-standardisierter Verfahren in der Sozialforschung. In: KAASE, M./KÜCHLER, M. (Hg.): Herausforderung der empirischen Sozialforschung. Beiträge aus Anlaß des zehnjährigen Bestehens des Zentrums für Umfragen, Methoden und Analysen. Mannheim, ZUMA 1985, S. 109-126.

THOMSSEN, W.: Deutungsmuster - eine Kategorie der Analyse von gesellschaftlichem Bewußtsein. In: WEYMANN, A. (Hg.): Handbuch für die Soziologie der Weiterbildung. Neuwied 1980, S. 358-373.

WADOWSKI, Y.: Kinder und Arbeitslosigkeit - Sichtweisen, Auseinandersetzungsformen und Erfahrungen von Kindern und Jugendlichen aus von Arbeitslosigkeit betroffenen Familien. Diplomarbeit an der FH München FB Sozialwesen. München 1986.

WEHRSPAUN, M.: Kommunikation, öffentliche Ordnung und das projektive Selbst. Die Bedeutung von ERVING GOFFMANs Ökologie der sozialen Situation für die Analyse der Moderne. In: Zeitschrift für Soziologie 18 (1989), S. 329-345.

ZOLL, R. (Hg.): 'Hauptsache, ich habe Arbeit'. Frankfurt a. M. 1984.

ZOLL, R./BENTS, H./BRAUER, H./FLIEGER, J./NEUMANN, E./OECHSLE, M.: 'Nicht so wie unsere Eltern!' Ein neues kulturelles Modell? Opladen 1989.

WINFRIED MAROTZKI

Sinnkrise und biographische Entwicklung

1. Einleitung

Verfolgt man die Diskussionen der letzten Jahre im Bereich sozialwissenschaftlich orientierter Biographieforschung, dann kann man schnell den Eindruck gewinnen, daß hier in bestimmten Richtungen ein Problem neu aufgelegt wird, das eine lange Geschichte hat: Ich meine das Problem der Sinnkonstitution. Mir scheint, daß an diesem Problem der Zusammenhang zwischen geisteswissenschaftlicher Tradition und moderner Biographieforschung besonders deutlich gezeigt werden kann[1]. Ich möchte im folgenden die Plausibilität dieser These in zwei Schritten entwickeln. *Zunächst* werde ich im Rückgang auf WILHELM DILTHEY anhand des Topos der Zusammenhangsbildung zeigen, wie hier das Problem der Sinnkonstitution als Problem der Konstitution von Subjektivität gedacht wird. Im *zweiten Schritt* werde ich dann unter Heranziehung des Designs moderner Biographieforschung, wie ich sie im Anschluß an die Kasseler Schule (FRITZ SCHÜTZE und seine Mitarbeiter) verstehe, zeigen, daß DILTHEYs Thesen tatsächlich für ein Verständnis existentieller Probleme moderner Subjektivität empirisch gehaltvoll aufgeboten werden können.

2. Der Zugang zu Prozessen der Sinnkonstitution durch das Studium von Prozessen der Zusammenhangsbildung

Gerade in der modernen Biographieforschung hat sich der Unterschied der Begriffe Lebenslauf und Biographie in der Weise etabliert, daß ersterer mehr die objektiven sozial-strukturell validen Fakten meint, während letzterer die durch Bedeutung und Sinn getragene subjektive Konstruktion des gelebten Lebens bezeichnet. Die Biographie ist in dieser Sicht also ein vom Subjekt hervorgebrachtes Konstrukt, das die Fülle von Erfahrungen und Ereignisse des gelebten Lebens zu einem Zusammenhang organisiert.

Beim Durchdenken dessen, was genau als eine solche konstruktive Leistung des Subjekts aufgefaßt werden kann, ist es hilfreich, WILHELM DILTHEYs Überlegungen heranzuziehen. Für ihn ist der Lebenslauf durch einen Zusammenhang gekennzeichnet, der vom Subjekt hergestellt wird und innerhalb dessen die einzelnen Teile zu einem Ganzen, eben dem Lebenslauf, verknüpft werden (vgl. auch HERRMANN 1987, S. 318). DILTHEY hat die Zusammenhangsbildung als Grundzug des Seelenlebens angesprochen. Zusammenhang ist für ihn eine zentrale Kategorie des Lebens. Die Herstellung von Zusammenhängen der Erlebnisse und Erfahrungen erfolge über Akte der Bedeutungszuschreibung. DILTHEY beschreibt diesen Prozeß der Bedeutungsherstellung wie folgt:

"Die Kategorie der Bedeutung bezeichnet das Verhältnis von Teilen des Lebens zu einem Ganzen, das im Wesen des Lebens begründet ist. Wir haben diesen Zusammenhang nur vermittels der Erinnerung, in welcher wir den vergangenen Lebenslauf überblicken können. Dabei macht sich dann die Bedeutung als Form der Auffassung des Lebens geltend. Wir erfassen die Bedeutung eines Momentes der Vergangenheit. Er ist bedeutsam, sofern in ihm eine Bindung für die Zukunft durch die Tat oder durch ein äußeres Ereignis sich vollzog. Oder insofern der Plan künftiger Lebensführung erfaßt wurde. Oder er ist für das Gesamtleben bedeutsam, sofern das Eingreifen des Individuums in dieses sich vollzog, in welchem sein eigenstes Wesen in die Gestaltung der Menschheit eingriff. In allen diesen und anderen Fällen hat der einzelne Moment Bedeutung durch seinen Zusammenhang mit dem Ganzen, durch die Beziehung von Vergangenheit und Zukunft, von Einzeldasein und Menschheit" (DILTHEY VII, S. 233).

Die Erinnerungen, die jemand von seinem Leben aktualisieren kann, erscheinen als solche, die sich bedeutungsvoll zu einem Gesamtzusammenhang ordnen. Ein Erlebnis (eine persönliche Erfahrung) ist nach DILTHEY stets auf den seelischen Strukturzusammenhang der ganzen Person bezogen. Die Zusammenhangsbildung sei Ausdruck eines synthetischen Vermögens des Subjektes, das ihm ganz grundlegend zukomme, und zwar als eine Leistung des Bewußtseins, das Beziehungen zwischen Teilen und einem Ganzen beständig herstelle und in neuen biographischen Situationen überprüfe bzw. modifiziere. Die konstruktive Leistung, Zusammenhänge herzustellen, sei gleichzeitig die Leistung der Sinnerzeugung. Diesen Prozeß der in jeder Situation neu zu vollziehenden Zusammenhangsbildung bezeichne ich als *Biographisierung*, der ein kommunizierbares Selbst- und Weltverhältnis ergibt. Es ist ein Prozeß der bedeutungsordnenden, sinnherstellenden Leistung des Subjektes in der Besinnung auf das eigene gelebte Leben. Biographisierung im dezidierten Sinne der Zusammenhangsbildung ist individuelle Sinnarbeit. So schreibt DILTHEY:

"Jedes Leben hat einen eigenen Sinn. Er liegt in einem Bedeutungszusammenhang, in welchem jede erinnerbare Gegenwart einen Eigenwert besitzt, doch zugleich im Zusammenhang der Erinnerung eine Beziehung zu einem Sinn des Ganzen hat. Dieser Sinn des individuellen Daseins ist ganz singular, dem Erkennen unauflösbar, und er repräsentiert doch in seiner Art, wie eine Monade von Leibniz, das geschichtliche Universum" (DILTHEY VII, S. 199).

Man kann über DILTHEY hinaus sagen, daß es offensichtlich eine elementare anthropologische Abhängigkeit des Menschen von Prozessen geglückter Sinnkonstitution über Prozesse der Zusammenhangsbildung gibt. WERNER LOCH sieht das, was ich Biographisierung nenne, als einen solchen anthropologischen Zwang an, "dem jeder bewußtseinsfähige Mensch unterworfen ist: sich des subjektiven Sinns seines Lebenslaufs immer wieder neu vergewissern zu müssen, weil Sinn durch das, was ihm im Verlauf seines Lebens begegnet, immer wieder neu in Frage gestellt wird" (LOCH 1979, S. 141). Auch außerhalb geisteswissenschaftlicher Tradition ist diese Abhängigkeit gesehen worden. So gehen BERGER und LUCKMANN in wissenssoziologischer Perspektive davon aus, daß möglicherweise "ein eingeborenes Bedürfnis nach Zusammenhang in der psycho- physischen Konstitution des Menschen angelegt sein" (BERGER/ LUCKMANN 1969, S. 68) könnte[2]. Der Sachverhalt dieser elementaren Abhängigkeit, der die Sinndimension der Subjektkonstitution betrifft, erlaubt nun, empirisch gewendet zu fragen, wie Menschen diese Leistungen vollbringen. Moderne Biographieforschung vermag nun, hier ein Angebot zu unterbreiten, wie der individuelle Sinn, von dem DILTHEY sagt, er sei dem Erkennen unauflösbar, zumindest einer näheren Untersuchung zugeführt werden kann, so daß die oben genannte Frage bearbeitbar wird. Diese Richtung hat sich freilich nicht in der Auseinandersetzung mit DILTHEY, den ich zur Problemexposition herangezogen habe, entwickelt, sondern verdankt ihre Entwicklung anderen Impulsen, die ich hier im einzelnen nicht darstellen kann (vgl. hierzu: MAROTZKI 1990). Dennoch hat DILTHEY für diejenigen eine neue Aktualität gewonnen, die darüber nachdenken, was es eigentlich bedeutet, wenn es in der Gegenwart immer mehr Menschen, vor allem Heranwachsenden, immer weniger gelingt, ihre Biographien so zu organisieren, daß eine gewisse Kohärenz, Kontinuität und Stabilität ihres Lebens erreicht wird. Biographien in der Moderne, so wird es gegenwärtig in der sogenannten Individualisierungsdebatte[3] diskutiert, werden offensichtlich immer stärker strapaziert und gesteigerten Belastungen ausgesetzt, so daß für viele eine Sinnkrise immer manifester wird. Eine Kernaussage der zitierten Debatte geht dahin, daß der einzelne immer stärker aus sich heraus Sinn erzeugen muß: Biographie als Sinnressource. Individualisierung der Lebenslage heißt auch Individualisierung der biographischen Sinnerzeugung. Das birgt freilich auch das Risiko des Scheiterns. Eine sinnstiftende Biographisierung gelingt nämlich nur dann - das haben die Ausführungen zu DILTHEY gezeigt -, wenn es gelingt, in retrospektiver Einstellung Zusammenhänge herzustellen, die es erlauben, Ereignisse und Erlebnisse in sie einzuordnen und Beziehungen untereinander wie auch zur Gesamtheit herzustellen. Auf diese Weise arbeiten wir ständig daran, unser Leben konsistent zu machen, Linien in das "Material" unserer Vergangenheit zu legen, die ordnen und Zusammenhänge stiften. Linien trennen, heben hervor, konturieren, zeigen Richtungen an. Sie stellen Bezugs- und Orientierungsmarkierungen dar. Gelingt es nicht, solche Linien in unsere Biographie zu bringen, dann sagen wir auch umgangssprachlich: "Ich bekomme das alles nicht mehr zusammen". Wenn in dieser Weise das Linienlegen, die Zusammenhangsbildung mißlingt, dann kann zu Recht von einer Krise, einer existentiellen Sinnkrise, gesprochen werden. Es ist nun auffallend, daß gerade bei Psychiatriepatienten - und darauf werde ich mich in meinem empirischen Material beziehen - zu beobachten ist, daß sie phasenweise keine Zusammenhänge mehr in ihre eigene Vergangenheit zu bringen vermögen oder sie in anderen Fällen nur "gewaltsam" herstellen können[4]. Ihnen ist ihre Vergangenheit abhanden gekommen. Sie verfügen nur noch über Fragmente, aber über keine zusammenhängende Geschichte mehr, die die ihres Lebens wäre. Kommt einem Menschen jedoch seine eigene Vergangenheit abhanden, dann kommt er sich selbst abhanden. Das ist die Logik der Sinnkrise. Ihre Symptomatik ist die fehlgeschlagene Biographisierung.

Für die moderne Biographieforschung handelt es sich bei DILTHEYs Konzeption des Lebenslaufs um einen zentralen traditionellen Theoriebestand, auf den sie zur weiteren Ausarbeitung ihres Paradigmas zurückgreifen kann. Während DILTHEY eher literarische Autobiographien im Auge hatte, arbeitet die von mir herangezogene sozialwissenschaftlich inspirierte Biographieforschung mit selbst erhobenen Materialien. Diese werden in der Regel mittels des von FRITZ SCHÜTZE (vgl. SCHÜTZE 1983) entwickelten narrativen Interviews oder verwandter Formen sogenannter offener Interviews erhoben. Trotzdem gilt auch für diese Art von Materialien prinzipiell, was DILTHEY von der Selbstbiographie sagt, daß sie nämlich der direkteste und höchste Ausdruck einer "Besinnung über das Leben" sei[5].

Die eigentliche Leistung von narrativen Interviews als Materialerhebungsinstrument (vgl. auch KRAIMER 1983) liegt darin, daß Material generiert wird, aus dem nach bestimmten Auswertungsprozeduren erschlossen werden kann, wie der Informant Ereignisse, in die er - wie auch immer - verwickelt war, verarbeitet hat. Das Erzählte wird immer, eben weil es sich um zeitlich zurückliegende Ereignisse handelt, von dem Erzählzeitpunkt t(x) in der Perspektive der Retrospektion erzählt bzw. berichtet. Dadurch werden von t(x) aus Ereignisse gerahmt, Zusammenhänge hergestellt, eine Gestalt wird der Erinnerung gegeben[6]. Überhaupt kann man sagen, daß biographische Arbeit leisten heißt, der Erinnerung eine (neue) Gestalt zu geben. Biographische Arbeit ist Gestaltgebungsarbeit. Es ist an solchen über narrative Interviews erhobenen empirischen Materialien zu studieren, wie solche Gestalten entwickelt werden, wie über sie Zusammenhänge und damit Sinn gestiftet wird. Es ist aber auch zu studieren, wie diese Leistung mißlingen und zusammenbrechen kann. Dem Spieler können gleichsam auch die Karten aus der Hand genommen werden. Er muß dann den Spieltisch (des Lebens) wechseln, manchmal auch ganz verlassen.

3. Der Fall: Ein Versuch der Biographisierung mit Hilfe eines Masterplans

Im folgenden Teil verfolge ich zwei Absichten: *Zunächst* werde ich zeigen, daß in lebensgeschichtlichen Stegreiferzählungen retrospektiv Zusammenhänge hergestellt werden, indem Linien, Schematisierungen bzw. Sinnfiguren jene Ordnungsleistung erbringen, die - wie ausgeführt - erst eine Sinnkonstitution ermöglichen. *Zweitens* möchte ich anhand des vorliegenden Falles der Frage nachgehen, mit welchen Mitteln eine solche Zusammenhangsbildung hergestellt wird, wenn "normale Prozesse" der Biographisierung dieses nicht mehr vermögen. Das Kontingente wird dann für den einzelnen bedrohend und muß von daher bearbeitet werden. Was geschieht aber, wenn Sinnstrukturen zum löcherigen Patchwork werden? Zwar kann der Satz, daß in der Moderne eine gewisse Zerrissenheit zum Grundmodus der "Geworfenheit" gehört, sich eines hohen Zustimmungsgrades sicher sein. So heißt es bereits bei HEGEL: "Ein geflickter Strumpf [ist] besser als ein zerrissener; nicht so das Selbstbewußtsein" (HEGEL, Wastebook, S. 588). Doch ist die entscheidende Frage, wieviel Zerissenheit und Diskontinuität sich das Subjekt in Prozessen der Zusammenhangsbildung erlauben kann, ohne existentiell "aus dem Gleis" zu geraten. Der vorliegende Fall erlaubt, diesen Fragen etwas nachzugehen.

Zunächst einige einordnende Angaben[7]: Herr C. ist 1940 geboren, hat von 1946 bis 1955 die Volksschule besucht. Sein Vater ist 1943 im Krieg gefallen. Er wächst als einziges Kind bei seiner Mutter auf. Mit 15 Jahren beginnt er eine Malerlehre, deren Abschluß er jedoch nicht schafft. 1959 beginnt er seine Arbeit bei einer größeren Hamburger Werft. Nach

13 jähriger Tätigkeit wird ihm fristlos gekündigt (wegen der ersten Anzeichen seiner Krankheit). Von 1973 bis 1978 liegt sein erster, von 1982 bis 1983 sein zweiter Klinikaufenthalt. Dazwischen arbeitet er bei mehreren Firmen, von denen ihm immer wieder gekündigt wird. Von 1983 bis 1985 besucht Herr C. eine sozialpsychiatrische Tagesstätte, eine Übergangseinrichtung auf der Nahtstelle zwischen Psychiatrie und dem sogenannten "normalen" Leben. Das Interview findet im Sommer 1988 in der Wohnung der Mutter statt, in der Herr C. sich öfter aufhält, weil - seinen Angaben zufolge - ihm die Organisation des Lebens in der eigenen Wohnung, die er nach wie vor unterhält, noch nicht recht gelinge. Die Interviewerin ist seine ehemalige Ergotherapeutin, die in einem Projekt zur Arbeitsrehabilitation psychisch Kranker arbeitet.

Das Interview ist an drei Terminen geführt und hat insgesamt eine Dauer von 6 Stunden. Das Transkriptmaterial[8] umfaßt 87 Seiten. Als Erläuterung zur Interviewsituation ist zu sagen, daß die Mutter des Informanten während der ersten Sitzung und am Schluß der zweiten Sitzung anwesend ist und sich auch mit Kommentaren am Interviewgeschehen beteiligt. Daß diese "Dreiersituation" nicht ohne Folgen auf die Selbstpräsentationsaktivitäten des Informanten sein dürfte, ist wohl deutlich. Diese gruppendynamisch teilweise prekäre Situation erschwert die Analyse des vorliegenden Falles insofern, als das Standardsetting des narrativen Interviews von einer dyadischen und nicht von einer triadischen Grundstrukturierung der Interviewsituation ausgeht.

3.1 "Unter Druck arbeiten"

Zunächst beginne ich mit der Eingangssequenz des Interviews. Es wird eröffnet durch eine Frage, die vor dem Hintergrund der Lebensgeschichte des Informanten auf dessen Arbeitsbiographie zielt. Betrachtet man den Gesamtverlauf des Interviews, könnte man das Frageformat als etwas zu restriktiv empfinden, da lebensgeschichtliche Momente etwas zu stark marginalisiert werden und die Arbeitsbiographie zu stark in den Vordergrund rückt. Bezogen auf das Projekt, dem dieses Interview entstammt, mag dies Vorgehen zunächst jedoch als gerechtfertigt erscheinen. Auch ist zu berücksichtigen, daß umfangreiche Erfahrungen mit der Führung narrativer Interviews zeigen, daß auch bei restriktiven Frageformaten lebensgeschichtliche Elemente sehr stark in den Vordergrund treten können.

Es entspricht weitgehendem Konsens anzunehmen, daß gerade die Eingangssequenz von erhöhter Interpretationsrelevanz ist, weil sie sich durch einen hohen Selektivitätsdruck des Informanten auszeichnet. Insbesondere OEVERMANN hat diese These ausgearbeitet. Die Auslegung des Interviewanfangs sei bedeutsam,

> "weil der Befragte hier im Bemühen der angemessenen Selbstpräsentation und der angemessenen Situierung seiner weiteren Textproduktion sich besondere Mühe gibt und seine Texte sowohl im Hinblick auf die Struktur des Selbstkonzepts als auch im Hinblick auf die rationalisierungsbedürftigen Antriebe besonders leicht auszulegen sind" (OEVERMANN/ALLERT/KONAU 1980, S. 43).

Was der Informant zu Beginn als erzählenswert auswählt, womit er also beginnt, rückt in eine systematisch bedeutsame Stelle der Interpretation. Eingangssequenzen narrativer Interviews enthalten in der Regel solche interpretationsrelevanten Grundentwürfe. Das ist auch im vorliegenden Fall so:

C: Da muß ich weit vorausgreifen oder zurückgreifen muß ich weit
zurückgreifen bis in meine Kindheit hinein . da hat meine
Mutter n Schrebergarten gehabt' meine Mutter hat denn auch ein
Geschäft noch gehabt und Haushalt auch noch dazu' und so blieb
so n Teil von dem Schrebergarten mir übrig . überlassen weil
mein Vater ist im Krieg gefallen' und waren alleine gestellt'.
und . ich hatte zu der Schrebergartenarbeit keine Lust . (hm)
geb ich zu' auch aus dem Unterbewußten heraus hab ich jetzt
festgestellt daß das auch nicht viel zu schwer war aber
[tiefes Luftholen] jedenfalls war die Lust nicht da'[Ausatmen]
das Umgraben alles und so ich hab mich gesträubt und meine
Mutter hat geschimpft mit mir und alles wie so n Rohrspatz .
und auch n bißchen mit Druck' daß ich das gemacht hab weil es
ja gemacht werden mußte weil wir denn sonst nichts zu essen
gehabt haben (hm) kein Lebensmittel und alles und so ne

M: ja
C: kein Gemü
se und alles mußte ich da ran . und da sagt se
M: genau
C: es gibt nichts
zu essen und alles und so . oder hab auch nur mal ein Fell
voll gekriegt und alles deswegen daß ich das nicht gemacht hab
oder hier mit Druck hab ich das gemacht und dann hab ich das
so flusig gemacht oder so wild durcheinander daß meine Mutter
das nochmal machen mußte und dann hat sie mich davongejagt .
das fand ich , fand ich auch zu hart die Arbeit (hm) und hab
mir dann auch die , [tiefes Luftholen] wie soll ich sagen . da
ohne das zu merken . bestimmte Arbeitsweisen haben mir da schon
n Riegel vorgeschoben die ich nicht gerne mochte sprich
Hartarbeit oder unter ein gewissen bestimmten Zwang . und und
bis da und da mußt fertig sein und so und das hat mir dann bis
, hab ich in der mehr Lehre auch noch nicht so gemerkt . auch
im Berufsleben auch noch nicht so richtig auf der Werft das
hab ich erst später . hab ich das nach und nach spitz gekriegt
. das mir das . mein ganzes Leben nach verfolgt noch (hm) . .
und . . . .[tiefes Luftholen] dieser Druck der hat in mir
gesessen heut noch . der s mir eingeimpft

In dieser Eingangssequenz legt der Informant den ersten Leitfaden in das Material seiner eigenen Vergangenheit. Es ist der Versuch - so interpretiere ich -, eine dominante Linie zu finden, anhand deren er sein Leben rekapitulieren, anhand deren er sein Leben "auf die Reihe" bekommen könnte. Es handelt sich um die erste Sinnfigur, die er entwirft, um das erste Muster, Zusammenhänge herzustellen. Diese Linie wird mit dem Schrebergarten der Mutter entworfen und läuft bis in die Gegenwart. Bis Zeile 30 schildert der Informant die näheren Umstände seiner Arbeit im Schrebergarten, die für Angehörige dieser Generation (Jahrgang 1940) nicht untypisch gewesen sein dürften. In dieser Zeit sieht er gleichsam eine Disposition gelegt, die er mit dem Begriff "unter Druck arbeiten" bezeichnet. Diese habe in seinem späteren Arbeitsleben Verstärkung erfahren. Der Schluß des Segmentes macht deutlich, daß er diese Linie bis in die Gegenwart hinein wirksam sieht. Diese erste Sinnfigur, die er für sein Leben generiert, erlaubt ihm, eine Plausibilitätsstruktur zu entwerfen, anhand deren er Zusammenhänge in die zu berichtenden Ereignisse zu bringen hofft: Wenn er nämlich bereits im Schrebergarten seiner Mutter hat hart arbeiten müssen, so vermag es einzuleuchten - so die mögliche Logik dieser Plausibilitätsstruktur -, daß spätere Arbeitsverhältnisse diese Disposition gleichsam verstärkt hätten, so daß er dann irgendwann zusammengebrochen und in die Klinik hat gehen müssen. Biographietheoretisch gesehen, wäre dieser erste Sinnentwurf seines Lebens auch als erste eigentheoretische Anstrengung des Informanten anzusprechen, wie FRITZ SCHÜTZE es nennen würde, die einen ersten Entwurf eines Lebenszusammenhanges generiert[9]. Dieser Begriff benennt das Bemühen des Informanten, in der Interviewsituation eine Ordnung in das zu Erzählende hinsichtlich von Raum, Zeit, Verknüpfung der Aufeinanderfolge von Ereignissen, Motivlagen, Bedingungen, Ursachen und Folgen etc. zu bringen, so daß das Erzählte kommunikativ präsentierbar wird.

Der Informant generiert gleichsam zu Beginn des Interviews eine Theorie über sein gelebtes Leben, gibt implizit eine Antwort auf die Frage, wie wohl alles so gekommen sei. Tatsächlich hält sich diese Linie durch. Sie taucht, was hier im einzelnen nicht gezeigt werden soll, immer wieder wie ein roter Faden auf und stiftet Zusammenhänge, macht Ereignisabfolgen insofern zu sinnvollen. Doch ist es dem Informanten nicht möglich, das ist das eigentlich Interessante am vorliegenden Material, ausschließlich mit Hilfe dieses Musters das Kontingente seiner eigenen Vergangenheit sinnhaft zu organisieren.

3.2 Der Masterplan

Bezeichnend für den durch das Interviewmaterial dokumentierten Biographisierungsprozeß ist vielmehr, daß dieses Sinnmuster sehr schnell durch ein zweites überlagert wird, das ich als *Masterplan* bezeichnen möchte. Der gesamte vorliegende Biographisierungsprozeß kann in jeder Phase nämlich rekonstruiert werden als jeweils spezifisches Verhältnis dieser beiden Sinnmuster. Im Rahmen dieser Arbeit beschränke ich mich auf die kursorische Rekonstruktion des Auftretens und der Ausgestaltung dieses Musters im Laufe des Biographisierungsprozesses.

Im Anschluß an die zitierte Eingangspassage beginnt der Informant, aus seiner Lehrzeit als Maler zu berichten. Er eröffnet diese Sequenz mit einer retrospektiv evaluierenden Passage:

ich kann ich jetzt schon mit über besser sprechen keine
Gelegenheit irgendetwas zu lernen ich hab immer die gleichen
Arbeiten gemacht und so das ist

M: och komm

C: mir im nachhinein alles
nachgearbeitet (hm) in mein Gehirn nachvollzogen warum es so
weit gekommen ist daß ich nichts geworden bin und so warum ich
die Lehre nicht bestanden hab

Er nimmt das Ergebnis dieses Lebensabschnittes vorweg, daß er nämlich die Abschlußprüfung zum Maler nicht bestanden habe. Die Grobstruktur dieser zwanzig Transkriptseiten umfassenden Biographisierung der Lehrzeit ist so anzugeben: Der Informant beginnt damit, daß er Gründe dafür anführt, die Prüfung nicht bestanden zu haben: Er habe nämlich keine Gelegenheit gehabt, etwas zu lernen und immer die gleichen Arbeiten machen müssen. Wenn Gründe für eine Handlung, für ein Verhalten oder - wie hier - für ein Ereignis angegeben werden, kann man von einer argumentativen Passage sprechen, die in der Regel die pragmatische Funktion einer Rechtfertigung aufweist. Der Informant geht dann in erzählende und berichtende Passagen über, die teilweise stark detaillierend einzelne Ereignisse und Tätigkeiten aus dieser Zeit rekapitulieren. Deutlich ist er bemüht, eine zeitliche Abfolge einzuhalten. Immer wieder werden diese Berichte und Erzählungen unterbrochen, um in argumentativen Passagen zu plausibilisieren, weshalb er die Prüfung nicht habe bestehen können. Solche Rechtfertigungen treiben dann wieder detaillierende Passagen hervor. Die Spirale von Rechtfertigung und beschreibender bzw. erzählender Detaillierung von Ereignissen und Episoden bilden das Organisationsprinzip des textuellen Materials, das sich auf die Lehrzeit bezieht. Es wäre eine gesonderte Untersuchung erforderlich, die sich mikrologisch darauf konzentrieren könnte, *wie* rechtfertigende Passagen detaillierende erzeugen, die wiederum in rechtfertigende münden. Hier beschränke ich mich darauf, solche Textbewegungen lediglich zu konstatieren. Verallgemeinernd kann aber gesagt werden, daß diese spiralförmige Schachtelung interpretiert werden kann als Prozeß der Abarbeitung zum Zeitpunkt des Interviews an dem Sachverhalt, daß er die Abschlußprüfung der Lehre nicht bestanden hat. Insofern können die Zeilen

82 warum es so
83 weit gekommen ist daß ich nichts geworden bin und so warum ich
84 die Lehre nicht bestanden hab

gleichsam als Präambel für das 20 Seiten umfassende Gesamtsegment verstanden werden. Unter einer Präambel verstehe ich nach FRITZ SCHÜTZE folgendes:

> "Erzählpräambeln geben eine Vorschau darauf, was für den Erzähler am Gesamtzusammenhang seiner lebensgeschichtlichen Erfahrungsaufschichtung wichtig erscheint, und sie explizieren den Aspekt, unter dem die Lebensgeschichte erzählt werden soll: sie deuten eine oder mehrere Erzähllinien an, die in der autobiographischen Stegreiferzählung durchgehalten werden sollen" (SCHÜTZE 1984, S. 102).

Die Erzähllinie "unter Druck arbeiten" wird im folgenden immer wieder überlagert durch eine zweite, deren Sinnkonstitutionsfunktion ich als *Masterplan* bezeichnet habe. Ich rekonstruiere das erste Auftreten dieser zweiten Linie etwas genauer: Der Informant berichtet von verschiedenen Streichen, die ihm während seiner Lehrzeit gespielt worden seien bzw. die er dem Lehrherren gespielt habe. So habe er etwa bewußt ein Tor, das man normalerweise in einem halben Tag gestrichen hätte, sehr langsam gestrichen, so daß er hierfür zwei Tage gebraucht habe. Daraufhin habe der Chef seine Mutter zu einem Gespräch rufen lassen, die sich jedoch darauf zurückgezogen habe, daß er - der Chef - die Erziehungsberechtigung mit übernommen habe.

C: da hab ich auch
wieder zu spüren gekriegt deswegen . . . hat

M: [lacht]

C: hat sie sich das abgewälzt auf ihn zu , abgewälzt und er hat
sich auf mich abgelassen (hm) sozusagen

M: ich kann doch
nichts machen . . was sollt ich machen'

[während des folgenden Absatzes versucht die Mutter
dazwischenzusprechen]

C: und das ist jetzt n bischen quer und durcheinander erzähl ich
da und alles und so >und auch jahrelang krieg ich das nicht
mehr hin und auch in der Aufregung wie ich das erzähl und
nachvollzieh alles und so< <sehr schnell und heftig
gesprochen> das ist doch n bißchen viel (hm)

Diese Passage ist deshalb interessant, weil es eine jener Passagen ist, in denen der Informant "ins Trudeln" gerät (nämlich: 434 - 438). Unmittelbar danach tauchen dann die ersten Konturen des *Masterplan*s auf, die ich gleich schildern werde. Generell kann gesagt werden, daß das "Trudeln" im vorliegenden Material einerseits dann auftritt, wenn "normale Prozesse" der Biographisierung nicht funktionieren. Unter dem Begriff "ins Trudeln geraten" verstehe ich, daß der Biographisierungsprozeß auf Erfahrungs- und Erlebnisgehalte stößt, die noch nicht hinreichend durchgearbeitet sind, die möglicherweise auch traumatischen Charakter haben, so daß die Thematisierung dieser Gehalte in der Interviewsituation selbst einen Aufarbeitungsprozeß in Gang setzt, der ins Stocken gerät und - teilweise emotional besetzt - dann ganz abgebrochen wird. Der dann ins Spiel gebrachte *Masterplan* soll gleichsam die gescheiterte Zusammenhangsbildung retten. Andererseits - wie gleich noch gezeigt wird - ist das "Trudeln" dann zu verzeichnen, wenn die Biographisierung nicht gelingen will, obwohl der *Masterplan* als "eiserne Hand" bereits herangezogen worden ist, um das scheinbar Kontingente und Disparate zu einem Zusammenhang zusammenzuzwingen. Da in diesem

Fall keine anderen Formen und Möglichkeiten, die eigene Vergangenheit zu sehen, mobilisiert werden können, erfolgt auch an solchen Stellen der emotionsbesetzte, oftmals stammelnde Abbruch. Schließlich kann auch in einigen Fällen - das trifft etwa auf diese Sequenz zu - nicht ausgeschlossen werden, daß die gruppendynamische Situation zwischen der Interviewerin, dem Informanten sowie dessen Mutter eine Verschärfung erfährt. Insbesondere die latenten Spannungen zwischen dem Informanten und seiner Mutter beschleunigen dann einen vorläufigen Abbruch des Biographisierungsprozesses. Es wäre ein eigener Interpretationsdurchgang durch das Material erforderlich, um diese Mechanismen genauer herauszuarbeiten. Psychoanalytisch orientierte Ansätze könnten gewiß nach meiner Einschätzung begründete Hinweise auf neuralgische, nicht aufgearbeitete Problembestände dieser lebensgeschichtlichen dyadischen Struktur geben. Solche Analysen würden den mir hier zur Verfügung stehenden Rahmen sprengen. Ich wende mich deshalb an dieser Stelle lediglich der näheren Bestimmung des *Masterplans* zu.

3.2.1 Die ersten Konturen

Dieser *Masterplan* hat zwei Seiten. In der Biographisierungsphase, die sich auf die Lehrzeit bezieht, werden beide Seiten in ihrer Grobkontur angedeutet und in den dann folgenden Passagen, die sich auf die Arbeitszeit bei einer großen Werft beziehen, ausgearbeitet. Zunächst aber zum Herausbilden der ersten Konturen:

Der *Masterplan* wird von seiner negativen Seite her im Anschluß an die zitierte Stelle wie folgt eingeführt: In einer bestimmten Situation habe der Chef ihn in das Zimmer der Tochter locken wollen:

491 hat er[10] gesagt wie wir da gearbeitet haben den Tank
492 eingebuddelt haben' und warn auch mehrere Tage da' hat er
493 gesagt meine Tochter ist oben in ihr Zimmer wollt er mich oben
494 in ihr Zimmer hineinkriegen und irgendwie so ham sie s abge-
495 sprochen mit sei , mit seiner Tochter ich weiß es auch nicht
496 aber ich habs nicht gemacht irgendwie hab ich Lunte gerochen
497 (hm) es nicht zu tun (hm) . ich weiß in flagranti zu ertappen

498 wahrscheinlich daß sie mir denn vielleicht auch soweit
499 gebracht hat da hät ich auch n Hammer mitgekriegt (hm)

Der Informant rekurriert auf ein geheimes Komplott: Man habe sich abgesprochen, aber er habe "Lunte gerochen". Die Motive dieser geheimen Absprache bleiben im dunkeln. Diese negative Seite des *Masterplans* zeichnet sich dadurch aus, daß er sich als Objekt geheimer Machenschaften, als Getriebener fühlt. So faßt er wenig später zusammen:

518 C: die wollten mich in die Enge
519 treiben in die Falle treiben

(...)

525 C: . . wollten mich in ne böse
526 Falle treiben aber ich habs irgendwie gespürt' hab gedacht laß
527 die Finger davon

Gleichsam instinktiv habe er sich retten können. Trotzdem - oder vielleicht gerade deshalb - habe sich der Druck auf ihn verschärft, dem er ausgesetzt gewesen sei. Man habe ihn isoliert. Niemand habe mehr mit ihm zusammenarbeiten wollen:

533 da hat er versucht sozusagen ins
534 Abseits zu drängen (hm) daß ich außen vor stand . und das hat
535 er auch geschafft . war alleine dann nachher

Hieran schließt sich eine weitere Detaillierung an: Der Chef habe ihm öfter viel Geld anvertraut, damit er damit Rechnungen bezahle. Er habe auch Lohntüten in die Hand bekommen, die er einem Vorarbeiter weiterreichen sollte. Die Biographisierung dieses Sachverhaltes, also die Art der Zusammenhangsbildung, erfolgt auf der Basis des *Masterplans*:

543 er wollt mich auch
544 wieder in ne Falle locken daß ich vielleicht irgendwie
545 Unterschlagungen mache und alles und so (hm) hat aber bei mir
546 nicht geklappt (hm) . . daß er mich hier wolln mal sagen auf
547 die sanfte Tour' mich in ne Falle locken wollte (hm) auf
548 diesem Wege

Nach weiteren Detaillierungen wird dann die positive Seite des *Masterplans* in der ersten Grobkontur eingeführt. Wiederum "hinterrücks" wird er gleichsam erneut zum Objekt, in diesem Falle dem der Solidarität:

593 C: aber es
594 waren nicht alle so es waren auch Gesellen dabei' die o wie
595 soll ich sagen sich hinterrücks zu mir bekannt haben (hm) hab
596 ich gemerkt nach außen hin ham die wohl gegen mich , aber das
597 war zu spüren daß die doch zu mir gehalten haben im gewissen
598 Sinne aber die durften das nach außen hin nicht sonst hätten
599 sie Gefahr gelaufen können daß der Chef dann aufgepaßt hat
600 über die Vorarbeiter daß wenn irgendwann was gewesen wäre sie
601 vor der Tür gestanden hätten (hm) . daß sie die Papiere
602 gekriegt haben das ist da nicht alleine da passiert schon
603 später auch in anderen Firmen bei mir auch passiert schon (hm)
604 über meine Kollegen weg daß , die sich auf meine Seite
605 gestellt haben die Papiere gekriegt haben

Gleichsam ohne sein Zutun solidarisieren sich einige Gesellen mit ihm, aber eben nur hinterrücks. Auch hier sieht er sich in einer passiven Haltung. Pointiert könnte man formulieren: Die Solidarität geschieht ihm, stößt ihm von außen zu. Die Gesellen sind selbst dem Mechanismus des Betriebes hilflos ausgesetzt. Diese Sichtweise zeigt bereits die grundlegende Struktur des *Masterplan*es: Einerseits gibt es eine hier noch relativ deutlich im Chef lokalisierbare Macht - später wird nur noch vom "Haupthaus" die Rede sein -, die ihm Fallen stellt, die ihn testen und in die Enge treiben will. Andererseits gibt es aber auch Kräfte, die ihn stützen und ihm beistehen wollen.

3.2.2 Die Ausarbeitung des Masterplans

Die Hauptteile des Interviewtranskriptes beziehen sich auf die Arbeitszeit des Informanten bei einer größeren norddeutschen Werft. In diesem über vierzig Transkriptionsseiten umfassenden Text wird der *Masterplan* mit seinen beiden bisher nur angedeuteten Konturen nuancen- und materialreich ausgearbeitet und zugespitzt. Ich beschränke mich darauf, kursorisch diese Zuspitzung zu rekonstruieren und zu belegen. Interessant ist die Eingangspassage dieses großen Segmentes, das sich auf seine Tätigkeit bei der Werft bezieht:

920 da hing auch noch ne andere Geschichte mit zusammen
921 die spielt da noch mit hinein . die spielt da hinein wie ich
922 anfing bei E & F das war zu Anfang der sechziger diese andere
923 Geschichte da die anfürsich mit dem Berufsleben nicht
924 zusammenhängt die eigentlich außen vor ist aber mit
925 hineinspielt wo man mir heute noch das Leben mit schwer macht
926 das ahn ich daß immer noch was ist . das mir noch nachhängt .
927 das ich immer wieder zu spüren gekriegt hab irgendwie auf
928 bestimmte Wege . daß ich das so schwer hab . weil man denn
929 auch wolln mal da den Faden aufnehmen

Wiederum als Präambel erwähnt er "diese andere Geschichte", die mit dem Berufsleben "nicht zusammenhängt[,] die eigentlich außen vor ist[,] aber mit hineinspielt[,] wo man mir noch heute das Leben schwer macht" (923 ff.). Von dieser "anderen Geschichte" wird explizit auf dieser Abstraktionsstufe im folgenden Biographisierungsprozeß nicht mehr die Rede sein. Der Informant wird geschichtenreich in einem scheinbar unendlich langen Prozeß sein Arbeitsleben mit Hilfe dieser "anderen Geschichte" deuten und für sich in einen Zusammenhang bringen, der der seines eigenen Lebens sein soll. Um so wichtiger ist es, an dieser Stelle darauf zu verweisen, daß er Wert darauf legt, daß der *Masterplan*, so interpretiere ich "diese andere Geschichte", eben nicht nur aus dem Arbeitsleben ableitbar und nur darauf beziehbar sei. Er habe seinen Ursprung außerhalb, wirke aber in das Arbeitsleben hinein. Die Frage, die sich dem Interpreten stellt, wo denn der Entstehungsbereich angesiedelt und verstanden werden könne, wird durch das Material nicht beantwortet. Der *Masterplan* dient ihm ja auch nach seinem Psychiatrieaufenthalten, ja selbst zum Zeitpunkt des Interviews, zur Organisation seiner Selbst- und Weltsicht:

925 wo man mir heute noch das Leben mit schwer macht
926 das ahn ich daß immer noch was ist . das mir noch nachhängt .
927 das ich immer wieder zu spüren gekriegt hab irgendwie auf
928 bestimmte Wege . daß ich das so schwer hab

Die passivischen Formulierungen, daß *man* ihm das Leben schwer mache, daß es ihm noch "nachhänge", daß er es immer wieder "zu spüren gekriegt" habe, interpretiere ich als Wirksamkeit der negativen Seite des *Masterplans*. In diesen Formulierungen setzt sich diese Seite durch, die ihn zum Opfer macht, zum Getriebenen. Selbst die Organisationsversuche seines Privatlebens deutet er - wie der dritte Teil des Interviews belegt - aus dieser Perspektive. Die Aussage, daß er es ahne, könnte darauf hindeuten, daß der *Masterplan* selbst zur Disposition stehen könnte, daß er sich auf dem Weg befinden könnte, sich und seine Umwelt auch ohne diese rigide Schematisierung auslegen zu können. Den Grund, für eine solche Hypothese zu votieren, könnte darin gesehen werden, daß an dieser Stelle das Reflexionsniveau generalisierend wird ("das ich *immer wieder* zu spüren gekriegt hab"). Ein generalisierendes Reflexionsniveau setzt eine hohe Distanz zum Reflektierten voraus. Dadurch wird das Reflektierte verfügbar und damit veränderbar. Man könnte aber auch gegenteilig argumentieren: Eben weil das Reflexionsniveau stark generalisierend wird, zeigt sich gerade daran die Hermetik des *Masterplans*, in die er verfangen ist. Der Interviewfortgang spricht eher dafür, daß die zweite Lesart als angemessener angesehen werden kann. Jenseits solcher prognostischer Perspektiven kann jedoch festgehalten werden, daß in dieser Präambel jene elementare Sinnfigur benannt wird, mittels deren der Informant seine Selbst- und Weltsicht organisiert; das heißt jenes Muster einer bedeutungs- und sinnhaften Gestalt der Zusammenhangsbildung, durch die der Informant sich selbst im Kontext seiner eigenen Vergangenheit, seiner Gegenwart und seiner möglichen Zukunft sehen und verstehen kann. Vergangenheit, Gegenwart und Zukunft sind in meinem Verständnis jeweils Resultate spezifischer Selbst- und Weltreferenzen.

Soweit zur vorgreifenden Interpretation dieser Stelle. Ich wende mich nun der Ausarbeitung des *Masterplans* zu, wie er von dem Informanten selbst anhand der Thematisierung seiner eigentlichen Arbeitstätigkeit bei einer großen Werft vorgenommen wird.

3.2.2.1 Die negative Seite: geheime Verschwörung

Er berichtet mit einem hohen Detaillierungsgrad, daß er zwar Urlaubsgeld bekommen, aber man ihm dieses hinterher wieder vom Lohn abgezogen habe. Das sei über Jahre so gegangen, man habe ihn auf diese Weise betrogen. An dieser Stelle kommt der Informant wieder ins Trudeln:

957 und ich hatte ja
958 schon fast elf Jahre gearbeitet (hm) wollt ich nicht weg und
959 das hab ich sozusagen nach neun, da hab ich neun Jahre schon
960 gearbeitet da hab ich denn kam es immer nicht durch paar Jahre
961 vorher das n Gespräch ist . wollt ich nicht weg wollt ich
962 wenigstens das erreichen schafft ich aber nicht da ging das
963 schon durch , kam die erste Psychiatrie in Gange . . ist n
964 bißchen durcheinander jetzt durch die ganze Aufregung und so
965 (hm)
966
967 M: trink mal erst Kaffee (ja klar) hör mal n Augenblick
968 auf C dann kommt das wieder ne

Der Prozeß der Biographisierung stockt und wird schließlich abgebrochen. Der *Masterplan* als ordnende Hand in diesem Prozeß der Biographisierung produziert Inkonsistenzen, die für den Informanten in dieser Situation nicht mehr zu handhaben sind: Wenn er nämlich Opfer hinterlistiger Komplotte war, wenn er jahrelang betrogen wurde, wie er es sich zurechtlegt, dann wird es schwierig, sich selbst und auch dem alter ego (in diesem Fall der Interviewerin) plausibel zu machen, weshalb er offensichtlich nicht einmal den Wunsch verspürt hat, die Firma zu verlassen. Es hilft nur der Abbruch des Biographisierungsprozesses. Damit endet auch die erste Interviewsitzung. In der zweiten akzentuiert er noch genauer: Irgendwie habe man ihn "psychisch kaputtmachen " wollen:

1108 hat man mich dann auch so da versucht mich
1109 auch fertig zu machen irgendwie körperlich psychisch und
1110 körperlich .

Um die Funktion des *Masterplans* nicht mißzuverstehen, ist zu betonen, daß er ein Hilfsmittel für den Informanten darstellt, Zusammenhänge zwischen Ereignissen zu stiften, die ansonsten für ihn unzusammenhängend und damit disparat bleiben würden. Es handelt sich also um eine Reaktion auf Ereignisse und Erfahrungen, die in eine musterbildende Ordnung gebracht werden müssen. Ich erinnere daran - wie ich im ersten Teil ausgeführt habe -, daß eine Biographisierung in diesem Sinne unhintergehbar für Subjektivität gegeben ist. Deshalb ist es wichtig, auch einen näheren Blick auf diese "objektiven" Bedingungen zu werfen, wie sie dem Interview zu entnehmen sind. Dabei ist methodisch selbstverständlich klar, daß es sich dabei um die Mobilisierung der Perspektive des Informanten handelt, der diese "objektiven" Verhältnisse mitteilt.

Einen breiten Raum in der Biographisierung nehmen Erzählungen und Beschreibungen der Arbeitsbedingungen ein, denen er sich auf der Werft in den Jahren 1959 bis 1972 ausgesetzt sah. Mit hohem Detaillierungsgrad werden die in dieser Zeit wohl noch üblichen mangelnden Sicherheitsvorkehrungen und gesundheitsgefährdenden Arbeitsverhältnisse geschildert, vor allem aber Arbeitsunfälle, deren Erzählung er wie folgt einleitet:

1562 und da hab ich so manche Unfälle auch
1563 mitgekriegt und so . die haarsträubend sind . wenn ich nu so
1564 Tote sehe' ich bin sensibel aber doch wiederum so daß ich denn
1565 die Toten einfach aufnehme und keine Reaktionen zeige was ich
1566 da schon grausame Dinge miterlebt habe . wenn so einer
1567 überfahren werden sollte oder so die Toten auf der Straße
1568 sonst so [holt tief Luft] denk ich wahrscheinlich bin ich
1569 wahrscheinlich so kühl oder kalt . weil ich das da gelernt hab
1570 es zu sein . . da hab ich das gelernt

Weiterhin schildert er Arbeitssituationen, die er als Schikane empfunden habe[11]. Dazu gehörten auch offensichtliche Disziplinierungsmaßnahmen:

1046 wegen Kranksein und so hat man extra ne Tafel das
1047 wahrscheinlich angezeigt wir waren noch die einzigste
1048 Werkstatt in ä bei E & F' obwohl es hier auch von der Gewerk-
1049 schaft und von gesetzlich verboten ist' hat man das aber
1050 trotzdem gemacht ne riesengroße Tafel hingehängt wo
1051 Arbeitsplätze wo jeder arbeitet das geht und das ist noch
1052 erlaubt wo der Vorarbeiter drauf ist und wer da arbeitet aber
1053 was verboten ist das man auf diese Marke wo mein Name drauf
1054 stand und meine Nummer'(hmhm) Striche gemacht hat in verschie-
1055 denen Farben blau wolln mal sagen zu spät gekommen in der
1056 Woche rot krank gewesen und so und war noch was anderes ich
1057 weiß nicht mehr was das da war jedenfalls war das verboten hat
1058 man das aber gemacht und da hat man dann hat man mir immer
1059 vorgehalten vor der versammelten Mannschaft dann zu spät
1060 gekommen und so

Er habe immer wieder dieselbe harte und stumpfsinnige Arbeit zugeteilt bekommen, habe auch viel allein arbeiten müssen. Arbeitshilfen für Schwerstarbeit (z.B. Kran für Hebearbeiten) seien zwar vorhanden gewesen, seien ihm aber nicht zur Verfügung gestellt worden. Viele Arbeiten habe er unter extremen Bedingungen (Hitze, Kälte) ausführen müssen. Häufig habe ein hoher Zeitdruck bestanden, der sich dann in vielen Fällen als nicht wirklich nötig erwiesen habe. Hinzu kommt schließlich, daß er als "ungelernte Kraft" sich sowohl vom Lohnniveau als auch von der betrieblichen Hierarchie immer an unterer Stelle gesehen habe. Nach und nach habe er sich unter diesen Bedingungen aufgerieben; in seiner Perspektive: "und so hat man mich denn nach und nach klein gekriegt" (2085 f.).

Diese Ausführungen sollten den Blick darauf richten, daß der *Masterplan* nicht ein "Gespinst" im Kopf des Informanten ist, das sich aus unerfindlichen Gründen dort eingenistet hat, sondern daß er eine Form darstellt, die geschilderten harten Erfahrungen zu verarbeiten. Der *Masterplan* bildet eine Art der Zusammenhangsbildung, die dies gestattet. Wenn er sich als Opfer eines Komplottes begreift, lassen sich Linien in dies Erfahrungsmaterial so legen, daß sich ein für ihn relativ konsistenter Zusammenhang ergibt.

Die Formulierung dieser negativen Seite des *Masterplans* erfährt eine weitere Steigerung, als er über seine erste Phase der Krankheit berichtet (vor dem ersten Psychiatrie-Aufenthalt). Er habe sich in dieser Zeit in seine Wohnung zurückgezogen und habe teilweise panisch jeden Kontakt mit der Außenwelt gemieden. In der Retrospektive stellt sich ihm diese Zeit wie folgt dar:

1813 man wollt mich wahr-
1814 scheinlich restlos fertigmachen . . man wollt mich wahr-
1815 scheinlich am Boden sehen

Zusammenfassend kann gesagt werden, daß die negative Seite des *Masterplans*, die ich "geheime Verschwörung" genannt habe, sich für ihn so darstellt, daß er sich als Opfer anonymer, auf ihn einwirkender Kräfte sieht. Diese Deutung ist insofern nicht überraschend, als in der klinischen Diagnose der "paranoiden Schizophrenie" dieser Sachverhalt (des Verfolgungswahns) ja gerade ausgesprochen ist. Trotzdem ist festzuhalten, daß der Informant auch *nach* zwei Klinikaufenthalten und *nach* dem zweijährigen Besuch der Tagesstätte sich, die Welt und seine Vergangenheit offensichtlich nur in diesem zwanghaften Muster sehen kann. Er benötigt diese Schematisierung offensichtlich, um sich mit sich selbst überhaupt konfrontieren zu können. Die bisherigen therapeutischen und rehabilitativen Maßnahmen haben es also nicht geschafft, ihm andere Formen der Ordnung und der Sichtweise seiner Erfahrungen zu vermitteln. Gerne wird gegen eine solche Sichtweise folgender Einwand vorgetragen: Es wird gefragt, ob es nicht auch so sein könne, daß die Arbeitsbedingungen so "krankmachend" gewesen seien, daß seine Reaktionsform darauf gerade als angemessen bezeichnet werden müßte? Insofern sei es dann unsinnig, andere Formen der Erfahrungsauslegung herbeiführen zu wollen. Ich glaube, daß in diesem Einwand ein richtiger Kern steckt, nämlich die Betonung des Sachverhaltes, daß subjektive Verarbeitungsweisen solche von gesellschaftlichen Verhältnissen darstellen, daß man demzufolge diese verändern müsse und nicht jene. Es wird jedoch m. E. übersehen, daß paranoid Schizophrene in ihrer Stabilität im höchsten Maße gefährdet und unfähig sind, ihr Leben zu organisieren. Es lastet auf ihnen ein extremer Leidensdruck, unter dem sie gleichsam zusammengebrochen sind. Würde man den oben zitierten Einwand ernst nehmen und danach fragen, was daraus folge, so würde für den Betroffenen und Hilfesuchenden dabei blanker Zynismus herauskommen. Bei aller Akzeptanz des Einwandes, soweit er die gesellschaftliche Seite des Sachverhaltes betrifft, enthebt es doch nicht der Notwendigkeit, Formen der subjektiven Erfahrungsverarbeitung und deren Transformationsmöglichkeiten zu studieren. Es liegt eine elementare Abhängigkeit von Lern- und Bildungsprozessen vor, und zwar: um des Überlebens willen. Soweit zur Zwischenbilanz.

3.2.2.2 Die positive Seite: "schützende Hand"

Gleich zu Beginn der zweiten Interviewsitzung beginnt der Informant, die zweite Seite des *Masterplan*s auszuarbeiten: Der erste Chef habe nämlich "hintenrum" zu ihm gehalten und ihm geholfen, wo immer er nur konnte. In dieser Version knüpft er an Ereignisdarstellungen seiner Lehrzeit an, in der einige Gesellen auch "hintenrum" zu ihm gehalten hätten. Der Informant habe auch im "Hauptgebäude" "ne gute Nummer gehabt" (1029). Vermutlich ist mit dem Hauptgebäude zunächst der Verwaltungs- und Leitungsapparat der Werft gemeint. Es stellt sich für den Informanten als anonyme Instanz dar, deren Tun und Lassen für ihn undurchsichtig ist und insofern auch zum Ort verschiedenster Projektionen wird. Dieses ist insofern auch deshalb plausibel, als er offensichtlich sehr selten personellen Kontakt zu dem Verwaltungsapparat gehabt zu haben schien und auch nur dürftig über die Regularien der Lohnzusammensetzung und -abzüge informiert gewesen sein dürfte. Im erweiterten Sinne wird das Hauptgebäude zum symbolischen Platzhalter jener Kräfte, die ihn beherrschen, deren Wirken er ausgesetzt ist. Die Firma habe im Laufe der Jahre viele Gründe gehabt, ihn zu entlassen. Z. B. sei er mehrfach betrunken zur Arbeit gekommen, habe auch während der Arbeit gelegentlich getrunken und sei dabei "erwischt" worden. Aber:

1036 ich bin dann
1037 nicht entlassen worden andere sind entlassen worden ich nicht
1038 (hm) ich bin geblieben >----< <1 Sekunde>

Er detailliert im folgenden sehr genau und zählt eine Fülle von weiteren Gründen auf, die aus seiner Sicht ausgereicht hätten, ihn zu entlassen[12]. An späterer Stelle des Interviews heißt es dazu prägnant:

1249 ham mich auch nicht vor die Tür gesetzt .
1250 irgendwie hatte ich einen unwahrscheinlichen Leumund oder
1251 mehrere Leumunde oben im Hauptgebäude gehabt (ja) daß man
1252 mich nicht entlassen konnte . konnte also in dem Sinne
1253 machen was ich wollte
1254
1255 I: naja sie ham ja auch gearbeitet
1256 wie wie wahnsinnig dabei
1257
1258 C: aber trotzdem aber hier den
1259 Blödsinn da den ich gemacht hab auch mit der Sauferei und
1260 alles und so auf der Pelle gehabt >---< <9 Sekunden starker
1261 Straßenlärm> ich wurde unwahrscheinlich gedeckt da (hm) das
1262 hab ich selbst auch gespürt daß ich gedeckt worden bin daß ich
1263 da wo andere schon längst wo ich auch gemerkt hab wo ich schon
1264 lange Jahre da war zehn Jahre die flogen alle und so wo ich
1265 weitaus manchmal gravierendere Dinge gedreht hab . und doch
1266 nicht geflogen bin (hm) nicht so daß ich hier [Lachansatz]
1267 hier daß ich mutwillig das gemacht hab' das gar nicht mal so .
1268 ich wurde einfach nicht entlassen (hm ja) . . mich hat man ge-
1269 halten sozusagen

Die Errichtung einer schützenden Instanz stellt sicher, so interpretiere ich, daß das Subjekt, das sich lediglich als Opfer von anonymen Mächten sieht, nicht infolge von Sinnentleerung zusammenbricht. Es ist die Annahme einer dem Subjekt nicht verfügbaren, ihm transzendenten Macht, die Einheit und Sinn, letzlich einen Ort im Sein verbürgt, wie folgende Passage eindrucksvoll zu belegen vermag:

1799 C: und der Druck wurde immer stärker
1800 (ja) statt schwächer (ja) . . . <9 Sekunden> da hab ich
1801 oftmals auch , das kann man auch jetzt nachempfinden kann ichs

1802 auch daß mir die Tränen nahestanden daß ich oftmals . dicht am
1803 Weinen war . daß . meine Nerven dadurch waren gleich mal
1804 Purzelbäume geschlagen haben und auch gezittert weil ich da
1805 vielleicht schon n Nervenzusammenbruch gehabt hab ohne zu
1806 wissen was es war (ja) . . . <6 Sekunden>

Letzten Endes habe aber die schützende Macht ihn auch nicht vor der Kündigung retten können. Sie habe wahrscheinlich nicht genau gewußt, was sich tatsächlich an Komplotten gegen ihn ereignet habe. Die negative Macht hätte es auch über die Gewerkschaft so "gedreht", "daß oben das Hauptgebäude nichts machen konnte" (1133). Da er nicht wußte, wo die ihn schützende Hand sitze, habe er sich auch nicht an sie wenden können[13]. So sei er Opfer der Komplotte geworden und in die Psychiatrie gekommen:

1490 bloß daß die oben im Hauptgebäude nichts davon
1491 wußten ich wußt nicht wo die steckten und alles und so (ja)
1492 die meinen Rücken gedeckt haben schützende Hand über mich
1493 gehalten haben ich wußt nicht wer das ist (hm) sonst hätt ich
1494 mit den schon irgendwie mal Kontakt aufgenommen und so . .
1495 immer nur von weitem ham sie mich nur gedeckt . . und die
1496 wußten ja auch nicht alles was mit los war . die konnten ja
1497 nur so was >---< <1 Sekunde schnell gesprochen> das über den
1498 Weg wenn man sich über mich beklagt hat . . . <5 Sekunden>

4. Schlußbemerkung

Beide Seiten des *Masterplans* versetzen das Subjekt in Passivität, in einen Zustand des Getriebenwerdens. Es gelingt ihm nur, sein Leben zu biographisieren unter Zuhilfenahme des *Masterplans*, der strukturiert und zusammenhält, was sonst hilflos der Diffusion anheimgegeben wäre, nämlich die eigene Vergangenheit. Für den Informanten wird es gerade zum Problem, die einzelnen Ereignisse und Episoden, Erfahrungen und Kränkungen seines Lebens "auf die Reihe zu bringen"[14]. In diesem Zusammenhang ist eine Kontextinformation wichtig. Zum Zeitpunkt des Interviews spielte der Informant bereits seit einigen Wochen mit dem Gedanken, sich bei einer Rehalbilitationseinrichtung, einem Berufstrainigszentrum, zu bewerben. Diese Bewerbung scheiterte immer wieder daran, daß es ihm nicht gelang, einen formalen Lebenslauf, der lediglich eine Chronologie der wichtgsten Daten enthalten sollte, zu erstellen. Das Problem des Informanten besteht also gerade darin, daß einzelne Teile des Lebenszusammenhanges nicht mehr sinnvoll zu einem Ganzen organisiert werden können. Eben deshalb taucht der *Masterplan* auf.

Ich habe meinen hier vorgelegten Interpretationsdurchgang stark inhaltlich angelegt präsentiert. Es ist deshalb wichtig zu betonen, daß das Dargestellte ein Resultat ist, das gewonnen wurde, indem mehrere Analyseschritte absolviert wurden. Neben einer Segmentierung des Materials und einer genauen strukturellen Beschreibung habe ich auch eine Textsortenanalyse, die den Text hinsichtlich des Auftretens von narrativen, beschreibenden und argumentativen Passagen untersucht, durchgeführt. Bei dieser Formalanalyse fällt auf, daß ein Wechsel von der Erzähl- und Berichtsebene zur argumentativen Ebene das Auftreten des *Masterplan*es ermöglicht und in den meisten Fällen auch nach sich zieht. Ich kann von daher aus diesen Zusammenhängen heraus bestätigen, was GERHARD RIEMANN bereits 1986 aus seinem damaligen Forschungsprojekt heraus dargelegt hat. Er geht nämlich von der Beobachtung aus, daß die Informanten in narrativen Interviews nicht nur dem kommunikativen Schema der Narration folgen, sondern dieses oft verdrängt werde durch das der Beschreibung und der Argumentation. Riemann konturiert seine Fragen nach möglichen Erklärungen dieser Beobachtung aus seinem Forschungsprojekt heraus, in dem er Psychiatriepatienten nach ihrer Lebensgeschichte (im Gegensatz zu ihrer Krankheitsgeschichte) befragt hat. Er diskutiert drei mögliche Funktionen, die das Auftreten des Argumentationsschemas haben könnte. Für meine hier verfolgte Fragestellung ist die erste Variante interessant, die er als "Auflösung des narrativen Bezuges zur eigenen Biographie im 'Wahn'" (RIEMANN 1986, S. 118) bezeichnet. Der Informant, auf den RIEMANN sich exemplarisch bezieht, gerate ins Argumentieren, weil er in seinen Behauptungen (Existenzaussagen) sich nur auf subjektive Gewißheiten verlassen könne, die jedoch keine intersubjektive Geltung mehr zu beanspruchen hätten[15]. Der Sachverhalt, daß der Informant sich immer wieder in Argumentationen verstricke, bewirke eine Defokussierung seiner Vergangenheit, so daß kognitive Figuren, die zwecks Zusammenhangsbildung derselben enaktiert worden seien, nicht abgeschlossen würden. Der Informant verfüge über keine mit der Umwelt geteilten Situationsdefinitionen:

"Die Erkenntnisse, über die er verfügt, sind - und er weiß das - den anderen prinzipiell nicht mehr zugänglich, und er ist soweit aus der interaktiven Reziprozität herausgefallen, daß er ständig seine eigenen Plausibilitätsverknüpfungen herstellen und verteidigen muß" (RIEMANN 1986, 133).

RIEMANNs Überlegungen zeigen auch, daß es aufgrund der fragmentierten Vergangenheit verständlich ist, daß sich Schizophrene einen *Masterplan* zurechtlegen, der häufig jeglicher interaktiver Plausibilität und Absicherung entbehrt. RIEMANNs These geht in die Richtung anzunehmen, daß Argumentationen dann in Prozessen der Biographisierung dominant würden, wenn die Frage in den Vordergrund rücke, "wer man in Wahrheit ist (und über welche Erkenntnismittel man verfügt und worauf man Anspruch hat)" (RIEMANN 1986, S. 147). Diesen Befund kann ich aus der Analyse vieler narrativer Interviews bestätigen. Der Übergang zum Argumentationsschema erfolgt, weil an diesen Stellen des Biographisierungsprozesses viel auf dem Spiel steht, nämlich die ganze Person in ihrem existentiellen So-Sein[16]. Grundsätzlich stehen Informanten, die eine "schizophrene Karriere" hinter sich haben, bei ihren Biographisierungen vor zwei Problemen, die sich im Falle des Informanten, auf den ich mich in diesem Beitrag bezogen habe, wie folgt veranschaulicht werden können: Zum einen funktioniert die Biographisierung mit Hilfe eines solchen *Masterplan*es nur bedingt. Die Stellen, an denen er ins Trudeln gerät, zeigen das. Zum anderen setzt er sich verstärkt dem Problem aus, inwieweit sein individueller Modus, Sinn über einen *Masterplan* herzustellen, sozial geteilt werden kann. Dazu einige Erläuterungen: Der individuelle Sinn, so sagt DILTHEY, ist ganz singular. Er ist jedoch umso stabiler, je mehr er in sozialen Interaktionen wechselseitig als unterstelltes und akzeptiertes Wissen geteilt werden kann. Umgekehrt: Subjektive Sinnsysteme werden in dem Maße fragiler und bedürfen zusätzlicher Schutzmaßnahmen, indem sie sozial nicht mehr geteilt werden können.

Im Extremfall könnte man es sich an einem Wahnsystem (einem Wahn-Sinn) veranschaulichen, das gerade deshalb zum Wahn avanciert, weil es sozial nicht ratifiziert wird (vgl. dazu: MAROTZKI 1984, S. 161 ff.). Es soll an dieser Stelle nicht behauptet werden, daß beim Informanten auch nach seinen Klinikaufenthalten ein solches Wahnsystem noch intakt sei. Es ist allerdings diese zwanghafte Form des Biographisierens auch nicht zu übersehen.

Mindestens für die Symptomatik der paranoiden Schizophrenie gilt, daß eine Sinnkonstitution häufig nur über einen *Masterplan* bewerkstelligt werden kann. Wenn die These von ULRICH SONNEMANN[17] stimmt, daß unsere Zeit psychotische Züge trage, dann könnte das aber aus der von mir hier herangezogenen Sicht auch bedeuten, daß Prozesse der Zusammenhangsbildung nur noch über die Annahme eines *Masterplans* gelingen könnten. Die Frage der Grenzziehung zwischen einer "normalen" Biographisierung und einer solchen, die sich eines wie auch immer gearteten *Masterplan*es bedient, wird immer undurchsichtiger. Dennoch arbeiten wir täglich in pädagogischen und therapeutischen Kontexten mit dieser Unterscheidung. Die zerbrechliche Trennung zwischen Wirklichkeit und Wahn könnte sich manchmal - nicht immer - als Fiktion herausstellen.

Anmerkungen

1 In anderen Zusammenhängen und mit anderer Blickrichtung hat PETER ZEDLER (1983) auf diesen Zusammenhang hingewiesen.

2 Das vollständige Zitat lautet: "Sobald der einzelne Mensch über das Nacheinander seiner Erlebnisse nachdenkt, versucht er, ihren Sinn einem biographischen Zusammenhang einzufügen. Diese Neigung wächst, wenn er seine private Sinnauffassung samt biographischer Integration mit anderen teilt. Der Hang, Bedeutungen zu integrieren, kann auf einem psychologischen Bedürfnis beruhen, das seinerseits vielleicht physiologisch begründet ist. Es mag durchaus ein eingeborenes Bedürfnis nach Zusammenhang in der psychophysischen Konstitution des Menschen angelegt sein" (BERGER/LUCKMANN 1969, S. 68).

3 vgl. etwa BECK 1986 sowie BERGER (Hrsg.) 1986.

4 Das Auftreten solcher Phasen ist abhängig von der Art der psychischen "Erkrankung" und vom Verlauf des "Heilungsprozesses". Vielfach sind es Schübe, die zu einer Fragmentierung der Vergangenheit infolge fehlgeschlagener Prozesse der Zusammenhangsbildung führen.

5 Die Autobiographie ist für ihn die vollkommenste Explikation der entstehenden Selbstauffassungen und Selbstdeutungen des Lebens: "Das Auffassen und Deuten des eigenen Lebens durchläuft eine lange Reihe von Stufen; die vollkommenste Explikation ist die Selbstbiographie. Hier faßt das Selbst seinen Lebenslauf so auf, daß es sich die menschlichen Substrate, geschichtlichen Beziehungen, in die es verwebt ist, zum Bewußtsein bringt. So kann sich schließlich die Selbstbiographie zu einem historischen Gemälde erweitern; und nur das gibt demselben seine Schranke, aber auch seine Bedeutung, daß es vom Erleben getragen ist und von dieser Tiefe aus das eigene Selbst und dessen Beziehungen zur Welt sich verständlich macht. Die Besinnung des Menschen über sich selbst bleibt Richtpunkt und Grundlage" (DILTHEY VII, S. 204).

6 "Der Erzähler kann also 'von hinten her', von späteren Ereigniskonsequenzen, Entfaltungsstadien bzw. (vorläufigen) Ergebnissen ausgehend auf das erlebte Geschehen hinblicken und es von dort aus interpretieren und es in seiner Gestalt erkennen" (SCHÜTZE 1987, 40).

7 Ich bedanke mich an dieser Stelle bei ULRIKE WALTHER, die mir das Interviewtranskript freundlicherweise zur Verwendung überlassen hat und mir auch fundierten Einblick in Ihr Forschungsprojekt "Arbeitsrehabilitation mit psychisch Kranken" verschafft hat. Der Zugang zu Problemen der Sinnkonstitution psychisch Kranker ist mir dadurch sehr erleichtert worden.

8 Die Interviewtranskription, aus der im folgenden unter Angabe der Zeilennummern zitiert wird, folgt den gängigen Regeln der gemäßigten Frakturschreibweise. Dabei bedeuten: C : Informant / I : Interviewerin / M: Mutter/ . : Pause von einer Sekunde / []: parasprachliche Elemente / (): feed-back-Partikel / ' : Stimmhebung als starke Betonung / >---< : Markierung akustisch unverständlicher Stellen / <> : zusätzlich in die Transkription eingefügte Kommentare und Angaben.

9 SCHÜTZE führt den Begriff der Zusammenhangsbildung nicht explizit ein, sondern arbeitet auf einer gleichsam naturalistischen Ebene mit ihm, wenn er etwa sagt: "Stegreiferzählungen fassen also die schier unzähligen Einzelerlebnisse zu erlebnismäßigen und prozessualen Zusammenhängen zusammen - dies entsprechend den 'natürlichen' Gesamt- und Teilspannen des Erlebens sozialer bzw. soziohistorischer Prozesse und ihrer Teilphasen. Sie raffen die Einzelergebnisse zu Darstellungsabschnitten und arbeiten die Entfaltungsrichtungen, Stadien, Alternativen und Gesamtformungen für die erlebten Ereignissequenzen heraus" (SCHÜTZE 1987, S. 40).

10 gemeint ist hier: der Chef.

11 Ein Beispiel von vielen: "und denn hat ich auch ne Arbeitsstelle gehabt . beim Kriegsschiffsbau' da ne kleine Kammer . dies so groß wie >---< <1 Wort> so wie diese Ecke hier so (hm) so groß die mußt ich dann Fußboden saubermachen . pikobello saubermachen dann mußt ich abkratzen und denn mit Stahlbürste fegen und denn mit kleinen Bürsten die Ecken ausfegen alles pikobello saubermachen einmal abgenommen worden nicht gut zweite Mal abgenommen nicht gut dann hab ich mit Terpentinlappen abgewischt und richtig spiegelte bald daß es sauber war auch nicht abgenommen worden da ham sie mich rich-

tig schmoren lassen und eine Woche mindestens schmoren lassen da in dem Raum und durfte nichts anderes machen nur wie diesen Raum hatte mir n Schlüssel besorgt und hab abgeschlossen nichts hat gefruchtet und so sie ham mich richtig schmoren lassen" (1197 - 1211).

12 An anderer Stelle heißt es: "aber wahrscheinlich konnt man mich nicht entlassen weil ich von oben irgendwie gedeckt war (hm) vom Hauptgebäude (hm) ne man hätte mich hundertfach entlassen können die letzten Jahre hat man aber nicht können . als durch meine Krankheit nachher wo ich dann zu Hause geblieben bin [holt tief Luft] hat man es zuerst auch nicht geschafft wurd ich von oben auch noch gedeckt" (1060 - 1066).

13 "bei mir hat man so manches mal ein Auge zugedrückt (hm) . . eigenartiger Weise . . aber das hat man mir dann wiederum mit andere Meister den letzten den ich da hatte [Huster] und Vorarbeiter und so und mit Arbeitskollegen hat man das auch hin , mit anderen Dingen wieder heimgezahlt ganz hart daß ich in der Psychiatrie gelandet bin . daß ich da nicht mehr standhalten konnte im Laufe der Jahre eines Teils die letzten Jahre konnt ich nicht mehr mithalten da konnt ich nicht mehr , [holt tief Luft]" (1755 - 1763).

14 An einer Stelle heißt es bezeichnenderweise im Interview: "ich hab nur kreuz und quer erzählt . . weil das , wie mir das einfiel (ja) so ins Bewußtsein kam mit einem Mal wieder . in einer Reihe nach . krieg ich das nicht in die Reihe das ist dann noch schwieriger (hm) . . da bräucht ich dann einige Zeit dann dazu müßt ich mir dann irgendwie ein Zettel anlegen mit in den Angelegenheiten und dann überlegen wann war das wann war das ungefähr (hm) daß das dann so ungefähr hinhauen könnte" (2295 - 2302).

15 "Er muß davon ausgehen, daß das, was er als Erfahrung mitteilt, von anderen als Ausdruck seiner Geisteskrankheit gewertet und nicht ernst genommen wird" (RIEMANN 1986, S. 127).

16 Für RIEMANN ist es dabei unerheblich, ob man von einem eindeutigen Standpunkt her argumentiere (Verteidigung einer gefundenen oder angenommenen Identität) oder mit sich zerstritten ist und seine eigene Identität verzweifelt sucht, ja gleichsam zusammensucht.

17 ULRICH SONNEMANN, Spontaneität und Verfügung. Wahrnehmungen an der Pathologie der Kultur. In: DAUBER (Hrsg.): Bildung und Zukunft. Weinheim 1989

Literatur

BECK, U.: Risikogesellschaft. Auf dem Weg in eine andere Moderne. Frankfurt a. M. 1986.

BERGER, J. (Hg.): Die Moderne - Kontinuitäten und Zäsuren. Soziale Welt - Sonderband 4. Göttingen 1986.

BERGER, P. L./LUCKMANN, TH.: Die gesellschaftliche Konstruktion der Wirklichkeit. Eine Theorie der Wissensoziologie. Frankfurt a. M. 1969.

DILTHEY, W.: Der Aufbau der geschichtlichen Welt in den Geisteswissenschaften. In: Gesammelte Schriften Band VII. Stuttgart und Göttingen. Fünfte Auflage 1968.

GARZ, D./KRAIMER, K. (Hg.): Brauchen wir neue Forschungsmethoden? Beiträge zur Diskussion interpretativer Verfahren. Frankfurt a. M. 1983.

HEGEL, G. W. F.: Aphorismen aus Hegels Wastebook (1803 - 06). In: Werke in zwanzig Bänden. Hg. von MOLDENHAUER und MICHEL. Band 2. Frankfurt a. M. 1970.

HERRMANN, U.: Biographische Konstruktionen und das gelebte Leben. Prolegomena zu einer Biographie- und Lebenslaufforschung in pädagogischer Absicht. In: Zeitschrift für Pädagogik 33 (1987), S. 303-323.

KRAIMER, K.: Anmerkungen zu einem 'erzählgenerierenden' Instrument der kommunikativen Sozialforschung. In: GARZ, D./KRAIMER, K. (Hg.) 1983, S. 86 - 112.

LOCH, W.: Lebenslauf und Erziehung. Reihe: Neue pädagogische Bemühungen. Essen 1979.

MAROTZKI, W.: Subjektivität und Negativität als Bildungsproblem. Frankfurt a. M. 1984.

MAROTZKI, W.: Entwurf einer strukturalen Bildungstheorie. Biographietheoretische Auslegungen von Bildungsprozessen in hochkomplexen Gesellschaften. Weinheim 1990.

OEVERMANN, U./ALLERT, T./KONAU, E.: Zur Logik der Interpretation von Interviewtexten. Fallanalyse anhand eines Interviews mit einer Fernstudentin. In: HEINZE, TH. /KLUSEMANN/SOEFFNER H.-G. (Hg.): Interpretationen einer Bildungsgeschichte. Bensheim 1980, S. 15-69.

RIEMANN, G.: Einige Bemerkungen dazu, wie und unter welchen Bedingungen das Argumentationsschema in biographisch-narrativen Interviews dominant werden kann. In: SOEFFNER, H.-G. (Hg.): Sozialstruktur und soziale Typik. Frankfurt a. M./New York 1986, S. 112-157.

SCHÜTZE, F.: Biographieforschung und narratives Interview. In: Neue Praxis 13 (1983), S. 283-293.

SCHÜTZE, F.: Das narrative Interview in Interaktionsfeldstudien: erzähltheoretische Grundlagen. Teil I: Merkmale von Alltagserzählungen und was wir mit ihrer Hilfe erkennen können. Hagen (Studienbrief) 1987.

SONNEMANN, U.: Spontaneität und Verfügung. Wahrnehmungen an der Pathologie der Kultur. In: DAUBER (Hg.): Bildung und Zukunft. Weinheim 1989, S. 99-106.

ZEDLER, P.: Zur Aktualität geisteswissenschaftlicher Pädagogik. In: GARZ, D./ KRAIMER, K. (Hg.) 1983, S. 63-85.

MICHAEL MEUSER UND ULRIKE NAGEL

ExpertInneninterviews - vielfach erprobt, wenig bedacht

Ein Beitrag zur qualitativen Methodendiskussion

In verschiedenen Forschungsprojekten haben wir mit dem Verfahren des offenen, leitfadenorientierten ExpertInneninterview gearbeitet und dabei die Erfahrung gemacht, daß wir *methodisch* auf einem wenig beackerten Terrain operieren mußten. Das gilt nahezu vollständig für *Auswertungsprobleme*. In der - spärlich vorhandenen - Literatur zu ExpertInneninterviews werden vorwiegend Fragen des Feldzugangs und der Gesprächsführung behandelt. Die Frage, wie "methodisch kontrolliertes Fremdverstehen" (vgl. SCHÜTZE u. a. 1973) im Rahmen von ExpertInneninterviews zu bewerkstelligen ist, bleibt völlig offen. Ziel dieses Artikels ist es, einige Fragen hinsichtlich der Methodik des ExpertInneninterviews zu behandeln. Das empirische Material, auf das wir uns beziehen, stammt aus Forschungsprojekten, die wir durchgeführt haben bzw. gegenwärtig bearbeiten[1]. Das Auswertungsverfahren, das wir vorstellen werden (s. Kap. 4), haben wir aus unserer eigenen Forschungspraxis entwickelt, die ihrerseits im Rekurs auf die Literatur zur qualitativen bzw. interpretativen Sozialforschung zustandegekommen ist.

Wir haben in unseren Interviews mit überschaubaren Fallzahlen (20 bis 30) gearbeitet. Auf Besonderheiten, die sich bei Untersuchungen mit größeren Stichproben ergeben, wie sie in der industriesoziologischen Forschung häufig vorkommen, gehen wir nicht ein.

ExpertInneninterviews kommen in den verschiedensten Forschungsfeldern zum Einsatz, oft im Rahmen eines Methodenmix, aber auch als eigenständiges Verfahren[2]. Der weiten Verbreitung steht ein deutlicher Mangel an methodischer Reflexion gegenüber. In den gängigen Lehr-

und Handbüchern zu den Methoden der empirischen Sozialforschung werden ExpertInneninterviews allenfalls kurz erwähnt - vielfach geschieht nicht einmal das - nicht aber als Verfahren ausgewiesen, dessen Erhebungs- und Auswertungsstrategien eine gesonderte Betrachtung erfordern (vgl. ATTESLANDER 1984, S. 105ff., 119ff.; von ALEMANN 1977, S. 192, MALWITZ-SCHÜTTE/SELL 1973, S. 65ff.; KOOLWIJK 1974, S. 16). Selbst in Lehrbüchern, die explizit der Methode des Interviews gewidmet sind, erfährt das ExpertInneninterview keine eigene Behandlung (vgl. ERBSLÖH 1972; HOLM 1975ff.)[3].

Bei unseren Recherchen sind wir auf lediglich eine Monographie gestoßen, die sich unter dem Titel "Elite and Specialized Interviewing" explizit mit den Besonderheiten von ExpertInneninterviews befaßt (vgl. DEXTER 1970).

DEXTER betont mit Nachdruck die Unterschiede zwischen standardisierter Befragung und Experteninterview, die in allen Phasen des Forschungsprozesses gegeben sind. Er behandelt vor allem Fragen der Gesprächsführung und plädiert mit Nachdruck für offene Interviews, um die Situationsdefinition des Experten, seine Strukturierung des Gegenstandes und seine Bewertung zu erfassen (S. 5ff.).

Im Unterschied zu anderen Formen des offenen Interviews bildet bei ExpertInneninterviews *nicht* die Gesamtperson den Gegenstand der Analyse, d.h. die Person mit ihren Orientierungen und Einstellungen im Kontext des individuellen oder kollektiven Lebenszusammenhangs. Der Kontext, um den es hier geht, ist ein organisatorischer oder institutioneller Zusammenhang, der mit dem Lebenszusammenhang der darin agierenden Personen gerade nicht identisch ist und in dem sie nur einen "Faktor" darstellen.

1. Expertin für was - oder: Wie wird man zur Expertin[4]?

Der Adressatenkreis von ExpertInneninterviews ist breit gefächert. In der Literatur findet man Führungsspitzen aus Politik, Wirtschaft, Justiz, Verbänden, Wissenschaft, aber auch Lehrer, Sozialarbeiter, Personalräte. Der Großteil kann als Funktionselite gelten, bei anderen dürfte eine solche Zuordnung irreführend sein, etwa bei Personalräten oder bei Sozialarbeitern.

In unseren Ausführungen beziehen wir uns auf diejenigen ExpertInnen, die selbst Teil des Handlungsfeldes sind, das den Forschungsgegenstand ausmacht. Wir meinen nicht den Experten, der von außen - im Sinne eines Gutachters - Stellung zum Handlungsfeld nimmt.

Ob jemand als Expertin angesprochen wird, ist in erster Linie abhängig vom jeweiligen Forschungsinteresse. Expertin ist ein relationaler Status.

In diesem Sinne ist ein Personalrat ebenso gut ein Experte wie ein Geschäftsführer, wenn es um Entscheidungsmuster bei der Personalauswahl geht. Ein Lehrer, der zu Konzentrationsschwierigkeiten von Schülern interviewt wird, wird als Experte angesprochen. Liegt das Forschungsinteresse auf der psychischen Belastung, die der Lehrerberuf verursacht, ist derselbe Lehrer als Betroffener, als Einzelfall, als Teil eines repräsentativen sample oder was auch immer, jedenfalls nicht als Experte, Gegenstand der Forschung.

Der ExpertInnenstatus wird in gewisser Weise vom Forscher verliehen, begrenzt auf eine spezifische Fragestellung. Das will nicht sagen, daß es lediglich "ExpertInnen von soziologischen Gnaden" gibt. Auch ohne die entsprechende Zuschreibung ist eine Managerin eine Expertin für Personalführung, für Marketing, für MitarbeiterInnenschulung usw. Das kann jedoch für das konkrete Forschungsinteresse ohne Belang sein. Als Experte wird angesprochen,

- wer in irgendeiner Weise Verantwortung trägt für den Entwurf, die Implementierung oder die Kontrolle einer Problemlösung oder
- wer über einen privilegierten Zugang zu Informationen über Personengruppen oder Entscheidungsprozesse verfügt.

Oft ist es nicht die oberste Ebene in einer Organisation, auf der ExpertInnen zu suchen sind, sondern die zweite oder dritte Ebene, weil hier in der Regel Entscheidungen vorbereitet und durchgesetzt werden und weil hier das meiste und das detaillierteste Wissen über interne Strukturen und Ereignisse vorhanden ist[5].

So hat MEUSER (1989) in der Untersuchung über die Implementation einer Frauenförderrichtlinie im öffentlichen Dienst nicht Senatoren oder Senatsdirektoren (Minister- bzw. Staatssekretärebene) interviewt, sondern Verwaltungsleiter und Personalchefs. Sie sind - bezogen auf das konkrete Forschungsinteresse - 'Schaltstellen der Macht', von ihren Entscheidungen wird das Schicksal der Richtlinie weitgehend bestimmt. Zusätzlich wurden Personalräte interviewt, da diese ebenfalls eine, wenn auch untergeordnete Rolle bei der Programmumsetzung spielen, insbesondere aber weil sie über andere Informationskanäle als die Verwaltungsspitze verfügen.

In der Untersuchung über Statuspassagen im Bereich sozialer Arbeit wurden die Vertreter der Wohlfahrtsverbände nicht auf der Ebene der Landesverbände, sondern auf der Ebene der kommunalen Anstellungsträger der Sozialarbeit gesucht. Das Forschungsinteresse richtete sich auf die Experten als Arbeitgeber, auf ihr Wissen über Strategien und Chancen des Berufseinstiegs (vgl. RABE-KLEBERG u. a. 1990).

Von Interesse sind ExpertInnen als FunktionsträgerInnen innerhalb eines organisatorischen oder institutionellen Kontextes. Die damit verknüpften Zuständigkeiten, Aufgaben, Tätigkeiten und die aus diesen gewonnenen exklusiven Erfahrungen und Wissensbestände sind die Gegenstände des ExpertInneninterviews. ExpertInneninterviews beziehen sich mithin auf klar definierte Wirklichkeitsausschnitte, darüber hinausgehende Erfahrungen, vor allem solcher privater Art, bleiben ausgespart[6]. In ExpertInneninterviews fragen wir *nicht* nach individuellen Biographien, untersuchen wir keine Einzelfälle, sondern wir sprechen die *ExpertInnen als RepräsentantInnen* einer Organisation oder Institution an, insofern sie die Problemlösungen und Entscheidungsstrukturen (re)präsentieren[7].

In der Verwendungsforschung werden MinisterialbeamtInnen oder ZeitungredakteurInnen in ihrer Funktion als 'gatekeeper', die die Interaktion des politischen Systems bzw. der Medien mit der Wissenschaft maßgeblich beeinflussen, interviewt. In der Implementationsforschung sind VerwaltungsbeamtInnen, RichterInnen, ReferentInnen in Verbänden in ihrer Funktion als UmsetzerInnen bzw. BlockiererInnen politischer Programme Gegenstand der Untersuchung. Die Bildungsforschung interessiert sich für KursleiterInnen, pädagogische MitarbeiterInnen von Volkshochschulen, FortbildungsreferentInnen in Betrieben der Privatwirtschaft in ihrer Funktion als EntwicklerInnen oder MultiplikatorInnen von Bildungskonzepten.

2. ExpertInnenwissen und Forschungsinteresse

In einem ersten systematisierenden Zugriff unterscheiden wir zwischen einer zentralen und einer Randstellung von ExpertInneninterviews im Forschungsdesign. Mit einer Randstellung haben wir es dort zu tun, wo ExpertInneninterviews z. B. explorativ-felderschließend eingesetzt werden, wo sie zusätzliche Informationen wie Hintergrundwissen und Augenzeugenberichte liefern und zur Illustrierung und Kommentierung der Aussagen der Forscherin zum Untersuchungsgegenstand dienen. Wir werden hierauf im folgenden nicht eingehen, sondern uns auf solche Untersuchungen beziehen, in denen das ExpertInnenwissen im *Zentrum* des Interesses steht.

Wir trennen hier zwischen zwei typischen Untersuchungsanlagen. Im einen Fall bilden die ExpertInnen die Zielgruppe der Untersuchung, und die Interviews sind darauf angelegt, daß die ExpertInnen Auskunft über ihr eigenes Handlungsfeld geben. Entsprechende Studien stammen typischerweise aus der industriesoziologischen, der Eliten-, Implementations- und Professionalisierungsforschung. Im anderen Fall repräsentieren die ExpertInnen eine zur Zielgruppe *komplementäre* Handlungseinheit, und die Interviews haben die Aufgabe, Informationen über die Kontextbedingungen des Handelns der Zielgruppe zu liefern. Die Beispiele hierfür findet man typischerweise in der sog. Betroffenen-, in der Soziale-Probleme- und in der Ungleichheitsforschung. Das Interesse an den ExpertInnen ist hier ein abgeleitetes Interesse, d.h. abgeleitet von einer Forschungsfrage, für deren Bearbeitung auf ExpertInnenwissen nicht verzichtet werden kann. Die ExpertInneninterviews bilden eine Datenquelle neben anderen, sie stehen z.B. neben Interviews mit der

Zielgruppe, teilnehmender Beobachtung, Dokumenten- und Aktenanalyse. Allgemein geht es bei diesem Untersuchungstyp darum, die von den ExpertInnen ausgehenden "außerbetrieblichen" Effekte und Normierungen als Kontextbedingungen zu bestimmen[8].

Das Erfahrungswissen von ExpertInnen bezeichnen wir in Abhängigkeit von der Stellung und der Funktion innerhalb des Forschungsdesigns im ersten Fall als *Betriebswissen*, im zweiten Fall als *Kontextwissen*. Diese Unterscheidung ist eine forschungslogisch motivierte, begriffliche Bestimmung der Funktionen, die das erhobene Textmaterial erfüllt, und bezeichnet keine Denkfiguren der ExpertInnen. Die ExpertInnen werden im Interview mit Themen konfrontiert, und für sie spielt es keine Rolle, ob wir ihr Wissen zu diesen Themen als Betriebs- oder Kontextwissen verwenden. Für uns allerdings ist die Unterscheidung zwischen Betriebs- und Kontextwissen folgenreich - hinsichtlich des Aufwandes, den wir in der Auswertung der Texte treiben. Dazu unten mehr (s. Kap. 4).

Die Perspektive auf *Betriebswissen* kennzeichnet die Implementationsstudie zur Frauenförderung. Die ExpertInneninterviews waren das Hauptinstrument der Datenerhebung, mit ihnen wurden institutionsinterne Anwendungsprozesse und Entscheidungsabläufe erfaßt. Das Forschungsinteresse galt dem Betriebswissen der für die Implementation der Gleichstellungsklausel zuständigen Bürokratie, z.B. den sich herausbildenden Routinen in den Entscheidungskommissionen, Implementationsbarrieren sowie Versuchen, die Klausel zu unterlaufen wie auch durchzusetzen.

Die Perspektive auf *Kontextwissen* ist Kennzeichen der ExpertInneninterviews im Rahmen der Untersuchung von Statuspassagen im Bereich sozialer Arbeit. Die ExpertInneninterviews sind ein Erhebungsinstrument neben anderen - focussierte Interviews mit den "Statuspassagieren", Erhebung regionaler Strukturdaten, Fragebogenaktion. Zwar geht es auch hier um Strukturen des ExpertInnenwissens, im Unterschied aber zur o.g. Verwendung von ExpertInneninterviews als zentralem Instrument der Datenerhebung interessieren diese Strukturen nur als Bezugsgröße und als Rahmenbedingung für die Analyse der Statuspassage zwischen Studium und Beruf. Im Verhältnis zur Hauptuntersuchung erhalten die ExpertInneninterviews hier also die

Aufgabe, Eigenschaften und Strukturen der Handlungssituation der Zielgruppe aufzuschließen.

Mit dem Einsatz von ExpertInneninterviews wird - forschungslogisch - das Interesse verfolgt, Strukturen und Strukturzusammenhänge des ExpertInnenwissens/handelns zu analysieren. Mit der Perspektive auf Betriebswissen verbunden ist im allgemeinen ein objekttheoretischer Fragen- und Aussagenkomplex, innerhalb dessen die Untersuchung angesiedelt ist. Hier wird ein kategoriales Gerüst als Bezugsrahmen für die empirische Analyse vorausgesetzt. Die Forschungsresultate sind von daher nicht nur Hypothesen über den untersuchten bereichsspezifischen Gegenstand, sondern zugleich auch Prüfinstanz für die Reichweite der Geltung des zugrundegelegten theoretischen Erklärungsansatzes.

Demgegenüber resultiert die Perspektive auf das Kontextwissen von ExpertInnen aus der Betrachtung eines Sachverhaltes, an dessen Zustandekommen nicht nur wir, sondern auch die ExpertInnen maßgeblich beteiligt sind. Die theoretischen Annahmen und Kategorien beziehen sich auf die Funktion der ExpertInnen, nicht aber auf ihr Erfahrungswissen. Die Ergebnisse der ExpertInnenuntersuchung tragen insofern zur Bestimmung des Sachverhaltes bei und sind nicht dazu geeignet, die Gültigkeit theoretischer Behauptungen über den Sachverhalt zu prüfen.

Aus der unterschiedlichen Stellung der ExpertInneninterviews im Forschungsdesign und der auf sie gerichteten Erkenntnisinteressen resultiert eine entscheidende Vorgabe für die Auswertung. Dort, wo sich das Forschungsinteresse auf die ExpertInnen als Zielgruppe und nicht als Kontextgröße richtet, wird es in der Auswertung darum gehen, die entsprechenden Wissens- und Handlungsstrukturen, Einstellungen und Prinzipien theoretisch zu generalisieren, Aussagen über Eigenschaften, Konzepte und Kategorien zu treffen, die den Anspruch auf Geltung auch für homologe Handlungssysteme behaupten können bzw. einen solchen theoretisch behaupteten Anspruch bestätigen oder falsifizieren.

Im Unterschied dazu wird man dort, wo ExpertInneninterviews lediglich einen Meilenstein auf dem Wege zur Hauptuntersuchung bilden, die

Auswertung der Interviews stoppen, wenn ihr Zweck erfüllt ist: z. B. die durch die ExpertInnen gesetzten Bedingungen inhaltlich bestimmt sind, wenn Themen und Hypothesen für die weiteren Untersuchungsschritte realitätsgesättigt sind, Sample-Bildung und Leitfadenentwicklung Kontur annehmen. Man wird in diesen Fällen die Texte partiell auswerten, die Auswertung im Stadium der empirischen Generalisierung abbrechen und Aussagen über Repräsentatives, auch über Unerwartetes formulieren, jedenfalls über Evidentes. - Ehe wir uns dem Auswertungskapitel zuwenden, beschäftigen wir uns zunächst mit Diskursverläufen von ExpertInneninterviews.

3. Diskursverläufe

Wenn das Wort Leitfadeninterview fällt, hat man beim harten Kern der Vertreter "weicher" Methoden einen schweren Stand. Auch Begriffe wie halboffenes oder focussiertes Interview helfen da nicht weiter, eher im Gegenteil. In unseren Untersuchungen haben wir mit offenen Leitfäden gearbeitet, und dies scheint uns die technisch saubere Lösung der Frage nach dem Wie der Datenerhebung zu sein. Eine leitfadenorientierte Gesprächsführung wird beidem gerecht, dem thematisch begrenzten Interesse des Forschers an dem Experten wie auch dem Expertenstatus des Gegenübers. Die in die Entwicklung eines Leitfadens eingehende Arbeit schließt aus, daß sich der Forscher als inkompetenter Gesprächspartner darstellt. So wird verhindert, daß der Experte es früher oder später bereut, in das Gespräch eingewilligt zu haben. Die Orientierung an einem Leitfaden schließt auch aus, daß das Gespräch sich in Themen verliert, die nichts zur Sache tun, und erlaubt zugleich dem Experten, seine Sache und Sicht der Dinge zu extemporieren. Ausnahmen bestätigen die Regel[9].

Es stellt sich hier die Frage, ob eine teilstandardisierte Befragung von ExpertInnen nicht dem offenen ExpertInneninterview vorzuziehen wäre. Dies mag dort richtig sein, wo die ExpertInnen als LieferantInnen von Daten und Fakten angesprochen werden, die nirgendwo sonst in Erfahrung zu bringen sind. Zu diesem Behufe könnte man genausogut eine schriftliche Befragung durchführen. Wenn es aber um handlungsleitende Regeln jenseits von Verordnungen, um ungeschriebene Gesetze des ExpertInnenhandelns, um tacit knowing und Relevanzaspekte geht, gibt es zu offenen ExpertInneninterviews keine Alternative[10].

Auch wenn dies paradox klingen mag, es ist gerade der Leitfaden, der die Offenheit des Interviewverlaufs gewährleistet. Durch die Arbeit am Leitfaden macht sich die Forscherin mit den anzusprechenden Themen vertraut, und dies bildet die Voraussetzung für eine "lockere", unbürokratische Führung des Interviews. Erfüllungsbedingung ist allerdings, daß - obwohl in die Leitfadenkonstruktion Annahmen über den inhaltlichen Zusammenhang von Themen im Sinne von Sachaffinitäten eingehen - der Leitfaden nicht als zwingendes Ablaufmodell des Diskurses gehandhabt wird.

Zum Verhängnis kann der Leitfaden dann werden, wenn ein Experte sich in einem anderen Sprachspiel als dem des Leitfadens bewegt. Das Interview in dem Code zu führen, den man vorab gewählt hat, der dem des Experten aber womöglich nicht entspricht, ist ein Kardinalfehler. In jedem Fall tut man gut daran, sich auf die Sprache des Experten einzulassen, man riskiert ansonsten das Zusammenbrechen der Situation und Gesichtsverluste auf allen Seiten.

Mißlingen kann ein Interview aus verschiedenen Gründen und in verschiedenen Formen:

a) Der Experte blockiert das Interview; er ist entweder fälschlich als Experte angesprochen worden, kennt sich im Thema nicht oder nicht mehr aus, oder er zieht sich auf eine formalistische Behandlung des Themas zurück. Nach wenigen Minuten ist vermutlich allen Beteiligten klar, daß es nur noch *ein* gemeinsames Interesse an der Situation gibt: sie zu beenden. Dies ist unserer Erfahrung nach eine sehr seltene und höchst diffizile Angelegenheit. Als Forscher greift man tunlichst nicht auf seine Themen zurück, sondern stellt sich auf den Experten ein, solange bis die für das Interview angefragte Zeitspanne in etwa abgelaufen ist.

b) Eine zweite Form des Mißlingens findet das Interview, wenn die Expertin die Forscherin zur Mitwisserin im pejorativen Sinne des Wortes macht; die Expertin interessiert - im Augenblick - etwas anderes als die

Themen der Forscherin, und sie benutzt die Situation, um "auszupacken". Sie spricht, je länger desto mehr, über Interna und Verwicklungen in ihrem Aktionsradius - für die Forscherin ein zweifelhafter Vertrauensbeweis. Auch dieser Verlauf ist selten und peinlich - und darüber hinaus schwer zu bremsen.

c) Eine dritte Form des Mißlingens liegt vor, wenn der Experte häufig die Rollen wechselt, mal als Experte, genauso viel aber als Privatmensch spricht und etwa Beispiele aus seinem Familien- oder Vereinsleben heranzieht. Das gibt dem Forscher zwar Aufschluß über die Idiosynkrasien seines vis-à-vis, nicht aber über das Thema.

Der Forscher kann gegen diese Diskursverläufe wenig ausrichten; sie sprengen den Rahmen der Interviewsituation. Der Informationsgehalt der Texte ist gering, für die Auswertung liefern sie bestenfalls Beiwerk.

Die Erhebung aussagekräftiger Informationen bedarf eines Diskursverlaufs in anderer Form.

d) Die wohl häufigste Form des Gelingens entspringt auf Seiten des Experten der Neugierde und ist diejenige, in der die gegenseitige Fremdheit der Akteure zum Auslöser wird, sich über die anliegende Sache zu verständigen. Ein solches Interview beginnt häufig mit Nachfragen des Experten zur Forschungsfrage, zum Forschungsinstitut, zu den Ressourcen. Werden gleich zu Anfang des Gesprächs Konventionen und Rituale der Begegnung zwischen Fremden in Gestalt von Experte und Forscher eingehalten, wird vom Forscher der richtige Ton getroffen und Kompetenz unauffällig demonstriert, dann kommt das Interview in Gang. Der Forscher interessiert den Experten für seine Sache, und der Experte entfaltet seine Sicht der Dinge. Er bedient sich dabei der verschiedensten Darstellungsformen, er berichtet, typisiert, rekonstruiert, interpretiert, kommentiert und exemplifiziert.

e) Eine ähnliche und ebenfalls häufige Form des Gelingens unterscheidet sich von der beschriebenen in folgendem; sie entspringt auf Seiten der Expertin einem Interesse an Gedankenaustausch. Dabei unterstellt diese eine Reziprozität der Perspektiven, und es bedarf "nur noch" ihrer Bestätigung durch die Forscherin, um das Gespräch in Gang zu bringen. Was auf den ersten Blick als Vorteil gegenüber dem vorangehend dargestellten Verlaufsmuster erscheint, erweist sich beim näheren Hinsehen allerdings als Crux. Denn dem Forschungsinteresse ist nicht durch eine lockere Unterhaltung gedient, in welcher die Forscherin in die Rolle der Ko-Expertin gedrängt wird. Wir empfehlen für diesen Fall eine Diskurseröffnung nach dem zuvor beschriebenen Muster: eine Rahmung und Detaillierung des Forschungsinteresses und seine Einbettung in den Kontext der Expertin. Dennoch wird das Interview in seiner Formalstrukturierung anders aussehen als das zuvor beschriebene, es gerät tendenziell zu einem Dialog.

f) Eine Zwischenstellung zwischen Mißlingen und Gelingen nimmt das rhetorische Interview ein; der Experte benutzt das Interview zur Verkündigung seines Wissens, er liefert einen Vortrag, ein Referat, und dort, wo er das Thema trifft, ist sein Beitrag sachdienlich. Wird das Thema verfehlt, gerät das Interview zu einem Abschreibungsposten.

Zwei Bemerkungen noch zu den Imponderabilien des Diskursverlaufs. Es ist zweckdienlich, sich nicht von der Freundlichkeit oder Feindseligkeit des Empfangs durch die Expertin "verführen" zu lassen; beides kann sich als Anfangsfassade entpuppen und ins jeweilige Gegenteil umschlagen. - Mit Sicherheit wirken Alters- und Geschlechtsunterschiede der Beteiligten auf die Definition der Situation ein, werden Kontextbedingungen gesetzt durch Sympathie und Antipathie "auf den ersten Blick" und feiern Vorurteile fröhliche Urständ. Dies ist in der Erhebungssituation weder technisch noch methodisch kontrollierbar[11].

4. Auf den Spuren des ExpertInnenwissens: eine Auswertungsstrategie

Auch die noch so sorgfältige Auswahl von ExpertInnen unter dem Gesichtspunkt der Vergleichbarkeit ihrer Positionen und der vermuteten Verwandtheit ihres Erfahrungswissens - im Verein mit dem Einsatz des Instruments des Leitfadens zur Sicherung der thematischen Vergleichbarkeit der ExpertInnenaussagen - enthebt die Forscherin keineswegs des Problems, die Vergleichbarkeit der Texte herzustellen und zu kontrollieren. Der Textvergleich mit der Absicht, das Repräsentative im ExpertInnenwissen zu entdecken und die Gewinnung von Aussagen darüber für andere kontrollierbar zu halten, ist ein voraussetzungsvolles Unternehmen. Denn zunächst ist jeder Interviewtext das Protokoll einer besonderen Interaktion und Kommunikation, unverwechselbar und einmalig in Inhalt und Form.

Anders als bei der Einzelfallanalyse geht es hier nicht darum, den Text als individuell-besonderen Ausdruck seiner allgemeinen Struktur zu behandeln. Das Ziel ist vielmehr, im Vergleich mit den anderen ExpertInnentexten das Überindividuell-Gemeinsame herauszuarbeiten, Aussagen über Repräsentatives, über gemeinsam geteilte Wissensbestände, Relevanzstrukturen, Wirklichkeitskonstruktionen, Interpretationen und Deutungsmuster zu treffen. Es sind die Texte des Aggregats "ExpertInnen", die wir als Ganzes zum Objekt der Interpretation machen; auf der Suche nach der Typik des Objekts behandeln wir die einzelne Expertin von vornherein als Repräsentantin ihrer "Zunft".

Mit dem, was der einzelne Experte vertritt, kann er sich in Gesellschaft dieser oder jener anderen ExpertInnen befinden, auch alleine dastehen - und es ist das Vorgehen des thematischen Vergleichs, mit dem wir Gemeinsamkeiten und Unterschiede feststellen. Diese dokumentieren wir nicht durch Fallbeispiele, sondern durch typische Äußerungen.

Die interpretative Auswertungsstrategie für leitfadenorientierte ExpertInneninterviews, die wir im folgenden vorstellen werden, möchten wir als Modellvorschlag verstanden wissen, an dem sich die Auswertung des Datenmaterials orientiert und der flexibel an die jeweiligen Untersuchungsbedingungen angepaßt werden kann (vgl. STRAUSS 1987, S. 7ff.)[12]. Der Weg, Modelle zu entwickeln, ist die Rekonstruktion der Forschungspraxis. Dieser Weg wurde von BOHNSACK (1989) bei der dokumentarischen Interpretation, von SCHÜTZE (1981) beim narrativen Interview und von OEVERMANN u. a. (1979) bei der objektiven Hermeneutik beschritten. Die Erfahrungen in der alltäglichen Forschungsarbeit werden zum Gegenstand der methodischen Reflexion gemacht. Die folgende Auswertungsstrategie ist Resultat der systematischen Aufordnung und Kritik unserer eigenen Forschungsarbeiten, kann aber nicht als reine Erfahrungsbilanz gelten. In unseren Untersuchungen haben wir uns an den Wissensbeständen interpretativer Sozialforschung orientiert, in unserem Modellvorschlag sind die allgemeinen Ansprüche an qualitative Auswertungsmethoden zur Geltung gebracht.

Wir verstehen die hier dargestellte Auswertungsstrategie als Entdeckungsstrategie - wie wir insgesamt das offene, leitfadenorientierte ExpertInneninterview innerhalb der interpretativen Sozialforschung - wenn auch an ihrem Rande - verorten. Die Bedingungen einer kommunikativen Datenerhebung sind ebenso erfüllt wie die einer nichtstandardisierten Auswertung.

Interpretativen Verfahren wird eine besondere Beweislast aufgebürdet, die der methodischen Kontrolle des Zirkelschlusses. Die Antwort auf dieses Problem liegt im Nachweis der Intersubjektivität der Methode: in der Angabe von Prüfkriterien für die Gültigkeit der Interpretationen. Als unhintergehbar gelten die kontextabhängige Bedeutungsinterpretation von Äußerungen einerseits und die sequentielle Textrekonstruktion andererseits. Die Randstellung, die wir dem ExpertInneninterview zuweisen, ist nicht nur der Leitfadenorientierung bei der Erhebung geschuldet, sondern gründet insbesondere auf einer Lockerung dieser Kriterien bei der Auswertung.

Anders als bei der einzelfallinteressierten Interpretation orientiert sich die Auswertung von ExpertInneninterviews an thematischen Einheiten, an inhaltlich zusammengehörigen, über die Texte verstreuten Passagen - nicht an der Sequenzialität von Äußerungen je Interview. Demgegenüber erhält der *Funktionskontext* der ExpertInnen an Gewicht, die Äußerungen der ExpertInnen werden von Anfang an im Kontext ihrer institutionell-organisatorischen Handlungsbedingungen verortet, sie erhalten von hierher ihre Bedeutung und nicht von daher, an welcher Stelle des Interviews sie fallen. Es ist der gemeinsam geteilte institutionell-organisatorische Kontext der ExpertInnen, der die Vergleichbarkeit der Interviewtexte weitgehend sichert[13]; darüber hinaus wird Vergleichbarkeit gewährleistet durch die leitfadenorientierte Interviewführung. Der Leitfaden schneidet die interessierenden Themen aus dem Horizont möglicher Gesprächsthemen der ExpertInnen heraus und dient dazu, das Interview auf diese Themen zu focussieren.

Vor dem Hintergrund der Leitlinie des Entdeckens ist es keineswegs eine Geschmacksfrage, welche Behandlung der Leitfaden im Rahmen der Auswertung erfährt. Puristen sprächen ihm jegliche Funktion ab. Tatsache ist aber, daß der Leitfaden selbst die Bedingungen seiner Verwendung in der Auswertung setzt. Dies hat mit dem Entstehungszusammenhang des Leitfadens, seiner Herkunft aus einem Forschungsinteresse an Betriebswissen oder an Kontextwissen zu tun. Diese Unterscheidung ist von unmittelbarer Relevanz dafür, wie der Leitfaden in der Auswertung gehandhabt wird.

Die Erforschung von Betriebswissen wird, anders als die von Kontextwissen, von theoretisch-analytischen Kategorien angeleitet, sie basiert auf Annahmen und theoretisch generalisierten Konzepten und Erklärungsansätzen für homologe Handlungssysteme. Die Forschungsfrage wird mit Bezug auf diesen theoretischen Rahmen formuliert. Die thematischen Schwerpunkte des Leitfadens stellen Vorformulierungen der theorierelevanten Kategorien dar, die in der Auswertung aufgenommen werden. Nicht alle erweisen sich als sinnvoll und angemessen, die meisten erfahren mehr oder weniger umfangreiche Modifikationen. Jene zu ignorieren bedeutete, die Voraussetzungen, unter denen die Texte interpretiert werden, zu vernachlässigen.

Demgegenüber wird bei der Erforschung von Kontextwissen von der Betrachtung eines überbetrieblichen sozialen Systems ausgegangen, dessen Funktionieren durch die ExpertInnen mitbedingt ist. Die heuristischen Annahmen beziehen sich auf das Vorhandensein von wechselseitigen Beziehungsmustern innerhalb dieses Systems, dessen Bestimmung jedoch in Beobachtungskategorien erfolgt und nicht im Rahmen theoretischer Erklärungsansätze. Die Perspektive auf das Kontextwissen der ExpertInnen resultiert aus dem Interesse an der empirischen Bestimmung der Beobachtungskategorien. Die thematischen Schwerpunkte des Leitfadens stellen Beobachtungsdimensionen dar, die bei der Auswertung im Zentrum der Aufmerksamkeit stehen. Parallelen mit dem focussierten Interview sind hier unverkennbar.

Die feinen Unterschiede im Entstehungskontext des Leitfadens bringen es mit sich, daß die an Betriebswissen interessierte Auswertung immer auch Anlaß zur wechselseitigen Prüfung von Textinterpretation und theoretischem Wissensbestand gibt, auch hypothesenprüfenden Charakter hat. Dies gilt nicht für die Untersuchung von Kontextwissen. Das Ziel ist die Gewinnung empirischen Wissens und nicht die theoretische Erklärung und Generalisierung der empirischen "Tatsachen". Es bleibt beim "dichten Beschreiben" - unter Verwendung soziologischer Begriffe dort, wo sie der Prüfung auf Angemessenheit standhalten.

4.1 Transkription

Die Auswertung setzt die Transkription der in der Regel auf Tonband protokollierten Interviews voraus. Da es bei ExpertInneninterviews um gemeinsam geteiltes Wissen geht, halten wir aufwendige Notationssysteme, wie sie bei narrativen Interviews oder konversationsanalytischen Auswertungen unvermeidlich sind, für überflüssig. Pausen, Stimmlagen sowie sonstige nonverbale und parasprachliche Elemente werden nicht zum Gegenstand der Interpretation gemacht.

Ein kritischer Punkt ist die inhaltliche Vollständigkeit der Transkription. Unserer Erfahrung nach hängt das Ausmaß der wortgetreuen Transkription zum einen vom Diskursverlauf, zum anderen davon ab, ob es sich um Betriebs- oder um Kontextwissen handelt. Anders als beim biographischen Interview ist die Transkription der gesamten Tonaufnahme *nicht* der Normallfall. Je mehr sich der Diskursverlauf der Idealform des Gelingens (Typ d, Kap. 3) annähert, desto ausführlicher wird die Transkription sein, einfach weil in solchen Interviews eine Fülle relevanter Informationen enthalten ist. "Mißlingt" hingegen das Interview, weil der Interviewte sich als inkompetent erweist (Typ a) oder weil er das Interview zum Anlaß nimmt, etwas mitzuteilen, was ihm schon lange am Herzen liegt, was aber nichts mit dem Forschungsinteresse zu tun hat (Typ c), wird die Transkription recht kurz und höchst selektiv ausfallen, begrenzt auf die Äußerungen, die vielleicht doch noch "zur Sache" gehören[14]. Generell läßt sich sagen, daß die Transkription umfassender sein wird, wenn es um die Analyse von Betriebswissen geht, als wenn Kontextwissen das Erkenntnisinteresse ist. Bei gelungenen Diskursverläufen können auch vollständige Transkriptionen sinnvoll sein.

4.2 Paraphrase

Die Entscheidung, welche Teile eines Interviews transkribiert und welche paraphrasiert werden, erfolgt in Hinblick auf die leitenden Forschungsfragen. Um eine Verengung des thematischen Vergleichs *zwischen* den Interviews auszuschließen, ein "Verschenken von Wirklichkeit" zu vermeiden, muß die Paraphrase der Chronologie des Gesprächsverlaufs folgen und wiedergeben, was die ExpertInnen insgesamt äußern. Dies bedeutet einen wichtigen Schritt im Prozeß der Kontrolle des Zirkelproblems; ehe wir den Spuren des ExpertInnenwissens nachgehen, versichern wir uns dieses Wissens, indem wir - textgetreu und in unseren Worten - wiedergeben, was gesagt wurde: der ExpertInnen Meinungen, Urteile, Beobachtungen, Deutungen.

Die Sequenzierung des Textes nach thematischen Einheiten erfolgt hier gleichsam mühelos in der Manier des Alltagsverstandes[15]. Man verfolgt den Text in der Absicht, die Gesprächsinhalte der Reihe nach wiederzugeben und den propositionalen Gehalt der Äußerungen zu einem Thema explizit zu machen: die Interviewte spricht über, äußert sich zu und berichtet von, sie hat beobachtet und meint, interpretiert dies als das, gelangt zu dem Urteil, erklärt sich etwas, hält sich an jene Faustregel.

Zusammenfassende oder detaillierte Paraphrasen von Sequenzen - die Entscheidung darüber wird man nach dem Rang des jeweiligen Themas, zu dem ein Experte sich äußert, treffen, nicht nach der Zeit, die dem Thema gewidmet wurde. Normalerweise wird man eine lange Passage auch nur dann lang paraphrasieren, wenn das Thema zur Sache gehört, und nicht bereits deshalb, weil der Experte ihm viel Platz einräumt. Dies ist z.B. häufig der Fall im rhetorischen Interview, wenn der Experte weit ausholt und erst viel später zum eigentlichen Punkt kommt.

Eine gute Paraphrase zeichnet sich durch ihr nicht-selektives Verhältnis zu den behandelten Themen und Inhalten aus; sie sollte - ausführlich oder abkürzend - jedenfalls protokollarisch auf den Inhalt gerichtet sein, so daß nicht antizipierte Themen und Aspekte nicht verlorengehen. Nicht Redundanz ist das Problem des Paraphrasierens, sondern Reduktion von Komplexität. Denn die Gültigkeit einer Paraphrase beruht darauf, daß das ExpertInnenwissen so ausgebreitet wird, daß jede, die Interview und Paraphrase miteinander vergleicht, zu dem Schluß gelangt, daß nichts unterschlagen, nichts hinzugefügt und nichts verzerrt wiedergegeben wurde - z.B. Äußerungen nicht übergangen wurden, die als generalisierte die heuristischen Annahmen und theoretischen Kategorien der Untersuchung in Frage stellen.

Der Schritt der Paraphrasierung der Texte ist kaum überzubewerten; die häufigsten Sünden sind, Inhalte durch voreiliges Klassifizieren zu verzerren und Informationen durch eiliges Themenraffen zu verschenken.

Die Paraphrasierung ist der erste Schritt des Verdichtens des Textmaterials - schon nach wenigen Interviews entwickelt sich geradezu von selbst ein Muster der Paraphrasierung heraus, das bei den folgenden Texten ohne größere Modifikationen zur Anwendung gelangt[16]. Trennlinien zwischen Themen werden deutlich, Erfahrungsbündel und Argumentationsmuster schälen sich heraus, Relevanzen und Beobachtungsdimensionen nehmen Kontur an. Um die Vergleichbarkeit der Paraphrasen zu garantieren, ist es deshalb notwendig, die ersten Paraphrasen am Ende noch einmal durchzumustern und gegebenenfalls zu revidieren.

4.3 Überschriften

Der nächste Schritt der Verdichtung des Materials besteht darin, die paraphrasierten Passagen mit Überschriften zu versehen. Dabei ist textnah vorzugehen, d.h. die Terminologie der Interviewten wird aufgegriffen.

Ob einer Passage eine oder mehrere Überschriften zugeordnet werden, hängt davon ab, wieviele Themen jeweils angesprochen werden. Das Zerreißen der Sequenzialität des Textes auch innerhalb von Passagen ist erlaubt und notwendig, weil nicht die Eigenlogik des Einzelfalls Gegenstand der Auswertung ist.

Dieser Eingriff in die Prozeßgestalt des Textes in ordnender Absicht wäre eine "Todsünde" bei der Einzelfallanalyse und ist es hier deshalb nicht, weil eine bereichsspezifische Analyse ansteht, die Analyse eines bestimmten Teils des Wissens des Experten, nicht aber des Lebenszusammenhangs der Person. Anders als in der Erhebungssituation ist im Prozeß der Auswertung die Person des Experten irrelevant, sie bildet lediglich das Medium, durch das wir Zugang zu dem Bereich, der uns interessiert, erlangen. Wir trennen die Person von ihrem Text ab und betrachten den Text als Dokument einer sozialen Struktur.

Inwieweit die Sequenzialität aufzubrechen ist, wird in hohem Maße von der Art des jeweiligen Diskursverlaufes bestimmt. Interviews, die leitfadennah verlaufen, ergeben in der Regel einen Text, dessen Passagen jeweils auf *ein* Thema konzentriert sind. Interviews, in denen die Relevanzstrukturen der Interviewten den Diskurs bestimmen - und das sind die ergiebigeren - zeichnen sich durch eine vielschichtige Verzahnung von Themen aus. In diesem Fall ist es vielfach notwendig, daß einzelne Passagen mehreren Überschriften zugeordnet werden.

Passagen, in denen gleiche oder ähnliche Themen behandelt werden, werden zusammengestellt. Eine Hauptüberschrift, die den Inhalt sämtlicher subsumierter Passagen abdeckt, wird formuliert. Auf diese Weise wird eine Übersicht über den Text erzielt, die sich - das sei nochmals betont - auf Themen bzw. Informationen, nicht aber auf eine Falldarstellung bezieht. Gegenstand der Auswertung ist in dieser Phase allerdings immer noch das einzelne Interview. Die Verdichtungen, Typisierungen, Abstraktionen, die hier vorgenommen werden, verbleiben in dessen Horizont[17].

Darüber hinaus wird - insbesondere bei der Suche nach der treffsichersten Überschrift - auch das Verhältnis von Interview und Paraphrase einem kritischen Urteil ausgesetzt. Was als Überschrift zutrifft, entscheidet sich *im Zweifelsfall* nicht im Hinblick auf die Teilparaphrasen, sondern auf die Sequenzen des Interviewtextes. Nur ausnahmsweise sind - unserer Erfahrung nach - Sequenzierung und Paraphrasierung fehlerhaft. Dort, wo die ersten beiden Verfahrensschritte ohne theoretische Absicht abgewickelt, gleichsam wie eine Alltagspflicht erledigt werden, stehen die Chancen für eine korrekte und ordentliche Verfahrensabwicklung gut. Die erste ernsthafte Klippe sehen wir in der Vereinheitlichung der Überschriften; hier muß eine *begründete* Wahl für die eine oder andere Version getroffen werden, und mit der erfolgten Entscheidung verbunden ist eine Selektion der vorhandenen Formulierungen.

Für die bisherigen Schritte gilt, daß mit der Behandlung jedes weiteren Interviews einerseits die Reduktion der Terminologie - im Verhältnis der Masse der Teilparaphrasen -, andererseits die Komplexität der Inhalte zunimmt. Man wird also den nächsten Schritt in der Absicht in Angriff nehmen, das gesamte Material zu ordnen, gerade so, wie man es bereits für jedes Interview durchgeführt hat.

4.4 Thematischer Vergleich

Ab dieser Stufe geht die Auswertung über die einzelne Texteinheit hinaus. Die Logik des Vorgehens entspricht der bei der Bildung von Überschriften, jetzt aber wird nach thematisch vergleichbaren Textpassagen aus verschiedenen Interviews "gefahndet" (vgl. MATTHES-NAGEL 1986, S. 37). Passagen aus verschiedenen Interviews, in denen gleiche oder ähnliche Themen behandelt werden, werden zusammengestellt, die Überschriften werden vereinheitlicht. Das ist mit einer weiteren Reduktion der Terminologie verbunden, erfüllt aber die notwendige Aufgabe, Redundanzen zu tilgen. Allerdings ist weiterhin an einer textnahen Kategorienbildung festzuhalten, auf eine soziologische Terminologie sollte möglichst verzichtet werden[18]. Die Überschriften der Paraphrase werden als "Steigbügel" benutzt, um den Äußerungen die Relevanzstrukturen des ExpertInnenwissens abzulesen: typische Erfahrungen, Beobachtungen, Interpretationen und Konstruktionen, Verfahrensregeln und Normen der Entscheidungsfindung, Werthaltungen und Positionen, Handlungsmaximen und Konzepte im Rahmen der Funktionsausübung.

In günstigen Fällen kann ein Begriff oder eine Redewendung eines Interviewten direkt übernommen werden. In der Studie zur Implementation der Frauenförderrichtlinie betonten die Verwaltungsleiter einhellig ihr Interesse an einer möglichst reibungslosen Abwicklung von Verwaltungsaufgaben. Einer von ihnen brachte dies auf die prägnante Formel "Der Laden muß ja laufen". Diese Redewendung benutzte er mehrfach. Die jargonhafte Art, in der dieser Interviewte sein primäres Interesse beschreibt, ist bezeichnend nicht nur für ihn selbst. Die Funktionsfähigkeit der Verwaltung, um die es hier geht - dieser Begriff ist eine (verwaltungs-)soziologische Kategorie und damit eine Abstraktionsstufe höher (s. u.) - ist eine handlungsleitende Maxime, die aber als solche nicht expliziert, wohl aber ständig mitgedacht wird und die gerade in ihrer Selbstverständlichkeit handlungsleitend ist.

In der Untersuchung zur Berufseinmündung im Bereich sozialer Arbeit äußerten die Verbandsvertreter durchgängig die Ansicht, daß das persönliche Auftreten im Bewerbungsgespräch ausschlaggebend für die Auswahl unter den KandidatInnen ist. Im Vergleich der positiv und negativ bewerteten Verhaltensweisen wurde eines der Kriterien für die Rekrutierung von MitarbeiterInnen mit dem Begriff der Seriosität belegt. Dieser Begriff stammt aus dem Interviewmaterial und findet seinen metaphorischen Ausdruck in der Formulierung, daß vom künftigen Mitarbeiter "kein Flurschaden verursacht" wird.

Die Kategorien, die auf dieser Stufe der Auswertung gebildet werden, sollten sich durch analytische und metaphorische Qualitäten auszeichnen (vgl. STRAUSS 1987, S. 33).

Beides ist in den obigen Beispielen der Fall. Die analytische Kraft der Wendungen "der Laden muß ja laufen" und "keinen Flurschaden verursachen" besteht darin, daß Möglichkeiten theoretischer Verallgemeinerung eröffnet werden (Funktions-fähigkeit der Verwaltung, Entwicklung der Wohlfahrtsverbände zu Sozialkonzernen[19]), die Metaphorik garantiert ein Sinnverständnis auch ohne zusätzliche Erläuterungen.

Da die meisten ExpertInnen gewohnt sind, Perspektiven zu erläutern, Wissen zu vermitteln, vor Publikum zu sprechen, und die Kunst des "impression management" recht gut beherrschen, finden sich in den Texten zahlreiche metaphorische Verdichtungen, die übernommen werden können. Da zudem viele ExpertInnen über einen Hochschulabschluß verfügen, ist es nicht verwunderlich, daß in den Texten häufig wissenschaftliche Begriffe zu finden sind. Die "'Überschwemmung' des Alltags mit sozialwissenschaftlichen Deutungsmustern" (BECK/BONSS 1984, S. 395) bewirkt ein übriges. Benutzen die Interviewten (sozial-) wissenschaftliche Begriffe, um ihre Position zu akzentuieren, können diese zum Zwecke der Verdichtung des Datenmaterials übernommen werden. Vorsicht ist jedoch geboten. Die Art, in der eine Expertin einen soziologischen Begriff verwendet, muß sich nicht mit dem Gehalt dekken, der dem Begriff in der Fachdisziplin zukommt. Um interpretatorische Kurzschlüsse zu vermeiden, ist genau zu prüfen, *wie* ein soziologischer Begriff von den Interviewten verwendet wird.

In der Implementationsstudie zur Frauenförderung hat sich als eine beliebte Argumentationsfigur der Verweis auf die geschlechtsspezifische Sozialisation herausgestellt. Diese wurde geltend gemacht, um die Unangemessenheit von Fördermaßnahmen in der Verwaltung zu begründen. Der komplexe Gehalt des Sozialisationsbegriffs wird dabei auf einen statischen Aspekt reduziert: Sozialisation als "Erbschaft", angesichts derer politische Maßnahmen zum Mißerfolg verurteilt sind.

Da beim thematischen Vergleich eine Fülle von Daten verdichtet wird, ist eine Überprüfung und gegebenenfalls eine Revision der vorgenommenen Zuordnungen unbedingt notwendig. Die Resultate des thematischen Vergleichs sind kontinuierlich an den Passagen der Interviews zu prüfen, auf Triftigkeit, auf Vollständigkeit und Validität. Dies geschieht am besten, indem die einschlägigen Passagen hintereinander aufgelistet werden. Hierbei sind weiterhin Gemeinsamkeiten herauszustellen, um im Verhältnis dazu Unterschiede, Abweichungen und Widersprüche im einzelnen festzuhalten. Bei welchen topoi decken sich die Angaben der ExpertInnen? Wo gibt es unterschiedliche Positionen? Zu welchen Themen äußern sich alle Interviewten? Was sind das für Themen, zu denen nur in einem Teil der Texte etwas zu finden ist? Welche ExpertInnen äußern sich wozu? All das sind Informationen, die für die Interpretation von großer Bedeutung sind.

4.5 Soziologische Konzeptualisierung

Erst jetzt erfolgt eine Ablösung von den Texten und auch von der Terminologie der Interviewten. Das Gemeinsame im Verschiedenen wird - im Rekurs auf soziologisches Wissen - begrifflich gestaltet, d.h. in die Form einer Kategorie gegossen. In einer Kategorie ist das Besondere des gemeinsam geteilten Wissens eines Teils der ExpertInnen verdichtet und explizit gemacht. Der Prozeß der Kategorienbildung impliziert einerseits ein Subsumieren von Teilen unter einen allgemeine Geltung beanspruchenden Begriff, andererseits ein Rekonstruieren dieses allgemeinen, für den vorgefundenen Wirklichkeitsausschnitt gemeinsam geltenden Begriffs.

Die zuvor dem Text entnommenen Begriffe und Überschriften werden nun in soziologische übersetzt, um einen Anschluß der Interpretation an allgemeinere disziplinäre Diskussionen zu ermöglichen (vgl. STRAUSS 1987, S. 34)[20]. Ziel ist eine Systematisierung von Relevanzen, Typisierungen, Verallgemeinerungen, Deutungsmustern. Dabei gilt es vor allem, auf Verknüpfungsmöglichkeiten einzelner Konzepte zu achten.

In der Untersuchung zur Umsetzung der Frauenförderrichtlinie wurde die Formel "der Laden muß ja laufen" übersetzt in "Primat der Funktionsfähigkeit der Verwaltung". Das ist ein organisations- oder verwaltungssoziologisches Konzept, mit dem die Relevanzstruktur der Entscheidungsträger analytisch gefaßt wird. Mit diesem Konzept eng verbunden sind zwei weitere, die als "Entscheidungsspielraum der Verwaltung" und als "etablierte Auswahlkriterien" bestimmt wurden. Alle drei benennen entscheidende organisationsspezifische Barrieren, die einer erfolgreichen Implementation der Richtlinie entgegenstehen. Das Konzept der Funktionsfähigkeit der Verwaltung besitzt insofern Priorität, als die beiden anderen - im gegebenen Untersuchungskontext - nur in Hinblick auf dieses Sinn machen.

In der Studie zur Berufseinmündung im Bereich sozialer Arbeit wurde das Kriterium der Seriosität der BewerberInnen rekonstruiert unter dem Aspekt der Funktion, welche die künftigen MitarbeiterInnen u.a. zu erfüllen haben: sie werden begutachtet im Hinblick auf ihre Eignung als RepräsentantInnen der Institution. - Im Bezugsrahmen des Konzepts der Statuspassage bildet diese Qualität eine Voraussetzung für den Bewerbungserfolg. Erfolgreiche BewerberInnen orientieren ihre Selbstdarstellung an der jeweiligen Verbandsphilosophie und nicht z.B. an einem theoretischen Entwurf von Sozialarbeit. Die Orientierung wird am besten durch eine kontinuierliche Sozialisation im Verband erworben, und wenn dies der Fall ist, verläuft die Statuspassage typischerweise ohne Aufenthalt durch Arbeitslosigkeit und Stellensuche. Konfrontiert man diesen Passagetyp mit den Klagen der ExpertInnen über die fehlende Mobilitätsbereitschaft der BerufsanfängerInnen, eröffnet sich die Möglichkeit, die Zugangsbedingungen zu sozialen Berufen im Rekurs auf die Kategorie kontrafaktischer Erwartungen zu reflektieren.

Die Abstraktionsebene, auf der wir uns bei dem Auswertungsschritt der soziologischen Konzeptualisierung bewegen, ist die der empirischen Generalisierung. Es werden Aussagen über Strukturen des ExpertInnenwissen getroffen, und auf dieser Grundlage kann die Reich weite der Geltung soziologischer Konzepte geprüft werden. Die Anschlußmöglichkeit an theoretische Diskussionen z.B. der Organisationssoziologie oder der Implementationsforschung ist zwar gegeben, die Verallgemeinerung bleibt aber auf das vorliegende empirische Material begrenzt, auch wenn sie in einer Begrifflichkeit geschieht, die in diesem selbst nicht zu finden ist.

4.6 Theoretische Generalisierung

Erst ab dieser Stufe wandeln wir nicht mehr auf den Spuren des ExpertInnenwissens, sondern auf denen soziologischer Theorien. Wir lösen uns nicht nur vom Interviewmaterial, sondern ordnen in der Begründung unserer Kategorien auch deren Zusammenhang untereinander systematisch auf. Die Systematik gelangt in der Darstellung der Ergebnisse darin zum Ausdruck, daß wir aus der erweiterten Perspektive der soziologischen Begrifflichkeit eine Interpretation der empirisch generalisierten

"Tatbestände" formulieren. Bei diesem rekonstruktiven Vorgehen werden Sinnzusammenhänge zu Typologien und zu Theorien verknüpft, und zwar dort, wo bisher Addition und pragmatisches Nebeneinander geherrscht haben.

Die Konzepte "Funktionsfähigkeit der Verwaltung", "Entscheidungsspielräume" und "etablierte Auswahlkriterien" wurden als Ausdrucksformen der "Organisationskultur" der Verwaltung interpretiert. Damit wurde auf ein in der policy-Forschung gebräuchliches Theorem Bezug genommen, um ein Orientierungsmuster zu bezeichnen, das die Entscheidungspraxis von Angehörigen der öffentlichen Verwaltung gewöhnlich strukturiert, unabhängig von dem Inhalt der jeweils zu treffenden Entscheidung. Auf diese Weise konnten die programmbezogenen Handlungen der Verwalter als Teil einer allgemeinen Strategie identifiziert werden. Dies war nur deshalb möglich, weil sich diese allgemeine Strategie in den Texten entdecken ließ, weil deutlich wurde, daß die genannten Elemente der Organisationskultur auch in anderen Situationen als denen, in denen es um die Anwendung der Richtlinie geht, entscheidungsrelevant sind.

Im Rahmen der Diskussion über Strukturveränderungen der verbandlichen Sozialarbeit liest sich das Selektionskriterium der Eignung von BewerberInnen als RepräsentantIn des Verbandes als Ausdruck von Konkurrenzverhältnissen. Die Bedeutung, die der repräsentativen Funktion von MitarbeiterInnen zukommt, kann ihrerseits als Indikator für einen Bedarf der Verbände an "corporate identity" gelten. Mit dieser Interpretation ist eine Brücke von der Verbandsphilosophie zur Unternehmenskultur geschlagen, und es wäre zu prüfen, inwieweit die aus der Betrachtung von Wirtschaftsunternehmen resultierenden Bestimmungen auch für Wohlfahrtsverbände geltend gemacht werden können.

Es bedeutete eine Idealisierung des tatsächlichen Auswertungsprozesses, wollte man behaupten, soziologische Kategorien kämen erst am Ende der Interpretation ins Spiel. Meistens erwägt man bereits in früheren Phasen Möglichkeiten der Theoriebildung, und es wäre falsch, diese zu ignorieren. Sie würden sich ansonsten unkontrolliert geltend machen. Die Aufgabe der Kontrolle des Zirkelproblems stellt sich in verschärfter Form. Denn wir bewegen uns immer schon auf beackertem Boden, wir orientieren uns an heuristischen Annahmen, an Objekttheorien, an einem Vorstellungsrahmen, der zuallererst die Formulierung der Forschungsfrage ausgelöst und zur begründeten Auswahl dieser und nicht jener ExpertInnen geführt hat.

Auf diese soziologischen Konzeptualisierungen des Gegenstandes, die das Forschungsinteresse von Anfang an geleitet haben, wird die Interpretation der Ergebnisse in jedem Fall Bezug nehmen, und die Gefahr der verdachtsgeleiteten Theoriekonstruktion ist groß. Allerdings ist dagegen ein Kraut gewachsen, das, wenn wir bis hierher sauber gearbeitet haben, nun Früchte trägt. Die Wirklichkeit, die wir in den Texten angetroffen haben und die wir durch unsere Auswertungsstrategie in eine erweiterte Perspektive eingerückt haben, ist in jedem Fall reicher und umfassender, als wir sie mit diesen vorläufigen Konzepten erfaßt hatten. Daraus folgt, daß wir, wenn wir Empirie und Theorie miteinander konfrontieren, drei Entscheidungsalternativen haben: daß die Konzepte 1. inadäquat sind, 2. falsifiziert sind, 3. daß sie passen.

Im ersten Fall stellt sich die Aufgabe, die mageren Konzepte anzureichern und aufzufüllen. Im zweiten Fall treten wir den Nachweis an, daß die von uns entdeckten Zusammenhänge eine Neuformulierung gängiger theoretischer Erklärungen notwendig machen. Im dritten Fall gelten die Konzepte als bestätigt und als für unseren Gegenstand zutreffend. Wie auch immer, die gezogene Konsequenz muß begründet werden, und nur dort, wo *empirisch* begründet wird, ist die Kontrolle des Zirkelproblems gewährleistet.

Die Kategorien, Deutungsmuster und dergleichen sind als sensibilisierende Konzepte zu benutzen (vgl. BLUMER 1969, S. 147ff.). Der Zwang zur permanenten Kontrolle des Verhältnisses von Theorie und Daten muß institutionaliert werden. Für die Auswertungspraxis ergibt sich daraus, daß alle Stufen durchlaufen werden müssen, daß keine Stufe übersprungen werden darf. Vielmehr erweist es sich, je weiter der Auswertungsprozeß vorangeschritten ist, immer wieder als notwendig, auf eine vorgängige Stufe zurückzugehen, um die Angemessenheit einer Verallgemeinerung, ihre Fundierung in den Daten, zu kontrollieren. In dieser Weise zeichnet sich die Auswertung durch Rekursivität aus.

Das Ausmaß, in dem die Auswertung vorangetrieben wird, unterscheidet sich danach, welche Funktion dem ExpertInneninterview im Forschungsdesign zukommt. Dient es der Ermittlung von Betriebswissen, ist die theoretische Generalisierung das Ziel. Liegt das Erkenntnisinteresse auf Kontextwissen, kann die Auswertung auf der Stufe der soziologischen Konzeptualisierung abgebrochen werden.

5. Schlußbemerkung

ExpertInneninterviews sind auf die Generierung bereichsspezifischer und objekttheoretischer Aussagen angelegt, nicht auf die Analyse von Basisregeln des sozialen Handelns bzw. auf universale konstitutive Strukturen. Ihr Gegenstand sind Wissensbestände im Sinne von Erfahrungsregeln, die das Funktionieren von sozialen Systemen bestimmen. Adäquat sind ExpertInneninterviews für die Analyse dieser Ebene der Realität, andere Erkenntnisziele erfordern andere methodische Mittel. Insofern, als das mit ExpertInneninterviews erhobene Wissen explizit an sozialstrukturell bestimmte Handlungssysteme gebunden ist, an Insider-Erfahrungen spezifischer Statusgruppen, stellt sich die Frage, wie wir kontrollieren können, ob die ExpertInnen die "Wahrheit" sagen, besonders hartnäckig (vgl. DEAN/WHYTE 1979). Wir müssen damit rechnen, daß sie uns nicht die "ganze Wahrheit" mitteilen, daß sie z.B. "beschönigende" Versionen von Praktiken der Personalauswahl produzieren.

Wir können dieses Problem, das *kein* Spezifikum des ExpertInneninterviews ist, hier nur anschneiden und lediglich eine pragmatische Lösung nennen. Eine Gewähr dafür, daß die ExpertInnen sich nicht allzuweit vom Boden der Tatsachen entfernen, besteht allerdings darin, daß sie damit rechnen, daß auch KollegInnen interviewt werden. Darin sehen wir einen immanenten Zwang zur Wahrheit und dazu, z.B. eher zu schweigen als zu lügen. Die Äußerung subjektiver Einschätzungen wird dabei nicht verhindert.

Dem Experten stehen zwei Alternativen offen: Entweder ist er von dem überzeugt, was er uns mitteilt, oder er täuscht uns absichtlich. Die zweite Alternative ist unserer Erfahrung nach eher selten, prinzipiell jedoch nicht auszuschließen. Bei einem Interview von ein bis zwei Stunden Dauer ist eine gezielte und perfekt konstruierte Täuschung allerdings nur äußerst schwierig durchzuhalten, auch wenn die Zugzwänge des Erzählens im ExpertInneninterview nicht in dem Maße zur Geltung kommen, wie das im biographischen oder im narrativen Interview der Fall ist. Es ist höchst unwahrscheinlich, daß die Forscherin nicht hellhörig wird - in der Regel bereits während des Interviews, so daß sie gezielte Fragen anbringen kann, spätestens aber bei der Auswertung. Hier sind wir nicht mehr nur auf unsere Intuition angewiesen, wir prüfen die einzelnen Interviews auf innere Stimmigkeit, und wir machen, wo dies möglich ist, vom Prinzip des "cross checking" (vgl. DEAN/WHYTE 1979, S. 185f.) Gebrauch. Wenn wir in einer Institution mehrere ExpertInnen interviewt haben, lassen sich deren Äußerungen themenbezogen miteinander vergleichen. Das erinnert an das Verfahren der "Wahrheitsfindung" vor Gericht. Das Ergebnis des cross checking ist jedoch nicht ein Urteil darüber, welcher Experte recht hat und wer die Unwahrheit sagt, sondern eine Sensibilisierung dafür, wo wir unsere Generalisierungen nicht allzu weit vorantreiben dürfen.

Anmerkungen

1 Im einzelnen handelt es sich um folgende Projekte:
- eine Untersuchung zur Implementation von frauenpolitischen Maßnahmen, die im Forschungsschwerpunkt soziale Probleme an der Universität Bremen durchgeführt worden ist. Das empirische Material wurde in Interviews mit Entscheidungsträgern in der öffentlichen Verwaltung und in Weiterbildungsinstitutionen erhoben (vgl. MEUSER 1989);
- eine Untersuchung zur Entwicklung des Deutungsmusters Erwachsenenbildung, ebenfalls im genannten Forschungsschwerpunkt durchgeführt. Die Interviews wurden mit ProtagonistInnen der Erwachsenenbildung aus Politik und Wissenschaft geführt; sie dienten zur Illustration und Kommentierung einer Dokumentenanalyse (vgl. MATTHES-NAGEL 1989);

- eine laufende Untersuchung (SFB 186: Statuspassagen und Risikolagen im Lebenslauf, Universität Bremen) über Statuspassagen zwischen Studium und Beruf von SozialarbeiterInnen und -pädagogInnen, in der Interviews mit den gatekeepers des Berufseinstiegs, mit Geschäftsführern von Wohlfahrtsverbänden und Leitern von Sozialbehörden durchgeführt wurden (vgl. RABE-KLEBERG u. a. 1990).

2 Forschungsfelder, in denen besonders häufig von ExpertInneninterviews Gebrauch gemacht wird, sind: die Implementationsforschung (vgl. HUCKE/WOLLMANN 1980, S. 222), die Eliteforschung (vgl. DREWE 1974, S. 163f.), die Verwendungsforschung (vgl. WINGENS/WEYMANN 1988, S. 166ff.). In der Industriesoziologie ist das ExpertInnneninterview ein Standardverfahren (vgl. KERN/SCHUMANN 1984; PRIES/SCHMIDT/TRINCZEK 1990).

3 Vergleichsweise umfangreich wird das ExpertInneninterview im Kontext der Methodenprobleme der Implementationsforschung behandelt (vgl. HUCKE/WOLLMANN 1980, S. 222-225). Im Vordergrund stehen Besonderheiten von Diskursverläufen und deren Folgen für Qualität und Umfang des empirischen Materials. Auswertungsprobleme werden nur kurz angesprochen.

4 Um anzuzeigen, daß sich die Ausführungen auf beide Geschlechter beziehen, gebrauchen wir in zwangloser Folge mal die weibliche, mal die männliche Form. Wir sehen damit von der Verwendung von Schrägstrichen nach dem Muster der/die Experte/in ab, weil dabei nicht selten Satzungetüme entstehen, welche die Lesbarkeit des Textes immens beeinträchtigen.

5 Wissenssoziologisch gesprochen handelt es sich um Insider-Wissen (vgl. MERTON 1972) bzw. um spezialisiertes Sonderwissen (vgl. SPRONDEL 1979), das sich der funktionalen Autonomie der ExpertInnen verdankt.

6 Das beschreibt das wissenschaftliche Interesse, das ExpertInneninterviews zugrunde liegt. In den Interviews kann dies nicht immer durchgehalten werden. Manche Interviewte neigen dazu, in private Dinge 'abzugleiten'. Wie damit umzugehen ist, werden wir unten ansprechen (s. Kap. 3).

7 Nach SPRONDEL (1979, S. 145) verfügt der Experte "über detailliertes und klares Wissen, das sich allerdings beschränkt auf ein mehr oder weniger fest etabliertes 'System auferlegter Relevanzen', d. h. auf einen Bereich, in dem die Art der relevanten Probleme und die relevanten Lösungsstrategien weitgehend vordefiniert sind".

8 Man könnte im Rahmen einer solchen Untersuchung z. B. feststellen, daß es interessant wäre, die ExpertInnen unter dem Aspekt ihrer eigenen, internen Bedingungen und Verhältnisse zu untersuchen. Man würde dann eine neue Studie in Gang setzen, in deren Zentrum ExpertInneninterviews stünden - und hätte damit ein Forschungsdesign des ersten Typs.

9 Zu den Techniken der Durchführung der ExpertInneninterviews vgl. SMIGEL 1959.

10 HUNT u. a. (1964/65) ziehen aus einer vergleichenden Untersuchung politischer Eliten in den Vereinigten Staaten, Österreich und Frankreich das Resümee, daß der Widerstand gegenüber geschlossenen Fragen bzw. standardisierten Antwortmöglichkeiten in den beiden europäischen Ländern erheblich, in den Vereinigten Staaten selten ist. Von den europäischen Interviewpartnern wurde beklagt, die Fragen seien "zu brutal", ließen keinen Raum für "Nuancierungen" und "persönliche Positionen", die mit den vorgegebenen Ka-

tegorien nicht erfaßt würden (S. 65). Wir vermuten, daß dieser Widerstand in den seither vergangenen 25 Jahren eher größer als kleiner geworden ist.

11 Unsere Erfahrung gestattet uns im übrigen zu behaupten, daß ein ExpertInneninterview von Frau zu Frau nicht zwangsläufig zum "Frauentratsch" und ein solches von Mann zu Mann genausowenig zwangsläufig zum "Männerdiskurs" gerinnt.

12 Wir teilen die Auffassung von STRAUSS (1987, S. 4), "that improved qualitative analysis requires more explicitly formulated, reliable, and valid methods than currently exist".

13 BOHNSACK (1983, S. 181) weist darauf hin, daß der thematische Vergleich ungleich schwieriger bei einem Textmaterial mit "informellem Kontext" ist, z. B. im Fall biographischer Interviews.

14 Hier zeigt sich ein deutlicher Unterschied zum narrativen oder zum biographischen Interview. Für diese gibt es keine "Abschweifungen" ins Private. Mitteilungen über das, was dem Interviewten am Herzen liegt, sind hingegen oft von höchster interpretatorischer Signifikanz.

15 Die Mühelosigkeit ist freilich Ergebnis einer gewissen Vertrautheit im Umgang mit qualitativem Material.

16 Diese Anwendung vollzieht sich nicht zwangsläufig, weil jedes neue Interview sein eigenes Profil hat. Ein bereits entwickeltes Muster der Paraphrasierung muß sich daran - und immer wieder neu - als praktikabel erweisen.

17 Einen ähnlichen Auswertungsschritt schlägt BOHNSACK (1989) vor. Er nennt ihn "formulierende Interpretation". Das von BOHNSACK entwickelte Verfahren bezieht sich auf Gruppendiskussionen und berücksichtigt die Sequenzialität des Textes.

18 STRAUSS (1987, S. 33f.) nennt diese Art der Verdichtung der Daten "in vivo codes", von denen er "sociologically constructed codes" abgrenzt. Jene "are taken from or derived directly from the language of the substantive field: essentially the terms used by actors in that field themselves" (S. 33).

19 Auch dies ist ein in einem Interview gefallener Begriff.

20 STRAUSS spricht von "sociologically constructed codes".

Literatur

ALEMANN, H. v.: Der Forschungsprozeß. Eine Einführung in die Praxis der empirischen Sozialforschung. Stuttgart 1977.

ATTESLANDER, P.: Methoden der empirischen Sozialforschung. Berlin/New York [5]1984.

BECK, U./BONSS, W. : Soziologie und Modernisierung. Zur Ortsbestimmung der Verwendungsforschung. In: Soziale Welt 35 (1984), S. 381-406.

BLUMER, H.: Symbolic Interaction. Perspective and Method. Englewood Cliffs, N. J. 1969.

BOHNSACK, R.: Alltagsinterpretation und soziologische Rekonstruktion. Opladen 1983.

Ders.: Generation, Milieu und Geschlecht. Ergebnisse aus Gruppendiskussionen mit Jugendlichen. Opladen 1989.

DEAN, J. P./WHYTE, W. F.: 'How Do You Know If the Informant Is Telling the Truth'. In: BYNNER, J./STRIBLEY, K. M. (eds.): Social Research: Principals and Procedures. New York 1979, S. 179-188.
DEXTER, L. A.: Elite and Specialized Interviewing. Evanston 1970.
DREWE, P.: Methoden zur Identifizierung von Eliten. In: KOOLWIJK, J. v./WIEKEN-MAYSER, M. (Hg.): a. a. O., S. 162-179.
ERBSLÖH, E.: Interview. Stuttgart 1972.
HOLM, K. (Hg.): Die Befragung. 6 Bde. München 1975ff.
HUNT, W. H./CRANE, W. W./WAHLKE, J. C.: Interviewing Political Elites. In: American Journal of Sociology 70 (1964/65), S. 59-68.
HUCKE, J./WOLLMANN, H.: Methodenprobleme der Implementationsforschung. In: MAYNTZ, R. (Hg.): Implementation politischer Programme. Bd. 1. Königstein 1980, S. 216-235.
KERN, H./SCHUMANN, M.: Das Ende der Arbeitsteilung? Rationalisierung in der industriellen Produktion. München 1984.
KOOLWIJK, J. v.: Die Befragungsmethode. In: Ders./WIEKEN-MAYSER, M. (Hg.) a. a. O., S. 9-23.
KOOLWIJK, J. v./WIEKEN-MAYSER, M. (Hg.): Techniken der empirischen Sozialforschung. Bd. 4. München 1974.
MALWITZ-SCHÜTTE, M./SELL, J.: Einführung in die empirische Sozialforschung. Stuttgart [2]1973.
MATTHES-NAGEL, U.: Modelle und Methoden rekonstruktiver Theoriebildung. In: EBERT, G./HESTER, W./RICHTER, K. (Hg.): Subjektorientiertes Lernen und Arbeiten - Ausdeutung einer Gruppeninteraktion. Bonn 1986, S. 29-55.
MATTHES-NAGEL, U.: Subjektorientierte Erwachsenenbildung. In: HOERNING, E. M./TIETGENS, H. (Hg.): Erwachsenenbildung: Interaktion mit der Wirklichkeit. Bad Heilbrunn 1989, S. 107-111.
MERTON, R. K.: Insiders and Outsiders: A Chapter in the Sociology of Knowledge. In: American Journal of Sociology 78 (1972), S. 9-47.
MEUSER, M.: Gleichstellung auf dem Prüfstand. Frauenförderung in der Verwaltungspraxis. Pfaffenweiler 1989.
OEVERMANN, U. u. a.: Die Methodologie einer "objektiven Hermeneutik" und ihre allgemeine forschungslogische Bedeutung in den Sozialwissenschaften. In: SOEFFNER, H.-G. (Hg.): Interpretative Verfahren in den Sozial- und Textwissenschaften. Stuttgart 1979, S. 352-434.
PRIES, L./SCHMIDT, R./TRINCZEK, R.: Entwicklungspfade von Industriearbeit. Risiken und Chancen der Produktionsmodernisierung. Opladen,im Druck.
RABE-KLEBERG, U./GRABKE, E./NAGEL, U./SCHOLZ, H.: Unvollendete Statuspassagen? Über Prozesse der Berufseinmündung in soziale Berufe. In: DRESSEL, W. u.a.: (Hg.): Lebenslauf, Arbeitsmarkt und Sozialpolitik. Beiträge zur Arbeitsmarkt- und Berufsforschung 133, Nürnberg 1990, S. 101-119.
SCHÜTZE, F.: Prozeßstrukturen des Lebenslaufs. In: MATTHES, J. u. a. (Hg.): Biographie in handlungswissenschaftlicher Perspektive. Nürnberg 1981.
SCHÜTZE, F. u. a.: Grundlagentheoretische Voraussetzungen methodisch kontrollierten Fremdverstehens. In: ARBEITSGRUPPE BIELEFELDER SOZIOLOGEN (Hg.): Alltagswissen, Interaktion und gesellschaftliche Wirklichkeit. Bd. 2. Reinbek 1973, S. 433-495.
SMIGEL, E. O.: Interviewing a Legal Elite: The Wall Street Lawyer. In: American Journal of Sociology 64 (1959), S. 159-164.

SPRONDEL, W. M.: "Experte" und "Laie": Zur Entwicklung von Typenbegriffen in der Wissenssoziologie. In: Ders./GRATHOFF, R. (Hg.): ALFRED SCHÜTZ und die Idee des Alltags in den Sozialwissenschaften. Stuttgart 1979, S. 140-154.
STRAUSS, A. L.: Qualitative Analysis for Social Scientists. Cambridge 1987.
WINGENS, M./WEYMANN, A.: Die Verwendung soziologischen Wissens in der bildungspolitischen Diskussion. bremer soziologische texte. Bd. 1. Bremen 1988.